《国际安全治理》丛书（四）

国际安全秩序治理

发展与前景

Governance of International Security Order: Development and Prospect

罗英杰 / 曹玮◎主 编

时 事 出 版 社
北 京

图书在版编目（CIP）数据

国际安全秩序治理：发展与前景/罗英杰，曹玮主编．—北京：时事出版社，2023.2
ISBN 978-7-5195-0526-4

Ⅰ.①国…　Ⅱ.①罗…②曹…　Ⅲ.①国家安全—研究—世界
Ⅳ.①D815.5

中国版本图书馆 CIP 数据核字（2022）第 245146 号

出 版 发 行：时事出版社
地　　　址：北京市海淀区彰化路 138 号西荣阁 B 座 G2 层
邮　　　编：100097
发 行 热 线：（010）88869831　88869832
传　　　真：（010）88869875
电 子 邮 箱：shishichubanshe@sina.com
网　　　址：www.shishishe.com
印　　　刷：北京良义印刷科技有限公司

开本：787×1092　1/16　印张：24　字数：301 千字
2023 年 2 月第 1 版　2023 年 2 月第 1 次印刷
定价：140.00 元

《国际安全治理》丛书（四）

目　录

传统安全问题与治理

非传统安全问题与治理

地区安全问题新态势

传统安全问题与治理

战略信誉、同盟结构与同盟弱化*

周建仁**

【内容摘要】特朗普上台后退出或者威胁退出许多国际机制或条约，使得美国战略信誉下降。一个国家战略信誉下降自然使得盟友对其安全承诺信赖程度降低，导致其同盟弱化。特朗普自损战略信誉的行为对美日、美韩同盟冲击小，对北约冲击大。本文认为美国战略信誉下降领域和下降方式会影响盟国利益受损的程度，影响其被剥夺感的高低，进而影响其采取对抗性言行的动机，而同盟结构不仅影响盟国采取对抗性言行的动机，也影响其采取对抗性言行的能力。盟国的行为动机和行为能力共同决定了其采取行为的挑战性程度，从而影响同盟弱化程度。通过考察特朗普政府上台后美国与日本、韩国以及北约盟国特别是法国和德国的战略互动，验证了本

* 本文初稿曾提交给2019年5月29日中国社会科学院美国研究所主办的“冷战同盟体系的既存与未来”学术研讨会，2019年7月11日召开的“大国竞争与世界分化：反思百年国际关系”学术研讨会，2019年政治学与国际关系学术共同体年会“领导力、战略信誉与国际关系理论”讨论组，2019年11月16日清华大学国际关系研究院主办的第21期清华大学国际关系论坛“战略信誉与国际秩序”。感谢阎学通教授的悉心指导，以及提出的详尽的批评意见。感谢贾烈英、孙学峰、蒲晓宇、漆海霞、杨原、齐皓等提出的富有启发性的意见。本文受北京语言大学院级科研项目（中央高校基本科研业务专项资金）资助，项目编号：15YJ010014；本项研究也受北京语言大学梧桐创新平台项目“软权力视域下的中美亚太政策走势研究”（中央高校基本科研业务费专项资金资助，项目编号：18PT03）支持。

** 周建仁，清华大学国际关系研究院副研究员。

文所构建的同盟弱化逻辑。

【关键词】战略信誉　下降领域　下降方式　同盟结构　同盟弱化

一、问题的提出

2017年1月20日，美国总统特朗普上台后，奉行“美国优先”，立志“让美国再次伟大”，退出或者威胁退出了许多国际机制或条约。[①] 无论是实际退出，还是威胁退出，都使美国的战略信誉急剧下降。一个国家的战略信誉下降，会使盟友对其安全承诺信赖程度降低，比如法国国防部长弗洛伦丝·帕尔丽和法国总统埃马纽埃尔·马克龙就先后明确表示对美国能否履行北约安全承诺感到担忧，[②] 从而动摇其同盟体系。但是如果我们仔细考察特朗普自损信誉对外行为的战略效应时，可以发现一个令人困惑的现象，美国战略信誉的下降对美日、美韩同盟的冲击小，对北约的冲击大，美日、美韩同盟的弱化程度小，北约弱化程度大。由此引出本文的研究困惑，为什么特朗普政府战略信誉下降对不同的同盟影响不一样？

同一因素对不同对象有不同的影响是正常的，但这种不同影响背后的深层原理是什么值得深究。现有的同盟理论逻辑无法给这一现象提供一个令人满意的解释和原理展示，比如“威胁均衡理论”通过同盟面临的外部共同威胁来解释同盟的形成与解体，但无论是

---

① 任琳：《“退出外交”与全球治理秩序——一种制度现实主义的分析》，载《国际政治科学》2019年第1期。

② Idrees Ali, “French Minister Expresses Concern about Long－Term U. S. Commitment to NATO,” *Reuters*, March 19, 2019, https://www.reuters.com/article/us－france－usa－nato－idUSKCN1QZ29K; “Emmanuel Macron Warns Europe: NATO Is Becoming Brain－dead,” *The Economist*, November 7, 2019, https://www.economist.com/europe/2019/11/07/emmanuel－macron－warns－europe－nato－is－becoming－brain－dead.

北约还是美日、美韩同盟，其所面临的威胁在特朗普上台后短短不到3年并没有发生重大变化，而北约面对的俄罗斯威胁，以及美日同盟面对的中国威胁很难判断其威胁大小，俄罗斯综合实力相对较弱但侵略意图高，而中国综合实力强但侵略意图低，因此无法解释这些变化以及变化程度的差异。笔者将从盟主战略信誉下降领域和下降方式以及同盟结构这两个变量出发，构建解释同盟弱化的理论逻辑，在解开以上困惑的同时，试图为学界同仁加深理解战略信誉对国际现象的影响及影响条件提供参考。

本文共有五部分，第一，回顾已有同盟研究的解释逻辑，讨论其能否解释以上提出的研究困惑，若不能，说明原因。第二，讨论本文最核心的战略信誉概念以及更宽泛的信誉概念，并考察国际关系学界对战略信誉的研究现状。第三，构建同盟弱化解释逻辑。同盟关系有时强化有时弱化，处于不断动态变化之中，这是一种常态，而同盟形成和同盟解体则相对是属于极端的案例。目前学界更多关注的是同盟形成和解体，对于同盟弱化这一程度变化现象没有具体的理论体系予以解释，本部分所构建的同盟弱化解释逻辑希望填补这一空白。第四，笔者将通过考察特朗普上台之后美国在哪些方面自损信誉又在哪些方面信守承诺，比较北约盟国特别是法国和德国，以及亚太盟国日本和韩国的反应，来验证本文所构建的理论逻辑。第五，是简单的结论，总结本文的研究发现，并讨论未来的研究方向。

二、已有同盟研究推导出来的解释

已有的同盟研究中，核心关注同盟形成、同盟管理以及同盟的战争或和平效应，其次关注同盟解体，关注同盟弱化这种程度变化的几乎没有。从已有的同盟形成、同盟管理特别是同盟解体研究中可以推断出一些可能的解释，笔者将讨论其是否能够解释以上现象。

威胁变化说。斯蒂芬·沃尔特认为国家的首要目标是安全，即保证自身的生存。当一个国家面临威胁时，它倾向于与对自己威胁小的国家联合起来去制衡对自己威胁大的国家。也就是说，国家组成同盟目标是防御性的，是为了制衡外在的共同的威胁。[①] 从逻辑上说，外在共同威胁消失或者降低，国家对同盟的安全依赖要么消失要么程度降低，而国家维持同盟需要付出一定的成本，比如说战时履约的风险以及平时政策协调导致的政策自主性降低，[②] 因此国家有动机弱化同盟。

威胁变化说可以解释杜特尔特2016年6月30日上台后初期美菲同盟的弱化。杜特尔特上台后发起了禁毒“人民战争”，遭到了美国的严厉批评，进而促使杜特尔特寻求弱化与美国的军事联系。而这又促使杜特尔特担心受美国支持的菲律宾军队可能发动政变推翻他的统治。[③] 这

---

① Stephen Walt, *The Origins of Alliances*, Ithaca: Cornell University Press, 1987.

② Scott Bennett, "Testing Alternative Models of Alliance Duration, 1816 - 1984," *American Journal of Political Science*, Vol. 41, No. 3 (July, 1997), pp. 848 - 849; Brett Ashley Leeds and Burcu Savun, "Terminating Alliances: Why Do States Abrogate Agreements?" *Journal of Politics*, Vol. 69, Nol. 4 (November, 2007), pp. 1119 - 1120; Michael F. Altfeld, "The Decision to Ally: A Theory and Test," *The Western Political Quarterly*, Vol. 37, No. 4 (December, 1984), pp. 523 - 544; James D. Morrow, "Alliances and Asymmetry: An Alternative to the Capability Aggregation Model of Alliances," *American Journal of Political Science*, Vol. 35, No. 4 (November, 1991), pp. 904 - 933.

③ 杜特尔特一上台就担心其政权可能被政变推翻，参见“A Coup in the Philippines?” *Real Clear Defense*, December 6, 2016, https://www.realcleardefense.com/articles/2016/12/06/a_coup_in_the_philippines_110445.html; Whitney Webb, "A U.S. - led Military Coup Could Be Brewing in the Philippines to Oust Duterte," *Mint Press News*, June 14, 2017, https://www.mintpressnews.com/a - u - s - led - military - coup - could - be - brewing - in - the - philippines - to - oust - duterte/228838/；杜特尔特上台后美菲同盟的弱化发生在特朗普2017年1月20日上台之前，因此美菲同盟的弱化与特朗普无关，不属于本文所关注的范围。当然，仔细考察特朗普上台后的美菲关系，可以发现因为特朗普政府不再批评杜特尔特政府的禁毒战争，双方同盟关系实际上又从某种程度上恢复了，特别是美国宣布《美菲共同防御条约》覆盖南海之后，参见《蓬佩奥：南中国海若有事 美保证助菲国抵御“武装攻击”》，载《联合早报》2019年3月2日，http://www.zaobao.com/news/sea/story20190302 - 936216。这种因为共同威胁的改变引起的同盟弱化或动摇，沃尔特的威胁均衡理论已经可以解释，因此，也不在笔者考察范围之内。威胁均衡理论参见Stephen Walt, *The Origins of Alliances*。

意味着其安全威胁的认知已经发生改变，从阿基诺政府认定的中国对其所主张的南海主权威胁，转变为美国对其政权安全的威胁，从而弱化与美国的同盟关系。但不能解释美日、美韩同盟以及北约的弱化，因为它们所面临的共同的外部威胁并没有根本改变，也无法解释美日、美韩同盟弱化程度和北约弱化程度之间存在的差异，因为如上文所述，美日、美韩面临的威胁和北约盟国面临的威胁大小无法判断。

实力变化说。笔者认为，一个国家对同盟的安全依赖程度，既受上述其所面临的外部威胁大小影响，也受自身实力的影响。当一个国家自助能力足够强大，能够独自应对所面临的威胁时，其维持同盟只能获得一些额外的安全余量，同盟对其来说就不是生死攸关的，因此，同盟对其的效用就比较低；而当其自助能力不足时，如果同盟实力达到制衡门槛，则同盟对其来说不但是生死攸关的，而且在与其结盟国家的实力不变的情况下，结盟带来的安全余量效应也大于前一种情况中的安全余量效应；而当其自助能力不足时，同盟实力仍然达不到制衡门槛，则同盟对其来说就是毫无价值的，因为加入同盟既不能有效威慑对方的侵略，也不会给其带来额外的安全余量。[①]

由此，我们可以比较清晰地理解，国家自助能力强弱导致国家从同盟中获得的收益发生变化，同盟对于国家的重要性以及国家对于同盟的安全依赖程度也会发生改变，实力越强，其自助能力越大，对同盟的安全依赖程度越低，同盟弱化的代价越低，同盟弱化的程度就会越高。因此不对称同盟中如果弱国实力增长较快，导致其对同盟安全依赖程度低，同时导致主导国主导能力下降，也可能导致

① 周建仁：《走向决裂：弱国退出同盟之谜》，北京：社会科学文献出版社，2018 年版，第 59—61 页。

同盟弱化。但是在特朗普上台之后的两年中，美国盟国实力并没有发生重大变化，因此无法解释美日、美韩同盟和北约的弱化。当然美日、美韩同盟和北约盟国与美国的实力不对称不一样，美日、美韩实力不对称高，北约盟国低，因此，在特朗普存在战略信誉下降情况下，实力不对称作为同盟结构影响同盟弱化的一个中间变量，可部分解释弱化程度之间的差异。

制度化程度说。沃尔特以及茜莱丝特·沃兰德和罗伯特·基欧汉认为制度化水平高的同盟拥有比较成体系的组织网络，产生一大批个人前途与同盟存亡息息相关的官员，形成一个利益团体，这个利益团体倾向于让同盟永远维持下去。[①] 而且，随着同盟持续的时间越长，制度化水平越高，这样的利益集团的人数就越多，希望同盟永远维持下去的人数也越多。而同盟弱化程度越高，则同盟解体的风险越大，因此，这个利益集团要么会阻止国家弱化同盟的行为，要么在弱化同盟行为出现时，会积极采取措施去抵消国家所采取行为的弱化效应，从而使得制度化水平高的同盟更不容易弱化。

沃尔特还提出同盟制度化水平越高，同盟的适应性就越强，同盟适应性越强，同盟就越不会弱化。同盟的适应性增强首先是因为随着同盟制度化水平的提高，同盟可能扩展了新的功能，使其功能多样化，这样即使原先建立同盟的条件弱化，比如说外部威胁降低，同盟也不会趋向弱化。其次是因为随着制度化水平的提高，同盟内部的决策机制、决策程序也更加灵活，更能够对新的外部变化作出反应。[②] 因此，即使外部威胁发生变化，同盟也能够适应从而避免

---

① Stephen Walt, "Why Alliances Endure or Collapse," *Survival*, Vol. 39, No. 1 (Spring, 1997), p. 166; Celeste Wallander, and Robert Keohane, "An Institutional Approach to Alliance Theory," Center for International Affairs Working Paper Series, No. 2 (1995), Harvard University.

② Stephen Walt, "Why Alliances Endure or Collapse," pp. 166 - 167.

弱化。

总之，制度化程度高的同盟弱化可能性低，反之弱化的可能性高。如果是这样，美日、美韩同盟弱化程度应该高于北约，因为北约的制度化水平远远高于美日、美韩同盟，但是我们观察到的是，北约的弱化程度相对高于美日、美韩同盟。而且它也同样无法解释美日、美韩同盟以及北约的弱化，因为特朗普执政近三年中，美日、美韩同盟以及北约制度化并没有发生重大变化。

体制类型说。威廉·里德、库尔特·泰勒·高巴茨、布蕾特·阿什利·利兹和布尔库·萨文以及斯科特·本尼特等人考察了民主制度和同盟行为之间的关系，得出结论是民主国家组成的同盟更容易持续，而非民主国家组成的同盟更容易解体。① 依据同样的逻辑，似乎民主国家组成的同盟应该更不容易弱化，这有两个解释范式：首先是理性主义解释范式，按照这种解释范式，民主国家同盟更稳固是建立在一种利益计算的基础之上的。第一是单位层次的解释逻辑。因为民主国家之间的承诺更加持久，② 它们拥有更好的声誉，使得双方对于同盟信誉更有信心，③ 所以同盟就更不容易弱化。其次是领导人个人层次的解释逻辑，认为民主国家领导人面临强大的国内

---

① 有关民主制度和同盟持续的关系参见 William Reed, "Alliance Duration and Democracy: An Extension and Cross – Validation of 'Democratic States and Commitment in International Relations'," *American Journal of Political Science*, Vol. 41, No. 3 (July, 1997), pp. 1072 – 1078; Kurt Taylor Gaubatz, "Democratic States and Commitment in International Relations," *International Organization*, Vol. 50, No. 1 (Winter, 1996), pp. 109 – 139; Brett Ashley Leeds, "Alliance Reliability in Times of War: Explaining State Decisions to Violate Treaties," *International Organization*, Vol. 57, No. 4 (Autumn, 2003), pp. 801 – 827; Brett Ashley Leeds and Burcu Savun, "Terminating Alliances: Why Do States Abrogate Agreements?" pp. 1118 – 1132; Scott Bennett, "Testing Alternative Models of Alliance Duration, 1816 – 1984," pp. 846 – 878。

② Peter Cowhey, "Domestic Institutions and the Credibility of International Commitments: Japan and the United States," *International Organization*, Vol. 47, No. 2 (Spring, 1993), pp. 299 – 326; Kurt Taylor Gaubatz, "Democratic States and Commitment in International Relations," pp. 109 – 139.

③ 信誉的降低甚至会导致同盟解体，参见 Stephen Walt, "Why Alliances Endure or Collapse", pp. 160 – 161。

制度约束。因为民主国家国内政治过程的结构性限制，内部高度制度化决策机制对政府的强大约束，民主国家领导人发现他们更难以对已有的政策进行更改，所以很难根据现实情况的变化做出退出或弱化同盟这样的机会主义反应。而且当领导人为了维持自己在国内的地位时，他们也更倾向于在外部保持一个稳定的外交关系，[①] 而不是弱化动摇已有的同盟。总之，民主国家组成的同盟更加稳固。但是这个逻辑既无法解释美日、美韩同盟与北约弱化程度差异，也无法解释它们的弱化，因为它们都是由民主国家组成的同盟，而且体制状态没有发生变化。

总之，从已有同盟理论推导出来的解释逻辑，既无法解释美日、美韩同盟和北约同盟弱化本身，也无法解释美日、美韩同盟弱化和北约同盟弱化程度之间存在的差异。

三、同盟弱化的理论逻辑

下文将以战略信誉、同盟结构两个变量构建同盟弱化的解释逻辑。行为体的行为往往受两个因素的影响：一是动机；二是能力。而盟主的战略信誉下降领域和方式将会影响其盟国弱化同盟的动机，同盟结构则既会影响盟国弱化同盟动机也会影响其弱化同盟的能力，而动机和能力这两个因素共同决定了同盟弱化的程度。在正式构建理论之前，笔者将简单讨论一下战略信誉、同盟结构和同盟弱化的概念界定。

---

① Brett Ashley Leeds and Burcu Savun, "Terminating Alliances: Why Do States Abrogate Agreements?" p. 1122.

信誉是信息在受众心里的真实性或者可相信程度。[①] 具体来讲，信誉又包含三部分内容或受三个因素影响：一是信息本身的信誉；二是信息来源的信誉；三是信息与受众已有知识的契合程度。[②]

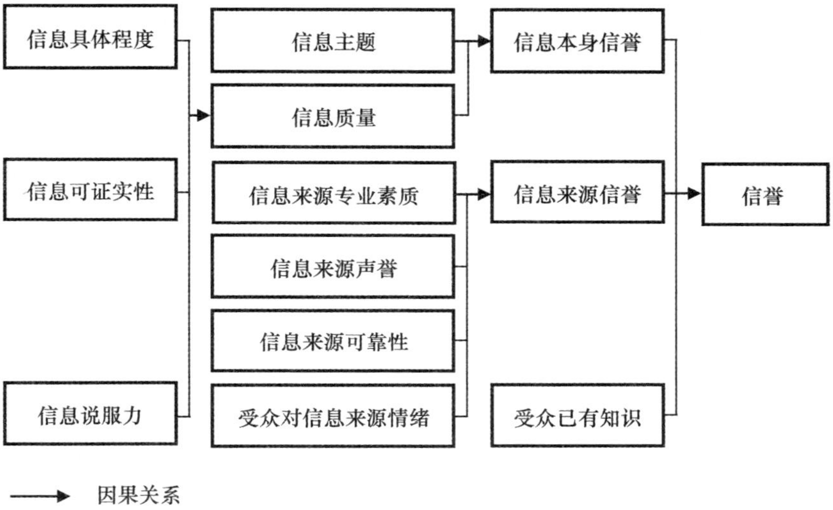

图1　信誉的决定因素及其关系

战略信誉则可定义为其他国家对一个国家所做出的安全承诺——无论是保护还是威胁——真实性的相信程度。战略信誉是安全承诺这一特定信息的可相信程度，因此，图 1 中对信誉影响因素的一般化讨论都适用于战略信誉。比如说信誉受到信息来源本身的专业素质、声誉、可靠性以及受众对其的情绪影响。对于战略信誉

---

① Sergey Smolnikov, *Great Power Conduct and Credibility in World Politics* (Cham, Switzerland: Springer International Publishing, Palgrave Macmillan, 2018), p. 5, pp. 185 – 188; Soo Young Rieh and David R. Danielson, "Credibility – A Multidisciplinary Framework," *Annual Review of Information Science and Technology*, Vol. 41, No. 1 (January, 2008), pp. 307 – 364; Aristotle, Rhetoric, transl. W. Rhys Roberts; ed. W. D. Ross (New York: Cosimo, 2010), viii.

② Sergey Smolnikov, *Great Power Conduct and Credibility in World Politics*, pp. 188 – 189.

来说，信息来源本身的专业素质指涉的是国家的实力，而声誉和可靠性指涉的则是国家的决心，受众情绪指涉的是受众对其实力和决心的认知。这和已有有关威慑承诺信誉和同盟承诺信誉的论述相一致。[①]

同盟结构就是指同盟的组织形式，包括同盟的参与方结构和制度结构。同盟的参与方结构主要是指参与方的多少、权力分布和地区分布。参与方多少决定同盟是双边同盟还是多边同盟，参与方之间的权力分布决定同盟是对称同盟还是不对称同盟，而参与方地区分布则决定同盟是地区性同盟还是全球性同盟。同盟制度结构包括其具体的制度设计以及总体上的制度化水平，在这两者中制度化水平是更重要的指标。本文将只关注同盟参与方结构中的参与方的多少，这并不意味着同盟参与方结构中权力分布和地区分布以及同盟制度结构，特别是制度化水平对于同盟管理或者同盟维持不重要，而仅仅是因为如上文所述，同盟制度化水平、同盟的对称性以及地区分布本身无法解释本文所关注的核心困惑。现有的同盟研究文献有许多关注同盟结构选择的原因，比如研究美国欧洲同盟体系和亚太同盟体系不同结构的原因，[②] 也有关注同盟结构的效应，比如同盟的对称性对同盟管理或者维持的

---

① Henry A. Kissinger, Nuclear Weapons and Foreign Policy (New York: Harper & Row, 1957), p. 12; Stephen Walt, "Why Alliances Endure or Collapse," pp. 160 – 161, 165.

② Steve Weber, *Multilateralism in NATO: Shaping the Postwar Balance of Power*, 1945 – 1961 (Berkeley: University of California Press, 1991); Steve Weber, "Shaping the Postwar Balance of Power: Multilateralism in NATO," *International Organization*, Vol. 46, No. 3 (Summer, 1992), pp. 634 – 680. Christopher Hemmer and Peter J. Katzenstein, "Why is There No NATO in Asia? Collective Identity, Regionalism, and the Origins of Multilateralism," *International Organization*, Vol. 56, No. 3 (Summer, 2002), pp. 575 – 607; Amitav Acharya, "Why Is There No NATO in Asia? The Normative Origins of Asian Multilateralism," Weatherhead Center for International Affairs, Harvard University, Working Paper No. 05 – 05 (July, 2005), pp. 1 – 54; Victor D. Cha, "Powerplay Origins of the U. S. Alliance System in Asia," *International Security*, Vol. 34, No. 3 (Winter, 2009/10), pp. 158 – 196; Kai He and Huiyun Feng, "'Why Is There No NATO in Asia?' Revisited: Prospect theory, Balance of Threat, and US Alliance Strategies," *European Journal of International Relations*, Vol. 18, No. 2 (June, 2012), pp. 227 – 250.

影响,[①] 但尚未有文献关注同盟是双边还是多边对同盟弱化这种同盟关系程度变化的影响。

同盟弱化是指同盟成员国寻找对同盟替代性安全保障方式的言行对盟友的挑战程度。同盟形成和同盟解体都相对比较好界定，同盟形成基本上以双方是否签署了正式盟约为判断标准,[②] 同盟解体则以双方是否有明显违约行为或者提前结束盟约的明确表示为判断依据。[③] 而作为中间状态的同盟弱化，作为一种程度变化而非性质变化的状态，相对比较难判断。笔者将通过盟友言行的两个维度及其对抗程度来做判断，对抗性行动的挑战程度高于对抗性语言，而对抗性语言挑战程度高于安抚性语言，安抚性行动的对抗性最低。因此，出现了对抗性行动则同盟弱化程度最高，对抗性语言次之，安抚性语言再次之，而安抚性行动则说明一方完全妥协同盟基本没有弱化。当然一方提出要求另一方妥协之后的同盟，从逻辑上来说比双方都没提出要求之前还是有所弱化，因为毕竟双方发生过分歧和利益再分配。而只要是利益再分配就会有一方遭受损失，其同盟成本就会上升，在其他条件不变情况下其对同盟的效用判断也会降低。[④]

---

① Michael F. Altfeld, "The Decision to Ally: A Theory and Test," pp. 523 – 544; James D. Morrow, "Alliances and Asymmetry: An Alternative to the Capability Aggregation Model of Alliances," pp. 904 – 933；苏若林、唐世平：《相互制约：联盟管理的核心机制》，载《当代亚太》2012 年第 3 期，第 6—38 页；周建仁：《战略分歧、自助能力与同盟解体》，载《世界经济与政治》2013 年第 1 期，第 67—92 页；周建仁：《走向决裂：弱国退出同盟之谜》，第 3—4 章。

② 需要指出的是，不是所有的同盟都有正式的盟约，比如美以同盟，还有冷战前期中越同盟，虽然没有正式盟约，但没有人怀疑它们是同盟。

③ Brett Leeds and Burcu Savun, "Terminating Alliances: Why Do States Abrogate Agreements?" pp. 1118 – 1132.

④ 周建仁：《走向决裂：弱国退出同盟之谜》，第 3 章。

（一）理论框架

1. 盟主战略信誉与同盟弱化

如上文所述，战略信誉是否下降决定了是否发生同盟弱化。但是，这种弱化效应的强度则受战略信誉下降领域和下降方式的影响。首先盟主战略信誉下降领域会影响到盟国利益受损的程度，在重要性高的问题领域战略信誉下降，盟国利益受损的程度较大，在重要性低的领域战略信誉下降，盟国利益受损程度较小。而问题领域的重要性程度依据的是其与国家生存的关系，关系越紧密，则重要性越高。斯坦利·霍夫曼把国际关系的问题领域分成两类：高位政治和低位政治。高位政治领域指的是军事、安全和外交领域；低位政治领域指的是经济、社会、文化领域。[①] 显然，高位政治领域和国家的安全和生存相关，该领域中的事务重要性高，而低位政治领域和国家经济福利等相关，该领域中的事务相对重要性没那么高。

肯尼思·沃尔兹和阎学通也认为行为体利益具有层次性，安全和生存利益是行为体的首要利益，国家只有保证了基本生存后才会去追求经济等相对次要的利益，[②] 也就是说，高位政治领域事务的重要性高于低位政治领域。因为不同问题领域的事务对于国家的重要性不一样，高位政治领域的重要性高于低位政治，因此盟主所做出的自损战略信誉的行为如果发生在高位政治领域，给盟国带来的利

---

① Stanley Hoffman, "Obstinate of Obsolete? The Fate of the Nation State and the Case of Western Europe," *Daedalus*, Vol. 95, No. 4 (1966), pp. 862 – 915. 霍夫曼的这种区分本意在于解释欧盟在不同领域中的合作水平差异，高位政治领域冲突性高，合作水平低；而低位政治领域冲突性低，可以推动功能性合作。

② Kenneth N. Waltz, *Theory of International Politics* (Reading, Massachusetts: Addison – Wesley Publishing Company, 1979), p. 91, p. 126；阎学通：《中国国家利益分析》，天津：天津人民出版社，1997 年版，第 67 页。

益损失大，发生在低位政治领域，给盟国带来的利益损失相对较小。盟友遭受利益损失，就会有一种被剥夺感即绝对被剥夺感。利益受损越大，被剥夺感越强。

除了受盟主战略信誉下降领域影响，这种被剥夺感也受盟主战略信誉下降方式影响。盟主战略信誉下降方式主要看其自损信誉行为是否针对特定盟国，无论这种针对性是主观的还是客观的，主观针对性指的是盟主明确表示伤害只针对特定盟国，客观针对性指的是盟主虽然没有明确表示但客观上这种伤害只针对特定盟国，因此只要存在利益受损差异，客观针对性就存在。如果无特定针对对象，则盟国都普遍感受到盟主行为带来的利益损失，大家都有一种绝对被剥夺感。可是如果盟主自损信誉的行为具有特定的针对对象，则这个被针对的盟国不但会有绝对被剥夺感，还会有一种相对被剥夺感，① 即在比较自己损失和其他盟友损失时，因为自身损失更大而感受到的一种被剥夺感。这种情况下，

---

① 罗伯特·K. 默顿是最早提出相对剥夺感概念的学者之一，参见 Robert K. Merton, "Social Structure and Anomie," *American Sociological Review*, Vol. 3, No. 5 (October, 1938)；有关相对剥夺感的概念界定参见 James A. Davis, "A Formal Interpretation of the Theory of Relative Deprivation," *Sociometry*, Vol. 22, No. 4 (December, 1959), pp. 280 – 196; Iain Walker and Heather J. Smith, *Relative Deprivation: Specification, Development, and Integration* (Cambridge University Press, 2001); Kurt Bayertz, *Solidarity* (Springer, 1999), p. 144; Richard T. Schaefer, *Racial and Ethnic Groups*, 11th Ed. (Pearson Education, 2008), p. 69; A. M. Coleman, *Oxford Dictionary of Psychology*, 2nd ed. (Oxford: Oxford University Press, 2006), pp. 672 – 682. 学者运用相对剥夺理论解释许多群体现象以及社会失范行为，包括政治暴力，比如暴乱、内战等，参见 Samuel Stouffer, etc., *The American Soldier*, Vol. 1 (Princeton, N. J.: Princeton University Press, 1949); Ted Robert Gurr, *Why Men Rebel* (Princeton, N. J.: Princeton University Press, 1970); Jerry D. Rose, *Outbreaks, the Sociology of Collective Behavior* (New York Free Press, 1982); Walter Garrison Runciman, *Relative Deprivation and Social Justice: A Study of Attitudes to Social Inequality in Twentieth – century England* (University of California Press, 1966); Diana Kendall, *Sociology In Our Times*, 8th edition (Thomson Wadsworth, 2011), p. 669; David R. Griffin, *Spirituality and Society: Postmodern Visions* (SUNY Press, 1988), p. 29; James M. Olson, C. Peter Herman, Mark P. Zanna (ed.), *Relative Deprivation and Social Comparison* (Lawrence Erlbaum Associates, 1986)；有关相对剥夺理论的回顾参见 Iain Walker, and Thomas F. Pettigrew, "Relative Deprivation Theory: An Overview and Conceptual Critique," *British Journal of Social Psychology*, Vol. 23, No. 4 (November, 1984), pp. 301 – 310; Craig Webber, "Revaluating Relative Deprivation Theory," *Theoretical Criminology*, Vol. 11, No. 1 (February, 2007), pp. 97 – 120; Heather J. Smith and Thomas F. Pettigrew, "Advances in Relative Deprivation Theory and Research," *Social Justice Research*, Vol. 28, No. 1 (March, 2015), pp. 1 – 6.

被针对盟国利益受损感知更强烈，其不满程度更高。比如说，美国在低位政治领域既损害北约盟国也损害日韩等盟国利益，而在安全上基本只对北约盟国造成损害，这会加深北约盟国的利益受损程度感知，因为这不仅增加了北约绝对被剥夺感，即绝对的利益受损程度更大，而且也增加了相对被剥夺感，即与日韩等盟国相比感觉受损更大而带来的额外被剥夺感。

盟国的被剥夺感会影响到其采取反制行为的动机，进而影响到其所采取的行为的激烈程度。盟国受损程度越高，其被剥夺感越高，采取反制行为的动机越强烈，采取反制行为的激烈程度越高，同盟弱化程度也越高。前景理论就认为行为体拥有一种损失规避倾向，当面临损失时，行为体更加愿意承担风险采取行动试图挽回损失。[①] 从国家角度讲，面临损失时国家愿意采取更加冒险的政策，而且从逻辑上讲损失越大采取的冒险行为强度越大。由此可以推断，国家面临盟主自损信誉行为所施加的损失时，愿意冒风险去挑战盟主以便减少或挽回损失，盟主带来的损失越大，对盟主发起挑战的动机越强烈，其挑战言行激烈程度也就越高，从而使得同盟弱化的程度也越大。

总之，盟主战略信誉下降领域和下降方式会影响到盟国利益受损的程度，利益受损越厉害，盟国绝对被剥夺感越强烈，下降方式越具有针对性，盟国不仅会有一种绝对被剥夺感还会有一种相对被剥夺感，而根据前景理论和内战研究以及冲突心理学，盟国被剥夺感越强烈，其愿意冒险采取抵消行动的动机越大，抵消行动的挑战性也越强，从而使得同盟弱化程度也越高。

---

① 该理论由丹尼尔·卡尼曼和阿莫斯·特沃斯基 1979 年提出，其主要通过心理学的实验方法研究人们面临风险时的决策行为。他们认为人们对于风险的接受程度受到其面临损失还是面临收益的影响。而人们是依据其主观设定的一个参照点来判断其到底是面临损失还是面临收益，参见 Daniel Kahneman and Amos Tversky, "Prospect Theory: An Analysis of Decision under Risk," *Econometrica*, Vol. 47, No. 2 (March 1979), pp. 263 – 292。

2. 同盟结构与同盟弱化

下面讨论同盟结构对盟国采取反制行动的影响。如上文所述同盟结构概念本身比较宽泛，而本文中只考虑同盟是双边还是多边。同盟结构首先会影响盟国对同盟的安全依赖程度，进而影响盟国反制的动机。根据同盟效用理论，同盟的维持与否取决于同盟对于其成员国来说是正效用还是负效用。当一个同盟对国家来说是生死攸关，即不但具有威慑效应而且还有安全余量效应时，那么即使做出战略牺牲承担更高的成本，同盟对国家也具有正效用或者正效用可能性更高，同盟不会解体或者解体可能性低。当一个同盟对国家来说不是生死攸关，即只具有安全余量效应或者甚至无安全收益时，国家愿意为维护同盟做出战略牺牲的可能性低，因为承担战略牺牲这样的高成本很可能使得同盟具有负效用，从而使得同盟解体。①

同样的逻辑可以用来解释同盟弱化行为，盟国对同盟的安全依赖程度和盟国反制动机负相关，也就是说与同盟弱化程度负相关。当一个同盟对国家安全生死攸关且不可替代时，维持同盟对于盟国有较大的安全收益，承担更大的成本虽然会使同盟效用变低，但同盟仍然具有较大的正效用，因此国家容忍这种成本的可能性高，即采取妥协安抚的程度高，同盟弱化的程度低。当一个同盟对国家并非生死攸关或者国家拥有替代性的安全安排，虽然这种安排对其来说是一个次优选择，国家承担更大成本后，其同盟效用将会降低到接近于零甚至于负效用，因此国家容忍这种成本的可能性低，即采取对抗性补救措施的可能性高，同盟弱化的程度高。总之，国家对同盟安全依赖程度越高，对同盟成本的容忍程度越高，因此对盟主自损信誉行为所带来的成本采取妥协安抚的可能性越高，同盟弱化的程度越低，反之则越高。

---

① 周建仁：《走向决裂：弱国退出同盟之谜》，第3章。

当同盟是双边同盟时，同盟对其是生死攸关的，一旦同盟解体，则盟国只能通过自助寻求安全，这显然是做不到的，因此双边同盟中的国家对盟主的安全依赖程度更高。另外，双边同盟中盟主和盟国的实力不对称更大，因此相对来说盟国对同盟的安全不对称依赖也更高。正因为安全依赖程度高，所以面对盟主不守信用所带来的损失时，国家采取反制的动机较弱，很可能采取妥协安抚的态度，同盟弱化的程度也就较低。[①] 而当同盟是多边同盟时，一旦同盟解体，其他盟国可以抱团取暖，组成一个缩小版的同盟来继续为成员国提供安全，虽然这是次优的，但这种次优替代方案的存在也使得盟国对同盟的安全依赖程度相对较低。[②] 另外，多边同盟中其他盟国联合起来之后和盟主的实力不对称更小，因此相对来说其他盟国对盟主的安全不对称依赖也更低。因为安全依赖程度低，所以面对盟主不守信用带来的损失时，国家采取反制的动机就较强，很可能采取对抗性的反制行动，同盟弱化的程度也就较高。

当然，盟国对盟主的安全依赖程度高，实际上也就意味着盟主对盟国的伤害能力高，因此盟主所作出的同样强度自损战略信誉行为对其伤害大，其利益受损程度大，反制动机也大。也就是说，安全依赖程度对于反制动机的影响是混合的，既有为了避免更大损失带来的妥协效应，也有因为实际遭受的利益受损程度高带来的对抗效应。[③] 到底哪个效应起作用，则要看条件。如果盟主仅仅把自损战

---

① 实力不对称的同盟更不容易解体，参见 Michael F. Altfeld, "The Decision to Ally: A Theory and Test," pp. 523 - 544; James D. Morrow, "Alliances and Asymmetry: An Alternative to the Capability Aggregation Model of Alliances," pp. 904 - 933; D. Scott Bennett, "Testing Alternative Models of Alliance Duration, 1816 - 1984," pp. 846 - 878; Brett Ashley Leeds & Burcu Savun, "Terminating Alliances: Why Do States Abrogate Agreements?" pp. 1118 - 1132。

② 已有同盟研究表明替代性同盟的存在会增大同盟解体的可能性，参见 Brett Ashley Leeds & Burcu Savun, "Terminating Alliances: Why Do States Abrogate Agreements?" pp. 1118 - 1132；黄宇兴：《再结盟预期与履约行为》，载《国际政治科学》2017 年第 1 期，第 71—99 页。

③ 感谢杨原提出的批评意见让笔者意识到安全依赖程度高可能也存在对抗效应。

略行为作为施压手段，这种行为是可逆的，则安全依赖程度高的盟国就会更有动机采取妥协行为，以避免更大的损失。而如果盟主的自损战略信誉行为不是施压手段而是其最终决定且不可逆，那么盟国无论怎么妥协也不会让盟主回心转意，这时盟国自然没有采取妥协的动机，而因为安全依赖程度高的盟国受损大，其采取反制的动机自然就大。因为特朗普自损信誉行为很多都是作为施压手段的，所以安全依赖程度高的妥协效应更可能起作用，盟国采取反制的动机更弱。

同盟结构还会影响到盟国采取反制行动的方式，继而影响到其采取反制行动的能力和动机。如果是双边同盟，盟国只能依靠自己一方对盟主的行为作出反制，鉴于同盟的不对称性，单独应对显得势单力薄，其反制行动能力也相对较弱。而如果是多边同盟，盟国就可以联合所有利益受损的国家，以多对一联合反制盟主。如果盟国联合起来与盟主的实力不对称性没有那么大，那么对盟主的反制能力也会变强。

以多对一联合反制盟主的方式也会影响到盟国采取反制的动机。首先，这种群体性行动在政治上拥有更大的合法性，因为在同盟内有更多成员支持，合法性越高，采取反制的动机就越强。其次，群体性行动还会带来心理上的风险效应，即所谓的小群体效应。已有的小群体决策研究表明，小群体内部互应机制经常导致人们做出比他们在单独决策时更加具有风险的决策，这一是因为群体当中情感联系可以降低焦虑感并且认为风险是分担的，从而带来一种责任分担的感觉，使得人们不害怕更具风险的决策。二是在群体当中，高风险倾向的成员更加自信，更有能力说服他人，因此在群体决策中拥有更大的影响力，从而把群体引向他自身偏好的更具风险的决策。三是人们在群体中的社会地位经常与自身的风险倾向正相关，从而使得人们在群体中表现出更高的风险倾向，这也把群体引向更具风险的方向。[①] 多边同盟中遭受盟主伤害的盟国在讨论应对方式时实际上可以看成是一个小群体，小群体中的这种风险倾向也很可能出现。如上文所说，反制盟主本身就是冒险的政策，反制越激烈，风险就越大。风险倾向越强，就越愿意冒险，其对盟主的反制行为也会越激烈。

（二）因果逻辑机制

在此简要总结一下从战略信誉、同盟结构到同盟弱化的因果逻辑机制。盟主战略信誉下降与否会影响到同盟是否弱化，但是这种同盟弱化的程度则由其战略信誉下降领域和下降方式以及同盟结构共同决定。盟主战略信誉下降领域和下降方式影响盟国利益受损程度，继而影响其被剥夺感高低，高位政治领域自损信誉对盟国利益损害高于低位政治领域，高位政治领域自损信誉给盟国带来的被剥夺感高，而盟主战略信誉下降方式若具有针对性，无论是主观的还是客观的，都会使被针对方既有一种绝对被剥夺感也有一种相对被

---

① Irving L. Janis, *Groupthink: Psychological Studies of Policy Decisions and Fiascoes*, 2nd ed. (Boston, MA: Houghton Mifflin, 1982); Michael A. Wallach, Nathan Kogan, and Daryl J. Bem, "Group Influence on Individual Risk Taking," *Journal of Abnormal and Social Psychology*, Vol. 65, No. 2 (1962), pp. 75 – 86; Michael A. Wallach, Nathan Kogan, Daryl J. Bem, "Diffusion of Responsibility and Level of Risk Taking in Groups," *Journal of Abnormal and Social Psychology*, Vol. 68, No. 3 (March, 1964), pp. 263 – 274; Michael A. Wallach and Nathan Kogan, "The Roles of Information, Discussion, and Consensus in Group Risk Taking," *Journal of Experimental Social Psychology*, Vol. 1, No. 1 (1965), pp. 1 – 19; Barry E. Collins, and Harold Steere Guetzkow, *A Social Psychology of Group Processes for Decision – making* (New York: Wiley, 1964); Roger Brown, *Social Psychology* (New York: Free Press, 1965); Y. Rim, "Leadership Attitudes and Decisions Involving Risk," *Personnel Psychology*, Vol. 18, No. 4 (1965), pp. 423 – 430; George C. Hoyt and James A. F. Stoner, "Leadership and Group Decisions Involving Risk," *Journal of Experimental Social Psychology*, Vol. 4, No. 3 (1968), pp. 275 – 284. 当然后续的研究发现群体更可能出现风险极化而非风险平移，即政策要么更具风险，要么更加谨慎，到底是更具风险还是更加谨慎则受主流价值观影响，参见 James A. F. Stoner, "Risky and Cautious Shifts in Group Decisions: The Influence of Widely Held Values," *Journal of Experimental Social Psychology*, Vol. 4, No. 4 (1968), pp. 442 – 459。

剥夺感，进而会有一种更强烈的被剥夺感，而盟国被剥夺感程度则会影响盟国采取反制行动的动机。

同盟结构即同盟是双边还是多边首先会影响到盟国对盟主的安全依赖程度，双边同盟的盟国对盟主安全依赖程度比多边同盟高，而安全依赖程度则会影响到盟国对盟主自损声誉行为采取反制措施的动机。同盟结构还会影响到盟国反制方式，即是单打独斗还是联合反制，双边同盟单打独斗，多边同盟联合反制。盟国反制方式也会影响盟国采取反制的动机强弱，如果是单打独斗，盟国采取反制的动机弱，如果是联合反制，盟国采取反制的动机强，因此双边同盟反制动机弱，多边同盟反制动机强。盟国反制方式还会影响盟国采取反制行动的能力，单打独斗的反制能力弱，而联合反制的能力强，因此双边同盟反制能力弱，多边同盟反制能力强。而盟国反制动机和反制能力共同决定盟国采取反制行动的激烈程度，进而决定同盟弱化的程度。

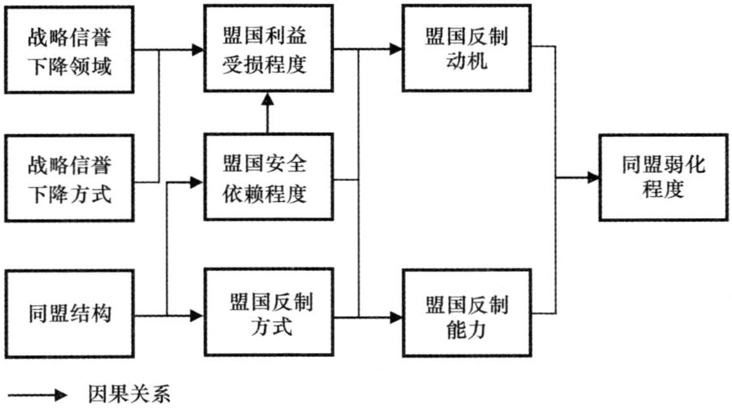

图 2　战略信誉、同盟结构与同盟弱化的因果机制图

（三）研究假设

沃尔兹认为，要检验一个理论，首先是陈述待检验的理论，然后从该理论中推导出可进行经验验证的研究假设。[①] 因此，下文即依据以上所构建的同盟弱化解释逻辑，引出如表 1 中四个研究假设：

H1：盟主战略信誉下降领域是高位政治或战略信誉下降方式为有针对性，同盟结构为多边时，同盟弱化程度最高；

H2：盟主战略信誉下降领域是高位政治或战略信誉下降方式为有针对性，同盟结构为双边时，同盟弱化程度较低；

H3：盟主战略信誉下降领域是低位政治或战略信誉下降方式为无针对性，同盟结构为多边时，同盟弱化程度也较低；

H4：盟主战略信誉下降领域是低位政治或战略信誉下降方式为无针对性，同盟结构为双边时，同盟弱化程度最低。

表 1　变量关系与研究假设

		战略信誉下降领域/方式	
		低位政治/无针对	高位政治/有针对
同盟结构	双边	同盟弱化程度最低	同盟弱化程度较低
	多边	同盟弱化程度较低	同盟弱化程度最高

四、对同盟弱化理论逻辑的经验验证[②]

下文将通过考察特朗普上台之后，美国政府自损信誉行为以及其盟

① Kenneth N. Waltz, *Theory of International Politics*, p. 13.

② 更详实的经验事实请参见周建仁：《战略信誉、同盟结构与同盟弱化》，载《国际政治科学》2020 年第 2 期，第 27—48 页。

国对此的反应来验证以上研究假设，从而对本文所构建的同盟弱化理论逻辑予以验证。只考察特朗普上台后的行为是因为竞选期间的言行很可能仅仅是竞选语言，并未转化成上台后的实际政策，也就不会有实际的政策效应。甚至于特朗普内部讨论时提出各种想法，如果未作为政策正式实施或者未在正式场合把有关想法传递给对象国，笔者也不会把它纳入考虑范围，虽然这种内部想法可能会影响到其战略信誉，但其具体效应很难确定。2016 年 11 月 8 日，唐纳德·特朗普出人意料地击败了民主党总统候选人希拉里·克林顿，当选美国总统，被一些人称为“黑天鹅”事件。① 作为非正统总统，特朗普总统在对外政策上，做出了许多引人注目的举动，最典型的就是所谓“退群”行为。②

在经济领域，特朗普动摇其盟友信心的行为包括退出或威胁退出已有协定，以及以国家安全名义违背世界贸易组织规则任意向盟友强加额外关税，另外把盟友当成经济敌人等。在安全领域，特朗普自损信誉主要有两方面：一是威胁退出同盟或者不明确承诺履行盟约核心条款；二是不顾盟友反对退出重要军控协议。

表 2　特朗普政府自损信誉的行为

时间	外交行为	涉及领域	核心影响对象	反应
2017 年 1 月 23 日	退出《跨太平洋伙伴关系协定》	经济	日本	日本自己组织《全面与进步跨太平洋伙伴关系协定》
2017 年 4 月 26 日	威胁退出《北美自由贸易协议》	经济	加拿大、墨西哥	2018 年 10 月 1 日达成美墨加三国协议，11 月 30 日签署

① “The Black Swan President,” *Politico*, November 12, 2016, https://www.politico.com/magazine/story/2016/11/donald-trump-president-white-house-policy-black-swan-214450.

② 这些行为发生在不同问题领域包括经济、安全以及全球治理方面，有一些仅仅是威胁退出，有一些则事实上退出，下文中笔者只关注与其盟友比较直接相关的“退群”或毁约行为。

续表

时间	外交行为	涉及领域	核心影响对象	反应
2017 年 4 月 27 日	威胁退出《美韩自由贸易协定》	经济	韩国	2017 年 10 月初同意正式启动条约修订谈判，2018 年 9 月 24 日正式签署
2017 年 5 月 18 日	威胁退出北约	安全	欧洲盟国	2017 年 5 月 28 日，德国总理默克尔说欧洲完全依靠别人保护的日子不再了，需要把命运掌握在自己手里
2017 年 5 月 25 日	拒绝确认北约第五条款	安全	欧洲盟国	
2018 年 3 月 1 日	对钢铝征税	经济	欧盟、韩国、日本、加拿大、墨西哥	
2018 年 5 月 8 日	退出伊核协议	安全	欧洲盟国	2018 年 5 月 10 日德国总理默克尔宣称欧洲不能再依靠美国保护了，法国总统马克龙说不能让他国包括盟国决定欧洲外交安全；2018 年 6 月法英等 9 国签订“欧洲干预倡议”意向书，承诺组建军事干预部队；2018 年 11 月 6 日马克龙呼吁建立真正的“欧洲自己的军队”，11 月 13 日，默克尔对此表示支持
2018 年 6 月 22 日	威胁对欧盟汽车征税	经济	欧盟	

续表

时间	外交行为	涉及领域	核心影响对象	反应
2018 年 7 月 15 日	特朗普称欧盟是美国贸易敌人	经济	欧盟	
2018 年 9 月 6 日	暗示对日本展开贸易战	经济	日本	2018 年 9 月 27 日首脑会晤启动贸易谈判，2019 年 8 月 25 日首脑会谈确认 9 月下旬联大期间签署协定，2019 年 9 月 26 日在联大会期间初步达成协议，10 月 7 日正式签署
2019 年 1 月 8 日	悄悄降低欧盟使团级别	政治	欧盟	
2019 年 2 月 1 日宣布 8 月 2 日生效	退出《中导条约》	安全	欧洲盟国	
2019 年 10 月 6 日	宣布从叙利亚撤军	安全	欧洲盟国	2019 年 10 月 21 日，法国总统马克龙宣称北约已经“脑死亡”，怀疑美国能否履行北约第五条款，欧洲不能再依靠美国来防卫，欧洲要重获军事主权，美国背弃欧洲

虽然特朗普做出了许多自损信誉的行为，甚至于他私下也质疑过《美日安保条约》的不公平，因为只规定了美国保护日本，而没

有规定日本保卫美国，[①] 但其政府仍然基本信守对亚太地区的安全承诺。第一，特朗普政府明确确认了《美日安保条约》涵盖钓鱼岛。第二，为韩国等盟国提供核保护伞。第三，特朗普政府甚至首次明确确认美菲条约适用于南海争端引起的冲突。第四，特朗普政府坚持了对中国台湾的战略支持。第五，强化南海“自由航行”行动。第六，推行“印太战略”。

日本和韩国对于美国自损信誉行为带来的利益冲突总体上采取的是妥协和安抚的态度。日韩与美国的主要分歧包括两个方面：一是贸易问题；二是驻军费用分担问题。虽然在这两个问题上没有完全满足特朗普政府提出的所有要求，但它们都在不同领域不同程度上做出了妥协。

日本政府在大选期间押错宝，在特朗普当选后非常紧张，安倍晋三不顾美国奥巴马政府的不悦，打破常规在特朗普尚未就任时即去纽约访问他，试图与其重建信任，[②] 其后安倍也竭尽所能讨好特朗普，比如安排特朗普作为德仁天皇继位后的首个国宾等。[③] 针对美日的贸易争端，2018 年 9 月 26 日，安倍晋三首相和特朗普总统在联合国大会期间举行会谈，同意正式开始双边贸易谈判，改变了过去两年日本不和美国谈判双边贸易协定的立场。日本持这样的立场不是

---

① Jennifer Jacobs, “Trump Muses Privately About Ending Postwar Japan Defense Pact,” *Bloomberg*, June 25, 2019, https://www.bloomberg.com/news/articles/2019-06-25/trump-muses-privately-about-ending-postwar-japan-defense-pact?utm_medium=social&utm_content=business&cmpid=socialflow-twitter-business&utm_source=twitter&utm_campaign=socialflow-organic.

② Tim Walker and David Usborne, “Donald Trump Meets with Japanese PM Shinzo Abe for First Foreign Meeting,” Independent, November 18, 2016, https://www.independent.co.uk/news/world/politics/donald-trump-election-latest-japanese-prime-minister-shinzo-abe-meeting-a7424106.html; Rachel Mealey, “Japanese PM Shinzo Abe Meets with Donald Trump in First Foreign Leader Meeting,” Australian Broadcasting Corporation News, November 18, 2016, https://www.abc.net.au/news/2016-11-18/shinzo-abe-meets-donald-trump-in-new-york/8036408.

③ Katie Rogers and Motoko Rich, “For Trump's Japan Trip, Abe Piles on the Flattery. But to What End?” *New York Times*, May 24, 2019, https://www.nytimes.com/2019/05/24/us/politics/trump-japan-abe-flattery.html.

不愿意和美国讨论贸易问题，而是希望美国重回“跨太平洋伙伴关系协定”框架处理双边贸易问题。作为对日本同意谈判的回报，美国暂不对日本汽车增加关税，同时接受日本对美国的农业和林业产品的进口承诺不超过“跨太平洋伙伴关系协定”水平。[①] 2019 年 9 月 26 日，安倍晋三首相和特朗普总统又在联合国大会期间举行会谈，初步达成一份贸易协议，日本对美农产品取消关税或降低税率，对于美国威胁对日本汽车征税一事只字未提。[②] 2019 年 10 月 7 日，美国贸易代表莱特希泽和日本驻美大使杉山晋辅签署了《日美贸易协定》和《日美数字贸易协定》。[③]

而特朗普政府和韩国的争端主要有二：一是《美韩自由贸易协定》；二是驻韩美军费用分担。对于美国以退出《美韩自由贸易协定》为威胁，要求韩国重新谈判，韩国在 2017 年 9 月之前都是拒绝的，要求在做出任何修订之前应该审核一下《美韩自由贸易协定》的经济效应，但在 2017 年 9 月 4 日随着特朗普屡次发出退出威胁，韩国立场出现松动同意条约修订，2017 年 10 月初双方最终同意正式启动条约修订谈判。[④] 经过近一年的谈判，2018 年 9 月 24 日，特朗普总统和韩国总统文在寅在纽约正式签署经过修订的自由贸易协定，

---

① Steve Holland and David Lawder, “Japan Dodges U. S. Auto Tariffs, for Now, as Trump and Abe Agree on Trade Talks,” *Reuters*, September 27, 2018, https://www.reuters.com/article/us-usa-trade-japan/japan-dodges-u-s-auto-tariffs-for-now-as-trump-and-abe-agree-on-trade-talks-idUSKCN1M62Q9; Motoko Rich, “Japan's Embrace of Bilateral Trade Talks With U. S. Spares It From Tariffs,” *New York Times*, September 27, 2018, https://www.nytimes.com/2018/09/27/world/asia/japan-trump-trade-talks-auto-tariffs.html.

② “US and Japan Agree Initial Trade Deal Focusing on Agriculture,” *BBC*, September 26, 2019, https://www.bbc.com/news/business-49834705.

③ “U. S. - Japan Trade Agreement Text,” Office of the United States Trade Representative, https://ustr.gov/countries-regions/japan-korea-apec/japan/us-japan-trade-agreement-negotiations/us-japan-trade-agreement-text; Niv Elis, “US, Japan Sign Trade Deals,” *The Hill*, October 7, 2019, https://thehill.com/homenews/news/464732-us-japan-sign-trade-deals.

④ Damian Paletta, “Trump Preparing Withdrawal from South Korea Trade Deal, a Move Opposed by Top Aides”; Hyunmin Michael Kang, “US and South Korea Agree to Initiate FTA Amendment Negotiations”.

这也是特朗普政府签署的第一个贸易协定。修订过的贸易协定要求韩国向美国货物出口特别是汽车出口开放市场，同时又允许美国继续对韩国卡车施加25%税率的关税直到2041 年。贸易协定同时取消了对韩国钢铁征税，前提是韩国钢铁进口不超过2015—2017 年年均出口额的70%，同时保留了对韩国铝制品的关税。[①] 协议明显向美国倾斜，显然是韩国对美安抚妥协的结果。

对于驻韩美军军费分担问题，韩国也是采取妥协态度。2019年2 月 10 日，美韩就驻韩美军费用问题达成一年期协议，韩国将负担驻韩美军 1. 04 万亿韩元（合 9. 25 亿美元）费用，这一数字比过去五年的军费负担水平增加了 8. 2%，虽然增加幅度远低于美国要求的 50%，但 2014 年所达成的协议，韩国所承担的费用却比 2013 年涨了 5. 3%，这次上涨幅度略有提升，所以韩国还是作出了妥协。[②]

与日韩对美国自损信誉行为采取安抚妥协态度不同，北约盟国特别是欧洲大陆盟国中的领导国家法国和德国，对于特朗普政府自损信誉行为，反应比较强烈，表现出不妥协的态度。

由于特朗普在北约峰会上拒绝确认北约第五条款以及在七国集团峰会上与其他六国在贸易、气候变化等问题上分歧严重，2017 年5 月 28 日，德国总理默克尔在巴伐利亚竞选集会上表示，欧洲完全依靠别人保护的日子不再了，欧洲必须准备把命运掌握在自己手中，

---

① Jim Tankersley, "Trump Signs Revised Korean Trade Deal," *New York Times*, September 24, 2019, https://www.nytimes.com/2018/09/24/us/politics/south - korea - trump - trade - deal.html; Simon Lester, Inu Manak, and Kyounghwa Kim, "Trump's First Trade Deal: The Slightly Revised KoreaU. S. Free Trade Agreement," CATO Institute, June 13, 2019, https://www.cato.org/publications/free - trade - bulletin/trumps - first - trade - deal - slightly - revised - korea - us - free - trade.

② Choe Sang - Hun, "U. S. and South Korea Sign Deal on Shared Defense Costs," *New York Times*, February 10, 2019, https://www.nytimes.com/2019/02/10/world/asia/us - south - korea - military - costs.html? module = inline.

必须依靠自己为欧洲未来命运而战斗。[①] 在特朗普不顾盟友反对退出伊核协议后，2018 年 5 月 10 日，德国总理默克尔又公开宣称欧洲不能再依靠美国保护了，敦促欧洲要把命运掌握在自己手里。法国总统马克龙呼应说，欧洲国家不能让其他大国包括自己的盟国来决定我们的外交和安全。[②]

2018 年 11 月 6 日，法国总统马克龙在凡尔登举行的第一次世界大战结束一百周年纪念活动上呼吁建立一支真正的欧洲军队，称欧洲必须能够在不依靠美国的情况下更好地保护自己。虽然后来马克龙澄清只是说要保护欧洲免遭中国、俄罗斯甚至美国网络攻击或网络间谍活动，但他说要建立一支独立的欧洲军队，本身就是为了追求更大的独立于美国的防务自主权，而且他至少已经把盟主美国明确确定为网络攻击防范对象。[③] 同年 11 月 13 日，德国总理默克尔在欧洲议会演讲时对此表示支持，她说欧洲可以无条件依赖别人的时代已经一去不复返了，若想维护欧洲共同体的生存，就应该将命运掌握在自己手中。默克尔同时呼吁成立欧洲安全理事会，主管欧洲防务与安全政策。马克龙的呼吁也得到欧盟委员会的支持，其发言人希纳斯指出，欧洲在防务上的合作会从防务采购、研发以及军事维和任务开始，从而建立一个“更有意义、更自信

---

① Jon Henley, “Angela Merkel: EU Cannot Completely Rely on US and Britain Any More,” *The Guardian*, May 28, 2017, https: //www. theguardian. com/world/2017/may/28/merkel – says – eu – cannot – completely – rely – on – us – and – britain – any – more – g7 – talks.

② Jordan Fabian and Morgan Gstalter, “Merkel: Europe Can No Longer Rely on US Protection,” *The Hill*, May 10, 2018, https: //thehill. com/homenews/administration/387067 – merkel – europe – cant – count – on – us – to – protect – us – anymore.

③ “France's Macron Pushes for ‘True European Army’”; Frida Ghitis, “Trump Is Driving Europe Away. But to Where?” *Politico*, November 9, 2018, https: //www. politico. com/magazine/story/2018/11/09/trump – driving – europe – away – 222401; Peter Baker, “Trump Assails Macron and Defends Decision to Skip Cemetery Visit,” *New York Times*, November 13, 2018, https: //www. nytimes. com/2018/11/13/us/politics/trump – macron – france. html? action = click&module = RelatedCoverage&pgtype = Article&region = Footer.

的防御体系”。①

2019 年 5 月 15 日，默克尔在接受《南德意志报》采访时表示，欧洲必须重新定位，以应对中国、俄罗斯和美国这三大全球竞争对手带来的挑战，虽然默克尔说中美俄所带来的挑战是不一样的，俄罗斯是政治上干预选举，中国是经济上的影响力，而美国则是数字服务上的垄断，但这是特朗普上台后作为北约重要盟国的德国首次如此明确把美国与中俄并列为欧洲三大全球对手。②

2019 年 10 月 21 日，法国总统马克龙接受英国《经济学人》采访时更是明确说北约已经“脑死亡”。他说欧洲国家不能再依靠美国来保卫自己，欧洲已经站在悬崖边上，需要作为一股地缘力量做战略思考，否则欧洲就不能再主宰自己的命运，并宣称欧洲要重获军事主权。他明确表示不知道北约第五条款未来意味着什么。马克龙说，需要依据美国的安全承诺重新评估北约到底意味着什么，因为有迹象表明美国要背弃欧洲，比如毫无征兆地抛弃库尔德人撤出叙利亚东北部，从而引发土耳其对库尔德人的攻击，当时马克龙谴责北约在阻止土耳其上的无能，并说欧洲在中东地区事务上不能再表现得像美国的小跟班。③

---

① Katrin Bennhold and Steven Erlanger, “Merkel Joins Macron in Calling for a European Army ‘One Day’,” *New York Times*, November 13, 2018, https://www.nytimes.com/2018/11/13/world/europe/merkel-macron-european-army.html；孙少锋、陈曦：《法德欲建“欧洲军队”，欧洲防务一体化能走多远?》，《人民日报》（海外版），2018 年 11 月 17 日，http://www.xinhuanet.com/mil/2018-11/17/c_129996308.htm。

② Stefan Kornelius and Philip Oltermann, “Merkel: Europe Must Unite to Stand up to China, Russia and US,” *The Guardian*, May 15, 2019, https://www.theguardian.com/world/2019/may/15/angela-merkel-interview-europe-eu-unite-challenge-us-russia-china；徐蕾：《默克尔：欧洲必须应对三大对手，但中俄与美国不太一样》，观察者网，2019 年 5 月 16 日，http://www.sohu.com/a/314340579_115479。

③ “Emmanuel Macron Warns Europe: NATO Is Becoming Brain-dead”; Michel Rose, “France's Macron Says NATO Suffering ‘Brain Death’, Questions U.S. Commitment”.

表 3　美国自损战略信誉行为及其盟国反应

			法德	日韩
美国自损战略信誉行为	安全	退出或威胁退出贸易协定*		○
		征税或威胁征税	○	○
		要求增加军费分担	○	○
		称对方为贸易敌人	○	
		威胁退出同盟	○	
		曾拒绝确认同盟核心条款	○	
		退出伊核协议损害安全利益	○	
		退出《中导条约》损害安全利益	○	
		从叙利亚撤军损害安全利益	○	
同盟结构		双边		○
		多边	○	
盟国反应		宣称不再依赖美国保护	○	
		宣称要掌握自己命运	○	
		宣称要建立独立防务	○	
		宣称美国和中俄并列全球对手	○	
		宣称同盟脑死亡	○	
		宣称要重获军事主权	○	
		宣称美国为网络威胁来源	○	

备注：* 表示美欧之间没有现存贸易协定。

综上，笔者考察了特朗普政府自损信誉的行为以及它在东亚安全领域履行承诺的情况，并考察了美国的亚太盟国日本和韩国的反应，以及北约盟国特别是法国和德国的反应。如表 3 所示，从美国自损战略信誉的领域来看，在亚太地区，美国只在经济领域做出损害盟友利益的行为，而在安全领域基本履行了承诺，而在欧洲地区，美国不但在经济领域而且在安全领域都有做出损害盟友利益的行为。同时，因为美国这种差异性的自损战略信誉行为模式，使得其在安全领域自损战略行为具有了面向欧洲的针对性，从而会使得欧洲有更强的利益受损感知。

从盟国所做出的反应来看，日韩基本上是安抚妥协，没有对抗性的言行，而北约盟国法国和德国都有对抗性的言辞，宣称不再依赖美国保护、建立独立防务以及要重获军事主权甚至不同程度上视美国为全球对手。如上文所述，安抚性的行为对盟主挑战性最低，同盟弱化程度最低，安抚性言辞则挑战性较低，对抗性言辞则挑战性较高，而对抗性行为则挑战性最高。日韩的反应是安抚性行为，而北约盟国法德的反应是对抗性言辞，因此日韩反应挑战性属于最低层次，同盟弱化程度也是最低层面，而北约盟国法德则有对抗性言辞，挑战性属于较高层次，同盟弱化程度也较高。经验考察的结果支持了本文所构建的同盟弱化理论推导出来的研究假设。

五、结论

特朗普上台后做出了许多令人讶异的举动，最典型的就是各种“退群”行为，这些行为背后的根本原因是美国在实力下降情况下希望减少国际责任，本质上是一种战略收缩的行为。不管原因为何，这些行为都损害了美国的战略信誉，但是美国战略信誉的下降对美日、美韩同盟的冲击要明显小于对北约的冲击，美日、美韩同盟弱化程度低于北约。对于这种现象差异，已有的同盟理论无法予以解释，笔者从特朗普政府战略信誉下降领域和下降方式以及同盟结构这两个变量出发，解释了为什么美国亚太盟友日本、韩国反应比较温和，而北约盟国法国、德国反应比较强烈。本文的研究表明美国战略信誉下降领域和下降方式会影响到盟国利益受损的程度，从而影响到其被剥夺感程度，进而影响其采取对抗性言行的动机，而同盟结构则不仅影响盟国采取对抗性言行的动机，也影响其采取对抗性言行的能力。盟国的行为动机和行为能力共同决定了其采取的行为的挑战性程度，从而影响到同盟弱化程度。

美国对日本、韩国所作出的自损战略信誉行为主要与经济议题相关，在安全领域美国基本上维持甚至强化了对地区盟友的安全承诺，因此亚太地区盟友利益受损程度相对较低，而且美日、美韩同盟为双边同盟，只能独自对抗美国，其对抗美国的动机和能力都较低，因此美日、美韩同盟弱化程度低。而美国对北约盟国所作出的自损战略信誉行为既发生在经济领域也发生在安全领域，这使得北约盟国利益受损程度更高，主观上的绝对被剥夺感和相对被剥夺感都较为强烈，因此采取对抗性言行的动机也更为强烈，同时北约是多边同盟，盟友可以联合抵制美国，因而更有动机和能力采取对抗性言行，因此，北约弱化程度高。

（本文发表于《国际政治科学》2020 年第 2 期，此次收入书中进行了部分删减——作者）

地缘现实主义的时空维度探究：大陆强国缘何陷入海上战略竞争？

秦立志*

【内容摘要】 地缘政治学在广义上属于现实主义范式，但在二战后却逐渐受到现实主义领域研究的排斥，虽然一些现实主义学者将地缘政治变量进行了辅助性应用，仍然没有改变地缘政治研究的边缘化风险。无论是地缘政治还是现实主义，都存在如何将体系结构层次与国家单元层次进行契合性分析的难题。本文依托新古典现实主义大战略与地缘政治的有机结合，提出地缘现实主义，聚焦时间变量与空间变量的考察，提出地缘现实主义的基本理论假设与变量机制，对大陆强国发展海权的战略动因、进程与战略效果进行了因果机制与反事实推理的分析。具体的解释机制是：地缘政治环境影响单元层面的战略自主地位诉求，进而影响海上战略的类型与效果。文章的重要理论价值在于从结构与单元层次的互动性角度弥补了传统地缘政治与现实主义的解释力问题，通过理论的推演与历史案例的实证检验，为陆权崛起国如何规避战略透支风险、实现与海上霸权国的和平共处提出了理论与历史维度的战略启示。

---

* 秦立志，中国海洋大学国际事务与公共管理学院副教授，大连外国语大学东北亚研究中心兼职研究员。本文系辽宁省哲学社会科学青年人才培养对象委托课题“大陆强国走向海洋的历史经验及对‘一带一路’战略的启示”的阶段性成果。（课题编号：2022lslwtkt－205）

【关键词】 新古典现实主义　陆权　海权　地缘政治环境　战略自主地位

一、引言

陆权国与海权国的地缘争霸在西方战略叙事中占据重要地位，似乎陆上崛起国的海上战略扩张就一定是为了发起对海上主导国的海权竞争，真相必然如此么？陆权国家与海权国家究竟谁占据着地缘战略的主导权，海权崛起与陆权崛起路径何者更能实现国家强大与建立起战略优势？对大国兴衰的历史进程做出的启示性总结，从来都不乏对大陆强国推进海上战略扩张带来崛起失败或霸权幻灭的分析，似乎大陆强国走向海洋就充满了战略透支的风险。但这种看似注重战略克制与权力谨慎使用的逻辑可能并不符合历史的发展规律。[①] 本文聚焦的核心问题是：是什么使大陆强国决心走向海洋？当大陆国家持续崛起时，为什么它们想要建立强大的海军，并寻求海外影响？什么因素促进或阻碍着国家将大陆资源转化为海上扩张进程？在什么情况下国家将其政治利益扩张到海外？好的理论解释世界如何运行，而不只是解释应该如何运行。对崛起国的研究可以从地缘政治维度进行战略区分，而不是一概而论。无政府状态下的战略不确定性不会平均分配，会受到地理空间的限制，在探究大国战

---

① 大陆强国的海权战略进取并非总是得不偿失，历史上每当大陆强国取得洲际资源掌控的战略地位或崛起进程加快时，通常会选择走向海洋。因为大陆强国的海权战略动机是多元的，海上战略进程也会受到目标与手段的匹配、对手反馈逻辑的不确定性影响，因此大陆强国的海上转型所带来的效果充满了非线性、间接性、非本意的影响。有一种误区是认为大陆强国的海上扩张是为了制衡主导性海上强国，这是基于“修昔底德陷阱”的历史认知逻辑；大陆强国的海上战略并不局限于对主导性海洋强国的制衡动机，且大陆强国的海权战略转型在历史中成功的案例并不少见，很多所谓的失败案例也并非是由海权发展作为唯一的主导自变量决定的。

略竞争中的安全困境时，应充分考虑到地缘政治属性，[①] 在目前的国际关系研究中，对国家战略的描述主要聚焦于现实主义范式所指代的进攻/防御二分法，往往缺乏对国家的地缘政治属性（大陆强国或海洋强国）、地缘政治环境（大陆体系或大洋体系）和战略力量类型（海上力量、陆上力量、空中力量、太空力量、智能空间力量）进行区分。[②] 世界历史中存在经典的海陆对抗逻辑：内陆的大陆民族试图抵达并跨越海洋，航海的大洋民族努力扩大对陆地的控制。[③] 对大陆国家与海洋国家战略竞争烈度的指标评估主要涉及是否出现了双方硬制衡升级，据此提出的研究现象是：大陆强国缘何选择提升海上力量来制衡海上强国，以及海上强国为何选择承担更多大陆边缘地带承诺来制衡大陆强国。

表 1　大陆强国的海上战略扩张案例

时间	国家	战略效果
公元前 550—前 490 年	波斯帝国	缔造了世界历史第一个强大海洋国家的诞生、没有引发国内政治经济恶化；由于扩张进程过快导致希波战争的失败，并不能说明战略转型的失败
公元前 264—前 188 年	古罗马共和国	战胜迦太基，赢得地中海霸权

① 地理因素构成了国际关系存在和演进的空间基础。世界历史，主要是大致位于纬度 30°—60°之间的温带地区的历史。具体参见［英］詹姆斯·菲尔格里夫：《地理与世界霸权》，欧阳瑾译，北京：台海出版社，2019 年版，第 13 页。

② 本文将边缘地带强国有意淡化，是因为大国地理和战略层面通常要么偏重海权，要么偏重陆权，即使是陆海并举，其面对的生存威胁压力也会有海陆差异，当大国陷入战略透支进程时，地理属性会发挥重要作用，对岛国而言最终的威胁来自其他海上力量，对大陆性国家而言首要的生存威胁来自陆上力量。有学者对大国地缘政治属性进行了更为详细划分：海上强国、陆上强国、边缘地带强国。具体参见吴征宇：《地理战略论的分析范畴与核心命题》，载《太平洋学报》2017 年第 1 期，第 28—30 页。

③ ［美］多尔帕伦：《地缘政治学的世界：行动中的地缘政治学》，方旭等译，上海：华东师范大学出版社，2021 年版，第 16 页。

续表

时间	国家	战略效果
公元 1453—1683 年	奥斯曼帝国	1571 年勒班托海战和 1683 年远征维也纳的失败是其后期漫长陆地边境线带来的陆海两难困境问题，不能否定前期成功的海上战略转型
公元 1745—1815 年	法国	保护了美国独立战争的胜利，但没有给法国经济崛起带来好处，缺乏技术革新、没有实现海军与经济发展的对接
公元 1689—1725 年	俄国	俄国成为北欧的海上强国，打击了瑞典的霸权，但没能持续推进转型，主要依靠彼得大帝的个人领导魅力
公元 1883—1890 年	德国	促进了殖民扩张，实现了海军技术与管理能力的提升、扩展了海外贸易、没有引发英国的海上制衡
公元 1897—1914 年	德国	建立了仅次于英国的海上强权，由于海权扩张进程过快，被英国遏制
公元 1890—1945 年	美国	没有在实力崛起时主动挑战英国，以较为缓慢的战略进程逐渐削弱英国的海上主导权，最终缔造持久的单极海上霸权
公元 1962—1985 年	苏联	缩小了与美国的海权差距，强化了海基核力量，但缺乏军民融合、陷入战略透支

资料来源：笔者自制。

二、文献述评

（一）大陆强国陷入海上战略竞争的体系层次分析

“伯罗奔尼撒战争是一场希腊人打希腊人的战争，双方的武器和掌握的技术都大致相当，而其所不同的是一为海上优势，一为享有同等实力的陆上优势。”[①] “修昔底德陷阱”是一个大国冲突的简化命题，并不具备任何实际可操作性，对于大国为什么会在上升期发动攻击缺乏逻辑上的动因和一致性，而且只能适用于体系中最强大的两个国家，既原有霸主和正在崛起的挑战者。[②] 奥根斯基的权力转移理论和乔治·莫德尔斯基的长周期理论，都分析了大陆强国在崛起进程中与海上霸权国的结构性冲突，他们强调的主要是崛起国在实力上与主导国接近后，对体系现状不满而主动挑起与主导国的战争，但是没有考虑到主导国也会在崛起国尚未完成崛起前发动预防性战争的战略逻辑。他们认为挑战者多是大陆强国发起的海上战略扩张行为，在强调海上霸权的领导权合法性的同时，相对忽略了获取和维持领导权背后的霸权属性，对海洋国家的殖民扩张和地缘争霸的很多历史负面表现避而不谈。[③] 约翰·米尔斯海默的进攻性现实主义解释了陆权扩张与海权扩张的地缘政治挑战程度有本质不同，因而跨越水体阻遏的全球霸权难以实现，国家安全最好的方式是获取地区霸权，对沃尔兹的结构现实主义进行了完善。[④] 但他的核心理论假说与对中美关系的预期上则完全是一种结构性的、静态的理论预测。保罗·肯尼迪认为，美国与德国的海军扩展根源是：快速的工业化以及随之而来的对海外市场、殖民地和国际权力政治

---

① Hans Delbruck, *Warfare in Antiquity*, in *History of the Art of War*, Lincoln and London: University of Nebraska Press, 1990, p. 135. 转引自李枏：《现当代西方大战略理论探究》，北京：世界知识出版社，2010 年版，第 54 页。

② Dale C. Copeland, *The Origins of Major War*, Ithaca, NY: Cornell University Press, 2000, pp. 12 – 13.

③ A. F. K. Organski, *World Politics*, New York: Knopf, 1958, pp. 315 – 16; George Modelski, "Is World Politics Evolutionary Learning?" *International Organization*, Vol. 44, No. 1, 1990, p. 11; George Modelsik, *Long Cycles in World Politics*, Washington: University of Washington Press, 1987, pp. 217 – 233; Martel G. WH Parker, *Mackinder: Geography as an Aid to Statecraft*, New York: Clarendon Press, 1982, p. 192.

④ Peter Toft, John J., "Mearsheimer: An offensive realist between geopolitics and power," *Journal of International Relations and Development*, Vol. 8, No. 4, 2005, p. 403.

的兴趣。[①] 他认为国家应避免将本国大部分资源不用于经济目的而只用于军事目的，因为过度扩张将最终难以逃脱国力衰落的命运。[②] 肯尼迪正确提出了大国地位的取得、保持与衰落的一个直接原因是战争，但忽视了国家战略互动进程中的复杂性与不确定性，过于追求国际体系与国家单元层面的经济结构特征。

（二）大陆强国发展海权的单元层次分析

埃卡特·克尔从国内政治视角揭示海军扩张、帝国主义政策与德国的社会经济状况、阶级结构、利益集团和政党政治之间的紧密联系。[③] 有学者认为：19 世纪五六十年代法国的海军报复所引发的英法海军军备竞赛、德国在一战前的海军雄心和英德军备竞赛，以及美国海军雄心与美国崛起，都是受到了海军民族主义的刺激，使这些国家以非战略利益出发进行军备发展，并最终酿成损害国家安全的不必要的、代价高昂的大国冲突甚至战争。[④] 法利德·扎卡利亚提出了政府中心型现实主义：当政治家察觉到政府力量而不是国家力量的相对增长时，他们将对外扩张国家的政治利益。[⑤] 他以此解释了美国从大陆强国走向海洋的国内政治动力。理查德·勒博认为，

---

① ［英］保罗·肯尼迪：《英国海上主导权的兴衰》，沈志雄译，北京：人民出版社，2014 年版，第 231 页。

② ［美］保罗·肯尼迪：《大国的兴衰》，陈景彪等译，北京：国际文化出版公司，2005 年版。

③ 赵光锐：《对外政策优先还是国内政治优先？——埃卡特·克尔关于德意志第二帝国海军扩张问题的研究》，载《国际政治研究》2021 年第 1 期，第 122 页；Eckart kehr, *Economic Interest, Militarism, and Foreign Policy*: *Essays on German History*, Berkeley: University of California Press, 1977; Wolfgang J. Mommsen, "Domestic Factors in German Foreign Policy Before 1914," *Central European History*, Vol. 6, No. 1, 1973。

④ 张海文主编：《21 世纪海洋大国：海上合作与冲突管理》，北京：社会科学文献出版社，2014 年版，第 70—89 页。

⑤ ［美］法利德·扎卡利亚：《从财富到权力》，门洪华等译，北京：新华出版社，2001 年版，第 50 页。

由于傲慢地、不知足地追求荣誉，路易十四坚持要完全征服荷兰，发起了军事冒险，并与英国开展了大规模的海上战略竞争，使海外殖民利益受到了巨大损失。[①] 杰弗里·蒂尔指出：雅典、迦太基、威尼斯、荷兰和英国，自然地理上的需要迫使它们建立海权。另外一些国家，如罗马、奥斯曼土耳其和西班牙，则是源于统治者自觉的深思熟虑的决策而建立了海权。甚至是一些放弃海权的国家，如阿兹特克、印度和中国，都依然实现了繁荣。[②] 地缘学说很大程度上就是关于大陆强国如何推进海上战略，以及海上强国如何遏制大陆扩张的研究维度。[③] 尽管地缘政治理论（即使是豪斯霍弗的生存空间论也希望实现德苏联盟而非“巴巴罗萨”）普遍寻求权力扩张的地理空间限制，但理论上的战略克制无法保证大国在实践中悬崖勒马。虽然罗伯特·卡普兰断言地缘政治的目标是实现均势，[④] 不过历史上崛起的陆权强国在初始的扩张阶段获取了巨大成功后，都由于扩张性收益塑造了新的战略预期，以牺牲时间自主与空间自主地位的方式陷入了过度扩张。包括路易十四或拿破仑一世法国，以及威廉二世或希特勒德国。[⑤] 因此，对地缘政治学说的战略影响不应夸大。

---

① ［美］理查德·勒博：《国家为何而战？：过去与未来的战争动机》，陈定定等译，上海：上海人民出版社，2014 年版，第 67—127 页。

② ［英］杰弗里·蒂尔：《海上战略与核时代》，史常勇译，济南：济南出版社，2021 年版，第 5—6 页。

③ 理论是否直接作用于国家的战略和外交政策难以准确判断，国家战略决策究竟是采纳了理论学说的倡议，还是学说本身让决策者已有的理念变得合理化，甚至仅仅只是作为政策的宣传工具，这种评判很难精准。但地缘政治学确实在不同历史时期促成了大陆强国具体的海上战略行动。

④ Robert D. Kaplan, *The Revenge of Geography*: *What the Map Tells Us about Coming Conflicts and the Battle against Fate*, NY: Random House, 2012, p. 61.

⑤ Jack S. Levy and William R. Thompson, “Balancing on Land and at Sea: Do States Ally against the Leading Global Power?” *International Security*, Vol. 35, No. 1, 2010, pp. 7 - 43.

（三）本文的创新点和研究意义

本文认为影响陆权崛起国与海上霸权国的地缘战略互动的动因、进程与效果的根源在于：时间与空间层面的战略自主地位。当本国的地缘空间回旋余地很大、战略机遇期较长时，可以判定国家的战略自主地位较高，在理性决策模式下就不容易陷入战略透支。本文并不假设离岸海洋国家就比强国环伺的陆地国家有不可逆转的战略自主地位优势，尽管地理因素很重要，但笔者提出的时间变量与空间变量是动态的战略与系统性影响，与传统的地理决定论有本质区别。本文意图实现如下目标内容：第一，实现地缘政治学、现实主义战略研究的对话与结合。[①] 提出的地缘政治分析框架，试图借助科学行为主义的方法、以现实主义范式为主要路径、实现理想主义的和平目标。[②] 第二，揭示地缘政治学说本身就具有一定的时间与空间的动态性特征、以及具有主流现实主义所不具备的自由主义解释力。[③] 第三，对海权

---

① 尽管地缘政治被视为现实主义范式的一部分，一些现实主义流派将地缘政治变量作为辅助性解释工具，但自摩根索以来的现实主义学者都普遍在理论论证过程中极力与地缘政治学划清界限，反倒是克劳塞维茨以来的战略学研究对地缘政治始终保持跟进，这也导致了一个现象：尽管战略研究与现实主义研究享有共同的一些理论假设（如国际体系无政府状态、自助原则、权力界定利益等），但现实主义理论研究越发缺乏对客观世界的解释力、对国家战略和政策建议上也越发走向乌托邦主义的趋势，而战略研究路径与方法则仍然保持了对国家战略实践的指导意义。

② 范式是关于世界的基本假设。这些假设提供了在理论化开始之前必须解决的问题的答案。从范式的角度而言，理想主义提供了学科的目标，现实主义提供了基本范式，行为主义者提供了科学原则。具体参见 John Vasquez, *The Power of Power Politics*: *Cambridge University Press*, Cambridge: Cambridge University Press, 2004, pp. 23 – 44。

③ 地缘政治学说不乏对现实主义与自由主义范式的调和，比如麦金德赞成用国际联盟这一自由主义制度来实现对德俄两国传统地缘政治冲突的化解工具，与爱德华·卡尔一样，麦金德也提倡权力与道德的平衡，这与沃尔兹以来的结构现实主义有本质区别。麦金德等传统地缘学派的观点很明显与新古典现实主义有更多共鸣，再加上后者又明确提出了大战略分析维度，这也是本文的思想灵感来源。

与陆权的比较研究。[①] 第四，为地缘政治研究提供过程追踪方法视角，提升地缘政治研究的科学方法性。在避免“地理环境决定论”的同时保持对地缘政治视野的战略研究弹性。

三、地缘现实主义的理论分析框架

（一）层次分析与研究路径

无论是古典现实主义还是结构现实主义的理论模型，都倾向于认为当大陆强国感到“安全匮乏”时就会扩张，而国家感到“有足够的安全”时就不会那样做。[②] 由于国际体系的无政府状态是常量，国家维护主权和安全等功能基本相似，故单元之间的权力分配决定了体系结构。[③] 结构是系统中一系列约束条件，通过奖励或惩罚某些行为来实现选择。他的理论逻辑偏好于反霸的均势制衡的反复成功，而非鼓励争霸战争。均势的破坏会被以多种方式重建。按照他的理论学说，崛起的大陆强国迟早要发起对海上强国的制衡行为，或者海上强国迟早要制衡大陆强国。从对体系和国内变量的相对因果权重看，古典现实主义强调国内决定论（完全的能动性），沃尔兹以来的结构现实主义聚焦体系决定论（没有能动性）。绝大多数情况下，国家战略既不会是完全理性的（结构现实主义的逻辑），也不会是完全不理性的（古典现实主义的逻辑）。地缘政治包括理论学说与政治

---

① 例如，海上战略对大陆性战争中的海军要求是：海上战略要在陆上战事彻底失败之前发挥作用。具体参见［印］拉贾·梅农：《海上战略与大陆性战争》，朱丹等译，济南：济南出版社，2021 年版，第 47 页。

② Kenneth Waltz, *Theory of International Politics*, New York: McGraw Hill Publishing Company, 1979, p. 18；潘忠岐：《国际政治学理论解析》，上海：上海人民出版社，2015 年版，第 157 页。

③ Kenneth Waltz, *Theory of International Politics*, New York: McGraw Hill Publishing Company, 1979, p. 30.

现象，是从空间或地理的视角所做的国际关系研究，表达政治行为与发生这种行为所处的地球环境之间的特定关系。[①] 地缘政治研究也面临着类似现实主义的体系 VS 单元取舍的研究难题。[②] 它的分析通常包括三个步骤：首先是对地理空间自身特征的考察；其次是要探究地理空间不同客体之间的互动关系与模式；最后是对地缘政治空间进行整体分析，确立其全部特征。[③]

新古典现实主义的核心贡献是它解释了对外政策随时间和空间变化的动态性，[④] 本文建立的因果机制主要由体系决定，但受到单元层次中介变量的过滤和调节作用影响，给出一种相对科学地理解大陆强国推进海上战略以及如何引发与海上强国竞争的因果机制，并希望能够有助于实现新古典现实主义与地缘政治理论的研究结合。变量的选取与机制的构建应遵循"奥卡姆剃刀"原则。[⑤] 将地缘政治纳入新古典现实主义的大战略框架中，能够让地缘政治研究克服复杂的系统中的非线性特性、时间效应和情境性问题，在时空情境

---

① Geoffrey Parker, *Geopolitics: Past, Present and Future*, London: Pinter Pub Ltd, 1998, p. 2; Lemke Douglas and Ronald L. Tammen, Power transition theory and the rise of China, *International Interactions*, Vol. 29, No. 4, 2003, pp. 269 - 271.

② 对地缘政治现象的结构主义解释有助于把握宏大的历史背景与核心规律，缺陷是难以解释差异性，比如为何面临相似的战略环境，大陆强国的海上战略类型和后果有重大差别？而且很容易陷入类似"修昔底德陷阱"的宿命论观点，认为陆权强国的海上扩张必然是为了制衡主导性海洋强国，甚至陷入战略透支和国家衰落，并因此不够客观的断言陆权强国的海权崛起失败是历史的常态。注重国家单元层面和战略决策的视角能够提高对大陆强国案例特殊性的解释力，但对体系结构层面和战略互动的分析相对不足，使个案研究更多是以国别战略史的叙事方式写作，缺乏普遍的指导意义。在某些国别研究或涉及具体国防问题的历史与政策研究中，不乏对某国某时期在某区域的海军外交或海权战略的成因、演变和发展讨论。但往往就事论事，缺乏多个案例的适用性解释机制。

③ ［英］杰弗里·帕克：《地缘政治学：过去、现在和未来》，刘从德译，北京：新华出版社，2003 年版，第 9 页。

④ Fareed Zakaria, *From Wealth to Power: The Unusual Origins of America's World Role*, *Princeton Studies in International History and Politics*, Princeton, NJ: Princeton University Press, 1998, p. 34.

⑤ 有意义的解释通常都把两个或两个以上的分析层次结合起来，如果简明的解释是恰当的，那么它就比复杂的解释更为可取。这就是"简约原则"或者"奥卡姆剃刀"。具体参见［美］小约瑟夫·奈等：《理解全球冲突与合作：理论与历史》，张小明译，上海：上海人民出版社，2018 年版，第 74 页。

下建立实证主义的中层理论,[①] 因而本文提出了地缘现实主义的解释路径。地缘现实主义的核心理论框架应从三个维度进行探究：即空间上为什么一个地区或国家的思想能够用于其他区域国家，时间上为什么历史上的思想能够用于后世的解释，以及在特定时空条件限定下，为什么一种文化体系内的思想能够对其他文化体系产生有限普适性。时空[②]社会理论的本质是特殊性，但可以发展为有限的普适性。理论在一定时间和空间中的适用就是理论的有限普适性。无论是完全的普适主义，还是彻底的特殊主义，都不会对理论建构产生积极作用。即使在自然科学领域，牛顿的一些重要定律在不同时空层级中便会被证否，相对论和量子力学的崛起就是很好的证明。[③] 地缘政治学实际上是一种特殊的思想体系，它解决的问题是三个不同的学术学科及其基本关切的交汇处：地理学、历史学和战略研究。[④]

（二）自变量分析：地缘政治环境（包容性/约束性）

根据全球地理意义上的权力分配来决定战略需要并制定对外政策。国家间的等级关系不是均势的同义词，国家在体系中所处的位置（强弱顺序和实力排名），需要结合地缘政治空间加以判

---

① 叶成城：《重新审视地缘政治学：社会科学方法论的视角》，载《世界经济与政治》2015年第5期，第100页。

② 空间、时间和文化的因素互相关联、彼此影响，但时间和空间的互联依然尤为突出，因为它们确立了地缘政治的基本框架。文化的形成和影响，必须以时间和空间为本。我们需要的是分析不同背景中的行动者怎样建构了不同的社会事实，为什么会出现这样的差异，而不是将一种地缘文化背景中建构起来的社会事实模式机械地移植于甚至强加于其他地缘文化场景。秦亚青：《世界政治中的关系理论》，上海：上海人民出版社，2021年版，第22页。

③ 秦亚青：《世界政治中的关系理论》，上海：上海人民出版社，2021年版，第79—81页。

④ Oyvind Osterud, "The Uses and Abuses of Geopolitics," *Journal of Peace Research*, Vol. 25, No. 2, 1988, pp. 191 - 199.

定，国际体系不是静止的，也不是对所有国家都具有同等的“外部”意义。[①] 位于中心地带的强国可能面临两线甚至多线作战的地缘政治挤压；侧翼国家在崛起进程中享有更多的时间自主性，将地处侧翼的和平红利转化为对经济发展和基础设施建设的投入。[②] 强大的海岛（或海洋）国家天生比大陆国家威胁小；边缘国家向未开发的腹地扩张造成的威胁也远小于在核心地区进行扩张。边缘位置能带来地利和时间主权（自主性）。从权力的地理分布而言，处于地缘政治三明治结构的中心位置是相对脆弱的，但是如果权力转移趋势有利于中心位置的国家，或者中心国家与其他大国的整体战略关系是相对有利的，那么中心位置的地缘政治不利条件就在很大程度上扭转。反之，在权力的地理分布处于侧翼位置的国家，如果展现出过度的扩张野心，很可能招致其他大国的制衡，或者因为战略透支导致不利于本国的权力转移趋势时，侧翼位置所赋予的战略优势就消耗殆尽。侧翼位置/中心位置具有动态变化性，从时间与空间两个维度影响到了地缘政治环境是否具有包容性，更具包容性的地缘政治环境意味着大陆强国的战略自主程度较高，在时间上不面临海上强国的紧迫威胁、在空间层面陷入两线甚至多线对抗的风险较低；约束性的地缘政治环境则意味着大陆强国在时间上面临海上强国的紧迫威胁、在空间层面陷入两线或多线对抗的风险较高。地缘政治环境限定了国家战略选项的基本前提，但对于国家行为来说并不是只有一个出口。

历史上很多著名的强国都是崛起于体系的侧翼地区，有一些只

---

① ［英］克里斯托弗·希尔：《变化中的对外政策政治》，唐小松等译，上海：上海人民出版社，2007 年版，第 85—180 页。

② ［德］赫尔弗里德·明克勒：《帝国统治的逻辑：从古罗马到美国》，程卫平译，北京：社会科学文献出版社，2021 年版，第 50—57 页。

是后来逐渐扩张到了体系的中心地带，尽管并不绝对。① 大陆强国的崛起通常首先感知到威胁的是周边陆上邻国，地缘邻近 + 陆权力量的征服恐惧足以迫使崛起的大陆强国的周边国家天然成为海上主导国的盟友。无论是从外部制衡（联盟等国际制度的合法性），还是内部制衡能力（军备、经济发展等）的评估，主导性海洋强国都享有更多的安全盈余与战略自主性。大陆强国走向海洋通常必然会受到海权强国的关注（尽管未必爆发战争），因此对两者的互动性战略比较是必要的。一些大陆强国倾向于建立存在舰队，它是指在战略上无法获得制海权，但又具备足够的力量，通过符合当时实际的战略战术运用，能够阻止对方获得制海权的舰队，这是典型的大陆战略思维。大陆强国难以长期保持海军力量，海洋不同于陆地，不会受到永久的控制或绝对的统治，只要丧失了对海洋的控制，海权就会被击败，但想要击败陆上强国，就得在战场上战胜它们，并占据其核心领土。从波斯到苏联，这种海军的目标都是摧毁海权，而不是获得它。罗马摧毁的是海权文化而不是战略性制海权，是文化而不是军力导致罗马对迦太基的忧虑和对汉尼拔的迫害。海权强国依赖

---

① 基于地理决定论的敌友判断未必符合国家实际的地缘政治需要，海权或陆权大国的中心/侧翼位置并不是地缘冲突的必然动力。1889 年英国国会通过《海军防卫法案》，确立了皇家海军"至少须等于任何其他两强的海军力量"这一原则。1889 年时的威胁是法俄两国的舰队可能在地中海合而为一。到世纪之交，面临的威胁是德国。英、法、德、俄的地缘位置没有变化，改变的是地缘威胁来源。因此，国家对彼此威胁认知界定与战略关系的变化会改变侧翼/中心位置的战略意义。笔者认为战略上的高明自主可能会改变体系位置的不利地缘环境，但不容置疑有很多历史案例证明侧翼强国崛起的概率更大：罗马崛起于希腊化世界的政治中心的侧翼地区；葡萄牙和西班牙也是在当时的法国、意大利、奥地利三角地区构成的权力中心之外完成了政治和经济崛起。自从 1651 年颁布《航海条例》以来，英国依托欧洲权力中心的海上侧翼位置，通过离岸平衡战略持续崛起，控制着欧陆争霸进程，在维持欧陆均势的基础上保持海权优势地位。18 世纪和 19 世纪的英国，通过侧翼位置在经济上赢得了对欧陆的优势。能够成功管控地缘战略透支风险的崛起国家，大都起源于地缘政治侧翼地区。奥斯曼帝国早期也是崛起于安纳托利亚半岛的边缘，直到帝国扩张阶段，才从小亚细亚和东南欧地区向欧洲扩张，在争夺权力中心地带的战争和战略博弈中陷入战略透支。俄国作为欧陆侧翼国家，自北方大战战胜瑞典以来，通常只需应对一个地缘方向的威胁和挑战，再加上地理幅员赋予它的战略缓冲空间，使它实现了渐进式的地缘扩张模式：陆域蚕食加水域开拓。即使出现战略透支时也能通过防御维持自保。

有限的战争和海洋战略，专注海洋获得了不对称的优势。[①] 波斯、罗马、西班牙、法国和德国等都是典型的大陆强国。海上战略是指国家借以保持或增强海权，以及在平时和战时运用海权以实现预定目标的方式方法。当然，深陷大陆扩张并非大陆强国的专属，不必陷入地理决定论的误区。[②] 陆权中心强国相对于海权侧翼强国而言，在战略潜力方面也具有一定的优势。以往也有大国享有海军优势，却在陆上遭到决定性的失败。[③]

---

① ［英］安德鲁·兰伯特：《海洋与权力：一部新文明史》，龚昊译，长沙：湖南文艺出版社，2021 年版，导言，第 3—20 页。

② 大多数大陆强国的海军都会不断审视自己的海上战略，关注其他国家海军的技术进步是否会使本国在控制战场空间时处于不利地位。陆权国家既要发展保卫自己海岸线的能力，又要发展控制他国海岸线的能力。大陆强国虽然在海洋方向有重大利益，但从长远看，其国家安全主要取决于陆上威胁，当它们与其他国家结盟时，会兼顾海上威胁，有关威胁的判断更多是出于地缘政治而不是地缘经济的考虑。1867 年到 1945 年，日本帝国虽然是岛国、并且拥有一支强大的海军，却没有成为一个海权国家，日本当时是个专注于征服大陆的陆军强国；海军是用来确保它与朝鲜、中国东北和中国内陆腹地之间的军事交通的。海洋强国的衰落有两种形式：相对的和绝对的。相对衰落更多是国际体系权力与技术的不平衡增长所致，绝对衰落则是海洋强国深陷大陆事务。在 1914 年以前，英国处于相对衰落的状态，随着德国、美国和俄国跟随英国进入工业化进程，它在全球经济活动中所占的份额和主要工业产出百分比都在下降，但是英国的经济和实力仍然有着绝对的优势，这意味着它可以在关键的经济和战略领域（航运、造船、保险和资本），以及与海军实力和军备制造相关的领域保持主导地位。英国仍然控制着全球经济体系和为商业提供动力的关键通信系统，它以只保持一支小型陆军的方式来平衡维持全世界最大海军的成本。1900 年至 1914 年间，英国经常通过有针对性地展示海军力量来进行公开威慑，对一系列国际危机加以干预，以化解外交争端和防止战争。英国的绝对衰落始于第一次世界大战，当时它错误地试图表现得像一个陆上大国，动员了大量的军队，并在西欧打了一场总体战。［英］杰弗里·蒂尔：《海上战略与核时代》，史常勇译，济南：济南出版社，2021 年版，第 18—19 页；［印］拉贾·梅农：《海上战略与大陆性战争》，朱丹等译，济南：济南出版社，2021 年版，第 196 页。

③ 普法战争中，法国舰队实际上能够对德国北部沿海实施封锁，但却未能扭转法国军事上的劣势。赢得伯罗奔尼撒战争的不是海军帝国雅典，而是大陆大国斯巴达；亚历山大摧毁了波斯舰队的基地，继而征服了波斯帝国的中部领地；迦太基最终被罗马所灭。陆军强国的逻辑就是扩充实力直到旧世界所有的海岸都落入同一个大陆大国的控制之中。海军力量的机动和渗透能力掩盖了它离开陆地基础便无法生存的事实。历史上海军通常因基地被地面部队攻克而屈服。自从匈奴人和蒙古人的游牧帝国以来，陆权交通技术的革命性进展增加了陆上心脏地带的战略潜力。第一次世界大战海上国家的胜利带有偶然性，美国军队发挥了敌对大陆大国的作用，使海军力量发挥了主导作用。一战的真正教训是，陆军强国相对于海军强国的战略机遇不断增加的警示。［英］马丁·怀特：《权力政治》，宋爱群译，北京：世界知识出版社，2004 年版，第 38—42 页。

（三）中介变量分析：战略自主地位诉求（维持现状/修正主义）

本文提出的战略自主地位①不是力求实现绝对优势、完全剥夺其他国家的战略自主，而是避免让对手别无选择与风险承担决心形成。合理的战略自主地位追求是一种相对性、有条件性、带有防御性现实主义的适度安全逻辑。② 在地缘政治领域中，大国应将提升战略自主性作为至关重要的国家利益，而战略自主性可以包括时间自主与空间自主两个维度。主动的外交思想只能属于大国或强国，一国外交的影响力最终是同它的现实的或潜在的实力成正比的。大国与小国外交的重大区别是，大国外交任务有两个：保全自己和扩张势力。③ 国家崛起的逻辑必须是自主逻辑，依附于他国的国家是不可能崛起的。大国崛起的过程也是大国的国际威信形成的过程，而支撑大国国际威信的基础是其自主发展道路。④ 从空间自主来说有一个经典理论案例：你的邻国是你的天然敌人，那么与你邻国相邻的其他国家则是你的天然盟友。这是国际体系中经典的三明治结构，反映了战略自主在空间层面的作用。从时间自主来说，无论从外部制衡能力还是内部制衡能力来说，一国可以从当下到未来的时间推移中持续获得超过对手的、具有战略意义的相对收益，那么可以认为时间对该国有利。

---

① 传统地位要么是指声望与荣誉，或纯粹的权力大小比较或制度收益分配问题，要么是弱势国家如何摆脱强势国家干预的现象描述。

② 大陆地位和海上地位都不满意的国家，如果处于不利于海上制衡的地缘政治环境中，则最终会由于陆海两难选择的透支风险，在客观失败或主观认知风险的情况下选择权宜之计的海上战略克制。战争并非追求荣誉或者地位的唯一手段，本文聚焦的海上地位分析就包括了海上军备竞赛、海军外交、海外殖民地或势力范围的获取等。

③ 陈乐民主编：《西方外交思想史》，北京：中国社会科学出版社，1995 年版，第 7 页。

④ 张文木：《全球视野中的中国国家安全战略（上卷）》，济南：山东人民出版社，2008 年版，第 4 页。

国家对战略自主地位的诉求，可以分为海上地位与大陆地位两个维度。大陆地位即本国所在大陆区域，海上地位即在全球体系等级中的排位。[①] 地位既可以指国家权力与秩序等级的分配现状，也可以是国家主动追求的战略目标。对时间变量与空间变量的认知过滤，构成了国家实际想采取的地缘战略取向，当国家认为时间/空间变量的发展不利于本国战略利益时、或认为改变原有地缘战略传统有助于扩展时间和空间的战略自主性时，就会对大陆地位或/和海上地位产生现状不满的偏好。即使对客观的时间与空间条件的认知出现错误，本文研究也秉持一个观点：建立在对实力与威胁客观测量基础上的大规模的国家对比，与阐述政治家对国家在国际体系中地位的认识与反应的系统的、集中的对比相对照，后者更有价值。[②]

国家的战略自主地位偏好并不完全受制于地理因素，[③] 会对外部地缘政治环境的结构性约束进行一定的战略调试。传统上认为海洋国家要比大陆国家更容易实现风险规避，陆上侧翼国家相比陆上中心国家要在时间与空间层面享有更多的战略自主权来决定风险偏好。但这里需要注意的是国家对自身的战略文化与战略行

---

① 大陆强国一旦失去了海上战略需要，很可能会由于自身的地缘位置与大陆性战略文化的传统结构性影响，而重新回归海上战略扩张之前的状态，例如斯巴达为了应对雅典威胁的海上扩军，以及俄国在彼得大帝、叶卡捷琳娜二世等主张海上扩张的领导人之外的历史间歇期，更多选择大陆政策。本文对海上地位/大陆地位的时空维度下的战略诉求界定，是以安全困境的广泛存在为先验前提的，尽管历史上很多大国战略行为的主要驱动变量有很多，但笔者认为安全困境的动力机制被严重低估。

② ［美］法利德·扎卡利亚：《从财富到权力》，门洪华等译，北京：新华出版社，2001 年版，第 34 页。

③ 俄国在大多数历史时期扮演了陆上侧翼国家的战略地理身份，但也会担心由于大国战略关系的变动让自身从体系侧翼国家变为体系中心国家。海上国家也可能由于战略身份与决策的原因从侧翼国家变为中心国家，英法百年战争时期的英国深陷欧陆战争，即使都铎王朝以后的一段时期英国仍然不会将自身的地缘属性定性为岛国，大陆情结是英国工业革命以后才彻底消除的。第二次世界大战时期的日本也难言在文化和身份认知上是岛国，对东亚大陆的领土觊觎与对中美两国的先后开战，让其从海上侧翼国家变为海上中心国家。因此地理与战略偏好有相关性，但不具有决定性。

动塑造具有很强的主观能动性。由于历史实践的直接经验是很少的，所以了解历史的间接经验要比直接经验有更大的多样性与广度。例如，从海军与陆军的战略文化角度出发，海军是“为设备而配置人员”，而陆军是“为人员配备装备”。[①] 最具有进攻性的国家是那些寻求被认同为海上大国的大陆崛起国家，以及寻求海上霸权的主导大国。[②] 当陆权崛起国坚持索要更多的海上权力地位，而衰落的霸权国则以抵制其要求相回应。由于所有大国都在争夺对同一区域的地缘控制权，一个国家地缘政治地位的提高只能意味着其他国家相应的损失。[③] 从国家的海上战略诉求来看，追求的是优势地位而非势均力敌，但仍可能由于修正主义行为受到了更多的战略克制逻辑，形成对均势现状的妥协。[④] 海上霸权国面对大陆强国的挑战时，也可能从维持现状转向修正主义战略取向。对大陆地位不满的国家，容易受到主导性海洋强国的海上制衡与拉拢陆上联

---

① ［美］罗杰·W. 巴尼特：《海军的战略和文化：海军所想所为为什么不一样》，吴东风等译，北京：中国市场出版社，2014 年版，第 15—20 页。

② 将地缘政治地位视为荣誉而非安全利益的国家更倾向于承担风险，不太可能对环境做出准确评估。受荣誉驱使的领导人通常十分愤怒，并且和前景理论假设相反，这些领导人也愿意冒着同样的风险追求或者避免丢失荣誉。最咄咄逼人的国家是急于获得大国认可的崛起国家和谋求霸权的主导大国。

③ ［美］理查德·内德·勒博：《国家为何而战？过去与未来的战争动机》，陈定定等译，上海：上海人民出版社，2014 年版，第 67—163 页；［美］兰德尔·施韦勒：《麦克斯韦妖与金苹果：新千年的全球失序》，高婉妮等译，上海：上海人民出版社，2021 年版，第 139—140 页。

④ 海上战略扩张在本质上是一种修正主义行为，但该国未必是修正主义国家；当然，即使战略执行的初始阶段是维持现状国家，但在战略扩张进程中，可能受到扩张性收益与累积性损失的影响，导致战略目标与战略手段的失衡，出现了目标扩大化或战略资源不足的情况，则国家有可能从维持现状的身份变为修正主义身份，也可能由于长期战略负资产导致被迫出现战略克制与外交妥协的情况，重新成为维持现状国家。由于本文分析的是大陆强国推进海上战略这一事实，因此假设大陆强国对海上地位现状一定是不满意的，当然这种不满未必是激进的或是以挑战海上霸主的途径实现。这种地位诉求具体分成两类：海上地位不满/大陆地位满意、海上地位不满/大陆地位不满。

盟合围。[①]

（四）因变量：海上制衡的类型与效果

所谓海上制衡，是指一个大陆强国通过强化自身的海上武装来抵消、削弱乃至超越头等海洋强国的海上主导权或力量优势。[②] 大陆强国的海上制衡行为，可能有四种类型与潜在的战略效果：一是当大陆强国的海上制衡发生在海上霸权国的核心利益地区时，如果大陆强国选择快速突进的方式给予海上霸权国以时间压力，即使海上霸权国可能面临其他大国的海上制衡挑战，仍然可能由于空间邻近性与时间紧迫性的担忧，以高度的风险承担来捍卫海上霸权地位，双方可能陷入激烈的海上军备竞赛、加剧全面地缘政治对抗风险。二是大陆强国的海上制衡仍旧涉及海上霸权国的核心利益地区，但如果大陆强国选择放缓速度的方式降低海上霸权国的时间压力，那么海上霸权国可能

---

① 就古典现实主义者而言，国家扩张是因为它能够扩张；而对防御性现实主义者而言，国家扩张是因为它不得不扩张。像古典现实主义一样，外交政策理论试图解释的不是国际后果，而是国家的倾向。海上战略扩张的倾向与后果存在区别，并不一定是恶劣的国家导致了恶劣的后果，很可能是安全困境使然。决定大陆强国推进海上战略扩张的并非单纯受到经济利益考虑，而是要比较所涉及的政治机会与政治风险，也就是说，要考虑这种扩张对安全地位、权力地位和秩序地位可能造成的影响。对地位与威望的追求是一种政治运作过程，不宜以短期的成本—效益分析来评估其价值。威望竞争可以视为国际等级制建立的过程。权力地位与大国声望足够高可以降低武力实际使用的概率与成本，霸权地位的竞争未必以武力兵戎相见。地位的追求也为非理性的动机和窗口预期提供了条件。

② 大陆强国未必要等到权力转移条件成熟时才选择发起海上制衡，而是当大国战略关系出现众多挑战海上主导国家的力量中心时，大陆强国就可以选择提前发起制衡。主导性海洋强国的权力衰退，出现多个权力中心的群体性崛起、大陆强国的侧翼位置，有利于发起海上制衡。尽管本文讨论的焦点不局限于海上制衡动机，但当大陆强国提升海上力量或进行海上战略进取时，意味着大陆强国的地缘政治享有安全盈余，以及推进海上战略时更少受到海上强国的制衡压力，也就等于具备了在客观上制衡海上霸权国的战略能力。海上战略具有全球通达性，很难说对主导性海洋强国的海上制衡能力发展就不会威胁到其他大陆国家和海洋国家。本国海上战略的相对克制有助于降低体系制衡压力，即提升了有限的海上制衡能力。制衡的对象主要是主导性海洋强国，但也包括次等的海上强国或其他大陆强国。强大的海岛（或海洋）国家天生比大陆国家威胁小；边缘国家向未开发的腹地扩张造成的威胁也远小于在核心地区进行扩张。顾全：《大陆强国与海上制衡：1888—1914 年德国的海军扩张》，上海：上海人民出版社，2019 年版，第 5 页。

应对空间距离遥远、但时间压力更大的海上制衡挑战，海上霸权国可能倾向于对大陆强国以风险规避的方式来捍卫海上霸权地位。三是大陆强国的海上制衡发生在海上霸权国的边缘利益地区时，如果大陆强国选择快速突进的方式给予海上霸权国以时间压力，那么如果海上霸权国在空间邻近地区面临现实挑战、会选择与大陆强国缓和冲突烈度；如果海上霸权国缺少其他空间邻近的现实威胁、会对大陆强国发起反制衡，但制衡效果可能因边缘利益地区而导致战略决心不足，最终的战略对抗风险会低于对核心利益地区的快速突进挑战路径的影响。四是大陆强国的海上制衡仍旧发生在海上霸权国的边缘利益地区，如果大陆强国选择放缓速度的方式降低海上霸权国的时间紧迫预期，那么海上霸权国在存在其他空间紧迫威胁时，会选择与大陆强国通力合作，如果海上霸权国不存在其他现实威胁时，会倾向与大陆强国实现良性竞争或适当的战略示善。①

四、案例检验

本文选取的案例均反映了大陆强国在海上战略转型进程中与主

① 如果崛起的大陆强国的海上扩张战略导致一个处于衰落中的主导性海洋强国对最终的权力转移感到担心，海洋强国可能认为，在大陆强国处于上升阶段立即发动战争的损失要小于一场权力转移一旦完成之后的终极战争。国家对地缘政治环境的战略反馈具有一定滞后性，做出战略决策和行动后，具体的效果要受到两个层面的影响：战略扩张进程的快慢（这反映了国家在主观意图上是否要加速权力转移趋势），以及战略扩张的中心地区是否发生在霸权国的核心利益地区（体现出崛起国对权力转移的阶段性地位认知）。海上强国在维持离岸平衡手时期，很少对大陆强国的领土安全构成直接威胁。同理，陆上强国在崛起进程中，首当其冲的是周围的陆权国家的制衡与防范心理，陆权强国即使对大陆地位现状是满意的，一旦扩张海权仍旧可能会冲击现有的陆上安全形势。首先，陆权强国的海上扩张可能是权力上升的自然延伸，并非必然针对海上霸权国，陆权强国扩张海权还会影响到它与其他大陆强国的战略关系，陆权强国对海上地位的关切是很多学者忽略的；其次，陆权强国与海上霸权的地缘竞争未必是战争结果；再次，陆权强国的海上战略扩张未必会带来战略透支与崛起失败；最后，阻碍大陆强国海上利益护持的并非只有海上霸权国，还会涉及其他次等大国的潜在威胁制衡。

导性海洋强国的战略博弈，大陆强国都具有有限目标的修正主义偏好，但与主导性海洋强国之间存在真实的安全困境，并非是类似拿破仑一世法国那样是蓄意对英国开战的修正主义国家/全面修正主义行为。[①] 案例聚焦于因陆权强国的海上扩张问题而产生的多轮（而非一轮）博弈。其目的在于突出主导性海洋强国承认（否决）陆权强国的海上地位诉求的动机及其后果。这并不排除陆权强国可能在一段时间内提出同时提出大陆/海洋地位诉求且频繁进行地位伸张的活动。案例研究的目的是要提供关键的大陆强国海上扩张案例来反映作用于地缘政治环境、地位诉求和海上战略类型之间的时空因果机制。

（一）美国在侧翼地区的边缘利益挑战与英美和平权力转移

西奥多·罗斯福作为进步主义者，将战争作为传播文明的最有效手段，罗斯福的地缘战略观是立足于文明冲突的逻辑基础上，即盎格鲁－萨克逊文明与斯拉夫文明的冲突与世界文明层面的国家地位。罗斯福强调殖民帝国的疆域不必太大，否则帝国会衰落。他摒弃了孤立主义，提出“大政策”的扩张主义蓝图与“大海军”计划。[②] 大政策的主要目标之一是称霸美洲，罗斯福认为，海军是大国地位的标志，美国必须保持充分的海军，否则就得下决心充当国际事务中第二流的国家，不仅在政治上，而且在商业上也是

---

① 施韦勒认为：勃列日涅夫时期的苏联、威廉二世德国、法兰西第二帝国等都是目标有限的修正主义强国，而路易十四时期的法国、拿破仑一世的法国、斯大林时期的苏联、纳粹德国等则是目标无限的修正主义强国。具体参见［美］兰德尔·施韦勒：《没有应答的威胁：均势的政治制约》，刘丰等译，北京：北京大学出版社，2015 年版，第 37 页。

② Charles R. Lingley, "Selections from the Correspondence of Theodore Roosevelt and Henry Cabot Lodge, 1884 – 1918," *The American Historical Review*, Vol. 30, No. 4, 1925, pp. 841 – 844.

如此。[①] 美西战争、侵占菲律宾、控制古巴、在加勒比海地区缔造霸权等都是罗斯福追求海上地位的表现。1914 年巴拿马运河通航，使美国的两洋战略得以强化支援调动能力，罗斯福的海军外交是权力与秩序的结合，尤其体现在加勒比海（对英国而言是海上边缘利益）。罗斯福对主导性海洋秩序地位的追求是通过海上权力的获得施加影响，而有了海洋秩序就有了道德。[②]

英美和平权力转移绝不是历史的必然，也不是两国战略互动的单方面产物，如果美国没有面临更加紧迫的日本在远东的威胁，以及英美两国共同的德国威胁，那么两国兵戎相见的可能性不应排除。美国的战略实力优势/海上进攻优势有利于发起海上制衡。在 1895 年至 1910 年期间，美国根据马汉的舰队决战理论打造了大型远洋舰队。与其说是美国国家利益的推动，不如说是与其他国家海军军备竞赛的需要。[③] 日本军力的快速扩张及对中国东北地区的占领，促使美国认清了太平洋地区面临的真正威胁。美国政府的许多困惑主要

① 李庆余：《19 世纪末美国公众舆论评论》，载《美国研究》1994 年第 2 期。转引自李庆余、任李明、戴红霞：《美国外交传统及其缔造者》，北京：商务印书馆，2010 年版，第 121 页。

② John Blum, *The Republican Roosevelt*, MA: Harvard University Press, 1977, p. 107.

③ 美国对海上地位的不满主要体现在加强对海上战略通道的控制和利用，海外基地的重要性不言而喻。对海外军事基地的诉求既是美国战略转型的原动力之一，也随着转型的进程而不断扩大海外基地的数量和范围。本杰明·哈里森总统（1889—1893 年）与夏威夷达成一项吞并条约；与英国和德国谈判而分割萨摩亚，赋予美国在帕果－帕果海港的重大影响力；针对多米尼加共和国一处海军基地而谈判，但未果。格罗弗·克利夫兰总统（1885—1889 年）向萨摩亚派遣战舰以威胁德国，反对德国在该群岛建立一个事实上的保护国。威廉·麦金莱总统（1897—1901 年）期间，美国吞并西班牙的波多黎各、关岛和威克岛；取得对古巴关塔那摩湾的控制；吞并夏威夷和东萨摩亚；说服英国拒绝《克莱顿—布尔沃条约》。西奥多·罗斯福（1901—1909 年）试图从丹麦购买西维尔京群岛；帮助巴拿马省脱离哥伦比亚，获得十英里运河区的事实主权。威廉·H. 塔夫脱总统（1909—1913 年）商谈在尼加拉瓜建设运河、海军基地的专有权。伍德罗·威尔逊总统（1913—1917 年）接受尼加拉瓜的建议，将其变成一个事实上的保护国；从丹麦购买西维尔京群岛，乃至到转型基本完成后，美国依然关注通过海外基地实现对关键性战略通道的控制。如赫伯特·胡佛总统（1929—1933 年）否决承认菲律宾独立的法案。富兰克林·罗斯福总统（1933—1941 年）声称控制南太平洋若干小岛以便建立夏威夷和澳大利亚之间的航空路线；借助《租借法案》等援助反法西斯国家的条约协议，获得纽芬兰等诸多海外军事基地，以及冷战时期和冷战后美国对全球 16 个主要战略通道的划定、关注和控制。

是由于英国政府积极游说造成的，英国劝说美国要加强军备，因为这是抵抗德国建立远洋舰队的重要保障。随着军备竞赛的加剧，产生的战略问题是：究竟是战略目标导致加强军备，还是加强军备推动战略的发展？美国分别针对德国与日本制订了“黑色计划”与“橙色计划”。1900 年，大英帝国已经制定了一个具有全球视野的海上战略，旨在保护其庞大的海外殖民帝国和“英国治下的海上和平秩序”。美国对日本威胁的界定并非主要是关于经济竞争或利益冲突，主要是美国认定日本是亚洲地区最有潜力成为强国的国家。在 1916 年被提交给美国国会的《海军授权法案》之中，宣称美国海军没有明确的针对欧洲强国的海上战略。[①]

德皇威廉二世拒绝承认门罗主义，德国视美国为海外扩张的主要障碍和不友好的竞争对手，同时，在 1903 年美国被德国视为最可能成为未来敌手的国家。德国想要殖民南美，甚至做过进攻美国的计划。美德之间的敌意导致了海军军备竞赛，美国海军部长威廉·穆迪表示，德国已经取代了英国成为美国争夺世界第二大海军的对手，是美国海军开支的参照项。[②] 委内瑞拉封锁的结束是德国放弃在拉丁美洲野心的标志。1904 年以后，德国海军面对的是英国海军与欧陆诸多对手，它的注意力不得不转向北海。但对美国而言，发生在加勒比地区的一系列事件预示了战争的前景，即使德国全力应付欧洲事务也没能缓解罗斯福和他的继任者威廉·塔夫脱的焦虑：如果德国打败了英国该怎么办？那么德国就更有能力向西半球扩张或者在太平洋扩张。[③] 美国的海上地位诉求是保持海军力量世界第二的

---

① ［印］拉贾·梅农：《海上战略与大陆性战争》，朱丹等译，济南：济南出版社，2021 年版，第 128—133 页。

② Holger H. Herwig, *Politics of Frustration: The United States in German Naval Planning*, 1889 – 1941, Boston: Little Brown, 1976, pp. 68 – 83.

③ ［美］乔治·贝尔：《美国海权百年：1890—1990 年的美国海军》，吴征宇译，北京：人民出版社，2014 年版，第 40 页。

排名，仅次于英国。[①]

美国在海上崛起的半个世纪中，对战略机遇期与关键历史节点的把控比较精准，实现了时间变量与空间变量的有机结合。海军部长本杰明·特雷西认为，海洋是未来霸主的宝座，像太阳必然要升起那样，我们要确确实实地统治海洋。[②] 一战结束后，关于重构世界海洋秩序，涉及诸多挑战，如有关战后海军力量平衡问题、海洋自由问题、对德国太平洋岛屿的处理问题、限制海军军备等问题，美、英、日等海上强国存在很大利益冲突，英日海上同盟对美国构成严重威胁，美国也得知英日秘密瓜分了德国在太平洋的岛屿，美国海军部积极升级了“橙色计划”，将以对付日本为目的的太平洋战略作为美国全球海权战略核心。美国以实力为后盾，争取和英国同等的海权大国地位，对英日掀起了新一轮的海军军备竞赛，美国国会通过了《1919 年海军法案》。[③]

从海上战略效果来看，美国作为侧翼大国，对英国的挑战主要集中于后者的边缘利益地区，尽管最开始以快速的方式对英国的美

---

① 马汉的海权思想对美国海洋霸权的战略操作影响被夸大。美西战争后美国对菲律宾的占领与马汉思想出现了严重悖离。西奥多·罗斯福总统本人在了解马汉思想之前，就已经深受海洋文化的熏陶；他的两个舅舅都在南部邦联海军中服役；罗斯福自身也是海权理论与战略史专家。马汉一贯怀疑新技术，因而提倡投资建造更多较小的战舰，这与美国后来重视新兴技术与远洋战略形成鲜明对比。罗斯福本人要比马汉更具有海权至上主义思想，美国后来的全球海洋霸权缔造也远远超出了马汉相对有限的海上扩张思想。

② ［美］阿伦·米利特：《美国军事史》（1607—2012），张淑静等译，北京：军事科学出版社，1989 年版，第 225 页。

③ 英国对德战略封锁成功改变了美国对与英德之间利益关系的窗口预期和利益偏好判断。美国削弱英国海权战略力量的首要目标是瓦解英国的海上权力与贸易规则主导权。由于美国决心打压英国的海军至上主义，美英在 1919 年巴黎和会上的关系恶化，美国认为英国不会冒着海军军备竞赛的风险，对大陆强国的战略逻辑来说是合乎情理的，但英国不认为海权身份地位是一个可以凭逻辑来计算的问题。1922 年的华盛顿会议避免了爆发一场把日本也卷进来的大规模海军军备竞赛的可能性，该条约把全世界的海军力量限制在符合美国而非英国意愿的水平线上。美国当时不想要也不需要一支全球性的控制海洋的海军，但担心英国海军过于强大。美国的巡洋舰是为了舰队战而建造的，英国则依靠它们来控制海上航线。美国海军有利于形成刺激国内消费的政治口号，也是用来制衡英国的外交工具。

洲利益和海上霸权地位构成挑战，但随着美英两国战略对手多元化的出现，英国进行战略示善，美国也开始从快速突进到相对温和缓慢的方式来实现英美海上权力转移。在太平洋、加勒比海和拉美方向等英国海上霸权的边缘利益区域，美国海军行动是积极的。在对待英国的问题上，美国的海军政策要比外交政策谨慎许多，对英国的海上霸权表现出了避让倾向。美国在这段战略转型期间的主要对手逻辑是法国、德国、日本、俄国等二流海上强国。1895—1896 年的英美因委内瑞拉边界问题产生对抗，但这场崛起国与霸权国的"修昔底德陷阱"的阴影得到了化解（德皇威廉二世在 1896 年 1 月 3 日发送给南非德兰士瓦总统的"克鲁格电报"给了英美缓和的台阶），[①] 并推动了后来的英美和平权力转移。这场危机是美国最后一次需要冒着战争风险来宣示门罗主义，也是最后一次与欧洲大国在美洲的大规模对抗，此后，美国在西半球的霸权地位完全确立。[②]

（二）德国在中心位置的核心利益挑战与英德陷入"修昔底德陷阱"

自 1871 年德意志第二帝国建立以来，德国的中央位置便被视为对军事地理分析的一大威胁。德意志帝国是欧洲五大强国中唯一直接与三个潜在敌人接壤的国家：东部的俄国、东南部的奥匈帝国和西方的法国。它未直接与英国接壤，但后者有能力通过海军禁运，切断德国的国际贸易。虽然 1879 年德奥同盟的建立消除了多线作战的风险，但俄法两国的潜在联合还是让德国担心两线作战的后果。这种地理位置加强了在帝国政治和军事精英中普遍存在的危机意识。

---

① 徐弃郁：《帝国定型：美国的 1890—1900》，桂林：广西师范大学出版社，2014 年版，第 94 页。

② 徐弃郁：《帝国定型：美国的 1890—1900》，桂林：广西师范大学出版社，2014 年版，第 103 页。

但这种中央地理位置也同样赋予了德国战略上的优势，这也是施里芬计划的重要根据。德国因为处于法国和俄国之间而占据优势，它能将两国彼此分开。德意志帝国的地缘战略局势为总参谋部提供了利用内线优势执行两线作战的机会。这意味着在空间和时间上被隔开的敌人，在它们能够利用外线发动协同攻击前就将它们接连击倒。对于内线作战和外线作战的任何一方而言，时间都是决定性因素，但通常处于中央位置作战的一方，所承受战役和战略上的时间压力要强得多。铁路和电报的军用化压缩了德意志第二帝国的空间与时间因素。① 尽管体系中心的地理位置不能改变，但俾斯麦德国的大陆联盟体系与海上战略克制，为德国提供了有利的地缘政治环境。当德国在俾斯麦时期对英国的海上制衡是涉及地理距离遥远的殖民利益时，加上此时德国的海军发展速度相对缓慢，让英国只是将德国视为潜在的长期威胁，因而英国对德国的崛起缺少有力的海上制衡。只是到威廉二世时期，德国从相对缓慢的挑战英国的边缘利益区域，到在北海挑战英国的核心海上安全利益时，且德国的海军扩建速度较快，这让英国迅速将德国视为现实的重大地缘政治威胁。②

---

① ［德］格哈德·P. 格罗斯：《德国战争的深化与现实》，孙希琨译，北京：民主与建设出版社，2020 年版，第 54—56 页。

② 在英国认识到法俄结盟带来的威胁且没有更好的联盟选择之前，英德进行了结盟尝试，德国利用了英国暂时的战略脆弱性提高谈判筹码，英国的衰落基于两点：一是英国的基于经济力量的权力将不再是至高无上的，因为其他拥有更多资源和人力的国家正快速地超越其之前的工业领先优势；二是海权本身相对于陆权来说正在衰落。但威廉二世德国的施里芬计划立足于对欧陆地位不满，提尔皮茨计划则是对海上地位现状不满，这种双重地位不满加上德国海权崛起的核心区域邻近英国，侵犯了英国维护欧陆均势与海上霸权秩序的双重战略安全利益，英德出现了针对彼此的螺旋冲突升级。1902 年英日同盟、1904 年英法协定和 1907 年英俄协定压缩了德国的地缘政治空间，德国对英国的制衡和谈判的地缘政治筹码已经丧失。威廉二世德国执行的提尔皮茨计划就假定如果德国达成与英国的海上战略均势后，可能迫使英国愿意与德国开展更多合作。虽然除德国海军外，没有第三国让英国如此恐惧，但也没有第三国可以平衡英德两国的超级海军。从这里来看，海上多极对抗体制也许要比两极体制较少地导致政治灾难。美国、法国和俄国对英国的海上威胁到 1905 年时已经减弱了，部分原因是英国政府选择了妥协，只将德国视为首要威胁。在德国只建造无畏舰之前，德国希望实现海上战略均势，超越制衡门槛，德国海军就可以与至少 4 个或 5 个海权国家的舰队一起在这种均势机制中发挥作用。

德国之所以陷入发展海权的时间焦虑，选择快速突进的方式挑战英国海权，是因为担心自身海上地位羸弱导致未来在地缘政治与地缘经济层面受制于人，一旦对手决定改变现有状况，本国将无力抵抗。《克劳备忘录》反映了英国对德国战略意图的恐惧感，将德国从长期潜在的不确定威胁变为短期现实的确定性威胁预期。威廉二世德国在追求与英国结盟的确定性过程中，却忽略了英国的战略文化传统是在欧陆保持和平时期的模糊性同盟承诺的行为模式，德国要求英国缔结全面正式同盟与英国的离岸平衡战略思考是冲突的。最终让德国错过了与英国强化合作关系的机会。在施里芬计划和提尔皮茨计划中，也体现了德国军事战略与地缘战略中片面追求确定性，导致的结果是将不确定性变成了有重大风险的确定性。德国拒绝了英国提出的非正式合作建议，而是希望缔结更加紧密和有约束力的协议。德国认为英国地位脆弱，所以采取强硬立场迫使英国屈从。但是，德国高估了英国与法俄两国的地缘政治冲突，也没有意识到德国的行为可能使英国认为德国是一个不负责任的危险国家。德国在布尔战争前反对英国的南非政策、1905 年升级摩洛哥危机，本意是想通过恐吓来让英国接近德国，但却导致英国强化了与法俄的合作。

海军军备竞赛开始后，德国的理解就是，如果英国放缓海军建设，那一定是英国的经济实力到了无法支撑扩军的地步。最初，英国只希望威慑德国的过分行为，因为德国行为使英国认为德国只是对法国形成了威胁。到最后，德国的敌对姿态增加了，德国海军力量不断增强，英国逐渐把德国视为对英国自身安全的直接威胁。英国认为，德国有意成为英国的敌人，否则，德国为什么要发展自己的海军来挑战英国海军？德国没有漫长的海上交通需要如此强大的海军加以保护。英国海军不对德国构成威胁，因为英国没有能够侵略德国的陆军。而一旦德国海军取得胜利，英国作为岛国就无法抵抗德国的进攻。从德国方面看，英国与俄国结盟，伤害了德国利益。德国采取强硬立场希望让英国认识到制衡德国的成本与风险高昂，德国认为作为世界性大国，建设大海军是必要的。德国曾想让英国许诺，一旦德法交战，英国保持善意中立，德国就会停止海军军备竞赛，英国拒绝了这一建议，这让德国认为表明英国政策的反德本质。

从反事实推理出发：放弃提尔皮茨计划的最直接影响是海军剩下一大笔预算，用于陆军安全维护；放弃海军建设会使德国保持与其他欧洲大国更好的政治关系，而这反过来会强化德国的安全。德国原有的海军计划使其与英国的关系紧绷，也促使英国与德国的敌人开始进行合作。英国最初将法国与俄国视为比德国更大的威胁，与德国的联盟将使英国能够保持与德国的高级别协商。德国的海军扩展也是提升英德关系的重要障碍，如果德国放缓海军建设或保持克制，那么德国既不会因为军备竞赛而不发起战争，而英国也不会因为德国发起军备竞赛而挑起战争。如果海军军备竞赛没有发生，考虑到系统的间接效应，很可能英德未必会开战。①

五、研究结论与尚待扩展的议题

本文以地缘现实主义的理论视角，提出地缘政治环境与战略自主地位两个解释变量，对大陆强国走向海洋的动机、进程、效果进行了理论界定与历史案例的过程追踪，认为无论处于体系中心位置还是侧翼位置的大陆强国，它与海上霸权的权力转移方式都具有很

① ［美］查尔斯·格拉泽：《国际政治的理性理论：竞争与合作的逻辑》，刘丰等译，上海：上海人民出版社，2020 年版，第 241—245 页。

强的战略可塑性，"修昔底德陷阱"式的战略叙事逻辑并不必然适用于大陆强国与海上霸权的权力转移效果。即使位于体系中心位置的大陆强国，如果能以相对和缓的方式提升海上力量，或者只是从边缘利益地区对海上霸权进行不那么具有进攻性的战略扩展，那么就有可能实现与海上霸权的和平共处。本研究尚待扩展的研究领域包括：海上霸权国在面临霸权衰落时，会对崛起的大陆强国采取哪些战略举措来延缓霸权衰落趋势？作为新古典现实主义的延伸性分支，地缘现实主义能否进行更多类型的地缘政治现象的分析？这些都可供学界进一步参考。

（本文为提交至 2021 年 10 月 28—30 日由国际关系学院与四川大学联合举办的"国际安全秩序与治理"学术会议的论文——作者）

美国国家安全战略视阈下的中美关系50年

达　巍　蔡泓宇*

【内容摘要】自1972年中美关系“破冰”以来，美国国家安全战略视阈之内的中美关系经历了1972—1989年、1989—2017年以及2017年之后三个阶段。在这三个阶段中，制衡、塑造与争胜先后成为美国对华战略的逻辑核心。在第一阶段，美国对华的国家安全战略逻辑是“借重以制衡”，即借助中国来平衡苏联，中国在20世纪80年代一度被美国视为“友好的非盟国”。在持续时间最长的第二阶段，美国的国家安全战略逻辑是通过“接触以塑造”，希望塑造中国的政治经济模式以及对外行为方式。在20世纪90年代末期中国一度被美国视为潜在的战略伙伴。在2017年以来的第三阶段，美国试图通过“竞争以制胜”，防止中国的发展超越美国，美国国家安全战略视阈内的中国以及中美关系全面转向消极。50年来，中美关系经历过两次转向和重构，目前第二次转向和重构仍在进行中。过去50年，中美关系总是关系到美国全局性国家安全利益的重大问题；美国国家安全战略中的涉华部分超越党派之争，有着较强的一致性和连贯性，很多议题和提法都长期存在，或者早有伏笔。在美国国家安全战略中，涉华议题的内容越来越多，也越来越丰富；中美关

* 达巍，清华大学国际关系学系教授，战略与安全研究中心主任；蔡泓宇，清华大学国际关系学系2021级博士研究生。

系的合作面和竞争面都有明显增长，但竞争面的比重大幅上升。

【关键词】 美国国家安全战略　中美安全关系　对华战略　中国观

1972 年 2 月 21—28 日，时任美国总统理查德·尼克松应邀访华，拉开了此后 50 年波澜壮阔、跌宕起伏的中美关系大幕。2022 年 2 月 28 日是中美发表《上海公报》50 周年纪念日。50 年来，学术界关于中美关系的各种研究可谓汗牛充栋，无论是两国外交关系、经贸关系、军事关系、人文交流等领域都有极为丰富的研究成果。然而，从美国国家安全战略的视角审视 50 年来中美关系的努力还不多见。

中美是世界上的两个大国，其关系理应具有很强的国家安全属性。从 1972 年中美关系解冻的背景看，美苏冷战、越南战争、中苏边境冲突等重大安全议题显然构成了两国关系解冻的重大背景。因此，从国家安全战略视角审视 50 年来的中美关系十分重要。按照巴里·布赞等人的观点，安全议题本来就是国家行为者从一般议题转化而来的结果。[①] 从美国国家安全战略视角审视中国、中美关系以及美国对华战略，本质是在思考过去 50 年，中美关系中有哪些问题被美国决策者标定为“国家安全问题”？美国决策者、战略界如何通过“国家安全战略”的透镜观察和认识中国以及中美关系？在这一视角之下，中国与中美关系居于怎样的位置，发挥怎样的作用，美国决策者由此决定怎样的对华战略与政策？在中美关系 50 年的起起伏伏中，美国决策者和战略界的这些认识又是如何发展和变化的？

不知过往，难以理解现在和未来。本文试图从美国国家安全决策者的视角出发，梳理美国国家安全战略视阈内的中美关系，提炼

---

① Barry Buzan, Ole Waever and Jaap de Wilde, *Security: A New Framework for Analysis*, Boulder: Lynne Rienner Publishers, 1998, p. 25.

其主线与特征，理解其延续性与变异性，并提出若干思考与启示。

一、制衡：1972—1989 年

1967 年，美国总统大选的参选人尼克松在美国《外交事务》杂志上发表了《越南之后的亚洲》一文。在这篇后来经常被引用的文章中，尼克松阐述了其亚洲战略愿景。以“反共”著称的尼克松对中国依然抱有一种总体敌视的态度，他花了很大篇幅反复强调“红色中国”对亚洲其他国家的“威胁”，将中国对外“输出革命”看作是亚洲国家面临的主要挑战之一。他担心 3—5 年之后，中国将拥有重要的、可投送的核能力，由于不在国际核不扩散体系之内，中国可能在全球“解放”力量中扩散核武器。在强调了中国的这些“短期威胁”之后，尼克松还提出了一个著名的论断，“从长远的角度看，我们显然不能承受中国永远处于国际大家庭之外的代价……不能使可能是这个星球上最有能力的七亿多人生活在愤怒的孤立之中”。美国的政策要在中国引致变化，美国要通过“没有孤立的遏制”来应对中国“威胁”，“我们必须让中国相信，她必须改变”。[①]

即将投入总统大选的尼克松，正站在即将巨变的中美关系的“门槛”之前。这正是本文试图审视的长历史时段以及宏大战略演变的起点。站在这一“门槛”面前，尼克松从美国国家安全战略的视角看到的中国，从性质上说首先仍然是一个威胁；中国被戴上“红色中国”的帽子，在意识形态上与美国有着巨大的差异，而且有待被“改变”。“除非中国改变，否则这个世界不会安全。”此外，尼

① Richard M. Nixon, “Asia after Viet Nam,” *Foreign Affairs*, Vol. 46, No. 1, 1967.

克松也从核力量与军事能力的视角审视中国。[1] 在此后的50年里，意识形态问题与军事安全问题始终是美国国家安全战略视阈内中美关系的重要内容，我们在不同时代时常能听到其回响。在1967年的这篇文章中，尼克松发出了历史的先声，对未来中美关系“解冻”做了微妙而重要的铺垫。在此后的50年里，美国历届政府对中国性质的看法发生过多次转变，美国国家安全战略视阈内的中国形象也逐步扩展和丰富起来。

（一）“战略大三角”

1969年1月，尼克松总统上任。此后，中美经过一段时间小心翼翼的试探与摸索，在1972年实现了双边关系的“破冰”。尼克松完全改变了美国对华战略思维，开创了过去50年美国对华战略的第一个阶段。尼克松的对华安全战略审视发生了三个重要的变化。

一是大幅提升了中国在美国国家安全战略中的地位，开始从美国的全球战略视角出发调整对华政策。1969年尼克松上任后，提出美国的盟友应当承担更多的防卫责任、“越南战争越南化”、收缩美国在亚洲的力量等外交政策主张，被称作“尼克松主义”。1971年9月，尼克松在演讲中将美国、苏联、西欧、日本和中国称为世界“五大力量中心”。对中国国力特别是潜力的重视，是尼克松决定调整对华战略的基本考虑。尼克松政府在1970年2月提交给国会的第一份《20世纪70年代美国外交政策》报告中称：“中国人民是伟大而重要的人民，不应当被孤立于国际社会之外。从长期看，没有这个拥有七亿多人民的国家的贡献，一个持久稳定的国际秩序是无法

---

① Richard M. Nixon, “Asia after Viet Nam,” *Foreign Affairs*, Vol. 46, No. 1, 1967.

实现的。”[①] 这一说法不但呼应了他 1967 年文章中“不能孤立中国”的提法，而且将中国的地位提升到关系整个国际秩序持久稳定的高度。

二是美国国家安全战略视阈之下中国的“性质”开始发生重大变化，美国不再将中国视为战略层次的威胁。就在尼克松开始其总统任期的 1969 年，中苏连续发生两次边境冲突，两国关系急剧恶化。这一局势的变化导致中美两国领导层都开始重新思考中美关系的作用。1969 年 8 月 14 日，尼克松在美国国家安全委员会会议中对中苏冲突作出了重要判断：如果听任中国在一场战争中被摧毁，是不符合美国利益的。[②] 此后，美国官方不断对外放话，表示对中苏冲突的关注以及不会对苏联的对华行动置之不理。换言之，美国在中苏冲突中站在倾向中国的一边，警告苏联不要采取过激行动。在第一份《20 世纪 70 年代美国外交政策》报告的防务部分，中国不再被当成与苏联结盟的敌人，美国也将 20 世纪 60 年代的“两个半战争”战略改成“一个半战争”。[③]

三是改变了美国对华战略思考的底层逻辑，开始从现实主义的权力制衡而非意识形态角度审视中国。尼克松政府试图在中美苏“大三角”与中美越“小三角”中寻找更加有利于美国的位置，这成为尼克松政府寻求与中国关系“破冰”的基本逻辑。20 世纪 60 年代中后期，美国身陷越南战争泥潭，勃列日涅夫治下的苏联在全球的影响力快速上升，尼克松政府开始着手考虑调整对中国、苏联和越南的关系。温斯顿·洛德在尼克松访华时任职于美国国家安全

---

① Richard M. Nixon, “U. S. Foreign Policy for the 1970s: A New Strategy for Peace,” February 18, 1970, https://www.presidency.ucsb.edu/documents/first – annual – report – the – congress – united – states – foreign – policy – for – the – 1970s.

② 亨利·基辛格：《白宫岁月——基辛格回忆录》（第一册），陈瑶华译，北京：世界知识出版社，2003 年版，第 238 页。

③ 陶文钊：《中美关系史》（第二卷），上海：上海人民出版社，2016 年版，第 332 页。

委员会，后来也曾担任过美国驻华大使等职务。洛德在其回忆中非常清楚地指出，1972 年尼克松访问北京背后有三大战略考虑：(1) 试图改善与中国的关系，以增加美国在与苏联周旋时的战略腾挪空间；(2) 当时美国也在试图推动对苏“缓和”，中美关系改善相当于对苏联打“中国牌”，给苏联制造“小恐慌”，推动苏联方面采取行动；(3) 希望通过对华接近、对苏“缓和”，让越南共产党感受到压力，推动美越谈判，使美国达到既从越南抽身，又可保全越南南部政权的目的。[①] 通过打“中国牌”，尼克松政府试图撬动整个国际格局，扭转美国在战略上相对被动的局面。

除了上述战略层次的三个重大变化之外，军事特别是中国的核能力问题也始终是尼克松政府在与中国打交道的过程中考虑的具体安全问题，这是美国对华安全战略延续性的表现。第一份《20 世纪 70 年代美国外交政策》报告称：“必须考虑中国将在未来的十年中部署自己的洲际导弹，这将使得美国的战略规划与外交变得更加复杂。”在 1971 年发布的第二份《20 世纪 70 年代美国外交政策》报告中，尼克松政府认为中国在持续追求战略性弹道导弹，并且将在近几年拥有可以攻击美国的洲际弹道导弹，这是美国在 20 世纪 70 年代将面对的不确定性之一。不过总体来说，这一关切所占篇幅很少。在整体军事力量方面，两份报告均认为由于中苏合作的可能性很低，因此美国同时面对“两线进攻”的可能性很小。[②]

中美关系实现“破冰”后，两国关系由于美苏“缓和”、台湾问题以及两国国内政治等因素一直徘徊不前。“水门事件”后，杰拉尔德·福特政府继承了尼克松政府在对华政策上的“遗产”，但是由

① Charles S. Kennedy, “Nixon Goes to China,” https: //adst. org/2013/02/nixon – goes – to – china/.

② Richard M. Nixon, “U. S. Foreign Policy for the 1970s: Building for Peace,” February 25, 1971, https: //www. presidency. ucsb. edu/documents/second – annual – report – the – congress – united – states – foreign – policy.

于其在国内的弱势地位，中美关系仍然逡巡不前。1977 年，民主党吉米·卡特政府上台后在对华政策上依然举棋不定。美苏限制战略武器第二阶段谈判以及中东、巴拿马运河区等问题占据了卡特政府上台初期对外政策的主要议程。

在这一时期，由于美苏“缓和”取得一定的进展，美国国家安全战略视阈内的中国以及中美关系的重要性都有所下降。以卡特政府的国务卿赛勒斯·万斯为代表的一些美国官员刻意降低中国的战略价值，更加强调美苏“缓和”的重要性。卡特在其首次外交政策演讲中主要强调人权等议题，仅仅将中国与苏联并列，列入其五大目标中的第四个“减少战争风险”之中。[①] 也就是说，卡特政府在上任之初，将中国问题又重新放回到单纯的军事特别是核能力的范畴之下，而没有从美国整体国家安全战略的高度去审视中国。中国在美国国家安全战略“雷达屏”上的信号减弱，这一态势到 1978 年年中才发生改变。面对苏联在第三世界的扩张攻势，卡特政府内部主张中美关系正常化的力量逐渐占据上风。到 1978 年年中，卡特总统作出了年内实现中美关系正常化的决断。在论及中美关系的战略意义时，卡特在给时任国家安全事务助理兹比格纽·布热津斯基的书面指示中表示：“我们把对华关系看作是美国全球政策的中心环节。……我们（中美）都反对任何大国的全球或地区霸权。这就是你的访问不是策略性的理由所在。这是我们与中国的合作关系的战略利益的表现，这种利益既是基本的，又是长远的”。[②] 当中国在美国国家安全战略视阈中的位置重新回到平衡苏联的核心作用时，中美关系正常化的步伐就大大提速了。

---

① “The President's Commencement Address at the University of Notre Dame,” *Notre Dame Law Review*, Vol. 53, No. 1, 1977, https: //scholarship. law. nd. edu/cgi/viewcontent. cgi? article =2614&context = ndlr.

② Zbigniew K. Brzezinski, *Power and Principle: Memoirs of the National Security Advisor*, Farrar: Straus and Giroux, 1985, pp. 207 –209，转引自陶文钊：《中美关系史》（第三卷），上海：上海人民出版社，2016 年版，第 46 页。

（二）走向“友好的非盟国”关系

1979年1月1日中美建交后，两国之间的政治、经济、军事、科技和文化等各领域关系都取得了迅猛发展。在安全领域特别富有标志性的变化是，美国开始放松对华敏感高科技封锁，双方开始建立正式的军事交流与合作关系。1979年8月，美国副总统沃尔特·蒙代尔在访华时发表演讲，宣称美国“决心同你们一道发展我们在战略和双边关系方面的许多平行利益。因此，任何国家如果想要在世界事务中削弱或孤立你们，它的立场就同美国的利益相对立”。这一讲话，被认为是向全世界宣告，中国是美国的友好国家，中美两国将发展战略关系，反对中国就是反对美国。[①] 1979年12月，苏联入侵阿富汗，进一步推动了中美两国走向合作。在这一时期，美国对苏联扩张势头的反应与中国的“一条线”外交战略相契合，中美关系实际上已经突破了上一阶段的“大三角”关系，而走向了中美联手制衡苏联的阶段。1980年1月，美国国防部长哈罗德·布朗访华。布朗在中国表示：“（中美之间防务机构的合作）将提醒其他人，假如他们对中美两国的共同利益进行威胁，我们能在防务和外交方面以相互补充的行动作出回答。”[②] 此后，美国进一步放宽对华出口政策，开始向中国出售防空雷达、运输用直升机等军事装备。与此同时，卡特政府也非常明确地从另外一个方向对中美关系性质的“上限”进行了规定。美国助理国务卿理查德·霍尔布鲁克表示：

---

① “Historical Division of the Department of State, US,” *American Foreign Policy Current Documents*, 1977－1980, p. 999，转引自陶文钊：《中美关系史》（第三卷），上海：上海人民出版社，2016年版，第91页。

② “Historical Division of the Department of State, US,” *American Foreign Policy Current Documents*, 1977－1980, p. 1001，转引自陶文钊：《中美关系史》（第三卷），上海：上海人民出版社，2016年版，第93页。

“我们两国的观点和政策可能时不时地会是平行的，但几乎不可能是相同的……我们将是朋友，而非盟友。”①

1981 年罗纳德·里根政府上台后，由于里根本人及其团队中一些成员长期持有的亲台立场，中美关系围绕台湾问题出现了较大波动。但是在这一段时间里，除台湾问题外，中美整体的战略关系并未发生非常重大的变化。里根政府第一任国务卿亚历山大·黑格是推动中美合作关系的主要推手。在他的努力下，1981 年 6 月，美国将中国的贸易地位调整为“友好的非盟国”，中国可以向美国购买防御性武器，美国企业也可以向中国转让部分军民两用技术。这一决定虽然本身只是与贸易和军事技术领域相关，但“友好的非盟国”这一定位用来描述这一时期美国国家安全战略视阈下的中国应该说也是恰当的。黑格在 1981 年 6 月访华时表示，美国将遵循一项全面的政策，以对抗苏联及其代理人的扩张；美国将中国视为友好的非盟国的决定强调了中美关系的新概念的基础，即两国的战略联系和两国在亚洲和世界其他部分的共同目标。② 正如美国著名的“中国通”米歇尔·奥克森伯格在 1982 年回顾过去十年的中美关系时所说的那样：一方面中美关系看起来总是非常脆弱，另一方面在面对摊牌时，中美双方又都表现出妥协的意愿。这是因为建设性的中美关系已经是两国国家安全的重要成分。③

1982 年之后，中国改变了“一条线”的外交战略，更多地开始重新强调独立自主的外交路线，中苏两国也开始逐渐恢复接触。从中国的视角来看，中美联手制衡苏联的阶段也就逐渐走向终结。不过，由

---

① “Historical Division of the Department of State, US,” *American Foreign Policy Current Documents*, 1977－1980, p. 1008，转引自陶文钊：《中美关系史》（第三卷），上海：上海人民出版社，2016 年版，第 95 页。

② 陶文钊：《中美关系史》（第三卷），上海：上海人民出版社，2016 年版，第 113 页。

③ Michel Oksenberg, “Reconsiderations: A Decade of Sino－American Relations,” *Foreign Affairs*, Vol. 61, No. 1, 1982, p. 195.

于美国对华战略并未发生重大变化，因此中国方面的战略微调并未对中美关系产生负面影响。乔治·舒尔茨接替黑格担任国务卿后，曾经一度再次调低中国在美国全球战略中的位置，但是两国关系日渐成熟，虽然双方的矛盾不少，但是整体关系是稳定和健康的。美国国家安全战略视阈内的中国，总体上仍然被定位为“友好的非盟国”。

1986 年，美国国会通过了《戈德华特—尼科尔斯法》。该法案要求美国行政当局制定年度国家安全战略报告，以便让美国行政当局与立法当局在美国面临的安全环境问题上形成较为一致的理解。这一法案出台之后，美国历届行政当局均制定了多份国家安全战略报告。这一报告是理解当代美国政府国家安全战略的最权威文件。由于报告的发布具有相当的连续性，因此也为我们比较并理解美国国家安全战略视阈内的中国提供了很好的材料。

里根政府于 1987 年 1 月发布了美国首份《国家安全战略》报告，1988 年 1 月发布了其任内第二份也是最后一份报告。在这两份发布时间仅相差一年的《国家安全战略》报告中，中国的定位、性质以及美国对华战略的基本逻辑都高度相似，且与此前十年有着很强的延续性。

一是在美国最重要的安全利益层次上审视中国。两份报告的开篇论述美国国家安全战略的基础时，均列举了五大“美国利益”，即确保美国生存、美国经济增长、自由民主制度与自由市场经济在全球生长、世界安全稳定，以及美国与盟友关系。而“推进与中华人民共和国更加紧密的关系”在两份报告中均被置于第一项利益（确保美国作为一个自由、独立的国家以及确保美国的价值观和基本制度的生存）之下，服务于这一重大利益，两份报告的表述只字不差。[①] 报告的这

① The White House, “National Security Strategy of the United States,” January 1987, p. 4, http: //nssarchive. us/wp - content/uploads/2020/04/1987. pdf; The White House, “National Security Strategy of the United States,” January 1988, p. 4, http: //nssarchive. us/wp - content/uploads/2020/04/1988. pdf.

一部分主要围绕着威慑和击败任何对美国可能的侵略和攻击展开论述，认为美国的主要威胁仍然是苏联。与中国的关系以及与盟友的关系分别被置于这一语境之下，且中国是唯一一个被单独点出的国家，表明里根政府认为中国对“美国生存”这一最重要的安全利益发挥着重要作用。二是关于中国以及中美关系的性质，两份报告均表示中国十分重要，其政治、经济和社会都在迅速发展和变化。美国“寻求与中国建立紧密、友好、合作性的关系”，“中美不是盟友，彼此不将对方视为一张政治或战略‘牌’”。[①] 三是关于美国对华战略的基本逻辑，1988 年的《国家安全战略》报告指出，“中国和美国都是基于现实主义的考虑，为了两国的最大利益而培育良好的关系”，“尽管中美经济社会和政治制度不同，但是美国继续相信，一个强大、安全和现代化的中国符合美国的利益”。[②]

从 1972 年中美关系“破冰”一直到 20 世纪 80 年代末，中美官方关系和民间关系都经历了从无到有的重大发展。美国国家安全战略视阈之内的中美关系在这一时期发生了几个重大变化，表现出一些鲜明的特点：第一，美国视角下中国的性质发生了根本改变：中国从美国国家安全面临的“威胁”，转变为攸关美国国家安全的“友好的非盟国”。根据美方的记述，亨利·基辛格甚至在 1973 年上半年就曾经建议尼克松，将中国视为除英国之外最“近”的国家。[③] 第二，中国的战略重要性大大上升。通过改善与中国的关系来平衡苏联、反击苏联的扩张态势，在美国国家安全战略中具有相当高的优先度。因此，中国在美国国家安全战略视阈中的位置相应地被大

① The White House, “National Security Strategy of the United States,” January 1987, p. 15, http: //nssarchive. us/wp - content/uploads/2020/04/1987. pdf.

② The White House, “National Security Strategy of the United States,” January 1988, p. 31, http: //nssarchive. us/wp - content/uploads/2020/04/1988. pdf.

③ James Mann, *About Face: A History of American's Curious Relationship with China, from Nixon to Clinton*, New York: Vintage Books, 2000, p. 370.

大提高，多数时候中国被看作是能够影响全球力量平衡的重要力量。当然，这一判断也出现过摇摆。由于中国本身实力的有限，美国国内时常有质疑中国战略重要性的声音。每当美国国内主政者认为中国的战略重要性不高时，中美关系就会面临较为困难的局面；而当美国决策者高度重视中国的战略地位时，中美关系的发展就会比较顺利。第三，支撑这一变化的基本思想逻辑是现实主义的制衡思想。无论是 1979 年之前“中美苏大三角”的彼此借重、相互制衡，还是此后的中美联手制衡苏联，以及中国重新强调独立自主对外战略之后的中美苏关系，其背后的逻辑都是现实主义的制衡。如果用一个术语概括这一阶段美国国家安全战略视阈内的中美关系，则非“制衡”莫属。值得注意的是，“制衡”并不仅仅是美国借重中国制衡苏联，也是中国在美国和苏联之间，以弱博强，扩展生存和发展空间的过程。第四，中国在美国国家安全战略视阈内的重要性出现多次波动，这些变化主要并不是中国的实力变化或者内外政策引起的，而是由苏联对美国威胁程度的变化以及美国国内决策体系变化所决定的。例如，美苏关系的缓和与苏联入侵阿富汗分别造成了美国的“苏联威胁感知”变化，从而影响了其对中国和中美关系的看法。基辛格、布热津斯基、黑格等人在政府中职位的变化也对美国对华战略产生了直接影响。第五，从美国国家安全战略的视角看，这一阶段的中美关系以战略性为主，简洁明快、内容单一。除了中美军事特别是核关系之外，两国经贸、科技和人文等领域的关系虽然已蓬勃发展起来，但是尚未进入国家安全战略的视阈之内。第六，1978 年年底中国共产党召开十一届三中全会之后，中国共产党和中国政府的工作中心转向经济建设，改革开放的大幕徐徐拉开。在此后的十年时间里，中国的对外开放和经济发展为中美关系注入了新的元素，为下一阶段的美国国家安全战略视阈内中美关系的新逻辑做了铺垫。只不过，这一变化在 20 世纪 80 年代仍然受到大国制衡逻辑的遮蔽，不太容易被认识到而已。①

二、塑造：1989—2017 年

1989 年 2 月，刚刚上任一个月的老布什就开启了其作为美国总统的第一次访华行程。老布什曾在中美建交前任美国驻华代表，对中美关系非常了解，对华态度也十分友好，加之其在 1981—1989 年一直在里根政府内担任副总统职务，美国对华战略本应沿着第一阶段的方向继续发展下去。但是，1989 年春夏之交中国发生了严重的政治风波，老布什政府对中国实施了一系列制裁。从这一年的下半年开始直到 1991 年底，东欧剧变、柏林墙倒塌、苏联解体等事件接连出现，冷战以出人意料的速度迅速结束。这一连串让人瞠目结舌的变局，彻底改变了美国国家安全视阈下的中美关系。

（一）旧范式的终结

1990 年 3 月，老布什政府推出了其任期内的第一份《国家安全战略》报告，这也是冷战结束后美国出台的第一份报告。在这份报告开篇的美国四大利益中，居于第一位的仍然是“美国的生存”，然而在实现这一目标的具体要点中，中国未再如 20 世纪 80 年代那样出现。② 这一变化显示，冷战结束后，中国对美国国家安全的重要性明显下降。奥克森伯格在 1991 年的文章中指出：“冷战的结束使得很多美国人认为不再需要中国来平衡苏联，中国的战略重

---

① 达巍：《选择国内战略 定位中美关系》，载《美国研究》2019 年第 2 期。

② The White House, “National Security Strategy of the United States,” March 1990, p. 2, http://nssarchive.us/wp-content/uploads/2020/04/1990.pdf.

要性下降了。”[①] 中美关系的前一个阶段已经正式终结，中国作为一个“制衡者”的角色从此退出美国国家安全战略。换言之，即便没有1989年的政治风波，美国对华战略在冷战结束后也必然发生重大变化，中美关系几乎必然向消极方向发展。这是中美关系的一个范式性转换，美国审视和看待中美关系的基本思维方式、框架和主要内容都将发生重大转变。具体到老布什的四年任期，其国家安全战略视阈内的中美关系主要有四个特点：一是中国的战略重要性降低；二是中国的性质向挑战方向移动；三是对华战略基本逻辑转为以制裁促使中国作出意识形态转变；四是维持与中国的接触，避免与中国的全然对立。

1990年的美国《国家安全战略》报告在“世界趋势”一节“全球经济”部分提及中国，认为包括中国在内的东亚国家和地区经济的崛起是世界的重大趋势之一。老布什政府基本上是在“亚太地区安全政策”这一相对较低的层次专门论述其中国政策的。报告“哀叹”了中国1989年发生的政治风波，宣称美国“通过制裁表示了不快”，但强调美国“试图避免完全切断中国与外部世界的联系。……这种联系对中国重新走上经济改革和政治自由化之路至关重要”。这一部分呼应了尼克松1967年文章中“不能孤立中国”的观点，“中国愤怒的孤立将会伤害以上所有方面”。[②] 在中国国内以及国际形势的重大变化背景下，老布什政府更多地从意识形态的角度考虑对华战略。中国再一次变成了需要被“改变”的对象。在“塑造中国未来”这一需求之下，老布什政府虽然对中国实施了一系列制裁，但是这些制裁仍然是留有余地的。

老布什政府1991年发布的第二份《国家安全战略》报告仍然基

① Michel Oksenberg, “The China Problem,” *Foreign Affairs*, Vol. 70, No. 3, 1991, p. 2.

② The White House, “National Security Strategy of the United States,” March 1990, p. 12, http://nssarchive.us/wp-content/uploads/2020/04/1990.pdf.

本在地区层面讨论中国。这份报告宣称“与苏联一样，中国在向不可避免的体系性变化前进的过程中，（对美国的安全环境）构成了复杂的挑战”。这一表述包含了一新一旧成分：“旧”的判断是与1990年的报告一样，认为中国的体制会“变”；“新”的成分则是第一次提出中国构成了“挑战”。这是美国《国家安全战略》报告第一次将“挑战”用于描述中国。报告宣称：“与中国的磋商和联系是我们政策的核心特征，以防止我们在强化对华孤立政策时，助长中国的镇压行为。”“中国的变化是不可避免的，我们与中国的联系必须持续。”此外，1991年的报告也在冷战后整个亚太地区安全环境问题部分提及中国，提出在亚太地区，中国与邻国以及苏联关系的调整是亚太安全环境变化的一个部分。①

1993年1月，即将离任的老布什政府发布了其任内第三份《国家安全战略》报告。报告提到中国之处与往年基本类似。在开篇的“美国面临的挑战”部分，报告将鼓励中国等共产党领导的国家实行“民主改革”作为美国面临的挑战之一。② 在地区政策部分，报告表示“我们必须认真地关注在世界舞台上处于上升态势的中国，通过支持、遏制或者制衡这一上升态势来保护美国的利益”，③ 鼓励中国发生“积极变化”。④ 此外，在该报告的军事安全部分论述《不扩散核武器条约》时再次提到中国。⑤ 核不扩散这个老问题再次回到美国国家安全战略的涉华“雷达屏幕”之上。

---

① The White House, "National Security Strategy of the United States," August 1991, p. 9, https://nssarchive.us/wp-content/uploads/2020/04/1991.pdf.

② The White House, "National Security Strategy of the United States," January 1993, p. 1, https://nssarchive.us/wp-content/uploads/2020/04/1993.pdf.

③ The White House, "National Security Strategy of the United States," January 1993, p. 8, https://nssarchive.us/wp-content/uploads/2020/04/1993.pdf.

④ The White House, "National Security Strategy of the United States," January 1993, p. 19, https://nssarchive.us/wp-content/uploads/2020/04/1993.pdf.

⑤ The White House, "National Security Strategy of the United States," January 1993, p. 16, https://nssarchive.us/wp-content/uploads/2020/04/1993.pdf.

（二）走向“战略伙伴”

比尔·克林顿是发布《国家安全战略》报告最多的美国总统，八年总统任期共计发表了七份报告。其中第一份到第三份的标题均为《参与和扩展的国家安全战略》。其中被翻译为“参与”的“Engagement”，正是在美国对华战略中经常使用的“接触”一词。克林顿上任之初，美国正处于冷战后全球霸权地位的最高峰。将美式政治经济制度“扩展”到全球，同时通过“参与”或者说“接触”应对各种挑战，正是克林顿“参与和扩展战略”的核心。在美国国家安全战略中，中国成为美国“接触”和“扩展”的对象。

在 1994 年 7 月发布的报告中，中国的形象仍然是混杂的：中国既有“持续增长的经济潜力”，也有“比较可观的军事力量”，但至少同样重要的是，中国是一个在冷战结束后仍然由共产党领导的国家，一个在美国看来有待“转型”的国家。在这份报告中，克林顿政府表示将持续与中国“接触”，因此将最惠国待遇问题与人权问题脱钩，便利中国建立更加开放、市场导向的经济；同时推动中国加入地区安全机制。报告也在导弹技术控制制度、不扩散核武器和防务对话等方面提及中国，显示中国仍然是美国政府关注的军事安全问题之一。[①]

1995 年 2 月的《参与和扩展的国家安全战略》报告与上一份报告有极强的延续性，其涉华部分也与上一份报告极为相似，很多地方甚至用词都没有任何变化。报告除了在有关导弹技术控制制度等军备控制问题上提及中国的篇幅有所增加之外，出现了三个细微但

① The White House, “A National Security Strategy of Engagement and Enlargement,” July 1994, pp. 1, 11, 13, 24, http://nssarchive.us/wp-content/uploads/2020/04/1994.pdf.

去50年中第二阶段最积极的定位。

1998年5月的《国家安全战略》报告反映了中美关系的积极发展，是中美关系这一阶段当中美国对华表述最为积极的一份报告。在这份报告中，中国被提及五十余次，较上一年度大幅度增加。在这份对华基调总体相当积极的报告中，美国期待中国“稳定、繁荣、开放”，“中国融入国际规则和规范体系将会影响其政治和经济发展”，“我们与中国的关系将在很大程度上决定21世纪是否是一个安全、和平和繁荣的世纪”。在这份报告中，克林顿政府声言其对华政策将是“既有原则又实际：扩展我们合作的领域，同时直截了当地处理我们的分歧”。报告以较大篇幅论述了两国政府间建立各个层次的沟通对话渠道，同时主要从正面论述了中国在导弹技术控制制度、生物武器控制、化学武器控制、印巴核问题、朝鲜半岛核问题等方面发挥的重要作用。① 与此同时，该报告在讨论经济战略时，也专门用一个部分论述了中国问题，要将中国“带入以市场为基础的世界经济体系之中”。报告较为详细地论述了中国“入世”问题、中美正常贸易关系问题以及中国在1997年亚洲金融危机中发挥的建设性作用。② 相比之下，报告也在两处提及了宗教自由、法治等问题，但是篇幅极少，基调也并不是全然消极的。以强调意识形态著称的克林顿政府，已经更多地将中国视为国际经济领域的伙伴以及国际安全领域的潜在伙伴。这一总体积极的对华基调在1999年12月的《国家安全战略》报告中得以延续，两份报告使用的提法都高度相似。2000年12月，克林顿政府在完成第二任期之前发布了其最后一份报告。在延续此前总体积极基调的同时，克林顿政府以关注的口

① The White House, “A National Security Strategy for a New Century,” October 1998, pp. 43 - 44, https: //history. defense. gov/Portals/70/Documents/nss/nss1998. pdf.

② The White House, “A National Security Strategy for a New Century,” October 1998, p. 46, https: //history. defense. gov/Portals/70/Documents/nss/nss1998. pdf.

吻提及中国军费开支的快速增长以及军事“透明度”问题。

总体看，在克林顿执政的八年时间中，美国国家安全战略视阈下的中国以及中美关系有了重大的变化。就战略方向上说，从迷失走向了清晰；对中国的看法逐渐从较为负面走向了较为积极。美国逐渐找到了新的对华战略框架和范式，这就是通过全面接触，发挥中国的积极作用，同时试图影响中国的未来走向。

（三）日益“复杂”的“接触”

2001 年，共和党人小布什入主白宫。在竞选期间，小布什曾批评克林顿政府的对华“接触”政策，认为应将中国视为“战略竞争者”而非“战略伙伴”，还称美国在对华问题上需要“强硬和坚定”。[①] 在这种定位下，小布什在上台初期采取了一系列消极的对华行为，加之南海撞机事件的发生，中美关系一度相当紧张。此后经过中方的斗争与周旋，双方关系有所缓和。“9·11”事件后，美国国家安全战略发生重大转向，中美关系整体重新进入比较稳定的轨道，中国在美国国家安全战略视阈中的位置、性质与内容也随之发生调整。

小布什任期内一共发布了两份《国家安全战略》报告。这一时期美国国家安全战略视阈下的中国以及中美关系具有如下特点。

第一，对中国在美国国家安全战略中的作用总体评价积极。在中国的角色方面，2002 年的报告“欢迎一个强大、和平、繁荣的中国的出现”。[②] 就位置而言，两份报告对中国的大部分阐述均集中于

---

① Richard Shumate, “GOP Front – runner Critical of Clinton’s China Policy,” August 14, 1999, https://www.cnn.com/ALLPOLITICS/stories/1999/08/14/president.2000/bush.interview/.

② The White House, “The National Security Strategy of the United States of America,” September 2002, p. 27, https://nssarchive.us/wp – content/uploads/2020/04/2002.pdf.

已经开始放弃“改造”中国的内政并将这种努力更多转向了塑造中国的经济以及对外行为。

第四，对华经贸议题在美国国家安全战略视阈中占有较大比重。之所以强调经济议题的重要性，是因为美国对华接触必然先是经济上的接触，同时促进全球自由贸易符合美国的国家利益。2002 年和 2006 年的报告都以相同的章节论述了全球经济繁荣有助于美国国家安全的逻辑，即自由市场和自由贸易促进了各国经济增长并创造了更多就业和收入，从而进一步使人们摆脱贫困并强化自由的习惯。[①] 在这一逻辑下，2002 年的报告着重强调了推动中国加入世贸组织这一成就。[②] 小布什政府还提名熟悉商业事务的雷德担任驻华大使，体现了美国在发展对华经贸关系时务实的一面。2006 年的报告在对华经贸关系上有着更多的着墨，也对中国在经贸领域的行为表达了更多的关切，在经贸问题上美国的态度趋于混杂。报告将中国定义为“经济增长引擎”，强调与中国合作以改革开放市场和确保金融稳定，敦促中国建立“以市场为基础的灵活汇率制度”。这是以汇率为代表的金融议题首次进入美国国家安全战略视阈中。报告还提及了中国的“经济重商主义”、对外需的过度依赖、保护知识产权等问题。[③] 为督促中国履行“入世”承诺，小布什政府于 2006 年 9 月提出建立中美战略经济对话机制，作为讨论双方经贸问题的平台。[④] 这反映出小布什政府虽然对中国的政治“转型”的期待不断下降，但对促进

---

① The White House, “The National Security Strategy of the United States of America,” September 2002, p. 17, https://nssarchive. us/wp - content/uploads/2020/04/2002. pdf.

② The White House, “The National Security Strategy of the United States of America,” September 2002, p. 3, https://nssarchive. us/wp - content/uploads/2020/04/2002. pdf.

③ The White House, “The National Security Strategy of the United States of America,” March 16, 2006, p. 26, https://nssarchive. us/wp - content/uploads/2020/04/2006. pdf.

④ Department of the Treasury, “Fact Sheet Creation of the U. S. - China Strategic Economic Dialogue,” September 20, 2006, https://www. treasury. gov/press - center/press - releases/pages/hp107. aspx.

中国经济体制的“转型”仍旧抱有相当大的期望。

第五，对华安全政策兼具“合作”与“防范”的双重性。“9·11”事件后，小布什政府开始争取中国对打击恐怖主义的支持。自2001年年底开始，美国转而寻求一种更加紧密的双边安全合作关系。2001年10月，小布什在上海参加亚太经合组织峰会期间与时任国家主席江泽民会晤时，将中国定义为“全球反恐联盟的重要伙伴”，并强调美国希望与中国发展“建设性关系”。① 2002年的报告重申了这一关系，强调了两国在反恐和朝核等国际安全问题上的合作。② 同年，小布什政府还将针对中国的“东突厥斯坦伊斯兰运动”界定为恐怖组织。③ 2002年2月，时任美国国务卿科林·鲍威尔在国会参议院外交关系委员会作证时承认“中国在反恐战争中提供了帮助”，并称赞中国在印巴安全问题上扮演着“建设性角色”。④ 除了反恐，小布什政府还致力于引导中国从地区安全事务的“观察者”转变为“参与者”，两国在该时期互相配合的重要成果即中国作为协调者主导了朝核问题六方会谈。值得注意的是，2002年的报告还提及中美在应对艾滋病等共同的健康和环境问题方面进行合作，⑤ 这是艾滋病等公共卫生议题首次进入美国对华安全视阈之中。

自2005年起，美国关于中国对外行为的安全担忧开始增加。

---

① The White House, “U. S., China Stand Against Terrorism, Remarks by President Bush and President Jiang Zemin in Press Availability Western Suburb Guest House,” October 19, 2001, https://georgewbush-whitehouse.archives.gov/news/releases/2001/10/20011019-4.html.

② The White House, “The National Security Strategy of the United States of America,” September 2002, p. 27, https://nssarchive.us/wp-content/uploads/2020/04/2002.pdf.

③ Erik Eckholm, “U. S. Labeling of Group in China as Terrorist Is Criticized,” *The New York Times*, September 13, 2002, https://www.nytimes.com/2002/09/13/world/us-labeling-of-group-in-china-as-terrorist-is-criticized.html.

④ Senate Hearing 107-299, “Foreign Policy Overview and the President's Fiscal Year 2003 Foriegn Affairs Budget Request,” February 5, 2002, https://www.govinfo.gov/content/pkg/CHRG-107shrg77963/html/CHRG-107shrg77963.htm.

⑤ The White House, “The National Security Strategy of the United States of America,” September 2002, p. 27, https://nssarchive.us/wp-content/uploads/2020/04/2002.pdf.

2005 年 7 月，前总统国家安全事务助理、时任美国国务卿康多莉扎·赖斯表达了对中国进行大规模军事建设的担忧。① 美国政府内部开始认为，应该进一步强化对中国行为的约束，同时对中国进行“防范”。为回应国会立法要求，美国国防部从 1997 年开始发布《四年防务评估》报告，1997 年和 2001 年的报告中均未提及中国。然而在 2006 年的《四年防务评估》报告中，美国国防部虽然表示“鼓励中国发挥建设性作用”，但是又认定中国“在主要和新兴大国中，最有潜力同美国展开军事竞争，利用颠覆性技术抵消美国传统军事优势”。②

小布什在谈到中美关系时最常使用的一个形容词就是“复杂”。小布什多次强调，美中关系包含多个不同侧面，有些是积极的，有些是消极的。重要的是，不能让消极的方面影响积极的方面，也不能因为积极面的合作而掩盖消极面的分歧。小布什在总体肯定中美关系的合作大于分歧的同时，显然也认为中美的分歧比较明显。小布什八年任期美国国家安全视阈内的“接触”战略变得日益复杂，特别是消极面开始增多。2005 年 9 月，时任美国常务副国务卿罗伯特·佐利克提出了中国应当成为国际体系中“负责任的利益攸关方”。③ 佐利克认为，中国融入国际体系这一进程已经结束，中国实力在快速增长。中国将如何运用其实力，是美国的主要关切。佐利克特别提到了苏丹等外交问题，经济中的“重商主义”问题，中国军费增长等。这些问题从一个角度看是以佐利克为代表的接触派对

---

① “Rice Outlines China Challenge,” UPI Defense News, July 11, 2005, https://www.upi.com/Defense-News/2005/07/11/Rice-outlines-China-challenge/43301121105180/.

② US Department of Defense, “Quadrennial Defense Review Report,” February 2006, p. 29, https://history.defense.gov/Portals/70/Documents/quadrennial/QDR2006.pdf.

③ Robert B. Zoellick, “Whither China: From Membership to Responsibility?” Remarks to National Committee on U.S.-China Relations, September 21, 2005, https://2001-2009.state.gov/s/d/former/zoellick/rem/53682.htm.

中国的期待，从另一个角度说，也反映出美国战略界对中国未来走向的怀疑和焦虑。如果说在20世纪90年代后期，美国战略界思考更多的是是否应当以及应该如何将中国拉入国际体系，到了21世纪第一个十年，美国战略界开始考虑“将中国拉入国际体系之后如何”的问题。佐利克的观点在2006年美国《国家安全战略》报告中得到更明确的解释：“随着中国成为全球参与者，它必须……履行其义务……支持使其取得成功的国际体系，执行帮助其摆脱贫困的国际规则，拥抱该规则体系所遵循的经济和政治标准，并通过与美国和其他大国的合作为国际稳定与安全作出贡献。”① 与此同时，2006年的报告也强调对中国可能的行为及其后果进行“两面下注”，② 即采取“接触”与“制衡”的混合策略，这是针对目标国家未来意图的不确定性所作出的“保险举措”。③

（四）向“临界点”滑动

2009年1月，以“变革”为口号的民主党人贝拉克·奥巴马入主白宫。上台后的奥巴马及其团队面临着两大最为紧迫的问题，即结束反恐战争、复苏美国经济。而中国成功举办奥运会、在金融危机中保持了经济增长。对于美国来说，在对阿富汗和伊拉克两场战争进行了长达十年的投入之后，其对外战略也需要重新布局。美国国家安全战略视阈内的中美关系也随之发生了一系

① The White House, “The National Security Strategy of the United States of America,” March 16, 2006, p. 41, https://nssarchive.us/wp-content/uploads/2020/04/2006.pdf.

② The White House, “The National Security Strategy of the United States of America,” March 16, 2006, p. 42, https://nssarchive.us/wp-content/uploads/2020/04/2006.pdf.

③ Evelyn Goh, “Understanding ‘Hedging’ in Asia-Pacific Security,” PacNet Number 43, Pacific Forum CSIS, August 31, 2006, https://csis-website-prod.s3.amazonaws.com/s3fs-public/legacy_files/files/media/csis/pubs/pac0643.pdf.

列改变。

奥巴马政府于2009年上任之初对中美关系的合作抱有较高期待。其团队希望避开新总统上台之初（如里根、克林顿和小布什政府那样）在中美关系上总会经历“学习曲线”的“历史规律”，力保中美关系平稳。奥巴马团队清楚地认识到，“奥巴马政府的最高关注点——伊朗与朝鲜的去核问题、重建世界经济、应对气候变化、阿富汗与巴基斯坦的反恐、终结苏丹的内战和种族屠杀以及实现能源安全——都需要中国的合作，或者说至少将从中国的合作中受益”。[①] 2010年5月，奥巴马政府发布其第一份《国家安全战略》报告。考虑到《国家安全战略》报告撰写和发布的周期，实际上这份报告大致反映了奥巴马政府上任第一年的国家安全战略考量。这份报告的涉华部分主要集中在“与21世纪其他影响力中心建立合作”一节。报告将中国定位为与印度、俄罗斯并列的“关键影响力中心”，是美国“努力建立更深入、更有效伙伴关系”的对象。[②] 报告多次采用这一定位并强调要“继续致力于与中国建立积极、建设性、全面的关系”。[③] 这一定位与小布什政府的定位类似，即发挥中国作为主要世界大国的作用，只不过合作的内容及重点与小布什政府有较大差别。具有代表性的是气候变化被奥巴马政府视为美国国家安全战略的核心议程，这一概念在奥巴马政府第一份《国家安全战略》报告中出现了23次。相应地，气候变化在奥巴马时期涉华安全议题中的优先性排序得到了提高。从表述层面来看，2010年的报告将“气候变化”提升为与“经济复苏”和“不扩散”具有同等地

---

① Jeffery A. Bader, “Obama and China's Rise: An Insider's Account of America's Asia Strategy,” Brookings Institution, 2012, p. 11.

② The White House, “National Security Strategy,” May 2010, p. 3, https://nssarchive.us/wp-content/uploads/2020/04/2010.pdf.

③ The White House, “National Security Strategy,” May 2010, p. 43, https://nssarchive.us/wp-content/uploads/2020/04/2010.pdf.

位的对华合作优先事项。[①] 这也与奥巴马政府任期第一年试图推动对华合作，美国战略界大谈中美“两国集团”的大背景是相呼应的。[②] 2009 年 9 月，时任美国常务副国务卿詹姆斯·斯坦伯格提出“战略再保证”，即美国及其盟友保证“欢迎”中国崛起，而中国则保证其发展和全球化不以牺牲他国的安全和福祉为代价。[③] 中美建立了包括战略与经济对话在内的高级别磋商机制，两国高层领导人在此后的八年保持了频繁的互动，两军实现了可持续和实质性的对话交流，并在反海盗、维和、人道主义援助和救灾领域展开合作，双方在伊核问题等国际安全事务上也实现了有效配合。到 2010 年年初，奥巴马团队认为，“美中关系已经奠定了良好的基础。这种考虑基于三个原则：首先，不应将中国视为必然的敌人，而应将其视为解决世界关键事务的潜在伙伴。其次，在欢迎中国崛起的同时，确保崛起的中国遵守国际法律和准则。再次，寻求确保中国崛起有利于亚太地区的稳定”。[④]

然而，从 2009 年年底、2010 年上半年开始，美国认为中国对外行为越来越“咄咄逼人”，对华战略开始向消极方向发展。此后七年美国对华战略的变化在 2015 年发布的奥巴马政府第二份《国家安全战略》报告等文件中有着清晰的体现。涉华部分集中在报告的“推进我们在亚太地区的再平衡”部分。中国问题所处的语境由第一份报告的“大国合作”变为第二份报告的“再平衡”，表明奥巴马任

---

① The White House, “National Security Strategy,” May 2010, p. 43, https://nssarchive.us/wp-content/uploads/2020/04/2010.pdf.

② C. Fred Bergsten, “Two's Company,” *Foreign Affairs*, 2009, pp. 56-69, https://www.foreignaffairs.com/articles/americas/2009-09-01/twos-company.

③ James B. Steinberg, “Administration's Vision of the U. S. -China Relationship,” Department of State, September 24, 2009, https://2009-2017.state.gov/s/d/former/steinberg/remarks/2009/169332.htm.

④ Jeffery A. Bader, “Obama and China's Rise: An Insider's Account of America's Asia Strategy,” Brookings Institution, 2012, pp. 69-70.

期内中美关系在美国国家安全战略中的定位、背景都发生了重大变化。奥巴马政府的“亚太再平衡”核心是重新配置美国在全球的战略资源，使其向亚太地区集中，以应对中国的崛起。

这一时期，美国政府对全球力量格局以及中美实力对比的认识发生了重大变化。2015 年《国家安全战略》报告认为“经济平衡正在发生改变，由此带来的权力的动态变化创造了机会和风险，尤其是中国崛起等将显著影响大国关系的未来”。[①] 根据世界银行数据，2015 年中国经济规模（GDP 总量）达到美国的 60.6%，而这一数字在 2009 年仅为 35.3%。[②] 中美实力对比接近尤其表现在两国军事力量差距的缩小上。美国国防部 2012 年发布的《防务战略指南》确认了美国军事力量向亚太倾斜的总基调，认为从长远看中国的崛起“将可能以各种方式影响美国经济和安全”，而中国必须“进一步明确其军事增长的战略意图”。[③] 该指南还将应对中国的“反进入/区域拒止”和“非对称力量”作为美军的主要任务之一。[④] 2014 年，美国国防部发布的《四年防务评估》报告认为，亚太地区的安全环境正在趋向恶化，主要原因在于中国的军事现代化以及中国在能力和意图上缺乏透明度和开放度，[⑤] 并表示要支持美国在亚太地区“更广泛的再平衡”。对力量对比判断的变化带来了对华战略的变化。2010 年以后，以“亚太再平衡”为核心的美国对华战略表现出两个突出特征。

---

① The White House, “National Security Strategy,” February 2015, p. 4, https://nssarchive.us/wp-content/uploads/2020/04/2015.pdf.

② https://data.worldbank.org/indicator/NY.GDP.MKTP.CD?locations=CN-US.

③ Department of Defense, “Sustaining U.S. Global Leadership: Priorities for 21st Century Defense,” January 2012, p. 2, https://www.hsdl.org/?view&did=696175.

④ Department of Defense, “Sustaining U.S. Global Leadership: Priorities for 21st Century Defense,” January 2012, pp. 4-5, https://www.hsdl.org/?view&did=696175.

⑤ Department of Defense, “Quadrennial Defense Review 2014,” March 4, 2014, p. 4, https://history.defense.gov/LinkClick.aspx?fileticket=cbmKrRAfT1I%3d&tabid=9114&portalid=70&mid=20230.

第一，美国国家安全战略视阈内的中美关系日益消极。2015 年的《国家安全战略》报告仍然表示“欢迎一个稳定、和平、繁荣的中国崛起”，也继续寻求与中国建立“建设性关系”，[①] 但相较于 2010 年的报告，对华负面态度明显增强，体现为报告中对中国消极描述的增加。关于中美关系的性质，2015 年的报告两次提及中美两国存在“竞争”，且强调“美国将基于力量来管理竞争”。[②] “竞争”和“基于力量”这两个在日后特朗普和拜登政府时期将变得耳熟能详的表述，实际上在奥巴马政府《国家安全战略》报告中就已经出现，很清楚地显示了美国国家安全战略视阈下的中美关系和中国正在发生深刻转型。

奥巴马第二任期美国对华安全关切呈现扩大且上升态势。除了传统的军事领域，更多的涉华安全议题进入到美国国家安全战略视阈中，具有代表性的是中国与周边国家领土争议、所谓的航行自由与网络安全问题。2015 年的报告涉华部分首次出现了对领土争端和航行自由问题的阐述。报告宣称“拒绝中国在领土争端中的任何恐吓”以及“在亚洲的领土争端中谴责导致局势升级的胁迫和激进行为”。同时，报告第一次阐述了美国在航行和飞越自由上有着持久的利益。在网络安全问题上，报告提出要“采取必要行动以防止来自私营部门或中国政府对商业秘密的网络窃取”。[③] 从两国关系变化来看，多个新议题的出现不可避免地导致了中美关系的下挫。如美国介入南海领土争端并在所谓的“南海仲裁案”中支持菲律宾。又如 2014 年 5 月，美国司法部制造所谓的“网络窃密”案并起诉五名中

---

① The White House, “National Security Strategy,” February 2015, p. 24, https://nssarchive.us/wp-content/uploads/2020/04/2015.pdf.

② The White House, “National Security Strategy,” February 2015, p. 24, https://nssarchive.us/wp-content/uploads/2020/04/2015.pdf.

③ The White House, “National Security Strategy,” February 2015, pp. 13, 24, https://nssarchive.us/wp-content/uploads/2020/04/2015.pdf.

国军官，中方被迫宣布中止中美网络安全问题工作小组的活动。从奥巴马政府开始，美国逐渐加大了在南海的“自由航行行动”和抵近侦察力度，并且多次出现舰艇碰撞风险，中美两国的安全关系增加了更多的不确定因素。

第二，美国对华安全议程中的自由主义倾向明显加强。奥巴马政府的对华安全战略仍然具有很强的现实主义色彩，特别是在军事方面。2012 年 6 月，时任美国国防部长莱昂·帕内塔在香格里拉对话会上宣布，美国海军准备将包括六艘航母在内的 60% 水面舰艇部署到亚太地区。① 一年后，时任国防部长查克·哈格尔宣布，美国空军已将 60% 的海外兵力以及等比例的太空和网络力量部署至亚太地区。② 除了兵力上的变化，美国军方还提出针对中国的“空海一体战”等新作战理念，意图进一步加大针对中国的军事安全威慑。同时，美国在一些关键地区安全议题上展现出现实主义风格的强硬姿态。如在 2012 年开始的中日钓鱼岛争端中发挥“推手”作用，并强调钓鱼岛适用于《美日安保条约》；2013 年，带头挑战中国设立的“东海防空识别区”；2016 年，不顾中方的强烈反对而执意在韩国部署“萨德”反导系统等。

与此同时，有别于小布什政府时期，奥巴马政府的国家安全战略的自由主义倾向相当强烈，致力于通过多边主义和国际主义的方式，更多依靠盟友与伙伴来达成其战略目标。一是强化与地区盟友和伙伴的安全关系来制衡中国。奥巴马执政时期，美日同盟取得长足进展。2015 年 4 月的新版《美日防卫合作指针》将“日本以外国

---

① David Alexander, “U. S. Will Put More Warships in Asia: Panetta,” Reuters, June 2, 2012, https://www.reuters.com/article/us-asia-security/u-s-will-put-more-warships-in-asia-panetta-idUKBRE85100Y20120602.

② Department of Defense, “Remarks by Secretary Hagel at the IISS Asia Security Summit,” Shangri-La Hotel, Singapore, June 1, 2013, https://content.govdelivery.com/accounts/USDOD/bulletins/7d7ac2.

家遭受武力攻击”视为保卫日本安全的范围之内，[①] 这意味着美日安全合作范围从“周边”扩展至“全球”。美国还提升了与澳大利亚的防务合作，如 2011 年，网络安全议题被纳入美澳防卫条约以及两国正式启动的“美国部队态势倡议”。[②] 此外，美国还重点加强了同印度、印尼、新加坡和越南等“关键伙伴”的接触，以确保美国在地缘政治行动中更具灵活性。二是更多利用国际规则来约束中国的活动空间。在经济规则上，奥巴马政府积极推动了“跨太平洋伙伴关系协定”的成形。2015 年的《国家安全战略》报告宣称，美国要通过 TPP 促进亚太地区经济体更加开放和透明，推动国际经济规范在亚太地区的普及。[③] 但这一地区经济合作框架所奉行的“高标准”具有明显的排他性，事实上是利用中国与西方发达经济体在发展阶段上的差距，来抵制中国在亚太地区日益增长的经济辐射。在海洋问题上，美方不断强调在“航行和飞越自由”上所具有的持久利益，[④] 以“按照国际法和平解决争端”为由介入中国与部分东南亚国家的南海岛礁争端，不断打出“规则牌”“法律牌”等。美国既以“与《联合国海洋法公约》相矛盾”为由攻击中国提出的“九段线”主张，又支持菲律宾等声索国通过诉诸国际仲裁或其他所谓“国际法律机制”来与中国打“法律战”。时任美国国务院负责东亚和太平洋事务的助理国务卿丹尼尔·拉塞尔就表示，“对我们来说，重要的不是南海的岛礁或海

---

① 袁杨、钱华、邵正平：《修订“防卫指针”，美日同盟再度调整》，载《解放军报》2015 年 5 月 15 日，第 7 版。

② Lolita Baldor, “Cyber Security Added to US – Australia Treaty,” NBC News, September 15, 2011, https://www.nbcnews.com/id/wbna44527648.

③ The White House, “National Security Strategy,” February 2015, p. 24, https://nssarchive.us/wp-content/uploads/2020/04/2015.pdf.

④ The White House, “National Security Strategy,” February 2015, p. 13, https://nssarchive.us/wp-content/uploads/2020/04/2015.pdf.

底的资源，而是规则”。[①]

从1989年到20世纪90年代初，美国国家安全战略视阈内的对华政策曾经一度模糊，但是到20世纪90年代中后期，“接触”战略很快成为美国对华战略的主导范式。在上一个阶段，美国对华战略的核心目标是借重中国的力量制衡苏联，而在这个阶段，美国对华战略的核心目标就是通过“接触”来“塑造”中国。如果为这个阶段美国国家安全战略视阈内的美国对华战略赋予意义，最合适的词大概就是“塑造”。“塑造”包含三个方向：一是塑造中国的政治制度向更接近西方自由民主体制的方向发展；二是塑造中国的经济制度向更接近市场经济的方向发展；三是塑造中国的对外政策向支撑美国主导的国际体系的方向发展。这种塑造既包括“软”的一面，即通过经济利益、软实力等方式吸引中国，也包括“硬”的一面，即通过施压、限制等方式试图迫使中国向某个方向发展；既包括积极面、合作面，也包括消极面、竞争面。在“接触”战略之下，伴随中国实力地位的提高，中美关系的内容在20世纪90年代和21世纪的第一个十年里越来越丰富。美国对“塑造”中国的期待越来越低，从聚焦政治体制逐渐变为聚焦经济体制再到聚焦外交行为；其对华政策中的消极面的比例逐渐增长，在奥巴马第二任期时已逐渐逼近“临界点”。[②]

2014—2015年，美国国内出现了新一轮对华战略大辩论，其参与人员范围之广、战略反思程度之深，都是自1972年中美关系“破冰”以来所没有过的。这场辩论的核心包括：20世纪90年代以来美国实行的对华“接触”战略是否是错误的，或者是否过时了；美

---

① Daniel R. Russel, “Remarks at the Fifth Annual South China Sea Conference,” CSIS, July 21, 2015, https://2009-2017.state.gov/p/eap/rls/rm/2015/07/245142.htm.

② David M. Lampton, “A Tipping Point in US-China Relations Is Upon US,” US-China Perception Monitor, May 11, 2015, https://www.uscnpm.com/model_item.html?action=view&table=article&id=15789.

国在接触中是否“吃亏”了；未来的美国政府是否应该结束“接触”战略。辩论的结果是，认为“接触”战略过时、美国在对华“接触”战略中吃亏的观点成为主流。越来越多的美国战略界人士认为，中国借助美国的“接触”战略实现了国家的发展和崛起，但是中国的发展并没有按照美国期待的方向前行。在 2016 年总统选举逐渐拉开帷幕的背景下，美国战略界对未来应当奉行什么样的对华战略并没有形成共识，但是“接触战略终结论”既然已成为主流观点，就势必极为深刻地影响美国未来的对华战略。在这样的背景下，美国国家安全战略视阈下的中国与中美关系进入到新阶段和新框架就不足为奇了。

三、争胜：2017 年以来

2017 年 1 月，唐纳德·特朗普担任美国总统后，中美两国关系开局出人意料地比较平稳。两国元首实现了 2017 年 4 月的海湖庄园会晤、7 月的汉堡会晤、11 月的北京会晤等多轮互动，两国在朝核等地区热点问题上明确了合作方向，但随着 2017 年 12 月美国《国家安全战略》报告的出台以及 2018 年上半年美国开始对中国商品加征惩罚性关税，中美关系进入了过去 50 年当中的第三个阶段。特朗普政府以一种“公牛闯进瓷器店”的姿态彻底击碎了中美两国在上一个阶段形成的基本范式。在此背景下，美国国家安全战略视阈内的中美关系的性质和作用也发生了明显的改变。

（一）新范式的提出与混乱的落实

2017 年 12 月，特朗普政府发布新版《国家安全战略》报告，

2018 年年初又发布了《国防战略》报告与《核态势评估》报告。从这些报告以及 2018 年之后特朗普政府的种种言行看，特朗普政府以简单、粗暴的方式宣告美国对华战略转向了战略竞争。2020 年新冠肺炎疫情暴发，特朗普的连任道路受到了严重冲击。形势的发展导致特朗普政府启动的“战略竞争”迅速滑向“战略对抗”。2020 年的中美关系跌到了过去 50 年的最低谷。在特朗普政府的国家安全战略视阈内，中国以及中美关系出现了以下重大转变。

第一，对华定位和中美关系总基调出现根本性的负面转向。特朗普时期，美国的对华战略定位出现了急剧转向。2017 年的《国家安全战略》报告将中国定义为“竞争对手”和“修正主义国家”，认为中国是美国国家安全所面临的三大挑战之一。报告宣称中国意图塑造一个“与美国价值观与利益相对立的世界”，“在全球范围内重新主张其影响力”，“试图改变国际秩序使之对其有利”等。[①] 与此相应，美国国防部 2018 年发布的《国防战略》报告延续了“战略竞争对手”这一对华定位，指责中国“利用掠夺性经济恐吓邻国和推动南海军事化”，“寻求在印太地区的霸权”等，宣称“与中俄两国的长期战略竞争是国防部的首要任务”。[②] 2018 年的《核态势评估》报告称“自 2010 年以来已经看到‘大国竞争’的回归，中俄两国正在寻求大幅度修改冷战后的国际秩序和行为规范”。[③] 从这些表述看，美国一方面视中国为美国的竞争对手，彻底告别了过去借重对象或被塑造对象的定位，同时认为中国在力量上近乎与美国等量齐观。

① The White House, “National Security Strategy of the United States of America,” December 2017, p. 25, http://nssarchive.us/wp-content/uploads/2020/04/2017.pdf.

② Department of Defense, “Summary of the 2018 National Defense Strategy,” pp. 1 - 2, 4, https://dod.defense.gov/Portals/1/Documents/pubs/2018-National-Defense-Strategy-Summary.pdf.

③ Department of Defense, “Nuclear Posture Review,” February 2018, p. 6, https://media.defense.gov/2018/Feb/02/2001872886/-1/-1/1/2018-NUCLEAR-POSTURE-REVIEW-FINAL-REPORT.PDF.

在官方叙事调整的牵引下，2017 年之后美国民众对中国的看法也急转直下。皮尤研究中心 2020 年的一项调查数据显示，有 90% 的美国成年人认为中国的力量和影响力是一种“威胁”，而 62% 的人将其视为“重大威胁”。[①] 美国两党、府会的政治精英虽然在各个问题上都针锋相对，但在中国议题上却具有相当多的共识。

第二，中美经贸、科技关系全面安全化。中美在经贸和科技领域长期以来既有矛盾又有合作，但多属就事论事的层次。经贸关系更是长期被看作是双边关系的“压舱石”。然而在特朗普政府任内，经贸和科技领域快速成为事关国家重大安全利益的问题，也成为中美两国斗争的焦点。2017 年的《国家安全战略》报告提出，“经济安全即国家安全”，[②] 这表明特朗普政府已将经济安全作为国家安全的核心关切。涉华经济安全问题主要表现为两个方面：一是中美经贸关系中所谓的“不公平”问题；二是关键产品和行业对华供应链的依赖。基于对相对收益的关注，特朗普政府发动了针对中国的“232 调查”和“301 调查”，与中国大打“贸易战”“关税战”。与此同时，特朗普政府开始推动供应链的“去中国化”，新冠肺炎疫情的暴发进一步加剧了这种趋势。

在科技领域，2017 年的《国家安全战略》报告指责中国非法“盗窃”美国的知识产权，以及利用各种合法途径转移美国在前沿领域的先进技术，认为“中国军事现代化和经济扩张的部分原因是利用了美国的创新经济，包括其世界级大学”。[③] 事实上，知识产权问

---

① Kat Devlin, Laura Silver and Christine Huang, “U. S. Views of China Increasingly Negative amid Coronavirus Outbreak,” Pew Research Center, April 21, 2020, https://www.pewresearch.org/global/2020/04/21/u-s-views-of-china-increasingly-negative-amid-coronavirus-outbreak/.

② The White House, “National Security Strategy of the United States of America,” December 2017, p. 17, http://nssarchive.us/wp-content/uploads/2020/04/2017.pdf.

③ The White House, “National Security Strategy of the United States of America,” December 2017, pp. 21, 25, http://nssarchive.us/wp-content/uploads/2020/04/2017.pdf.

题并非美国对华安全视阈中的新议题，但往届政府更多是从中国国内角度来看待知识产权，即强调中国要提升国内的知识产权保护力度。特朗普政府则强调技术转移危害美国国家安全，因此大幅收窄中美科技合作，通过多种手段推进科技“脱钩”，以切断中国获取美国关键技术的途径。特朗普政府还大肆打击以中兴、华为为代表的中国高科技企业，将数百家中国企业和实体列入“实体清单”。特朗普任期内，网络安全和数据安全在美国国家安全视阈中的重要性进一步上升。2017 年的报告认为当前的时代是“网络时代”，网络空间使国家和非国家行为体能够在不跨入美国国境的情况下，发动针对美国政治、经济和安全利益的行动。因此，美国联邦政府必须加强对数据的保护，以确保信息和美国公民隐私的安全。报告还宣称，“竞争对手”基于人工智能和机器学习而整合信息收集和数据分析的能力增加了美国的国家安全风险。[①] 美国情报界 2018 年发布的《全球威胁年度评估》报告认定，俄罗斯、中国、伊朗和朝鲜是美国网络安全所面临的最大威胁，强调中国会继续利用网络间谍活动和加强网络攻击能力来支持其国家安全优先事项。[②]

第三，将矛盾直接指向中国的政治体制、发展模式与价值观。2017 年的《国家安全战略》报告宣称：中俄希望“塑造一个与美国价值观和利益相对立的世界”；中国“扩大其国家驱动经济模式的范围”，“传播其腐败、监控等独裁体系特征”；这种“压制性、封闭”的国家“不受真相、民主国家固有的隐私规则的束缚”，其行动“致力于在不引发美国军事反应的情况下取得最大效果”等。在这份报告中，特朗普政府将世界划分为“自由世界”和“压制性政权”

① The White House, “National Security Strategy of the United States of America,” December 2017, pp. 12 – 13, 35, http: //nssarchive. us/wp – content/uploads/2020/04/2017. pdf.

② Director of National Intelligence, “Worldwide Threat Assessment of the US Intelligence Community,” February 13, 2018, pp. 5 – 6, https: //www. dni. gov/files/ODNI/documents/2019 – ATA – SFR – – – SSCI. pdf.

两个部分，而将中美两国分别看作是两个部分的代表。① 特朗普政府官员不断渲染中国政治和经济体制对美国以及民主世界的“威胁”，其中最有代表性的是美国副总统彭斯2018年10月4日在哈德逊研究所关于对华政策的讲话。这一讲话对中国的政治、经济、社会和外交进行了全方位的攻击。② 到2020年新冠肺炎疫情暴发后，特朗普政府更是将攻击矛头直接指向中国共产党，并试图分化中国党和人民的关系。这种带有“政权更迭”色彩的对华政策是过去五十年绝无仅有的。③ 美国学界和战略界也大量讨论所谓输出“中国模式”和中国利用美国开放社会进行渗透和分裂等问题。美国和西方媒体大肆炒作中国在西方国家的“锐实力”。④ 中国智库、媒体和其他机构的正常国际交流活动，也被美国方面扣上了“扩展影响力”的帽子。⑤

第四，渲染中国在全球各个地区对美国构成的地缘政治“威胁”。在2017年的《国家安全战略》报告中，“中国威胁”贯穿于全球几乎每一个区域的战略论述中。如“中国通过扩大其不公平贸易行为，投资于关键行业、敏感技术和基础设施，正在欧洲获得战略立足点”；“中国增加对南亚国家的影响力”；“中国试图通过国家主导的投资和贷款将西半球地区纳入其势力范围，支持委内瑞拉的独

---

① The White House, “National Security Strategy of the United States of America,” December 2017, pp. 27 – 28, http://nssarchive. us/wp – content/uploads/2020/04/2017. pdf.

② “Vice President Mike Pence’s Remarks on the Administration’s Policy Towards China,” October 4, 2018, https://www. hudson. org/events/1610 – vice – president – mike – pence – s – remarks – on – the – administration – s – policy – towards – china102018.

③ 前特朗普政府高级顾问史蒂夫·班农离任后，曾于2019年接受美国国家公共电台“前线”栏目采访。班农在采访中声言，他们对华政策的最终目标是中国的“政权更迭”。Laura Sullivan, “Inside the White House’s Bitter Fight over China,” May 7, 2019, NPR, https://www. npr. org/2019/05/07/719947020/inside – the – white – houses – bitter – fight – over – china.

④ “Sharp Power: The New Shape of Chinese Influence,” *The Economists*, December 16, 2017.

⑤ Larry Diamond and Orville Schell, eds., “China’s Influence and American Interest, Promoting Constructive Vigilance,” Hoover Institute, 2019, https://www. hoover. org/sites/default/files/research/docs/diamond – schell_chineseinfluence_oct2020rev. pdf.

裁统治，并寻求加强在该地区的军事关系和武器销售”；“中国正在扩大其在非洲的经济和军事存在，通过贿赂精英、主导采掘业等方式，将非洲国家封锁在不可持续且不透明的债务和承诺中”。[①] 美国国防部2019年发布的《印太战略》报告指责中国利用经济诱导和惩罚手段推进战略利益，并称“中国正在全球性地实施其‘胁迫行为’，从中东到非洲、到拉美再到欧洲”，甚至还点名了中国的极地活动。[②]

（二）更可持续的“战略竞争”

2021年，民主党人乔·拜登入主白宫。拜登是华盛顿建制派代表，也是20世纪90年代对华“接触”政策的支持者和践行者，在奥巴马政府担任过八年的副总统。从其个人背景看，人们难免期待拜登会基于对华“接触”的理念来看待中美关系和中国。然而拜登上任后一年的言行表明，他基本上继承了特朗普的战略竞争范式。拜登政府一些官员在上任之前也曾经撰文分析过去长期的对华“接触”战略为何已经过时。[③] 像拜登这样一个长期的“接触派”所领导的政府继承了战略竞争范式，充分说明美国对华战略的转折是长期的、客观的，不以总统个人经历背景和主观愿望为转移。从特朗普到拜登，美国国家安全战略视阈下的中美关系与中国，显然延续性大于变异性。当然，作为建制派，拜登的执政风格稳健、专业，

① The White House, “National Security Strategy of the United States of America,” December 2017, pp. 47 – 52, http://nssarchive.us/wp-content/uploads/2020/04/2017.pdf.

② Department of Defense, “Indo-Pacific Strategy Report,” June 1, 2019, pp. 9 – 10, https://media.defense.gov/2019/Jul/01/2002152311/-1/-1/1/DEPARTMENT-OF-DEFENSE-INDO-PACIFIC-STRATEGY-REPORT-2019.PDF.

③ Kurt M. Campbell and Ely Ratner, “The China Reckoning: How Beijing Defied American Expectations,” *Foreign Affairs*, 2018, pp. 60 – 70, https://china.usc.edu/sites/default/files/campbell%20and%20ratner%202018%20the%20china%20reckoning.pdf.

因此，其主导下的“战略竞争”版本可能较特朗普政府更具有稳定性和延续性。

第一，对华整体定位延续了“战略竞争”的调门。2021 年 2 月 4 日，拜登在首次外交政策讲话中称中国为“最严峻的竞争对手”，美国将与中国展开“极为激烈的竞争”。[①] 2 月 19 日，拜登在慕尼黑安全会议上强调将与中国展开“长期战略竞争”。[②] 3 月，刚刚上任两个月的拜登政府就出台了《国家安全战略临时指南》。在这份报告中，拜登政府强调中国是“唯一有能力……对稳定和开放的国际体系发起持续挑战的竞争对手”，美国不能让中国制定国际议程和全球规范。[③] 美国国防部长劳埃德·奥斯汀在参议院军事委员会确认听证会上表示，中国是美国目前面临的“最令人担忧的竞争对手”。[④] 美国国务卿安东尼·布林肯则是用“该竞争时竞争，能合作时合作，必须敌对时敌对”来描述拜登政府的对华政策。[⑤] 在拜登政府上台之前，美国国家安全委员会印太事务协调人库尔特·坎贝尔和总统国家安全事务助理杰克·沙利文就曾在 2020 年秋季发表的《不引起灾难的竞争：美国如何在挑战中国的同时与之共存》一文中指出，中国与苏联不同，经济上更难对付，外交上更为成熟，意识形态上也

---

① The White House, “Remarks by President Biden on America’s Place in the World,” February 4, 2021, https://www.whitehouse.gov/briefing-room/speeches-remarks/2021/02/04/remarks-by-president-biden-on-americas-place-in-the-world/.

② The White House, “Remarks by President Biden at the 2021 Virtual Munich Security Conference,” February 19, 2021, https://www.whitehouse.gov/briefing-room/speeches-remarks/2021/02/19/remarks-by-president-biden-at-the-2021-virtual-munich-security-conference/.

③ The White House, “Interim National Security Strategic Guidance,” March 2021, p.8, https://nssarchive.us/wp-content/uploads/2021/03/2021_Interim.pdf.

④ Jeff Seldin, “Defense Secretary Nominee: US Faces Enemies both at Home and Abroad,” VOA News, January 19, 2021, https://www.voanews.com/usa/defense-secretary-nominee-us-faces-enemies-both-home-and-abroad.

⑤ Antony J. Blinken, “A Foreign Policy for the American People,” https://www.state.gov/a-foreign-policy-for-the-american-people/.

更为灵活。[①] 坎贝尔和伊莱·拉特纳在《中国的盘算：北京如何公然背离美国的期望》一文中称，中国是“现代历史上最具活力和最难对付的竞争者”。[②] 2021 年 4 月，美国情报界《2021 年度威胁评估》报告中将中国的位置大大“提升”。在这份报告中，中国被列为与美国“接近平等的竞争者”，并且单独作为一章，放在所有“威胁”中的第一个，冠以“中国寻求全球权力”的标题。而俄罗斯、朝鲜、伊朗均列在中国之后，且仅仅冠以“挑衅性行动”的标题。[③] 而在《2019 年度威胁评估》报告中，美国情报界仍然将威胁分为“全球威胁”和“地区威胁”，并将“全球威胁”列为优先，中国被放在“地区威胁”中并与俄罗斯并列一章。[④] 显然，美国情报界对中国的看法还在发展和深化，日益将中国看作是最优先、最重要也是最全面的“威胁”。

第二，拜登政府将其战略竞争与特朗普版本的战略竞争甚至战略对抗拉开距离。拜登政府团队成员认为，对美国而言，中国最难应对之处在于中国与全世界高度相互依存，美国不可能从中抽出自身来对抗中国。坎贝尔与沙利文在《不引起灾难的竞争：美国如何在挑战中国的同时与之共存》一文中提出中美是“长期竞争”，感叹“美苏关系中缺乏的经济、人文和技术联系定义了中美和世界的

---

① Jake Sullivan and Kurt M. Campbell, “Competition Without Catastrophe: How America Can Both Challenge and Coexist with China,” *Foreign Affairs*, September/October 2019, p. 98, https://carnegieendowment. org/2019/09/13/competition - without - catastrophe - how - america - can - both - challenge - and - coexist - with - china - pub - 79840.

② Kurt M. Campbell and Ely Ratner, “The China Reckoning: How Beijing Defied American Expectations,” *Foreign Affairs*, 2018, p. 70, https://china. usc. edu/sites/default/files/campbell%20and%20ratner%202018%20the%20china%20reckoning. pdf.

③ Office of the National Director of Intelligence, “Annual Threat Assessment of the US Intelligence Community,” April 9, 2021, pp. 6 - 8, https://www. dni. gov/files/ODNI/documents/assessments/ATA - 2021 - Unclassified - Report. pdf.

④ Daniel R. Coats, National Director of Intelligence, “Worldwide Threat Assessment of the US Intelligence Community,” January 29, 2019, https://www. dni. gov/files/ODNI/documents/2019 - ATA - SFR - - - SSCI. pdf.

关系”。中美竞争“没有冷战式的终局，也不是为了让中方投降甚至崩溃”。美国只能与中国“共存”，美国要在“美中将长期共存”这一认识前提下与中国竞争。[①] 坎贝尔与拉特纳在 2018 年的文章中提出，美国对华政策应“谦虚”，不能高估美方能力，不要试图通过竞争去改变中国。[②] 美国要在“接触”中与中国竞争，《国家安全战略临时指南》也要求美国“基于信心和力量与中国接触”。[③] 坎贝尔和拉特纳专门区分了“竞争”与“对抗”。他们认为，特朗普的对华政策过度纠缠于贸易赤字，且频频退出国际多边协议，忽视盟友，降低人权和外交工作的作用，“具有对抗性却缺少竞争性”，而中国对特朗普政府的反应则“更具竞争性而较少对抗性”。从政策实践层次看，特朗普政府的“竞争”“脱钩”等政策都没有达到预期效果。贸易战未能削减中美贸易赤字，产业链调整雷声大雨点小，难以要求其他国家在中美间选边站队。这些都显示，美国可以与中国竞争，给中国制造困难，但是难以孤立中国，也难以在与中国的竞争中迅速“取胜”。

第三，在经贸领域并未急于采取行动“拨乱反正”。拜登上台后将特朗普时期对抗性的贸易政策照单全收，强调要“直面”所谓不公平的、非法的、强制性的经济和贸易行为。[④] 美国贸易代表戴琪继续抱怨，中国并没有解决“第一阶段经贸协议”中的所谓“以国家

---

① Jake Sullivan and Kurt M. Campbell, “Competition Without Catastrophe: How America Can Both Challenge and Coexist with China,” *Foreign Affairs*, September/October 2019, p. 99, https://carnegieendowment.org/2019/09/13/competition-without-catastrophe-how-america-can-both-challenge-and-coexist-with-china-pub-79840.

② Kurt M. Campbell and Ely Ratner, “The China Reckoning: How Beijing Defied American Expectations,” *Foreign Affairs*, 2018, p. 70, https://china.usc.edu/sites/default/files/campbell%20and%20ratner%202018%20the%20china%20reckoning.pdf.

③ The White House, “Interim National Security Strategic Guidance,” March 2021, p. 21, https://nssarchive.us/wp-content/uploads/2021/03/2021_Interim.pdf.

④ The White House, “Interim National Security Strategic Guidance,” March 2021, p. 20, https://nssarchive.us/wp-content/uploads/2021/03/2021_Interim.pdf.

为中心的非市场贸易行为”，并且强化了国家主导体制下的经济模式，以及在钢铁、太阳能电池、农业和半导体等领域的产业政策。[①] 尽管戴琪提出了所谓“再挂钩”和“长久共存”，但尚未见到重大行动。拜登上台后即着手针对美国供应链状况进行审查，并宣称美国要“建立有韧性的供应链”。[②] 2021 年的《国家安全战略临时指南》进一步提出，要“确保美国关键国家安全技术和医疗用品供应链的安全”。[③]

第四，在科技领域实行“小院高墙”式的对华政策，继承特朗普政府的衣钵并力争使其“合理化”。拜登政府进一步突出了科技在中美战略竞争中的位置，白宫方面继续发出中国“盗窃”知识产权、强制技术转移等论调，将中国视为美国科技主导地位的首要“威胁”。在行动上，拜登政府在出口管制、投资审查等方面进一步完善“全政府”施压模式。[④] 相较于特朗普政府，拜登政府更加重视在对华科技竞争中选择两面性策略，即在压制中国科技进步的同时加大对美国科技创新的投入，企图以此拉大中美科技差距。

第五，在价值观层面继承了特朗普政府的对华态度。2021 年的《国家安全战略临时指南》用更多的篇幅来描述中国在体制、模式与

---

① Office of the U. S. Trade Representative, “Remarks as Prepared for Delivery of Ambassador Katherine Tai Outlining the Biden – Harris Administration's ‘New Approach to the U. S. – China Trade Relationship’,” October 4, 2021, https://ustr. gov/about – us/policy – offices/press – office/press – releases/2021/october/remarks – prepared – delivery – ambassador – katherine – tai – outlining – biden – harris – administrations – new.

② The White House, “Building Resilient Supply Chains, Revitalizing American Manufacturing, and Fostering Broad – Based Growth, 100 – Day Reviews under Executive Order 14017,” June 2021, https://www. whitehouse. gov/wp – content/uploads/2021/06/100 – day – supply – chain – review – report. pdf? utm_source = sfmc% E2% 80% 8B&utm_medium = email% E2% 80% 8B&utm_campaign = 20210610_Global_Manufacturing_Economic_Update_June_Members.

③ The White House, “Interim National Security Strategic Guidance,” March 2021, p. 20, https://nssarchive. us/wp – content/uploads/2021/03/2021_Interim. pdf.

④ 赵明昊：《统合性压制：美国对华科技竞争新态势论析》，载《太平洋学报》2021 年第 9 期。

价值观等意识形态领域的安全挑战，将中俄定义为所谓的“威权国家”，认为“中国寻求……更加自信和压迫性的行为，破坏一个开放和稳定的国际体系的规则和价值观”，美国要通过民主联盟“追究中国的责任”，“阻止中国对我们集体安全、繁荣和民主生活方式的威胁”，“确保美国公司在中国做生意时不会牺牲美国的价值观”，“在包括香港、新疆和西藏等问题上坚持民主、人权和人的尊严”。[①]

第六，炒作中国军事已经取得的对美局部优势。2021 年的《国家安全战略临时指南》更有针对性地明确了对华战略竞争下国防预算的优先事项，强调要评估部队的结构、能力和规模，将投资重点从非必要的老旧平台和武器系统转移到尖端技术和能力，“这将决定我们未来的军事和国家安全优势”。[②] 2021 年年底，美国政府和战略界开始炒作中国的“高超声速武器”试验，宣称中国在该领域的技术已经领先美国，使美国反导系统形同虚设，并以冷战期间美苏之间的“斯普特尼克时刻”来比拟。与此同时，美国战略界也开始炒作中国核力量扩充以及核战略调整问题。在这种舆论推动下，美国可能在军用高科技领域、战略武器领域与中国展开更加激烈的“竞赛”。

第七，再次体现出与奥巴马政府相类似的自由主义特征。一方面，拜登政府调整美国与国际制度、盟友伙伴的关系。拜登上任后，美国在第一时间重返《巴黎协定》等一系列国际组织、国际制度和国际进程，避免将国际制度竞争主动权拱手让与中国。美国《国家安全战略临时指南》提出，要“重建美国信誉，重振美国富有远见

---

① The White House, “Interim National Security Strategic Guidance,” March 2021, pp. 10, 20 – 21, https: //nssarchive. us/wp – content/uploads/2021/03/2021_Interim. pdf.

② The White House, “Interim National Security Strategic Guidance,” March 2021, p. 14, https: //nssarchive. us/wp – content/uploads/2021/03/2021_Interim. pdf.

的全球领导力，保证美国而非中国设定国际议程”。[①] 美国调整与盟友伙伴的关系，重新拉近与欧洲国家及其他西方国家的关系。2021年，拜登政府组建“澳英美三国同盟”，升级美日印澳“四国合作机制”，拉紧美英澳加新“五眼同盟”，酝酿推出新版《印太战略》。另一方面，拜登政府在其最为看重的气候变化议题上也强调了与中国合作的必要性。2021 年，中美两国气候团队进行了有限的接触，并于4 月 18 日发表了《中美应对气候危机联合声明》。民主党总统主政下的自由主义议程也为中美关系有限的合作提供了空间。

如前所述，拜登政府虽然风格相对稳健专业，但是其上任后的言行已经清楚地显示，美国对华战略已经进入 50 年来的第三个范式。“争胜”是这一阶段美国对华战略的核心，美国国家安全战略视阈下的中国和中美关系也变得前所未有的消极和负面。在美国国家安全战略的“雷达屏幕”上，中国首次以全方位的竞争者、战略竞争对手等形象出现。在这一战略判断之下，美国对华战略的基本目标转变成维持美国优势地位，在大国竞争中战胜中国、压制中国。目前，美国刚刚进入这一阶段五年。特朗普和拜登政府均使用了“战略竞争”来描述其对华战略，但是“战略竞争”这一词汇本身并不能表达美国的战略目的，且正如拜登政府官员指出的那样，特朗普政府的对华战略实际上很难说是一种“竞争”，实际上包含了讹诈、压制、遏制甚至政权更迭的成分。拜登政府虽然正在将美国对华战略向可控竞争回调，并且反复强调美国是要“竞赢”中国，也就是主要依靠让美国变得更好来赢得竞争，但是其未来几年的战略方向是否会与其目前表述的一样，显然还有待观察。但是，无论美国政府对华是否真的在竞争，也无论其追求的是什么性质、什么目

① The White House, “Interim National Security Strategic Guidance,” March 2021, p. 20, https: //nssarchive. us/wp - content/uploads/2021/03/2021_Interim. pdf.

的的竞争，美国希望在大国竞争中获得胜利，维护其霸权地位，应当是比较确定的。因此，当前第三阶段的战略逻辑可以称之为“争胜”。由于这是一个新的范式性转变，显然这一新框架还将持续相当长的时间。

四、分析与结论

过去50年，美国国家安全战略视阈内的中国、中美关系以及美国对华战略经历了沧海桑田般的变化。本文尝试将这幅波澜壮阔又异常复杂的历史画卷以表格这种非常粗略但又相对较为简明的方式加以呈现和概括（参见表1）。在描述和归纳过去50年中美关系的基础上，以下几点观察或许可以让我们更加深入地理解美国国家安全战略视阈下的中美关系与中国。

（一）过去50年间，在美国国家安全战略视阈之内，中美关系总是关系到美国全局性国家安全利益的重大问题

在美国国家安全战略视阈之内，中国以及中美关系的作用从来都是兼具区域性、功能性和全局性的。中国当然是作为一个地区国家（亚太/印太）出现的，因而具有重要的区域作用；中国也在各个功能性议题上出现，例如气候变化、公共卫生、核不扩散等等。但更为重要的是，中国在不同时期最终总是作为美国国家安全战略中最具有全局性、决定性的因素出现的。在本文描述的第一阶段，中国以及中美关系事关冷战期间的全球均势，里根政府曾经将中国放进事关“美国生存”的类别之中。在这一时期，美国曾经将中国定位为“友好国家”“友好的非盟国”，这应当是过去50年中美关系

最亲近的时期。在第二阶段，中国的发展方向事关美国主导的新自由主义政治经济制度的未来，也关系到全球化的未来以及21世纪世界政治的性质。在这一时期，克林顿政府曾经将中国定位为“准战略伙伴”，这可以说是过去50年中仅次于20世纪80年代后期中美关系较为亲近的时期。在第三阶段，中国则是事关美国是否能够维持全球霸权的问题。中国被定位为“战略竞争对手”和“修正主义国家”，美国在消极的方向上再次给予中国一个最重要的战略定位。

表1 美国国家安全战略视阈下的中国及美国对华战略

<table>
<tr><th colspan="2">阶段</th><th>战略目标</th><th>中国定位</th><th>对华战略</th><th>标志性政策</th></tr>
<tr><td rowspan="2">1972—1989年</td><td>1979年前</td><td>改善美国战略处境</td><td>五大力量中心</td><td rowspan="2">借重以制衡</td><td>中美“破冰”</td></tr>
<tr><td>1979年后</td><td>应对冷战新高潮</td><td>友好的非盟国</td><td>中美建交</td></tr>
<tr><td rowspan="4">1989—2017年</td><td>2001年前</td><td>扩展美国制度与秩序</td><td>潜在的战略伙伴</td><td rowspan="4">接触以塑造</td><td>接纳中国加入WTO</td></tr>
<tr><td>2001年后</td><td>大国合作应对恐怖主义</td><td>负责任的利益攸关方</td><td>反恐合作</td></tr>
<tr><td>2009—2010年</td><td>大国合作应对多种威胁</td><td>关键影响力中心</td><td>气候变化合作</td></tr>
<tr><td>2010—2017年</td><td>应对中国崛起“挑战”</td><td></td><td>亚太再平衡</td></tr>
<tr><td rowspan="2">2017年后</td><td>2018—2020年</td><td>应对中国崛起“挑战”</td><td>战略竞争对手</td><td>竞争以争胜</td><td>贸易战/科技战</td></tr>
<tr><td>2021年后</td><td>应对中国崛起“挑战”</td><td>战略竞争对手</td><td>竞争以争胜</td><td></td></tr>
</table>

资料来源：作者自制。

中国和中美关系固然对美国国家安全十分重要，但在过去50年中，美国在此问题上的认识并不是没有动摇过。中美关系重要性相对下降的两个典型时期就是1974年尼克松下台到1978年，以及1989年冷战即将结束到20世纪90年代中期这两段时间。这两个阶段分别处于本文所述中美关系的第一阶段和第二阶段初期，是美国国内怀疑以及否定中国的借重作用的两个阶段。当美国调低中国在其国家安全战略中的重要性时，中美关系就会出现困难和徘徊。进入 21 世纪后，随着中国自身力量的崛起，美国国家安全战略视阈内中国的重要性没有再出现下降的情况。

（二）中美关系在过去 50 年中由“外驱”改为“内驱”，以及美国对中国发展方向判断的变化，是影响其对华战略范式性转移的主要因素

过去 50 年，塑造中美关系以及美国对华战略的因素有很多。在第一阶段，中国本身的力量与美国和苏联都不在一个层次上，中国更多地还是扮演了一个“平衡者”或者说“四两拨千斤”的角色。也就是说，决定第一阶段中美关系状态的不是中国自身因素，也不是中美之间的双边关系具体问题，而是外部因素即苏联的实力、战略以及美苏关系。从内驱、外驱的视角看，过去 50 年中的第一阶段与第二、第三阶段有着根本差异，第一阶段属于外驱阶段，与后两个内驱阶段有着根本的不同。驱动力从外驱转向内驱，造成了中美关系的第一次范式性转移。未来，这种“外驱”型的中美关系几乎肯定不会再现。这既是因为中国实力已经日渐强大，中美关系的内容极为丰富，外部因素已经很难“遮盖”中美之间的问题；同时也是因为中国作为一个民族国家非常适合在美苏大国争霸中发挥制衡作用，而无论是“9・11”事件后的反恐还是当前的气候变化等议题，单个民族国家都不是一个可以发挥垄断性作用的行为体。因此，这些议题虽然对稳定中美关系有用，但不会产生决定性作用。

从中美关系的第二个阶段开始，中国自身的变化成为拉动中美关系变化的核心动力。美国国家安全视阈内的“中国实力变化”与

“中国发展方向”是最重要的两个变量。美国作为中美关系中相对强势的一方，其对中国实力和中国发展方向的判断变化会导致其对华战略的调整，进而影响中美关系。在第二阶段，美国多数时间都认为中国实力仍不足虑，同时又对中国的发展方向抱有期待，因此对华战略整体积极面还是大于消极面。到第三阶段，美国对中国实力增长的恐惧以及对中国发展方向的疑虑共同作用，造成了美国对华战略的根本调整。从对中国实力与发展方向判断的角度看，第一阶段和第二阶段具有较强的连续性和一致性，第三阶段与前两个阶段有着根本差异。美国对中国实力变化的判断是一个作用相对缓慢的因素。从20世纪90年代后期起，美国已经逐渐注意到中国实力的上升和崛起，对华战略在小布什、奥巴马任内也随之有不同程度的调整，但这种变化一直未越过“临界点”。而美国对中国发展方向变化的判断，则是一个作用相对激烈的因素。一旦这一判断发生变化，中美关系就会越过“临界点”而发生范式性转移。两个因素相比较，美国对中国发展方向的判断决定中美关系的性质，即总体积极或是总体消极；对中国实力的判断在对发展方向的判断之下发挥作用。

（三）过去50年间，在美国国家安全战略视阈下，中美关系经历过两次重构，目前仍处于第二次重构的上升期

从制衡到塑造，从塑造到争胜，美国国家安全视阈下的中美关系经历过两次重构。这一变化不仅体现在我们对历史的定性理解之上，也反映在美国《国家安全战略》报告提及中国的次数上。我们可以认为，报告提及中国的频率高，也就说明当时的美国政府正在着力从国家安全战略的高度处理中美关系，国家安全战略视阈内的涉华内容丰富，中美关系正占据着当时美国决策者的精力和时间。

提及中国的频率上升，说明美国决策者对中国问题的关注度上升，很可能是在重新塑造美国对华战略的基本逻辑。图 1 是 1987 年以来美国《国家安全战略》报告提及中国的频率。从这一折线图可以清楚地看出，在中美关系的第一阶段，报告提及中国的次数非常少。但是这一频率在 20 世纪 90 年代出现了快速、持续的上升，1998 年的《国家安全战略》报告达到了历史上所有报告的顶点。这说明，20 世纪 90 年代，克林顿政府从国家安全战略视角去审视中国的内容越来越多，占据其决策资源的比例也越来越大。这正是美国对华“接触”战略日渐清晰、稳定和丰富的阶段。当 20 世纪末美国对华战略达到新的稳定和完全定形之后，提及中国的频率在 21 世纪第一个十年持续下降，说明小布什和奥巴马政府基本是在跟随克林顿政府的战略逻辑，区别主要在于政策和程度。按照这一分析，美国《国家安全战略》报告中提及中国的频率从 2015 年前后开始重新上升，这一趋势一直持续到 2021 年，尚不能判断何时会到达顶点。从这一变化可以看出：第一，美国对华战略正在经历第二次重构，进入以“争胜”为目标的第三阶段。第二，这一重构实际上是从 2015 年前后就已经非常显著地开始了。也就是说，此轮重构并非由特朗普政府开启，而是在奥巴马政府第二任期就已经开始。我们将第二、第三阶段的区分节点定在 2017 年，只是因为在战略文件的表述层次上，2017 年是一个标志性的节点，但是重构的“车轮”实际上在几年前就已经启动了。第三，现阶段可能仍然处于这一重构的上升期，未来提及中国的频率何时见顶目前还难以预测。至少，目前第二次重构的强度尚未达到第一次重构最高峰（1998 年）的水平。一旦观察到频率下降，我们或许可以认为，美国这一轮对华战略调整已经基本到位。

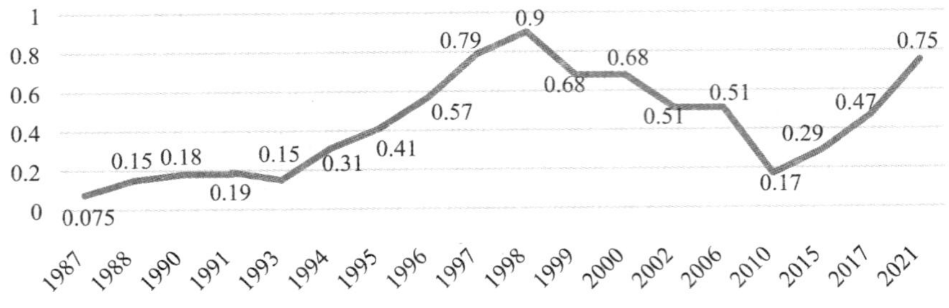

图1　美国《国家安全战略》报告中的"中国强度"（次数/页）

资料来源：作者自制。①

（四）美国对华战略中的一些基本议题、基本提法往往超越某一届政府，具有较强的延续性

从议题角度看，有三个议题十分有趣，值得关注：一是意识形态。中国方面多年来一直认为美国对华战略中包含着较强的"和平演变"等意识形态成分。美国战略界则常常否定这一说法。美国的一些"中国通"近年来反复宣称美国当年的"接触"战略并不包含期待中国发生政治变化等内容。然而，从本文分析的文本和政策看，美国两党历届政府都或多或少地强调要"改变"中国。从尼克松的"中国必须改变"，到克林顿的期待"接触"带来中国的自由化、市场化，到小布什、奥巴马期待"接触"限制和改变中国的对外行为，再到特朗普政府对中国政治制度的直接攻击，50年来美国历届政府的说法有差别，强度有差异，但将中国看作一个有待改变的"他者"是没有变化的。二是军事和核力量。从尼克松50年前重新审视中国开始，到当前的拜登政府，中国军事力量特别是核力量、核战略始终在美国国家安全战略中占据着稳定的位置。这说明，从国家安全

① 检索内容包括英文 China，PRC 以及 Beijing 三个表述，剔除了 Indochina，South China Sea 等包含 China 但并非指代中国的表述。

战略视角看，中美作为两个军事大国和核大国，是中美关系最根本的属性之一。三是科技出口管制。这一问题在过去 50 年间一直作为中美关系的“晴雨表”而存在。当中美关系改善时，美国对华技术和产品输出就会“松绑”。例如 20 世纪 70—80 年代，美国持续放松相关管制。当中美关系恶化时，美国就会收紧对这一领域的管制。例如，1989 年之后以及 2018 年之后。这一领域在过去 50 年中都是对中美关系变化最为敏感的议题。

从思想流派、术语概念的角度看，虽然尼克松被认为是“现实主义大师”，但是尼克松政府也十分强调中美之间的意识形态差异。尼克松在打开中美关系大门之前就提出期待“中国改变”，而这一思想实际上到 20 世纪 90 年之后才被“接触”战略真正发扬光大，成为美国对华战略的主流。一般认为，“接触”战略直到 20 世纪 90 年代以后才成形，但是这一思想显然可以从尼克松“不能孤立中国”，老布什“要保持与中国接触的渠道”，拜登政府“要在与中国的接触中竞争”等观点中找到共鸣。“竞争”一般被认为是 2017 年之后美国对华战略的主题，但是不仅 2000 年小布什在竞选期间就宣称中国是“战略竞争者”，而且在奥巴马政府 2015 年的《国家安全战略》报告中就已经提出“基于力量”来与中国展开“竞争”。“竞争”又可谓早有先声。显然，这些思想、概念、议题在美国国家安全战略中有着自身的内在逻辑，并不完全随行政当局的更替而变化。

（五）过去 50 年间，在美国国家安全战略视阈下，美国对华战略是两党和府会协调一致的产物

美国两党在涉华问题上当然有着非常多的不同看法以及尖锐斗争，但是从长时段的历史看，美国国家安全战略视阈下的中国与中美关系却体现出超越党派和府会一致的特点。

在美国对华战略发展的三个阶段中，每个阶段都既有共和党执政时期，也有民主党执政时期。只不过第一阶段内共和党执政时间远远长于民主党，在第二阶段民主党长于共和党。第三阶段刚刚展开，尚难以作出党派执政时间的比较。但是无论如何，制衡、塑造和争胜都是受到两党不同政府支持的战略。在第一阶段，共和党总统尼克松开创的中美关系正常化事业由民主党总统卡特完成；在第二阶段，共和党总统小布什与民主党总统奥巴马都实行了通过接触塑造中国的国际行为、管理中国崛起"挑战"的政策。在第三阶段，共和党总统特朗普和民主党总统拜登在诸多议题上观点南辕北辙，但在对华战略上却是延续性大于变异性。

在对华战略上，美国的府会、两党在长时段确实能够保持一致。按照美国学者詹姆斯·林赛等的观点，美国外交议题可分为危机型、日常型和战略型三个类型。战略型议题最需要府会的协调一致。[①] 而中美关系恰恰是需要美国府会、两党协力应对的战略性问题。在本文所述的第一阶段，虽然共和党控制行政部门的时间远远长于民主党，但当时美国国会长期由民主党把持。中美关系"破冰"、建交等关键阶段，国会都曾经发挥过负面作用，但是总体看国会内支持中美关系正常化的力量伴随着行政部门政策等变化而迅速增长。在第二阶段，虽然民主党控制行政部门的时间长于共和党，但是共和党控制国会的时间则远远长于民主党。同样，国会内部对中美关系的接触总体上也是持支持态度。第三阶段虽然刚刚展开，但是无论是在特朗普政府还是拜登政府时期，国会对华态度与行政部门也都差别不大。拜登执政第一年中，行政部门和立法部门更是紧密合作，共同推动对华竞争战略的出台。

---

① James M. Lindsay and Randall B. Ripley, "How Congress Influences Foreign and Defense Policy," "Bulletin of the American Academy of Arts and Sciences," Vol. 47, No. 6, 1994.

（六）过去50年间，在美国国家安全战略视阈下，涉华议题的内容越来越多，合作面和竞争面都有显著增长，但竞争面的比重大幅上升

表2和表3分别列出了1987年以来美国《国家安全战略》报告中涉华积极议题和消极议题。由于报告数量较多，表2、表3只选择了10份有代表性的报告，每个总统的每届任期只选取1份报告，即里根政府1份、老布什政府1份、克林顿政府2份、小布什政府2份、奥巴马政府2份、特朗普政府1份、拜登政府1份。

从表2可以看出，美国《国家安全战略》报告中的涉华积极议题在1987年以来的35年中总体是增长的。这反映了中美关系的实质内容在扩展，可以合作的议题的数量总体是增加的。不过在这35年中，积极议题变化的趋势是先增后降。在克林顿第二任期，中美合作议题急剧增长，数量达到了历史上的最高点，显示这是35年间中美合作领域最广阔的时期。其后，两国合作领域从小布什政府时期开始减少，到特朗普政府时期降至最低点。拜登政府上任初期，美国国家安全视阈下中美的合作领域有所回升，大致回到奥巴马政府时的水平。这既是拜登政府“竞争、合作、对抗”三分法的具体体现，也反映了美国对华战略的战术性积极变化。

表2显示，美国涉华积极议题的变化有以下几个特点：第一，美国对中国国内政治经济制度“转型”的期待，在进入21世纪第二个十年后彻底消失。这一期待在尼克松时代就可以清晰地看到，不同时期期待的重点略有不同，有时侧重政治，有时侧重经济，但2010年后，这一议题彻底消失。第二，与中国合作共同应对跨国威胁，特别是气候变化和流行疾病，21世纪以来在美国国家安全视阈中几乎持续存在，表明超越双边和地区层次的全球性议题是值得高度重视的中美安全议题。第三，与中国合作在全球解决核不扩散问题，自20世纪90年代后期开始至今，始终存在于美国国家安全视

阈之中，也是中美之间持续的合作点。第四，1998 年以来，克林顿、奥巴马和拜登三届美国民主党政府都对中美两军对话表现出兴趣。第五，伴随着时代变化，推动中国经济开放、推动中国核不扩散制度建设、反恐等议题曾经在某个时期一度突出，但随后又逐渐退出美国涉华议题的“积极清单”。

表 2　美国《国家安全战略》报告涉华议题“积极清单”

议题		1987	1990	1994	1998	2002	2006	2010	2015	2017	2021
政治	期待中国政治转型		√	√	√	√	√				
	推动宗教自由				√						
	推动人权/法治			√	√						
经济	中国经济改革与开放		√	√	√	√	√				
	中国融入世界贸易体系				√						
	保护知识产权				√		√				
	汇率制度						√				
	开放金融服务市场						√				
	全球经济复苏与增长							√	√		
科技	放宽对华高科技出口				√						
军事	两军对话				√			√			√
国际安全	印巴/朝鲜/伊朗核问题				√	√	√	√	√		√
	导弹技术控制制度			√	√						
	化学/生物/大规模杀伤性武器不扩散			√	√						
	军备控制				√						√
	跨国执法				√						
	反恐战争					√	√				

续表

议题		1987	1990	1994	1998	2002	2006	2010	2015	2017	2021
国际安全	能源安全						√				
	中国—东盟南海行为准则								√		
	平衡苏联	√									
全球威胁	应对气候变化					√	√	√	√		√
	流行性疾病					√	√		√		√
提及次数		1	2	5	13	6	10	4	5	0	5

资料来源：作者自制。

从表 3 则可以看出，过去 35 年中，美国国家安全战略的消极涉华议题明显增长，并且经历了三个台阶。21 世纪之前，从消极角度谈及中国的次数极少，即便在从 1989 年到 20 世纪 90 年代初这段时间里也鲜有提及；进入 21 世纪后，小布什政府和奥巴马政府的 16 年间，美国国家安全战略视阈下中美关系的消极面明显扩大，但是基本上保持平稳；2017 年之后，美国国家安全战略视阈下中美关系的消极面进一步迅猛扩大，且在拜登政府上任后，这一消极面并未出现缩小的趋势。

表 3　美国《国家安全战略》报告涉华议题“消极清单”

		1987	1990	1994	1998	2002	2006	2010	2015	2017	2021
政治	政治风波		√								
	中国政治“转型”缓慢			√		√	√				
	人权问题					√	√	√	√	√	√
	台湾问题					√	√	√		√	√
	新疆/香港/西藏问题										√
	对社会的压制行为									√	√
	扩展威权体系									√	√

续表

		1987	1990	1994	1998	2002	2006	2010	2015	2017	2021
经济	市场开放/重商主义						√				
	经济贸易不公平									√	√
	知识产权盗窃/技术转移									√	√
	在全球与美国争夺经济优势									√	
军事	军事现代化及透明度				√	√	√	√	√	√	√
外交	支持“问题国家”						√				
	在全球投射地缘权力									√	
	“胁迫”其他国家									√	√
国际安全	航行和飞越自由								√		√
	南海地区军事化									√	
	在领土争端上的恐吓								√		
	破坏国际体系										√
网络	网络盗窃/网络恶意活动								√	√	√
	控制信息和数据									√	
提及次数		0	1	1	1	4	6	3	5	13	12

资料来源：作者自制。

从具体议题看，有以下两个特点：其一，持续性最强的消极议题是中国的军力增长和所谓“透明度”问题。这一问题在1998年之后的《国家安全战略》报告中一直存在。实际上，在尼克松政府打开中美关系大门之前和之初，美国政府战略文件中提到的中国问题就包含中国的核能力以及投送技术。这反映出中国的军事能力始终是美国国家安全战略视阈中最“硬核”的问题。其间如果说有变化，也不过是 20 世纪 70 年代美国主要关切中国新生的核力量，而 21 世纪以来美国关注的则是中国作为核常兼备、军民融合的综合性军事大国的发展。其二，与“积极清单”中对中国转型的期待在 2010 年前后逐渐消失相对应，中国政治和经济制度的演变方向逐渐稳定地成为美国《国家安全战略》报告涉华议题“消极清单”的内容。

将积极面与消极面整合起来看，有以下四个特点：第一，20 世纪 80 年代后期，中美关系的积极面和消极面都比较有限，显示两国关系的内涵不够丰富，但基本是积极的。综合分析，我们或可将 20 世纪 70—80 年代的中美战略关系定性为“简单且积极”。第二，20 世纪 90 年代中后期，中美关系积极面快速增多，消极面基本没有变化。美国国家安全战略视阈下的中美关系“两面”之间的比例明显地呈现出以积极为主的态势。因此，这一时期的中美战略关系或可描述为趋向于“丰富且总体积极”。第三，进入 21 世纪后，中美关系的“两面”开始趋于平衡，积极面始终不少于消极面，但是优势已经非常有限。第四，中美关系进入第三阶段后，消极面迅速扩大而积极面迅速缩小，2017 年美国国家安全战略视阈下的中国可谓是“一边倒”的消极，这在过去 50 年中都是未曾出现过的。拜登上任后，“两面”的比例虽然有所变化，但显然仍以消极面为主要方面。

结语

白驹过隙，中美两国共同发表《上海公报》已经过去 50 年了。回望历史，是为了寻找规律与启示，以照亮来路。重读《上海公报》，结合本文所综述美国国家安全视阈下的中美关系，至少可以给我们三重启示。第一，《上海公报》是中美两国一次关于世界秩序的讨论与交锋。公报开篇讨论的就是人民革命、民族独立和世界和平。中美关系从来都不仅是关于两国的、关于地区的，更是关于全球的。无论是冷战期间的折冲樽俎，还是冷战后的全球融合，中美关系都是全球秩序演进之下的基础性力量。今天，世界秩序正在面临“百年未有之变局”，只有在这个背景下，才能真正理解当前中美关系的深刻变化。第二，《上海公报》是一次中美两国真正平等的讨论与交锋。即便当时的中国处于相当困难的内外局面之中，公报还是通过采取“中国方面声明”“美国方面声明”“双方声明”这样的结构，采取“各自保留异见”的论述方式，确保了中美双方的完全平等。过去50年，中国从中美苏三角中最弱小的“关键第三方”的角色，发展到中美之间“被塑造”的相对弱势一方，再发展到今天被美国认为是“最严峻的竞争者”，虽然双边关系中的消极面大幅增加，但是双方实力地位确实在渐趋平等。中美之间正变成越来越平等的两强博弈关系。第三，《上海公报》发表后的50年，中美关系起起伏伏，也曾经历多次危机，但似乎又总是表现出某种韧性，因为这两个大国确实彼此需要。50年间，中国在持续崛起，而美国也并未见衰落，两国在全球秩序中的位置愈发突出。这段历史在提醒我们，决定中美两国竞争的关键不是谁能打败谁，而是谁能少犯错误，谁的表现更加优秀。如果未来中美两国能够沿着这个方向“争胜”，那么，中美竞争或许就不全然是坏事，中美关系的前景也就未必注定是悲观的。

（本文发表于《国际安全研究》2022年第2期，此次收入书中进行了部分删减——作者）

非传统安全问题与治理

网络数字化时代恐怖融资的方式、特点及对策

朱素梅　沈裕杰*

【内容摘要】资金是恐怖组织赖以生存的基础。从目前世界各地主要恐怖组织获取资金情况看，其主要资金来源为非法活动、“合法”活动以及慈善机构和非营利组织的捐赠等。这些筹资手段对恐怖组织来说各有利弊，相比“合法”活动较强的安全性，非法手段风险较大且容易失去民众的支持。但非法活动无需太多技巧，操作简单且容易获利，因而是恐怖组织最常用的融资手段。随着国际金融反恐的推进，恐怖组织获取资金的渠道不断被发现和阻断，这迫使恐怖组织根据反恐形势变化不断调整融资策略，其资金来源日益多元化，并呈现出新的特点：恐怖融资趋向低额化，互联网成为恐怖组织筹资的重要平台，利用虚拟货币进行恐怖融资成为一个值得关注的新趋势。新冠肺炎疫情以来，“伊斯兰国”等恐怖势力反弹，其募集资金的能力持续强大，新型恐怖组织在恐怖融资的渠道和手段等方面比传统恐怖组织更有“创意”、更为多元。为应对新形势下恐怖融资的挑战，应通过国际和地区合作以及在技术层面采取措施，并从意识形态和社会层面予以治理。

* 朱素梅，国际关系学院国际政治系教授；沈裕杰，国际关系学院国际政治专业研究生。

【关键词】网络数字化　恐怖融资　虚拟货币　反恐国际合作　社会治理

引言

资金是恐怖组织赖以生存的基础，反恐的一个关键环节是切断恐怖组织的资金渠道。一些恐怖组织极为重视资金筹措，专设“财政部门”筹措和管理资金。例如，爱尔兰共和军临时派曾于1981年设立“财政部”，索马里“青年党”的“财政部”负责其国内和国际的资金运作，“伊斯兰国”也专设资金管理的部门。那些有能力发动重大恐怖袭击的恐怖组织往往资金雄厚，根据“9·11”委员会的报告，“基地”组织的年运营预算曾高达3000万美元。[①] 联合国反恐办公室主任弗拉基米尔·沃龙科夫在2021年8月19日安理会恐怖主义威胁公开会上指出，“伊斯兰国”在伊拉克和叙利亚的“核心力量仍拥有大量藏匿资金储备，数额大约在2500万到5000万美元之间”。[②]

“9·11”事件以来，国际社会打击恐怖融资的努力取得了较大进展，也愈来愈重视对恐怖融资的研究。研究者对恐怖融资问题作了广泛的探讨和研究。除欧美国家一些政策类的反恐融资研究报告外，国外学术研究成果主要涉及对恐怖组织（如“基地”组织、土耳其工人党、爱尔兰共和军等）融资情况的案例

---

① ［美］“9·11”独立调查委员会：《“9·11”委员会报告》，史禺等译，北京：世界知识出版社，2005年版，第242页。

② “Statement by Mr. Vladimir Voronkov, Under - Secretary - General of the United Nations Office of Counter - Terrorism,” *United Nations Office of Counter - terrorism*, August 19, 2021, https://www.un.org/counterterrorism/sites/www.un.org.counterterrorism/files/20210819_usg_voronkov_sc_briefing_13th_daesh_report_final_as_delivered.pdf.（上网时间：2021年8月23日）

研究[①]以及恐怖融资理论的探讨。在围绕恐怖融资进行理论探讨时，有学者提出如下问题：为什么不同恐怖组织对获取资金的方式有各自的偏好？为什么有的恐怖组织更多通过绑架人质筹资而不是贩毒？为什么有的恐怖组织更多依靠移民社群的资金支持？对此，迈克尔·弗里曼从类型学角度作了理论分析。他认为，理论上，恐怖组织在考虑各种资金来源的优劣时，主要依据以下六个标准和因素：金额、合法性、安全性、可靠性、可控性和简易可操作性。[②] 再如，恐怖融资过程中发挥关键作用的核心要素是什么？对此，格雷厄姆·迈尔斯试图建构一个恐怖融资的微观理论，即理论上恐怖融资围绕着两条中心轴：恐怖行为体对有组织的政治暴力的需求以及将需求转化为现实的资金和物质资源的供给。根据这一恐怖融资的微观理论，恐怖组织是催化剂，其组织的架构设计、组织类型[③]和领导层的能力是恐怖组织在“恐怖暴力市场”中能否有效发挥作用的关键。[④]

国内学者对恐怖融资的现状、特点和反恐怖融资的对策做了较多研究。早期方金英对“基地”组织的融资和资金运用特点的案例分析[⑤]、

---

① John Horgan and Max Taylor, “Playing the ‘Green Card’ – Financing the Provisional IRA: Part 1,” *Terrorism and Political Violence*, Summer 1999, p. 10; Mitchel Roth and Murat Sever, “The Kurdish Workers Party (PKK) as Criminal Syndicate: Funding Terrorism Through Organized Crime, A Case Study,” *Studies in Conflict and Terrorism*, October 2007, p. 906; Thomas J. Biersteker and Sue E. Eckert, *Countering the Financing of Terrorism*, London: Routledge, 2007; Kimberley L. Thachuk and Rollie Lal, *Terrorist Criminal Enterprises*, Santa Barbara: Praeger, 2018.

② Michael Freeman, “The Sources of Terrorist Financing: Theory and Typology,” *Studies in Conflict & Terrorism*, Vol. 34, No. 6, 2011, pp. 463 – 465.

③ “精英主义者”类型的恐怖组织如早期“基地”组织的核心，“平民主义者”类型的恐怖组织如“猛虎组织”。

④ Graham Myers, “Investing in the Market of Violence: Toward a Micro – Theory of Terrorist Financing,” *Studies in Conflict & Terrorism*, Vol. 35, Iss. 10, 2012, p. 693.

⑤ 方金英：《本·拉丹恐怖资金网内幕和世界金融反恐情况》，载《国际资料信息》2002 年第 2 期，第 6—10 页。

王文华的《论国际金融反恐的现状与反思》[①]、兰立宏的《我国反洗钱与反恐怖融资金融情报信息交换机制优化研究——基于国际标准的视角》[②] 等研究，对国内外有关反恐怖融资的历史、现状和对策做了较系统的梳理和对比分析。[③] 这些研究无疑对金融反恐提供了极有价值的参考。与国外的相关研究成果相比，国内的反恐怖融资研究尚处于起步阶段，对近年恐怖融资的新趋势，尤其是互联网筹资和恐怖组织对数字化虚拟货币的使用等问题，尚缺乏深入全面的研究。

不过，恐怖组织的融资策略和手段随着金融反恐的推进而不断调整和变化。以"伊斯兰国"为代表的当代恐怖组织在恐怖融资的渠道和手段方面比传统恐怖组织更有"创意"、更为多元，这对国际金融反恐构成巨大挑战，其对金融体系的侵蚀破坏了国际金融安全。联合国安理会曾于 2015 年 2 月通过决议，要求各国采取行动切断"伊斯兰国"等恐怖组织通过非法石油贸易、走私文物、绑架索取赎金和捐款等获得的资金来源。鉴于新冠肺炎疫情以来"伊斯兰国"等恐怖势力的反弹、其募集资金能力的持续强大，以及阿富汗变局对中国西部边疆安全及反恐形势的影响，为更好地维护中国国内安全和海外利益，有必要对当前恐怖融资的新特点和应对之策做一探讨。

---

① 王文华：《论国际金融反恐的现状与反思》，载《国际论坛》2008 年第 3 期，第 14—19 页。

② 兰立宏：《我国反洗钱与反恐怖融资金融情报信息交换机制优化研究——基于国际标准化视角》，载《金融监管研究》2020 年第 10 期，第 69—83 页。

③ 相关成果还包括但不限于：肖宪、刘军：《恐怖资金来源问题研究》，载《现代国际关系》2008 年第 11 期；童文俊：《基于互联网的恐怖融资研究》，载《上海公安高等专科学校学报》2012 年第 1 期；童文俊：《恐怖融资与反恐怖融资研究》，上海：复旦大学出版社，2012 年版；刘磊：《恐怖融资与反恐怖融资研究综述》，载《国际研究参考》2017 年第 10 期；兰立宏：《上海合作组织成员国反恐怖融资情报国际合作研究——基于国际标准化视角》，载《情报研究》2018 年第 7 期。

一、恐怖组织获取资金的主要方式

资金对恐怖组织至关重要，实施恐怖活动本身有时所需的资金不多，但维持组织运转、开展宣传招募活动以及给组织成员发工资需要大量资金。以往，国家是恐怖资金的重要来源，冷战期间一些反政府武装和极端势力得到相关大国的资金支持，比如冷战时期美国出于美苏对峙的需要，资助了本·拉登等阿富汗“圣战”分子。西方学者认为，利比亚在20世纪80年代曾资助过“阿布·尼达尔”等中东极端组织[①]。不过，随着冷战的结束以及国际社会对资助恐怖活动的国家实施越来越严厉的制裁，国家资助恐怖活动的现象日趋减少。从目前世界各地主要恐怖组织资金获取情况看，其主要资金来源为非法活动、“合法”活动以及非盈利组织和海外移民社团的捐赠。[②]

表1　恐怖融资的主要方式

恐怖融资类别	恐怖融资途径	代表性恐怖组织
国家资助	提供资金、武器、训练营地	“阿布·尼达尔”、中东地区的激进组织、“基地”组织、“伊斯兰国”
非法活动	征税、绑架人质索取赎金、走私文物和毒品、抢劫和偷窃	阿布沙耶夫、巴基斯坦塔利班、“伊斯兰马格里布基地组织”、“伊斯兰国”
“合法”活动	经营企业、酒吧、出租车公司、二手车买卖	“基地”组织、爱尔兰共和军临时派、“泰米尔猛虎组织”

① Michael Freeman, “The Sources of Terrorist Financing: Theory and Typology,” p. 465.

② 本文对恐怖融资方式的分类参考了迈克尔·弗里曼论文中的分类。

续表

恐怖融资类别	恐怖融资途径	代表性恐怖组织
慈善捐赠等	同情者和支持者通过慈善机构向恐怖组织捐助资金、富人的私人捐赠	“基地”组织、“支持阵线”、巴基斯坦的“拉什卡－塔伊巴”、“伊斯兰国”
海外移民社群及外国人的资金支持	海外移民社群提供的现金、汇款等	爱尔兰共和军、“泰米尔猛虎组织”、“基地”组织、“伊斯兰国”
网上筹资	社交媒体平台、暗网等	“伊斯兰国”、“基地”组织

资料来源：作者根据相关资料自制。

（一）非法活动

1. 征税

征税是恐怖组织增加收入的传统渠道。历史上，一些恐怖组织曾靠征收“革命税”筹措恐怖资金，如西班牙的“埃塔”、秘鲁的“光辉道路”等；巴基斯坦塔利班甚至公布“税收计划表”，罗列针对不同活动各种应付的费用。① 当代恐怖组织依然靠征税敛财。例如，“伊斯兰国”在占领伊拉克期间，在其控制领土范围内征收“特别税”，其时由于伊拉克脆弱的安全环境，进出“伊斯兰国”控制领土的货物交易和现金流转受到极大干扰，但一些商品交易依然存在，“伊斯兰国”因而能够对其控制区的来往货物征税。“伊斯兰国”还在其控制的部分伊拉克领土范围内对进出商品征收“特别税”，如在伊拉克北部征收200美元的“公路税”，对于沿叙利亚和约旦边境、进入伊拉克的卡车征收800美元的“海关税”。②

① Michael Freeman, “The Sources of Terrorist Financing: Theory and Typology,” p. 466.

② FATF, “Financing of the Terrorist Organization Islamic State in Iraq and the Levant (ISIL),” *The Financial Action Task Force*, 2015, p. 17, https://www.fatf-gafi.org/publications/methodsandtrends/documents/financing-of-terrorist-organisation-isil.html.（上网时间：2021年12月2日）

2. 绑架索取赎金

绑架索取赎金是恐怖组织敛财的主要手段之一。绑架体现了恐怖组织理性选择的成本与收益算计，恐怖组织通过绑架人质既达到了政治上宣传的目的，又获得了巨额资金，因而给各国政府施加了巨大压力。历史和现实中不少恐怖组织将绑架人质作为敛财的标牌战术，如意大利的红色旅、菲律宾的阿布沙耶夫、巴基斯坦的塔利班等恐怖组织。目前较活跃的几个恐怖组织均较多涉入绑架索取赎金的非法活动，西非的“伊斯兰马格里布基地组织”利用利比亚和马里的混乱局势，频频绑架欧洲国家公民并索要高额赎金，为组织的生存和发展积蓄力量。根据媒体的报道，“伊斯兰马格里布基地组织”等“基地”分支自 2008 年以来获得了至少 1.25 亿美元的绑架赎金。其中法国所付赎金最多，约 5800 万美元，其次是瑞士和西班牙。①

“伊斯兰国”也非常重视绑架这一敛财方式。据美国财政部估算，“伊斯兰国”仅在 2014 年通过人质赎金就获得了 2000 万 -4500 万美元的非法收入，其通过收取被绑架人员赎金可每日获利约 10 万美元。② 据披露，为绑架更多人质，“伊斯兰国”还制定了专门的绑架方案。该组织武装人员曾计划潜入黎巴嫩和约旦等国绑架人质，随后带回叙利亚。他们通过绑架人质用以贿赂同情“伊斯兰国”的边防人员，以便潜入其他国家，进而绑架更多人质。③

3. 攫取和走私文物

盗取和贩卖文物和古代珍宝近年在中东战乱地区比较盛行，尤

---

① Peter Bergen and Emily Schneider, “Should Nations Just Pay ISIS Ransom,” *CNN*, January 20, 2015, https: //www. edition. cnn. com/2015/01/20/opinion/bergen - schneider - isis - ransom - new/index. html. (上网时间：2020 年 11 月 2 日)

② FATF, “Financing of the Terrorist Organization Islamic State in Iraq and the Levant (ISIL),” p. 18.

③ 《IS 被曝制定专门方案绑架人质》，人民网，2015 年 2 月 9 日，http: //politics. people. com. cn/n/2015/0209/c70731 - 26528280. html。(上网时间：2020 年 11 月 2 日)

以“伊斯兰国”曾经控制的伊拉克和叙利亚最为猖獗。随着国际社会对非法石油贸易等犯罪活动的打击，“伊斯兰国”把倒卖伊拉克和叙利亚的文物作为其重要的收入来源。在“伊斯兰国”曾经攫取和控制的伊叙领土范围内，大量文物珍宝的存在为该组织实施犯罪活动提供便利。伊拉克和叙利亚分别拥有约 2500 处和 4500 处考古学遗址，其中一些为联合国教科文组织认定的世界遗产。[①]

“伊斯兰国”参与非法贩卖文物活动的方式分为间接参与和直接参与。间接参与是对劫掠者发布许可令以及对经过“伊斯兰国”控制地区的被掠文物征税，一般对劫掠者的收入征收 20% 的税。[②] 随着国际社会对“伊斯兰国”犯罪活动的打击，该组织收入锐减，因而越来越多地选择直接参与文物挖掘、走私和贩卖活动，其对占领地区的文物大肆掠夺和摧毁，使用重型机械挖掘此前未曾挖掘过的古代遗址。“伊斯兰国”成员还直接将挖掘出的文物走私到土耳其、黎巴嫩和约旦等国，将文物出售给经销商，其中包括来自欧洲的经销商。[③]

尽管“伊斯兰国”仅参与贩卖文物的前期市场，开价也是整个文物贩卖环节中最低的，但其劫掠量巨大，所获利润不菲。虽然不能确定“伊斯兰国”从文物走私非法交易中所获利润的准确数字，但据估计，其所得利润在数千万到一亿美元之间，甚至更多。[④] 由于文物非法交易的隐蔽性以及恐怖组织与犯罪团伙秘密勾连，国际社会和相关国家并不清楚倒卖文物的具体细节。比如，用来运输和转移掠夺文物的走私线路是如何操作的？谁将文物运往市场？有哪些私人收藏者和博物馆参与了交易？还有哪些网络支持

---

① Kimberley L. Thachuk and Rollie Lal, *Terrorist Criminal Enterprises*, p. 34.

② 《社交媒体上买卖中东被掠文物，专家警告卖家或来自恐怖组织》，载《环球时报》网络版 2019 年 5 月 10 日。

③ Kimberley L. Thachuk and Rollie Lal, *Terrorist Criminal Enterprises*, p. 35.

④ Kimberley L. Thachuk and Rollie Lal, *Terrorist Criminal Enterprises*, p. 35.

这一范围更广的犯罪分子与恐怖分子之间的非法勾当?[①] 恐怖分子还可以如其他犯罪组织一样利用网络技术的最新发展，使用加密线上平台和暗网来进行文物走私交易，这加大了打击文物非法交易的难度。

4. 其他非法活动

参与贩毒活动也是恐怖组织获取资金的重要渠道。在阿富汗，“哈卡尼网络”和“伊斯兰国”等主要极端势力均参与毒品行当，阿富汗逐年增加的毒品产量为恐怖组织参与贩毒活动提供了空前机会。根据联合国相关数据统计，阿富汗毒品输出量近年来一直居高不下，联合国毒品与犯罪问题办公室及阿富汗禁毒部于 2021 年 4 月公布的最新数据显示，“2020 年阿富汗罂粟种植面积为 22.4 万公顷，与 2019 年相比增加了 37%。截至 2020 年，相当于阿富汗国内生产总值的 20%—30% 的经济产值来自毒品生产与贩运，约 75% 的阿富汗成年劳动力从事毒品制贩相关产业”。[②] “基地”组织和“伊斯兰国”也都参与了毒品行当，通过走私毒品获利不菲，“伊斯兰国”每年通过向欧洲走私毒品可获利数亿美元。[③]

恐怖组织还青睐于抢劫和偷窃等技术含量低的非法活动。在西非和中非，一些活跃的恐怖组织甚至从事偷窃牲畜的活动，这种偷窃没有技术含量且易于操作。农业和牲畜饲养业是中非地区多数人的主要收入来源。尼日利亚有关方面近年发现，尼日利亚西北部和

---

① Sam Pineda, “Tackling Illicit Trafficking of Antiquities and Its Ties to Terrorist Financing,” *U. S. Department of State*, June 20, 2018, https: //2017 – 2021. state. gov/tackling – illicit – trafficking – of – antiquities – and – its – ties – to – terrorist – financing/index. html. （上网时间：2020 年 7 月 20 日）

② 李昕玮：《塔利班能否兑现禁毒承诺？将影响全球毒品市场格局!》，载《丝路新观察》2021 年 8 月 23 日，https: //view. inews. qq. com/a/20210823A0514Z00。（上网时间：2021 年 8 月 28 日）

③ 徐超：《俄罗斯：极端组织“伊斯兰国”经土耳其走私毒品》，中新网，2015 年 12 月 23 日，https: //www. chinanews. com. cn/gj/2015/12 – 23/7684513. shtml。（上网时间：2022 年 2 月 10 日）

北部地区偷窃牲畜的活动呈增长趋势，这一趋势与“博科圣地”的活动密切相关。这些偷窃活动大都发生在尼日利亚西北丛林地带的偏僻村庄，当地几乎没有安保措施。① 通过这些偷窃活动，“博科圣地”所得不菲。2016 年 7 月，“博科圣地”成员从博尔诺州偷取了 2 万头牛。为隐藏这些牛的来源地，该组织成员转道尼日尔共和国，将其运送到吉加瓦州的一家市场。据估计。每头牛价值 500 美元，这次偷窃活动所得约 1000 万美元。“博科圣地”的这些非法活动无需太多技术，只需一些基本的交易技巧，包括在该组织控制地区建立自己的市场以出售牲畜，在偏远市场以小数额疏散和出售，将牲畜藏在邻国伺机出售等。②

（二）“合法”活动

尽管非法活动有许多优势，但从安全角度考虑，其非法渠道危险性相对较高。通过“合法”活动筹资的安全度较高，且操作和获利过程比较简单。一些恐怖组织通过“合法”企业获得大量资金。例如，本·拉登于 1991 年来到苏丹后，“基地”组织在 1992—1996 年在苏丹、塞浦路斯等国建立了多家从事正常生意的企业。本·拉登家族企业规模庞大，包括贸易和投资公司、建筑公司、家具制造公司，甚至还经营种植花生的农场。③

在 20 世纪 80 年代，爱尔兰共和军临时派和反对独立者组织都

---

① FATF - GIABA - GABAC, “Terrorist Financing in West and Central Africa,” FATF, 2016, p. 12, https: //www. fatf - gafi. org/publications/methodsandtrends/documents/terrorist - financing - west - central - africa. html.（上网时间：2022 年 1 月 2 日）

② FATF - GIABA - GABAC, “Terrorist Financing in West and Central Africa,” FATF, 2016, p. 12, https: //www. fatf - gafi. org/publications/methodsandtrends/documents/terrorist - financing - west - central - africa. html.（上网时间：2022 年 1 月 2 日）

③ ［美］“9·11”独立调查委员会：《“9·11”委员会报告》，第 81 页。

曾经利用其在北爱尔兰的“合法”企业来支持其组织运作。两者都经营过酒吧，最初的经营属于非法操作，后来两者都得到合法经营许可，并向当地政府报告部分收入情况。这两类恐怖组织还经营出租车业，爱尔兰共和军的两家出租车公司拥有600辆出租车，反对独立者组织则拥有90辆出租车。[①] 酒吧和出租车服务都是基于现金交易的行业，为其他非法渠道获得的金钱提供了洗钱渠道。再如，斯里兰卡的“泰米尔猛虎组织”也曾控制大量“合法”企业，如海上商务运输、珠宝行及饭店等。[②] 在中东和西非，二手车买卖也是恐怖组织获取资金的手段。东南非反洗钱组织一成员国指出，来自恐怖活动高发地区的二手车经销商将英国、日本和新加坡的二手车进口以后，通过出售这些二手车进行洗钱并赚取利润，所赚收入最后落入恐怖组织囊中。[③]

尽管“伊斯兰国”的大多数资金来自于非法活动，它也通过“合法”途径获利。“伊斯兰国”擅于在合法与非法之间游走，除石油生意外，还从事烟草、文物等灰色贸易。“伊斯兰国”试图将非法收入投入合法企业及其他投资项目，根据美国战争研究所2018年10月的报告，“伊斯兰国”从伊拉克偷运出3亿英镑，并将这些资金投入到中东各地的企业，通过汽车经销洗钱。[④] 有证据显示，“伊斯兰国”在中非的新网络可能试图建立新的企业来购买黄金并在外国市

---

① Michael Freeman, “The Sources of Terrorist Financing: Theory and Typology,” p. 469.

② Graham Myers, “Investing in the Market of Violence: Toward a Micro – Theory of Terrorist Financing,” p. 705.

③ TAFT report, “Emerging Terrorist Financing Risks,” *The Financial Action Task Force*, 2015, p. 19, https://www.fatf-gafi.org/publications/methodsandtrends/documents/emerging-terrorist-financing-risks.html.（上网时间：2022年1月16日）

④ Mark Hodge, “ISIS is plotting an audacious comeback by using its 30000 terror fanatics like a MAFIA gang to raise £400m a year through drugs and car dealerships,” *The Sun*, Oct. 8, 2018, https://www.thesun.co.uk/news/7447168/isis-comeback-return-terrorists-gang-drugs-car-dealerships/.（上网时间：2022年2月10日）

场出售。①

对恐怖组织来说，“合法”活动敛财也有不利之处。恐怖组织想赚钱，就需要经商技巧，而且要与其他企业一起参与市场竞争。就融资数额来说，“合法”经营的收益显然比不上非法活动。②

（三）慈善机构和其他非盈利组织的捐赠

慈善资金是宗教性恐怖组织的重要资金来源。早年“基地”组织特别擅于利用伊斯兰慈善组织，将慈善捐赠为其所用。根据“9·11”委员会的披露，“基地”组织通过两种途径从慈善机构获得资金：一种是通过大型国际慈善机构个别驻外办事处中认同“基地”组织主张的雇员筹资，海湾国家大型慈善机构还为世界各地的小型慈善机构提供资金，而小型机构中的个别职员还会把钱转到“基地”组织手中。③ 一些为恐怖活动提供捐助的慈善组织往往是打着慈善名义的恐怖组织的融资机构，美国伊利诺伊州的两个慈善组织——“全球救济基金会”和“仁爱国际基金会”——因对“基地”组织的资助而受到公众的普遍谴责并被关闭。④

在巴基斯坦，恐怖组织的同情者和支持者也通过慈善机构向恐怖组织捐助资金。例如，巴基斯坦恐怖组织“拉什卡－塔伊巴”所募集的大部分资金来自其旗下两个慈善组织“达瓦慈善会”和“人道福利基金会”。“拉什卡－塔伊巴”的两个融资渠道来自每年伊斯

---

① FATF Document, “FATF Actions to Identify and Disrupt ISIL, Al－Qaeda and Affiliates' Financing,” *The Financial Action Task Force*, June 21, 2019, https://www.fatf－gafi.org/publications/methodsandtrends/documents/fatf－action－against－terrorist－financing－june－2019.html.（上网时间：2022 年 1 月 27 日）

② Michael Freeman, “The Sources of Terrorist Financing: Theory and Typology,” p. 470.

③ ［美］“9·11”独立调查委员会：《“9·11”委员会报告》，第 241 页。

④ 肖宪、刘军：《恐怖资金来源问题研究》，载《现代国际关系》2008 年第 11 期，第 14 页。

兰斋月期间的私人捐赠，以及宰牲节期间收集和出售动物皮的收入所得。[①]

"伊斯兰国"的资金来源大部分不是来自外部捐助，而是在伊拉克和叙利亚等所占领地区通过走私贩卖石油、索取赎金、贩卖文物等非法活动获得。尽管如此，"伊斯兰国"也接受中东一些富人的私人捐赠。例如，2014 年 9 月，一名"伊斯兰国"要员因接受了一笔来自海湾某国 200 万美元的私人捐赠而被美国财政部列入黑名单。一些委托机构曾发现慈善基金会针对"伊斯兰国"控制地区的一些电汇业务存在恐怖融资风险。[②] 在"伊斯兰国"占有的油田等基础设施遭到打击后，外国人和非营利组织捐赠的资金来源就变得愈加重要。"反洗钱金融行动特别工作组"曾指出，埃及和菲律宾的非营利团体为"伊斯兰国"提供了资金援助。

随着社交媒体的广泛运用，恐怖组织和个人更多以慈善组织的名义在网络社交平台为恐怖活动筹资，网络社交平台进行的慈善捐助活动只需敲几下键盘就能完成募捐程序。[③] 2016 年被美国财政部列入全球恐怖分子名单的詹姆斯·麦克林托克以其经营的"拉赫马福利组织"就是典型案例。受极端思想影响的英国公民詹姆斯·麦克林托克于 20 世纪 90 年代移居巴基斯坦，并成立慈善福利机构"拉赫马福利组织"，以资助孤儿的名义为"基地"组织、巴基斯坦"虔诚军"的恐怖活动提供资金。[④] "拉赫马福利组织"借助社交媒

---

① "U. S. National Terrorist Financing Risk Assessment 2015," *U. S. Department of the Treasury*, Dec. 13, 2015, p. 17, https://publicintelligence.net/us – treasury – terrorist – financing – 2015/.（上网时间：2021 年 7 月 11 日）

② FATF, "Financing of the Terrorist Organization Islamic State in Iraq and the Levant（ISIL）," p. 18.

③ Tom Keatinge & Florence Keen, "Social Media and（Counter）Terrorist Finance: A Fund – Raising and Disruption Tool," *Studies in Conflict and Terrorism*, Vol. 42, No. 1 – 2, p. 181.

④ Mirror Reporter, "Brit Suspected of Raising Funds for Al – Qaeda Added to US List of Global Terrorists," *Mirror*, March 31, 2016, https://www.mirror.co.uk/news/uk – news/brit – suspected – raising – funds – al – 7666719.（上网时间：2020 年 12 月 12 日）

体进行恐怖融资活动，通过诈骗、儿童照片的使用、阿富汗的身份证明以及手机号等一系列资料，骗取捐助者信任，诱骗后者提供资金。自 2012 年 5 月以来，麦克林托克通过“拉赫马福利组织”和他经营的其他非政府组织，从不知情的英国捐助者手里骗取大量金钱，麦克林托克将这些非法所得用于向阿富汗的极端组织提供资助。[①]

从上述恐怖融资的非法与合法等活动形式看，恐怖组织的融资方式，如强行征税、敲诈勒索、绑架索取赎金、走私毒品和文物以及接受慈善机构和其他非营利组织的捐赠等，在历史和现实中都是主要的筹措资金手段，这些筹资手段对恐怖组织来说各有利弊。相比“合法”活动较强的安全性，非法手段风险较大且容易失去民众的支持，但非法活动无需太多技巧，操作简单且易于获利，因而是恐怖组织惯用的融资手段。

上述筹资方式的使用在多数情况下并非恐怖组织的战略设计，更多是“机会主义的”，[②] 即利用其控制的领土以及控制领土的资源敛财获利。以征税为例，老牌恐怖组织和近些年兴起的恐怖组织都曾利用其控制领土强行征税，如历史上西班牙的“埃塔”、秘鲁的“光辉道路”以及在其控制的领土上征收“特别税”的“伊斯兰国”等。索马里“青年党”则利用其控制地区和港口从事非法木炭出口贸易，“伊斯兰国”还在其攫取的伊拉克领土大量走私石油。考虑到这些手段的简易可操作性和可控性，未来恐怖组织仍将继续采用这些融资手段。

随着国际金融反恐的推进，恐怖组织获取资金的渠道不断被发现和阻断，这迫使恐怖组织根据形势变化不断调整融资策略，其资

① Tom Keatinge and Florence Keen, “Social Media and (Counter) Terrorist Finance: A Fund – Raising and Disruption Tool,” p. 191.

② Tom Keatinge and Kerstin Danner, “Assessing Innovation in Terrorist Financing,” *Studies in Conflict and Terrorism*, Vol. 44, No. 6, 2021, p. 463.

金来源日益多元化。有专家指出，拥有多元化筹金渠道的恐怖组织生存率更高。“基地”组织一直拥有多种筹资渠道。而作为敛财有方、经济实力最强的恐怖组织“伊斯兰国”，其收入来源几乎囊括了上述恐怖组织非法、合法活动的所有形式。“反洗钱金融行动特别工作组”研究报告指出，“伊斯兰国”拥有多重资金渠道[①]，这给国际社会打击恐怖融资活动提出了更大的挑战。

二、恐怖融资的新特点

随着国际反恐的不断深入推进，恐怖组织的生存空间和活动空间受到限制，传统的筹资方式被阻断，这迫使恐怖组织转变原有筹资方式。科技的进步尤其是网络技术的发展，也为恐怖组织融资提供了便利。在此背景下，近年来恐怖融资呈现出新的特点。

（一）恐怖融资的低额化

如今，恐怖组织发动“9·11”事件这类跨国大型恐怖袭击几乎不再可能，恐怖分子只需一辆车或者一把刀就可以开展行动，驾车于街头袭击或持刀砍杀成为恐怖袭击的常态。此类小型恐怖袭击所需资金不多。例如，2013 年波士顿马拉松赛爆炸案的实施费用仅 500 美元，2014 年由索马里“青年党”制造的肯尼亚西门购物中心袭击事件实施费用不到 5000 美元。在造成至少 130 多人死亡的 2015 年巴黎系列恐怖袭击事件中，恐怖分子用于制造袭击的总开支不超

① FATF, “Financing of the Terrorist Organization Islamic State in Iraq and the Levant (ISIL),” p. 5.

过2.1万英镑。[①] 这笔额度并不大的资金是采用预付信用卡充值方式逐步积攒的，恐怖分子用这些小额资金租车和租公寓。在法国和比利时等国，预付信用卡无需身份证明即可多次充值，只要一年累计充值额度不超过2500欧元。

导致这一趋势的原因是恐怖分子风险规避的安全考虑。以往，恐怖组织借助全球化的便利进行跨国资金筹措和转移。近年来随着国际反恐怖融资的不断深入，银行系统的大额资金流动容易被监管和查获，恐怖分子往往采取低成本、低级别的筹资方式，一些恐怖组织伪造身份证明文件进行支票或信用卡诈骗，骗取小额资金。再如，慈善资金一直是恐怖组织重要的外部资金来源，但慈善机构和其他非营利组织及个人捐赠往往数额巨大。“9·11”事件以来，国际社会加大了对慈善机构捐赠去向的监控，大额捐赠易被查获，所以恐怖分子越来越倾向于采用小额、自我资助的手段筹资。2015年巴黎恐怖袭击的制造者就是通过预付信用卡，以积少成多的方式实现自我资助的。2015年12月，美国圣贝纳迪诺恐怖袭击事件的枪手将网络借贷平台申请到的小额借款用于开展恐怖袭击。

挪威防务研究机构的一份研究报告在对欧洲地区40个极端组织进行详尽研究后认为，大多数极端组织依靠其成员自筹资金。在这些极端组织的袭击活动中，90%的经费来自其成员的个人收入，有一半的极端组织完全依靠自筹资金，只有1/4是得到“基地”组织这类国际恐怖组织的经济资助。[②] 这些自我资助的恐怖主义行动费用大多低廉。挪威防务研究机构报告认为，西欧极端组织的袭击费用

---

① Ian Sparks and Ruth Halkon, “Paris Attacks Carried out on a ‘Shoestring’ Budget of just £ 21k Using Prepaid Credit Cards,” *Mirror*, December 3, 2015, https://www.mirror.co.uk/news/world-news/paris-attacks-carried-out-shoestring-6948089.（上网时间：2020年12月10日）

② Emilie Oftedal, “The Financing of Jihadi Terrorist Cells in Europe,” *Norwegian Defence Research Establishment* (*FFI*), Jan. 6, 2015, www.ffi.no/no/Rapporter/14-02234.pdf.（上网时间：2020年7月29日）

总的来说不高，多数极端组织制造袭击所需费用仅为一辆价格适中的二手车价格，3/4 的袭击所花费用低于 1 万美元。[①]

（二）互联网成为恐怖组织筹资的重要平台

由于传统的获取资金渠道正在被堵截，一些恐怖组织开始利用互联网筹集资金。互联网的隐蔽性、虚拟性和开放性加大了金融监管的难度。作为擅长互联网技术的恐怖组织，“伊斯兰国”在利用网络筹措资金方面“技高一筹”。2017 年美国联邦调查局调查人员发现了一个由“伊斯兰国”高级管理人员运营的全球金融网络。该网络通过 eBay 平台上的虚假交易，向位于美国境内效忠“伊斯兰国”的人员输送资金。据报道，这名居住在美国的“伊斯兰国”效忠者默罕默德·伊尔席那威以在 eBay 上销售电脑打印机为幌子，将通过 PayPal 接受的“伊斯兰国”资金用于资助恐怖活动。[②]

近年来西方主要社交媒体平台无意间成为极端组织筹集资金的有效渠道。一些恐怖组织通过社交媒体和自己建立的媒体平台扩大知名度和影响力，赢得更多同情者的支持，并将来自虚拟世界的支持变为可见的资金。关于社交媒体被恐怖组织用来进行动员和宣传的相关问题受到广泛关注，尤其是“伊斯兰国”通过社交网站筹资的行为表明恐怖组织已有相对成熟的社交媒体战略，各国也对此展开了网络反恐工作。但对社交媒体如何以特别的方式用于恐怖融资并没有引起太多关注。实际上，社交媒体可以多种方式被用来资助恐怖活动：社交媒体可以被恐怖组织用来号召资助和支持恐怖组织；社交媒体可以作为支付平台，引导捐助者或资助者进入某一特殊的

---

① Emilie Oftedal, “The Financing of Jihadi Terrorist Cells in Europe,” Jan. 6, 2015.

② 刘仲昀：《IS 利用 ebay 向美国非法转移“恐袭专用”资金 嫌犯认罪》，环球网，2017 年 8 月 16 日，https://world.huanqiu.com/article/9CaKrnK4IEr。

支付平台；恐怖组织通过社交广告平台进行融资；社交媒体作为中介渠道指导使用者通过暗网进入加密程度更高的渠道以分享恐怖分子的金融战略；通过社交媒体出售商品来资助恐怖主义。[①] 近年来“基地”组织及其相关分支频频利用社交媒体号召追随者捐助。例如，一则来自推特账号@ Nafeer_aqsa100 的帖子曾吁请捐资以购买各种明码标价的武器，如狙击步枪 6000 美元、火箭发射器 3000 美元、PK 冲锋枪 5500 美元。[②] 另一与“支持阵线”有关联的社交网站也曾号召捐资购买明码标价的武器，包括：8 发迫击炮弹（100 科威特第纳尔或 1300 沙特里亚尔）、卡拉什尼科夫冲锋枪和狙击枪子弹（50 科威特第纳尔或 650 沙特里亚尔）等[③]。

“伊斯兰国”在利用社交媒体为恐怖活动筹资方面有许多“新花样”，甚至模仿网络上流行的“众筹”策略。对恐怖组织而言，相对于传统融资渠道所面临的反恐压力，众筹有其独特优势，小额捐资、积少成多的众筹方式不必像大额资金那样进行法定财务报告——在加拿大，少于 1 万加元的跨境支付无须向有关机构报告。众筹网站的筹资页面可以快速建立且几乎无需对筹资发起者和筹资缘由作“尽职调查”。比如，根据来自沙特的情报，一些与“伊斯兰国”有关联的个人通过推特帐号号召捐款活动，并要求捐赠者通过即时通讯软件 Skype 联络。捐赠者被要求购买一张国际预付卡，并通过 Skype 发送该卡卡号，募捐者将卡号发送至叙利亚周边国家的“伊斯兰国”支持者，随后再将卡号以低价出售，并取出现金提

---

① Tom Keatinge and Florence Keen, “Social Media and (Counter) Terrorist Finance: A Fund - Raising and Disruption Tool,” p. 180.

② Tom Keatinge and Florence Keen, “Social Media and (Counter) Terrorist Finance: A Fund - Raising and Disruption Tool,” p. 188.

③ Tom Keatinge and Florence Keen, “Social Media and (Counter) Terrorist Finance: A Fund - Raising and Disruption Tool,” p. 188.

供给“伊斯兰国”。[①] 有的社交媒体巨头还与支付平台合作，为转移资金提供便利。例如，脸书与支付平台 TransferWise 合作，允许使用者跨国汇送资金而无需支付国外交易费，[②] 恐怖组织可能利用这一便利筹资。

恐怖分子还可以如其他犯罪组织那样，利用最近网络技术，使用加密线上平台和暗网进行毒品和文物走私交易。根据《2021 年世界毒品报告》的统计，目前主要暗网市场的年毒品交易额至少为 3.15 亿美元，并呈逐年上升的趋势。[③] 2021 年初，德国警方“捣毁”了全球最大暗网交易平台“黑市”。该暗网交易平台主要兜售毒品、假钞、被盗或者伪造的信用卡，卖家超过 2400 个，客户近 50 万，平台营业额约 1.4 亿欧元。[④] 这一行动从侧面反映了暗网交易市场的庞大。鉴于暗网所具有的高度匿名性和高时效性，以及阿富汗等国非法种植罂粟面积的增加和毒品问题日趋严重，未来包括恐怖组织在内的犯罪集团将越来越多地利用暗网进行毒品交易。

（三）利用虚拟货币进行恐怖融资成为反恐新领域

2009 年比特币诞生，以区块链技术为支撑的虚拟货币迅速发展并收到追捧。作为一种虚拟货币，比特币具有去中心化、匿名性，可在全球范围交易的特点，其操作可以绕开政府、司法部门和银行

---

① FATF, “Financing of the Terrorist Organisation Islamic State in Iraq and the Levant (ISIL),” pp. 24 – 25.

② Tom Keatinge and Florence Keen, “Social Media and (Counter) Terrorist Finance: A Fund – Raising and Disruption Tool,” p. 181.

③ “World Drug Report 2021,” *UNODC*, www.unodc.org/unodc/en/data – an – analysis/wdr2021.html.（上网时间：2021 年 8 月 10 日）

④ “DarkMarket: world's largest illegal dark web marketplace taken down,” Europol, Nov. 18, 2021, https://www.europol.europa.eu/media – press/newsroom/news/darkmarket – worlds – largest – illegal – dark – web – marketplace – taken – down.（上网时间：2022 年 2 月 9 日）

的监管，是高科技洗钱工具，这自然引起了恐怖组织的兴趣。

虽然到目前为止比特币被认为是最有价值的虚拟货币，但是随着区块链技术的发展，近年来一些更具交易灵活性和隐蔽性的代币出现，也很可能成为犯罪分子和恐怖分子青睐的虚拟货币。例如，万事达币、黑币和门罗币就被认为较之比特币更具私密性，也更安全。曾经风头一度压过比特币的零币保密性更强，具有线下货币交易的潜力。又如“雄鹰”，允许在公共区块链平台进行纯粹的私下交易。

现实中已发生过虚拟货币尤其是比特币资助恐怖活动的案例。自 2014 年以来，已有多起与“伊斯兰国”有关的使用虚拟货币的报道。2015 年 8 月，来自美国弗吉尼亚州的 17 岁青年阿里·舒克里·艾敏被判刑 11 年，其罪名是在社交媒体推特上以@ Amreekiwitness 的账户名公开支持“伊斯兰国”，散布关于如何使用比特币资助“伊斯兰国”恐怖分子的信息。有外媒称，“伊斯兰国”利用比特币为 2019 年 4 月 21 日发生的斯里兰卡恐怖爆炸案提供资金。“伊斯兰国”在实施恐怖袭击前，使用总部位于加拿大的支付门户 CoinPayments 将比特币兑换成纸币。[①] 2020 年 3 月，美国联邦法院判处来自纽约长岛的祖比亚·沙赫纳兹 13 年监禁，其罪名是使用比特币和其他加密货币为“伊斯兰国”洗钱的犯罪活动。[②]

利用比特币等虚拟货币资助恐怖活动的情况并不常见，近年来发生的恐怖活动中，仅有来自美国弗吉尼亚州、伊利诺伊州、加沙地带和印尼的使用虚拟货币的零星报道，且在大多数的恐怖袭击事

---

① Nicky Harley, “Fears Missing ISIS Millions are Hidden in Cryptocurrency Ready for Use as War Chest,” *The National*, May 19, 2020, https://www.thenational.ae/world/fears-missing-isis-millions-are-hidden-in-cryptocurrency-ready-for-use-as-war-chest-1.1021275.（上网时间：2021 年 7 月 12 日）

② Edoardo Saravalle and Elizabeth Rosenberg, “Bitcoin Can Help Terrorists Secretly Fund Their Deadly Attacks,” Fox News, January 9, 2018, https://www.foxnews.com/opinion/bitcoin-can-help-terrorists-secretly-fund-their-deadly-attacks.（上网时间：2020 年 7 月 20 日）

件中，恐怖分子更愿意使用传统的银行系统或者现金。在现实生活中，使用虚拟货币会遭遇不可逾越的技术和客观环境的瓶颈，恐怖分子不得不将虚拟货币转换成现金用以购买恐怖袭击所需物资。而在欧美以外的发展中国家和地区，尤其是动荡的中东地区，恐怖分子的生活环境基本不具备操作虚拟货币的条件，想要通过虚拟货币来换取物资几乎没有可能。在上述案例中，纽约长岛的沙赫纳兹就是在互联网搜索操作中因土耳其银行自助取款机的取款限制而无法取现。① 同时，大部分恐怖分子也不具备使用虚拟货币的技能，通过现金购买物资是唯一选择。

专家对未来恐怖组织大量使用虚拟货币的可能性看法不一。兰德公司研究报告指出，虚拟货币的六个属性（特性）限制了恐怖组织对虚拟货币的使用，即匿名性、可用性、安全性、被认可性、可靠性以及交易总量。② 该研究报告认为，从这六个特性看，目前没有任何一种虚拟货币能够满足恐怖组织对资金方面的各类需求。尤其是“安全性”这一属性在虚拟货币的基础建设中极其重要，目前的虚拟货币面临的安全隐患是其极易遭受各种网络攻击，这些攻击主要包括去匿名化、拒绝支出、偷窃和系统攻击。③

表2　与虚拟货币属性相关的恐怖资金活动的评估

	筹资	非法贩卖毒品和武器	汇款与转账	恐袭资金	运营资金
匿名性	较重要	极重要	较重要	极重要	较不重要
可用性	极重要	较不重要	较不重要	较不重要	较不重要

① Edoardo Saravalle and Elizabeth Rosenberg, January 9, 2018.

② Cynthia Dion - Schwarz, David Manheim and Patrick B. Johnston, “Terrorist Use of Cryptocurrencies: Technical and Organizational Barriers and Future Threats,” RAND Corporation, 2019, p. 23, https://www.rand.org/pubs/research_reports/RR3026.html.（上网时间：2021 年 6 月 2 日）

③ Cynthia Dion - Schwarz, David Manheim and Patrick B. Johnston, “Terrorist Use of Cryptocurrencies: Technical and Organizational Barriers and Future Threats,” p. 40.

续表

	筹资	非法贩卖毒品和武器	汇款与转账	恐袭资金	运营资金
安全性	较重要	极重要	极重要	极重要	极重要
被认可性	较不重要	较不重要	较不重要	较重要	较重要
可靠性	较不重要	较重要	极重要	极重要	较重要
交易总量	较重要	较不重要	极重要	较不重要	极重要

资料来源：Cynthia Dion - Schwarz, David Manheim and Patrick B. Johnston, "Terrorist Use of Cryptocurrencies: Barriers and Future Threats," p. 34。

不过，随着网络技术的进步和发展，虚拟货币的安全性可能会增强。另外，如果"可用性"这一特性像其他线上钱包一样易用的方向有所改进，比特币用于筹资对于恐怖组织而言仍很具吸引力。事实上，一些国际知名支付巨头正在积极布局加密货币，开发比特币硬件钱包。有迹象表明，恐怖组织很有可能正在使用虚拟货币筹措资金。①

三、反恐怖融资的对策

恐怖组织的融资方式及其呈现的新特点对国际反恐构成了持续性挑战，也破坏了国际金融体系的稳定和安全。应对上述新形势下恐怖融资新特点带来的挑战，需要通过国际和地区合作，在技术层面采取措施，并从意识形态和社会层面治理恐怖融资。

① Steven Stalinsky, "The Cryptocurrency - Terrorism Connection Is too Big to Ignore," *Washington Post*, December 17, 2018, https: //www.washingtonpost.com/opinions/the - cryptocurrency - terrorism - connection - is - too - big - to - ignore/2018/12/17/69ed6ab4 - fe4b - 11e8 - 83c0 - b06139e540e5_story.html.（上网时间：2020 年 12 月 12 日）

（一）加强反恐怖融资的国际合作

恐怖组织的融资活动大多是跨国行为，如非法走私和毒品交易等。封堵恐怖融资渠道需要国际合作。“9·11”事件以来，国际社会的金融反恐合作取得切实进展，建立了全球层面打击恐怖融资的合作机制和网络，包括联合国、反洗钱金融行动特别工作组以及沃夫斯堡、埃格蒙特集团等。这些国际组织和机构通过相关决议、制定反恐怖融资的国际标准和反洗钱、金融监管措施，冻结恐怖分子资产，实施金融制裁，一定程度上有效打击了恐怖融资活动。自2001 年 9 月 28 日通过有关打击恐怖融资的第 1373 号决议以来，联合国安理会不断以决议形式敦促成员国加强反恐国际合作，封堵恐怖融资渠道。2019 年 3 月通过的安理会第 2462 号决议敦促成员国尽快和及时交流有关恐怖主义分子或网络、外国恐怖分子“回流”行动或流动模式的相关信息和金融情报。金融行动特别工作组自 2014 年起开展了旨在综合考察成员国反洗钱和反恐怖融资工作的合规性和有效性的第四轮互评估，将是否通过国际合作来推动对犯罪及犯罪资产的打击行动作为重要的评估指标。

鉴于绑架等非法活动是恐怖组织获取资金最重要的渠道，国际社会多次召开会议，合作推动对绑架人质等恐怖融资活动的解决。2016 年杭州 G20 峰会公报重申对绑架索取赎金等恐怖融资手段的不妥协原则。2019 年 11 月在墨尔本举行的“切断恐怖主义财源”反恐怖融资部长级会议上，与会各国领导人和国际组织代表探讨了应对绑架勒索的措施，“审议解决劫持人质问题的国际方法，强调信息共享和国际合作的必要性，以打破恐怖分子的商业模式”。

地区层面的反恐怖融资合作也取得了一定成效。欧盟、上合组织等地区组织成员间加强了金融反恐合作的力度，采取了新的措施。以欧盟为例，欧盟近年不断加强成员国之间打击洗钱和恐怖主义融资的力度。根据2020年5月欧盟委员会提出一项全面方案，欧盟委员会将采取具体措施，更好地执行、监督和协调欧盟打击洗钱和恐怖主义融资的所有规定，消除欧盟现有规则中所有漏洞和薄弱环节。这项全面方案包括2021年初欧盟反洗钱和反恐怖融资框架立法改革行动计划，这一立法改革计划的一个关键内容是强制使用全球法人识别编码进行远程客户识别和客户身份验证。新冠肺炎疫情加速了世界主要国家的经济数字化转型，作为开放的数字化身份识别标准，全球法人识别编码使金融机构能够进行完全自动化处理，协助金融机构更有效打击洗钱和恐怖主义融资。

金融反恐国际合作也面临困境和挑战。国际合作取决于各国政府的意愿和相互信任。一些国家出于种种考虑，不愿交换和分享金融反恐的重要信息。例如，库尔德工人党一直活跃在土耳其与伊朗、伊拉克和叙利亚边境地区，有关其活动的情报交流和分享至关重要，但上述几个国家之间几乎没有任何金融情报的合作。①

各国法律制度的差异也使得金融反恐合作困难重重。文物走私是恐怖融资的重要手段，国与国以及地区与地区之间相关法律的差异阻碍了从法律层面对文物走私相关贸易的规模、范围进行全面评估。由于缺乏全球统一标准，文物所有权是由文物当时所在国家的法律决定，这就带来了一个定义上和逻辑上的挑战：一件在甲国被视为非法买卖的文物可能会进口至乙国并被合法出售。②

① Kimberley L. Thachuk and Rollie Lal, *Terrorist Criminal Enterprises*, pp. 190 – 191.

② Matthew Sargent et al., "Tracking and Disrupting the Illicit Antiquities Trade with Open – Source Data," *RAND*, 2020, p. 7, https://www.rand.org/pubs/research_reports/RR2706.html.（上网时间：2021年1月27日）

（二）技术上开发新的反恐怖融资工具和手段

不可否认，国际社会的金融反恐措施是有效的，但许多金融反恐措施似乎只在短期内有效，恐怖组织能够不断适应金融反恐的新形势并调整自身融资策略。反恐怖融资还面临科技进步带来的新挑战。比如，自助金融服务迅速扩展，使得用户身份识别难度加大；网络转账和支付业务的普及，其手续的简化和即时性，增加了追踪交易的难度。近年越来越多的恐怖组织利用数字货币和加密货币进行融资转账。从技术的角度看，加密货币具有匿名性、可访问性、易用性和交易成本低廉的特点，这使得恐怖组织对它青睐有加。

世界主要国家的中央银行和政府越来越关注使用加密货币进行洗钱、恐怖融资和其他非法活动。为监管加密货币交易，欧洲议会和欧盟理事会于2017年初通过一项提案，该提案要求加密货币交易所和电子钱包供应商识别可疑活动，比特币用户交易活动也在监管范围之内。修正案通过后，欧盟成员国的加密货币交易所都有义务参与识别洗钱与恐怖组织的融资活动。

新技术也可以帮助金融监管部门更有效地实施反洗钱和反恐怖融资措施。在“反洗钱和反恐怖融资的数字化转型”的研究项目中，金融行动特别工作组探索了技术可以为反洗钱和反恐怖融资工作的改进所带来的机遇。该项目探讨了大数据和高级分析在改变业务机构检测和调查洗钱和恐怖融资的能力以及理解洗钱和恐怖融资风险方面的作用，指出近年来的技术进步使金融机构能够更加高效地分析大量结构化和非结构化数据，以及识别模式和趋势。数据池和协同分析可以帮助金融机构更好地理解、评估和降低洗钱和恐怖融资风险。这将使识别恐怖融资活动变得更加容易、灵活和高效。[①]

但与此同时，恐怖组织也在加紧研发和掌握新技术。尽管目前虚拟货币的使用受到越来越严格的监管，大部分恐怖分子也不具备使用虚拟货币的技能，未来随着网络技术的改进和发展，虚拟货币的安全性可能会增强，但一旦其“可用性”有所改进，恐怖组织将更多把比特币作为筹资手段。这将进一步增加金融监管部门的反恐融资难度。

随着世界各国和金融监管机构对以比特币为主的虚拟货币不断强化监管和打击，恐怖组织可能会转向新近开发的、更为隐秘的虚拟货币。作为更年轻的虚拟货币，零币既能保证交易的隐私性，又具备高效和手续费低廉的特点，未来随着比特币地位的下降和零币本身可用性和匿名度的加强，零币有可能会被包括恐怖分子在内的犯罪组织大量使用。[②]

另外，一些发展中国家缺乏熟悉国际金融体系和金融业务的技术人员，这使得它们很难有效打击恐怖融资。例如，近年来国际社会加大对巴基斯坦的反恐资金援助，但巴基斯坦并没有将全部援助投入到反恐项目中，而是将大部分资金投入到军队建设中。[③] 这就使得巴基斯坦相关部门缺乏培训专业性金融人员的足够资金，影响了其金融反恐的效果。

---

① FATF, “Digital Transformation of AML/CFT,” The Financial Action Task Force, June 2, 2021, http://www.fatf-gafi.org/publications/digitaltransformation/digital-transformation.html.（上网时间：2021年7月20日）

② Erik Silfversten et al., “Exploring the Use of Zcash Cryptocurrency for Illicit or Criminal Purposes”, *RAND*, 2020, https://www.rand.org/pubs/research_reports/RR4418.html.（上网时间：2021年8月23日）

③ 张梦昊、任佳：《国际援助视域下巴基斯坦反恐能力提升研究》，载《武警学院学报》2019年第12期，第55页。

（三）强化意识形态和社会层面的治理

国际和地区层面的反恐怖融资合作，以及技术上对新的反恐怖融资方法的开发，都属于技术和战术层面的金融反恐。要从根源上解决恐怖融资问题，应当从意识形态和社会治理等层面的治理入手。早期一些恐怖组织以“革命”的名义欺骗和迷惑民众，用意识形态口号获取民众支持，并利用民众同情征收“革命税”以筹措恐怖资金。一些宗教性恐怖组织以宗教名义蛊惑信众，争取合法性和捐助。在伊斯兰国家，虔诚的穆斯林遵照“圣训”和伊斯兰教法规定，将占其年收入 2.5% “天课”捐献给慈善机构，这些捐献的“天课”有可能成为宗教极端组织的活动经费。有关国家应当使民众知晓恐怖组织的犯罪行径，揭露其以意识形态名义进行的非法活动。政府和媒体应当大力宣传打击恐怖组织犯罪的法律行动，揭露和打击恐怖组织的非法犯罪图谋，将在很大程度上消弭和减少民众对恐怖组织的跟从和支持。同时，应开展针对儿童和家庭的教育项目，让青少年知道恐怖组织成员不是英雄，而是犯罪分子、毒贩、走私犯和绑匪。对“哈卡尼网络”的揭露就是一个典型例子，“揭露‘哈卡尼’网络成员的罪犯行径，可以削减当地民众对其的支持和消极接受，民众支持加上恐怖组织捞钱和逃脱惩罚的能力使得恐怖组织更具破坏力”①。

同时，有关国家应当提供更有针对性的社会治理和福利政策。为争取民心，一些恐怖组织将筹措的资金用于社会福利活动。中东地区的一些极端组织在提供扶贫救困的社会福利方面表现活跃，而其所在国政府往往没有能力或意愿去开展相关方面的工作。在政府

① Kimberley L. Thachuk and Rollie Lal, *Terrorist Criminal Enterprises*, p. 188.

有能力和意愿的情况下，应防止社会福利政策的滥用，例如，鉴于欧洲的“伊斯兰国”成员曾明确提出在欧洲国家得到的丰厚福利救济金应当用于支持其军事事业，欧洲国家的政府必须提高社会福利接受者的门槛。[①] 只有政府提供更好的社会治理，才有可能减少民众对恐怖组织的支持。

更好的治理还意味着拓展就业和受教育机会。为青年创造就业和受教育机会将减少其因收入和生存需要而被招募从事犯罪活动的可能性。在萨赫勒—撒哈拉地区，当地国家政府治理不善为犯罪活动提供了基础。有学者建议相关国家为被占地区人口50%的青年群体创造就业和教育机会，以削弱“伊斯兰马格里布基地组织”等恐怖组织的犯罪网络。[②]

四、结语

资金是恐怖组织的生命线，“9·11”事件以来，国际社会不断加大金融反恐的力度，迫使恐怖组织转变融资手段，采取多元化的融资手段以求生存。2020年新冠肺炎疫情的暴发对恐怖组织的活动产生了较大影响。由于各国将主要精力投入到抗击疫情中，一些恐怖组织乘机制造恐怖袭击。例如，在伊拉克，由于疫情防控消耗了伊拉克政府的主要精力，加之参与打击“伊斯兰国”国际联盟军队陆续从伊拉克撤出，“伊斯兰国”伺机重整旗鼓，“其技术及战术更为精进，且通过各种方式在筹措资金，重建组织”。[③] 疫情也对恐怖融资产生了影响，新冠肺

---

① Kimberley L. Thachuk and Rollie Lal, *Terrorist Criminal Enterprises*, p. 189.

② Kimberley L. Thachuk and Rollie Lal, *Terrorist Criminal Enterprises*, p. 189.

③ 刘中民：《国际反恐形势因疫情更趋复杂》，载《环球时报》2021年1月7日，第15版。

炎疫情改变了金融交易行为和方式，隔离式的金融交易增加，影响了金融机构监测异常交易的能力，使得恐怖分子有机可乘。与恐怖融资相关的潜在风险包括恐怖组织对非营利组织的滥用以及涉及疫情威胁环境的新的机遇。[①] 另外，疫情造成的社会经济危机，尤其是防控措施对社会生活造成的影响容易引发民众不满，进而有利于恐怖组织的宣传和招募。在疫情蔓延扩散的形势下，恐怖组织加大了线上勾连和筹资的力度，这对金融反恐提出了更严峻的挑战。

恐怖融资的新特点也对中国的金融反恐工作提出了挑战，应当特别关注利用虚拟货币进行恐怖融资的趋势。中国国内对比特币等虚拟货币的流通有严格规定，为防止虚拟货币交易扰乱经济金融秩序，中国人民银行等十部门于2021年9月发布《关于进一步防范和处置虚拟货币交易炒作风险的通知》，宣布虚拟货币不具有与法定货币等同的法律地位，虚拟货币相关业务活动属于非法金融活动。[②] 不过，目前已有部分国家承认比特币的合法性，德国是世界上首个承认比特币合法货币地位的国家，英国、日本、美国等国也承认了比特币的合法性。随着承认虚拟货币合法性国家的增多和虚拟货币安全性的增强，恐怖组织利用虚拟货币融资的可能性也在增加，在全球化和网络化的背景下，中国对虚拟货币的管控和反恐怖融资势必受到挑战。因此，针对网络数字化时代的恐怖融资新特点，中国应继续深化与国际社会和相关国家的金融反恐合作，针对疫情以来恐怖融资的新变化，创新反恐怖融资的思维和手段。同时也要防止有

---

① FATF："COVID－19－related Money Laundering and Terrorist Financing，" *The Financial Action Task Force*，December 2020，https：//www. fatf－gafi. org/publications/methodsandtrends/documents/updated－covid－19－ml－tf. html.（上网时间：2021年8月13日）

② 《关于进一步防范和处置虚拟货币交易炒作风险的通知》，中国人民银行网站，2021年9月24日，http：//www. pbc. gov. cn/goutongjiaoliu/113456/113469/4348521/index. html。（上网时间：2022年1月5日）

关国家以金融反恐之名、行维护金融霸权之实，干涉国际金融体系和其他国家的金融制度和活动。

（本文发表于《阿拉伯世界研究》2022 年第 2 期，此次收入书中进行了部分删减——作者）

虚假信息：一种新型国家安全挑战

袁　莎*

【内容摘要】随着信息全球化的深入发展，跨境虚假信息日益泛滥。国际关系学界对于虚假信息的研究尚处于初步阶段，系统性和理论性不足，且充斥西方中心主义思维，甚至成为西方操纵的舆论武器。实际上，虚假信息是一种困扰国际社会的新型国家安全挑战，呈现出传统安全与非传统安全交织的特征。虚假信息对中国总体国家安全也构成严峻威胁，危害人民安全、政治安全和国家利益。新冠肺炎疫情下的“虚假信息疫情”将这一危害暴露无遗。虚假信息的泛滥有个人心理和社会需求层面的原因，也受信息技术及政治经济利益驱动的影响。当前，虚假信息政治化倾向严重，对国家安全乃至国际安全的挑战日趋复杂严峻。须以贯彻落实总体国家安全观为目标，强化虚假信息治理，有效防范化解虚假信息安全风险。

【关键词】总体国家安全观　虚假信息　复合型国家安全威胁　虚假信息疫情　虚假信息治理

2016 年，特朗普当选美国总统和英国“脱欧”两大“反常”事件让“虚假信息”一词引发国际社会广泛关注。2020 年以来，新冠

---

* 袁莎，中国国际问题研究院美国研究所助理研究员。

肺炎疫情暴发后假消息和“阴谋论”四起，“虚假信息疫情”的肆虐助长了病毒传播、社会分裂和国际紧张局势，虚假信息对国家安全乃至国际安全的威胁暴露无遗。未来，随着信息技术迭代更新，虚假信息安全威胁将更趋严峻复杂。虚假信息研究的必要性日益凸显，然而，依托互联网和社交媒体的虚假信息泛滥是一种新生现象，国际社会对其认识有限，尚未形成统一的规则规范。美西方政客、学者、智库和媒体则试图抓住这一“机遇窗口”，推进由其主导的概念诠释和理论框架，将“虚假信息”框定到“民主专制之争”的叙事之中，不仅缺乏理论性、严谨性和客观性，还使得虚假信息概念被“武器化”，从而加剧地缘紧张局势，恶化国家安全形势。

为此，本文旨在跳出充斥西方中心主义偏见的话语陷阱，分析虚假信息的理论内涵、形成机理及现实影响，探究虚假信息对国家安全构成的多重挑战。同时，思考如何以践行“总体国家安全观”为目标，防范化解虚假信息安全威胁并助力全球虚假信息治理的可能路径。鉴于虚假信息安全威胁的现实性、严峻性和复杂性，从“总体国家安全观”出发研究虚假信息现象，具有积极的理论意义和迫切的现实价值。从理论研究层面看，国际关系中的虚假信息现象日益凸显，对地缘政治、经济、科技和人文交流等方面正产生日益深远的影响，研究虚假信息对国家安全的威胁，对于信息时代下的安全研究具有积极意义。从现实层面看，中国深受虚假信息困扰。深入了解虚假信息的内涵特点和形成机理，有助于中国抵御涉华虚假信息攻势，也有助于提升非西方国家在虚假信息研究领域中的话语权。

一、“虚假信息”研究的发展及不足

国际关系学界关于信息操控的文献并不鲜见，但对信息时代下

"虚假信息"的理论探索尚处于初步阶段，亟待建立更加系统化、科学化与客观化的研究框架。

（一）"虚假信息"概念辨析

英文的"虚假信息"一词约于1965—1970年间首次记录，原指"由一国政府或情报部门传播的关于该国军事力量或计划的错误信息，以开展策略性政治颠覆的敌对行动"。[①] 该定义带有浓厚的冷战色彩，反映出虚假信息在当时更多地隶属于军事和情报范畴。如今，虚假信息现象不再囿于军事和情报领域，而充斥在社会生活的方方面面，其概念内涵也更具客观性和普遍性。例如，《韦氏词典》将"虚假信息"界定为"故意且通常秘密传播的错误信息（如散播谣言），以影响公共舆论或掩盖真相"。[②] 信息哲学家卢西亚诺·弗洛里迪将"虚假信息"界定为"旨在让信息接收者相信是真实信息而有意传递的错误信息"。[③] 由此可见，虚假信息具有"内容的虚假性""意图的误导性""行动的组织性"三个特征，这三大要素给予该概念以区别于其他类似概念的独特意涵。

1. 内容的虚假性

信息内容的虚假性是构成"虚假信息"的必要条件。与之相较，普遍意义上的"宣传"是指"为了帮助或损害某一机构、事情或个人而传播观点、信息或谣言"，[④] 强调的是影响对象认知的意图，并

---

① "'Misinformation' vs. 'Disinformation': Get Informed On The Difference," Dictionary. com, https://www. dictionary. com/e/misinformation - vs - disinformation - get - informed - on - the - difference/? itm_source = parsely - api.

② Merriam - Webster, "Disinformation," https://www. merriam - webster. com/dictionary/disinformation.

③ Luciano Floridi, *The Philosophy of Information*, New York: Oxford University Press, 2011, p. 260.

④ Merriam - Webster, "propaganda," https://www. merriam - webster. com/dictionary/propaganda.

没有强调内容是否真实或虚假。与此相关的概念“恶意信息”是指“有意对他人、社会团体、组织或国家施加伤害的基于事实的信息”，即用真实的信息误导他人，强调的是内容的真实性和意图的误导性。[①]

2. 意图的误导性

意图是判定“虚假信息”的核心要素，即“虚假信息”的主体具有主观恶意，故意发布和传播错误信息以误导受众。这一要素将“虚假信息”与“错误信息”区分开来，后者只关注内容的错误性，无关意图，更多指的是由于“诚实的”错误、忽视和偏见等原因而无意传播的错误信息。[②] 但由于“意图”是很难确定的，因此，如何区分两者仍具有现实挑战性。

3. 行动的组织性

目前，学术和政治话语中的“虚假信息”指代的并非单一、孤立的谣言，而是有组织、有协调的一系列“虚假信息活动”，即某一主体系统性地使用虚假信息以误导特定受众，旨在影响受众的认知和行为选择。与之相较，“谣言”则是更为古老而通俗的概念，指的是“广泛传播的没有确信来源的言论或观点”，[③] 并未限定传播虚假信息的组织性这一特征。

由此可见，虚假信息的三大特征揭示出其危险性和挑战性。鉴于以上概念在日常使用和学术文献中经常出现混淆和误用，特用表1简要概括其与类似概念的联系和区别，以突出“虚假信息”概念的独特意涵。

---

① Claire Wardle, Hossein Derakhshan, “Information Disorder: Toward an Interdisciplinary Framework for Research and Policy Making,” *Council of Europe Report*, September 2017, p. 5.

② “‘Misinformation’ vs. ‘Disinformation’: Get Informed On The Difference,” Dictionary. com, https: //www. dictionary. com/e/misinformation - vs - disinformation - get - informed - on - the - difference/? itm_source = parsely - api.

③ Merriam - Webster, “Rumor,” https: //www. merriam - webster. com/dictionary/rumor.

表 1 “虚假信息”及相关概念辨析

概念	内容的虚假性	意图的误导性	行动的组织性
虚假信息	是	是	是
错误信息	是	未知	否
恶意信息	否	是	未知
宣传	未知	是	是
谣言	是	是	否

资料来源：作者自制。

（二）国际关系领域虚假信息研究的发展

虚假信息向来是国际博弈的重要工具。国际行为体常常通过散布虚假信息进行信息操控，以欺骗、迷惑、震慑、分化和瓦解对手，达到“不战而屈人之兵”的目的。国际关系学界对于“虚假信息”的研究可以追溯到“信息操控”研究，分为以下几个阶段。

第一阶段是 20 世纪初国际关系学科成立后对“宣传”的研究。所谓“兵不厌诈”，“宣传”是国家间交往，尤其是战争中不可忽视的手段。哈罗德·拉斯韦尔于 1927 年出版的《世界大战中的宣传技巧》，[①] 以及爱德华·卡尔于 1939 年出版的《国际政治中的宣传》，[②] 可谓关于宣传的古典现实主义论著。冷战期间的美国“隐蔽宣传战”和冷战结束后美国对外策划“颜色革命”的信息战也备受学界关注。[③] 这类研究认为宣传尤其是虚假宣传，在舆论战和心理攻势等方面起到不可忽视的作用，为研究国际关系中的虚假信息提供了丰富

① Harold D. Lasswell, *Propaganda Technique in the World War*, New York: Peter Smith, 1938.

② Edward H. Carr, *Propaganda in International Politics*, Oxford University Press, 1939.

③ 白建才：《美国隐蔽宣传行动与苏东剧变》，载《国际政治研究》2021 年第 1 期，第 28—42 页。

（三）虚假信息研究的“西方中心主义”

目前，虚假信息研究大多由西方主导，充斥西方中心主义偏见。西方文献从西方“民主专制之争”的叙事框架下看待互联网和社交媒体的挑战，尤其将虚假信息界定为对“民主”的威胁。[①] 例如，《国际组织》在探讨“自由国际秩序”面临的挑战特刊中，即将“虚假信息”提上研究议程。[②]《外交事务》《外交政策》等西方权威杂志也刊登了一系列关于虚假信息威胁“民主秩序”的文章。[③] 西方大学和智库则基于这一理论框架，设立了一系列虚假信息研究项目，较为著名的有美国大西洋理事会的“数字取证研究实验室”、英国牛津大学的“计算式宣传项目”、安全民主联盟的“汉密尔顿68”项目等。此外，西方主流媒体也纷纷设立“事实核查”专页，西方还涌现出一批号称独立的第三方信息核查机构，例如，“事实核查”网站、“斯诺普斯网”、“政治真相新闻网”等，定期发布关于“民主政体”受到虚假信息危害的报告。

此种基于意识形态二元对立的虚假信息研究充斥西方中心主义偏见，不仅掩盖了虚假信息的真实威胁，还试图形成西方主导的话

---

① N. Persily and J. A. Tucker, eds., *Social Media and Democracy: The State of the Field, Prospects for Reform*, Cambridge: Cambridge University Press, 2020.

② Emanuel Adler and Alena Drieschova, "The Epistemological Challenge of Truth Subversion to the Liberal International Order," *International Organization*, Vol. 75, Special Issue 2, 2021, pp. 359 – 386; Henry Farrell and Abraham L. Newman, "The Janus Face of the Liberal International Information Order: When Global Institutions Are Self – Undermining," *International Organization*, Vol. 75, Special Issue 2, 2021, pp. 333 – 385.

③ Nina Jankowicz, "How Disinformation Corrodes Democracy: Biden's Summit Must Confront the Scourge of False Narratives," *Foreign Affairs*, November 30, 3031, https: //www. foreignaffairs. com/articles/world/2021 – 11 – 30/how – disinformation – corrodes – democracy; Arjun Bisen, "Disinformation Is Drowning Democracy: In the new age of lies, law, not tech, is the answer," *Foreign Policy*, April 24, 2019, https: //foreignpolicy. com/2019/04/24/disinformation – is – drowning – democracy/.

语霸权和理论霸权。正如批判理论家罗伯特·考克思所指出的，“理论永远是为某些人和某些目的服务的”，[①] 一方面，虚假信息是当前信息时代下国际社会面临的共同威胁，无关乎政治制度、发展阶段和文化传统。此种有失偏颇的虚假信息研究会掩盖非西方国家面临的虚假信息威胁，不利于国际社会更有效地开展虚假信息治理。另一方面，西方研究试图粉饰其自身在虚假信息泛滥中扮演的角色。美西方由于拥有先进的信息技术和互联网企业，在虚假信息方面处于攻势，而非西方世界实则处于虚假信息防守的一端。西方文献却刻意忽略了美西方对国际社会构成的虚假信息威胁。[②] 随着信息科技对国际关系的影响日益深化，非西方世界将面临更加严峻的虚假信息安全威胁，亟需加强对虚假信息的理论和政策研究，以便提升在这一领域的国际学术和外交话语权。

二、虚假信息：一种新型国家安全挑战

虚假信息自古以来就是一种蛊惑人心的手段，在政治、情报、战争、经济和社会等领域广泛存在。在信息全球化深入发展的今天，信息科技的开放性、自主性和互动性打破了国家间的信息壁垒，促进信息跨境流动，也给虚假信息泛滥创造了条件，对总体国家安全构成严峻复杂的挑战。

---

① Robert Cox, *Social Forces, States and World Orders: Beyond International Relations Theory*, Cambridge University Press, 1981, p. 128.

② Editorial Board, “France Admits It Spreads Disinformation. Other Democracies Should Also Own Up,” *The Washington Post*, November 15, 2021, https://www.washingtonpost.com/opinions/2021/11/15/france-has-admitted-it-spreads-disinformation-other-democracies-should-also-own-up/.

调查。[①] 此种涉华虚假信息企图破坏中国内政外交，危害中国主权、安全和发展利益。

由此可见，虚假信息已超越信息安全等非传统安全威胁范畴，延伸至政治安全、军事安全等传统安全领域，并呈现出非传统安全与传统安全相互交织、相互渗透、相互转化的特征，对总体国家安全构成严峻复杂的危害。

（二）虚假信息泛滥的形成机理

虚假信息在一定程度上满足了个人和社会的非理性需求，信息技术的快速发展极大地增加了虚假信息的供给，再经由政治和商业利益的驱动，又会进一步刺激社会对虚假信息的需求。

1. 虚假信息泛滥有个人心理和社会需求层面的因素

古往今来，谣言往往比真相传播得更快、更广和更远。究其原因，人的认知并非基于纯粹理性，而是源自“有限理性”，因信息不对称或情感、习惯和偏见等非理性因素影响而产生认知偏差。[②] 与平淡无奇的真实信息相比，虚假信息通常是奇闻轶事，产生“高情感唤醒”，例如激发惊叹、愤怒或恐惧等强烈情感，更容易引发关注并影响认知。[③] 麻省理工学院研究人员通过对推特信息的研究发现，虚假信息被转发的概率比真实信息高出70%左右，这是由于虚假信息的内容大多更加新颖，可以产生更加强烈的情感刺

---

① Alex Kasprak, “The ‘Occam’s Razor Argument’ Has Not Shifted in Favor of a COVID Lab Leak,” *Snopes*, July 16, 2021, https://www.snopes.com/news/2021/07/16/lab-leak-evidence.

② Herbert A. Simon, “A Behavioral Model of Rational Choice,” *Quarterly Journal of Economics*, Vol. 69, No. 1, 1955, pp. 99-118.

③ Jonah Berger and Katherine L. Milkman, “What Makes Online Content Viral?” *Journal of Marketing Research*, Vol. 49, No. 2, 2012, pp. 192-205.

激。[①] 尤其当发生危机之时，人们会陷入过度恐慌的情绪当中，理性判断会进一步受到抑制，受虚假信息操控的脆弱性大为增加。历史上每一次传染病大流行都伴随着形形色色的虚假信息，例如，“黑死病”是“犹太人下毒”，艾滋病是“中情局制造”，埃博拉病毒是“白人的阴谋”等“阴谋论”流传甚广。2020 年，新冠肺炎疫情暴发后，引发集体恐慌。公众对新冠病毒相关信息的需求激增，虚假信息和“阴谋论”蜂拥而至，出现了“生化战计划”“5G 致新冠”等阴谋论。[②] 恶意行为体正是利用人类的“有限理性”，抓住权威涉疫信息滞后产生的“信息真空”，制作并传播耸人听闻或加深偏见的虚假信息，以操纵舆论，煽动混乱。

2. 信息技术的迅速发展显著增加了虚假信息的供给

随着互联网技术在信息传播领域的深入应用，网络空间已成为信息传播的新渠道。传统媒体作为信息“守门人”的角色受到冲击，而网络空间的信息发布者对信息真实性承担的法律责任和道德约束较小，导致大量良莠不齐的信息充斥信息空间。此外，搜索引擎和社交媒体基于用户对内容的分享、点赞和评论进行“算法推荐”，也导致“信息茧房”的形成，加剧了认知偏见，鼓励了虚假信息的传播。2003 年严重急性呼吸综合征（SARS）暴发后，《外交政策》杂志主编戴维·罗斯科夫即提出“信息疫情”的概念，用来描述“与恐惧、猜测和谣言交织的一些事实，经由现代信息技术在全世界迅速放大和传播，以与基本现实完全不相称的

---

① Soroush Vosoughi, Deb Roy, Sinan Aral, “The Spread of True and False News Online,” *Science*, Vol. 359, No. 6380, 2018, pp. 1146 – 1151.

② Joseph E. Uscinski, et al., “Why Do People Believe COVID – 19 Conspiracy Theories,” *The Harvard Kennedy School Misinformation Review*, Vol. 1, Special Issue on COVID – 19 and Misinformation, April 2020, pp. 1 – 12.

方式影响了国家和国际经济、政治甚至安全”。[①] 到了2020年，新冠肺炎疫情暴发后，经由社交媒体的推动，涉疫虚假信息规模、范围、速度和复杂性呈现出前所未有的态势。正如《麻省理工科技评论》刊文指出，此次新冠肺炎疫情催生了人类历史上第一次真正意义上的社交媒体“信息疫情”。[②]

3. 民粹主义的兴起对虚假信息泛滥起了推波助澜的作用

近年来，全球多地尤其是西方民粹主义抬头，给虚假信息泛滥提供了温床。一方面，反建制、反精英、反智主义现象凸显，简单化、偏激性和煽动性的“阴谋论”和虚假信息受到追捧。西方互联网上涌现出一批“边缘阴谋论”网站，较为著名的有“匿名者Q”、4chan、8kun、Gab、InfoWars、Your Newswire等，成为民粹主义传播虚假信息的重要阵地。根据新闻评级网站“新闻卫士”统计，迄今已发现500多个传播新冠病毒虚假信息的网站，其中绝大多数在美国境内，与右翼民粹组织密切相关。[③] 另一方面，在政治极化的驱使下，西方政客和主流媒体利用社会中的民粹主义情绪，散布虚假信息抨击和抹黑政治对手。例如，2016年，美国总统大选就揭露出美国结构性不对称的政治媒体生态，尤其是福克斯新闻等极端保守主义媒体生产和传播虚假信息，试图影响美国公共舆论。[④] 2020年，美国总统大选再将虚假信息推向高潮，极右翼势力于2021年1月6

---

① David J. Rothkopf, “When the Buzz Bites Back,” *Washington Post*, May 11, 2003, https://www.washingtonpost.com/archive/opinions/2003/05/11/when-the-buzz-bites-back/bc8cd84f-cab6-4648-bf58-0277261af6cd/.

② Karen Hao and Tanya Basu, “The Coronavirus Is the First True Social-media ‘Infodemic’,” *MIT Technology Review*, February 12, 2020, https://www.technologyreview.com/2020/02/12/844851/the-coronavirus-is-the-first-true-social-media-infodemic/.

③ *NewsGuard*, “Coronavirus Misinformation Tracking Center,” https://www.newsguardtech.com/coronavirus-misinformation-tracking-center/.

④ Yochai Benkler, Robert Faris and Hal Roberts, *Network Propaganda: Manipulation, Disinformation, and Radicalization in American Politics*, New York: Oxford University Press, 2018, chapter 4.

日发动美国国会骚乱事件。新冠肺炎疫情加剧西方社会撕裂、种族对立和贫富差距，助长民粹主义和虚假信息泛滥。

4. 地缘政治紧张加剧了虚假信息安全风险

恶意行为体在国内外发布虚假信息攻势，以操纵舆论达到地缘战略目的，加剧冲突风险。例如，针对某个领导人、族群、宗教等的假照片、假音频、假视频等虚假信息可能产生巨大的政治影响，甚至引发暴力冲突和紧张局势。[①] 在新冠肺炎疫情背景下，一些政客为推诿责任，转嫁危机，利用虚假信息将疫情政治化、标签化和污名化，蓄意制造外交冲突。美媒曝光了美国共和党参议院全国委员会向竞选机构发送的备忘录，鼓动政客“积极攻击中国”，以转移民众对特朗普政府抗疫不力的不满。[②] 这场“虚假信息战”严重恶化了美国社会对华民意，加剧了美国政界对华强硬共识，使中国深受其害。“虚假信息疫情”已经成为国与国之间矛盾和冲突的催化剂，不仅阻碍全球抗疫协调合作，还严重激化各国民众间情绪对立，毒化国际舆论空间，恶化了国家间的安全困境。

综上所述，全球虚假信息泛滥是需求和供给相互作用的结果。虚假信息在社会需求及信息技术的推动下涌现，而虚假信息泛滥又会加剧社会不安、偏见和分裂，创造出更多对虚假信息的需求，形成恶性循环，威胁国家安全乃至国际和平稳定。

（三）虚假信息安全威胁的发展趋势

未来，随着新一轮信息革命深入发展、商业利益强力驱动及世

---

① Robert Chesney and Danielle Citron, "Deepfakes and the New Disinformation War: The Coming Age of Post – Truth Geopolitics," *Foreign Affairs*, Vol. 98, Nov. 1, 2019, pp. 147 – 155.

② Alex Isenstadt, "GOP Memo Urges Anti – China Assault over Coronavirus," *Politico*, April 24, 2020, https://www.politico.com/news/2020/04/24/gop – memo – anti – china – coronavirus – 207244.

界格局深刻变化，虚假信息将对国际社会构成更加隐蔽、严峻且复杂的安全危害。

1. 科技企业对信息的垄断促使虚假信息“聚合化”

随着数字经济的深入发展，基于深度伪造、虚拟现实、机器学习等技术，虚假信息的生产将足以以假乱真，传播也将更加隐蔽、更加精准、成本更低。[①] 此外，当前，美国四大科技巨头掌控了全球大量信息和数据，科技企业的信息垄断给予其左右信息获取和诠释的权力，得以操纵主流民意并“制造共识”。但由于美西方秉持“网络自由”原则，对互联网和社交媒体缺乏监管，高科技企业对信息数据的垄断会放任虚假信息肆意传播。从这个趋势可见，科技企业的信息垄断会促使虚假信息向“聚合化”方向发展，严重毒化全球信息环境和舆论生态，拉大全球信息鸿沟。

2. 商业资本对利润的追逐催生虚假信息“产业化”

2016 年美国大选中爆出剑桥分析丑闻，揭露出虚假信息制作已成为一个有利可图的行业。[②] 实际上，牛津大学“计算式宣传项目”的研究报告指出，虚假信息已经趋向产业化，2020 年从事虚假信息的企业比 2019 年增加了近一倍。[③] 这些企业为客户量身定制虚假信息策略，利用数据挖掘、人工智能、自动化技术等，获取并分析海量潜在对象的数据信息，建立庞大的机器人“水军”，在互联网上精准投放极具煽动性、迷惑性和争议性的虚假信息进行“网络钓鱼”，以操控民意并推进特定议程。未来，信息技术革新将进一步推动虚

---

① Samuel Woolley, *The Reality Game: How the Next Wave of Technology Will Break the Truth*, New York: Public Affairs, January 2020, p. 9.

② Nicholas Confessore, “Cambridge Analytica and Facebook: The Scandal and the Fallout So Far,” *New York Times*, April 4, 2018, https://www.nytimes.com/2018/04/04/us/politics/cambridge-analytica-scandal-fallout.html.

③ Samantha Bradshaw, Hannah Bailey and Philip N. Howard, “Industrialized Disinformation: 2020 Global Inventory of Organized Social Media Manipulation,” Computational Propaganda Research Project, 2021.

假信息产业发展，尤其在西方社会政治极化和资本逐利驱使下，虚假信息产业将积聚庞大的资本投入和从业人员，并形成严密的黑色利益链，通过类似洗钱的“信息洗白”方式，将虚假信息传入主流舆论中，更加专业、隐蔽和复杂。

3. 国际权力格局的深刻变革推动虚假信息“武器化”

随着国际力量对比出现东升西降、南升北降的趋势，美国霸权焦虑上升，将虚假信息“武器化”，积极对外发动虚假信息攻势，以阻挠同侪崛起。美国也将虚假信息概念“武器化”，围绕虚假信息的意涵发起叙事之争和规则之争，以维护“霸权之后”有利于美国的国际规则。这一趋势在2022年的俄乌冲突中已经显露出来。美西方对俄罗斯展开猛烈的信息战，形成对俄罗斯的舆论围剿。知名辟谣网站斯诺普斯揭露了许多相关虚假信息采用了人工智能、深度伪造等新技术，制作并传播关于俄乌冲突的虚假图片和视频，对公众的观感和情绪极具误导性。[①] 与此同时，美国国务院开辟专页揭露“俄罗斯虚假信息”，并以此为由抵制“今日俄罗斯”电视台和卫星通讯社等媒体。更有甚者，美国借乌克兰危机，极力散布涉华虚假信息，试图将中国卷入争端。中国驻美大使秦刚在《华盛顿邮报》撰文，澄清所谓“中方事先知情、默许或纵容”等说法纯属虚假信息。[②] 但正如美国卡托研究院的学者指出，将虚假信息武器化是一把“双刃剑”，会导致外交政策走向僵化，恶化国际紧张局势。[③] 围绕俄乌冲突的虚假信息战不仅无助于解决争端，还导致冲突不断升级。

---

① Dan MacGuill, “UKRAINE: New Crisis, Grimly Familiar Disinformation Trends,” *Snopes*, March 2, 2022, https://www.snopes.com/news/2022/03/02/ukraine-new-crisis-disinformation/.

② Qin Gang, “Opinion: Chinese Ambassador: Where We Stand on Ukraine,” *The Washington Post*, March 15, 2022, https://www.washingtonpost.com/opinions/2022/03/15/china-ambassador-us-where-we-stand-in-ukraine/.

③ Ted G. Carpenter, “Federal Authorities Are Using ‘Disinformation’ as a Pretext to Silence Foreign Policy Dissent,” CATO Institute, June 29, 2021, https://www.cato.org/commentary/federal-authorities-are-using-disinformation-pretext-silence-foreign-policy-dissent.

三、虚假信息治理的思考

随着全球化的深入发展和信息技术的快速革新，虚假信息已经成为国际社会面临的一个新型安全威胁，亟待加强虚假信息领域的全球治理和国际合作，共同维护健康的全球信息和舆论环境。

（一）将虚假信息治理提上总体国家安全议程

虚假信息作为一种新型安全挑战已日益受到关注。2016 年，美国总统奥巴马签署《反外国宣传和虚假信息法案》，并设立国务院“全球接触中心”等机构专门打击境外虚假信息活动。美国智库也争相出谋划策，提出全政府、全社会和全领域的虚假信息治理方案。[①] 2018 年，欧盟委员会发布《反虚假信息行为准则》，要求互联网公司采取措施打击网络虚假信息。欧洲对外行动署及其研究小组等机构都将打击境外虚假信息活动作为重要任务。俄罗斯于 2021 年 7 月出台新版《国家安全战略》，首次将“虚假信息”作为当前国家信息安全面临的主要威胁之一。[②] 中国也亟待从总体国家安全观的高度，完善虚假信息治理的法律和制度建设，切实增强全民国家安全意识，增强社会免疫力和韧性。

---

① Raphael S. Cohen et al., *Combating Foreign Disinformation on Social Media*, Santa Monica, Calif: RAND Corporation, 2021.

② 章时雨：《俄罗斯信息安全战略态势变化分析》，载《信息安全与通信保密》2021 年第 10 期。

（二）增加权威真实的涉华信息供给

公开透明的真实信息是对虚假信息最好的消毒剂。要加强中国国际传播能力建设，增强中国传统媒体和新媒体的国际影响力，提供及时、权威、高质量的涉华信息，主动设置议程，积极引导涉华国际舆论，以匡正对华认知，“展示真实立体全面的中国”。保障正常沟通渠道，全力防止突发事件中的失语，既有效疏导民意，也满足国际社会对涉华信息日益增加的需求。要鼓励大学和智库开设虚假信息研究项目，发布涉华虚假信息报告，为打击涉华虚假信息提供智力支持和舆论支撑。

（三）助力全球虚假信息治理

中国应发挥负责任大国作用，以构建网络空间命运共同体为目标，推动国际社会合作应对虚假信息这一全球性共同威胁。呼吁国际社会突破狭隘的传统安全观，抛弃“零和博弈”思维，破解全球信任赤字，反对个别国家以维护“国家安全”为借口对他国进行打压。支持联合国系统在全球虚假信息治理中发挥关键性作用，积极参与建设与完善信息空间领域的国际法和国际规则。鼓励学术机构、民间组织以及传统和新媒体开展虚假信息研究，开设“事实核查”网站，广泛代表发展中国家的利益和诉求，打破美西方在虚假信息研究领域的垄断地位。

结语

当前，百年大变局与百年大疫情交织，世界进入动荡变革期。

贯彻落实“总体国家安全观”，须探索有效的虚假信息治理路径，切实维护人民安全、政治安全和国家利益。随着信息全球化的迅猛发展，国家安全的内涵和外延均发生深刻变化，传统安全威胁和非传统安全威胁层出不穷、叠加震荡，对总体国家安全构成复杂多元的挑战。互联网高度的开放性、交互性和匿名性给虚假信息提供了滋生的土壤，尤其是社交媒体的繁荣给传播和放大虚假信息创造了丰富的工具和平台，虚假信息的数量及其传播的速度、广度、烈度呈现出前所未有的暴增局面，国际社会迎来一轮“虚假信息爆炸”危机。新冠肺炎疫情背景下，信息技术在抗击疫情、经济复苏、保障民生等方面发挥了积极作用，但“虚假信息疫情”也将虚假信息的安全危害全方位暴露在国际社会面前。围绕乌克兰危机爆发的虚假信息战，凸显出当前西方将虚假信息政治化、武器化的倾向。面对日趋严峻的虚假信息安全威胁，中国亟须深化对虚假信息现象、原因和影响的认知，强化虚假信息治理，防范化解重大安全风险，维护总体国家安全。国际社会也亟待摈弃西方中心主义的意识形态偏见，正视虚假信息是国际社会共同面临的一种新型安全威胁，探索防治虚假信息的协调与合作，加强全球虚假信息治理。

（本文原标题为《总体国家安全观视阈下的虚假信息研究》，发表于《国际安全研究》2022 年第 3 期，此次收入书中进行了部分删减——作者）

安理会气候安全化与去安全化的话语竞争

王思丹[*]

【内容摘要】 联合国安全理事会（以下简称“安理会”）分别于2007年、2011年、2018年、2019年和2021年举行了关于气候变化安全的讨论。安理会是讨论军事行动、地区冲突和安全风险的最高级别国际制度平台，对全球政治、和平与发展发挥关键作用。但是，气候变化是否可以与其他安全问题相提并论，以及安理会可否成为讨论气候安全的合适平台，在过去十几年来始终是具有争议的政治议题。安全化理论提供了参照对象、行为体、具体领域、资源动用和措施制度等分析要素，动态和深入理解安理会气候变化的安全化和去安全化的历史进程。研究发现，气候安全理念在安理会呈现上升趋势，气候安全化的参照对象向多领域、多产业和多方向扩展，气候安全化的领导力结构发生变化，由欧洲国家主导向多元化谈判阵营转向，各方围绕“安全”与“发展”、“冲突”与“风险”的建构过程进行交锋。

【关键词】 安理会　气候变化　安全化　发展　冲突

安理会分别于2007年、2011年、2018年、2019年和2021年举

* 王思丹，外交学院国际关系研究所讲师。

行了关于气候变化安全的讨论。众所周知，安理会是讨论军事行动、地区冲突和安全风险的最高级别国际制度平台，对全球政治、和平与发展发挥关键作用。但是，气候变化是否与其他安全问题可以相提并论，以及安理会可否成为讨论气候安全的合适平台，在过去十几年来始终是具有争议的政治议题。2021 年 12 月 13 日，113 个安理会成员国共同起草了一份有关气候与安全的决议文案，遭到印度等国家的反对，80 个成员国拒绝投赞成票，中国投弃权票，俄罗斯甚至最终动用常任理事国的否决权。[①] 尽管现有研究已经对安理会气候安全议题进行了讨论和分析，但是缺乏从安全化与去安全化视角理解各方的气候话语竞争，尚未将联合国平台的气候立场与各方国内的气候安全话语进程联系起来。因此，运用安全化理论可以支持对于安理会气候安全化进程的相关研究，并且提出主要研究问题包括：安理会气候安全化的参照对象？行为体如何参与安全化与去安全化？安全化进程向哪些领域扩展？安全化如何影响了安理会资源动用和措施制度？安理会是否可以成为气候安全治理的制度平台？

整体来看，气候安全理念在安理会呈现上升趋势。气候安全化的参照对象向多领域、多产业和多方向扩展。广义的气候安全正在转向为受气候影响的电力供应不稳定、极端天气引发的交通基础设施瘫痪、气候灾害导致的农业减产等具体安全领域。气候安全化的领导力结构发生变化，由欧洲国家主导向多元化谈判阵营转向。气候安全化与去安全化的参与主体呈现多元化，非国家行为体参与气候安全化建构进程。气候安全从国家宏观层面向基层微观层面下移。各方围绕“安全”与“发展”、“冲突”与“风险”的建构过程进行交锋。

---

① TASS, “Russia vetoes UNSC resolution on climate and security,” December 14, 2021, https://tass.com/world/1374963.

一、安理会气候角色的现有研究及不足

气候安全化研究已经成为一项新兴且重要的跨学科主题，主要包括环境和气候科学、政治与国际关系、安全治理以及话语建构等研究领域。现有关于安理会气候安全议题的相关研究主要关注其角色和功能的争议性，较少关注和分析各行为体在安理会层面推动气候安全化和去安全化的动因和目的。安理会讨论气候变化与安全的议题共识正在形成，并且受到发达国家的支持和部分发展中国家的响应。气候变化引发和加剧的地区冲突问题已经成为安理会讨论气候安全的重要话题之一。[①] 但是，安理会是否能够作为全球气候治理的制度平台受到了学者的关注。争论重点在于气候安全是否需要通过安理会动用军事力量来解决问题，并且可能会造成军事权力滥用等问题。[②] 安理会的气候安全制度化不仅在各成员国之间形成立场对立，其组织结构和职能也与气候安全需求不一致。安理会的特定安全议题应对机制难以有效解决气候变化涉及的全球广泛安全问题，同时也进一步阻碍了与其他国际气候多边机制的政策协调和资源动员能力。[③] 国内学者的相关研究主要关注三个方面：第一，研究主体是安理会，关注安理会的组织架构、气候安全议题、气候应对能力和相关角色匹配等问题。对于安理会成员国的各自立场有整体上的梳理和总结，但是缺乏进一步深入分析各国安全建构的动因和话语

---

① 刘长松：《联合国气候安全问题最新进展及政策建议》，载《世界环境》2021 年第 3 期，第 49—52 页。

② 张锐、寇静娜：《全球气候安全治理的演进逻辑——基于联合国与欧盟的实证分析》，载《国际论坛》2021 年第 3 期，第 35 页。

③ 周逸江：《安全化理论与国际组织角色分析——基于联合国安理会框架下的气候变化安全化进程》，载《国际关系研究》2021 年第 4 期，第 60 页。

背景。第二，相关研究使用安全化理论阐述和解释安理会接纳气候变化议题的发展进程，但是尚未注意到各安全化行为主体的议题关注具有差异。同时，安理会也是气候议题去安全化的角力场所，各成员国如何在话语层面去安全化需要加以研究和分析。第三，以安理会为研究对象不仅限制了对于多元行为体安全化的观察，也缺乏动态审视全球气候安全话语变化的过程。

首先，安理会的气候议题塑造进程。英国的气候安全领导力、国际安全概念的转型和可持续发展与冲突应对问题是安理会气候议题形成的重要推动力。[①] 气候变化导致的沙漠化等问题可以导致非洲地区因为资源争夺而引发的武装冲突。从人的安全视角出发，气候变化引发的洪水等自然灾害也会导致安全关注。[②] 另外，安理会的气候议题提出并不意味着成功的政策议程设置。比如，气候变化的难民和安置议题受到气候极其脆弱国家的关注，但是在安理会层面尚未形成广泛响应。[③] 现有的安理会气候相关决议并没有授权动用资源和采取行动，也没有认定气候变化是国际和平的直接威胁，仅限于关注气候变化的负面影响，而非气候变化本身。并且，相关决议内容框定于已经尚存的冲突议题，主要集中于非洲撒哈拉地区等安理会关注的传统区域。[④] 随着全球政治形势的现实发展，安理会的讨论范围也在不断向非传统安全领域扩大，艾滋病、埃博拉病毒、地震以及新冠肺炎疫情都已经成为讨论主题并且形成相关决议。但是，不同议题之间的资源动员和措施执行程度依然存在较大差异。2010

---

① Francesco Sindico, "Climate Change: A Security (Council) Issue?" *Carbon & Climate Law Review*, Vol. 1, No. 1, 2007, pp. 30 – 31.

② Shirley V Scott, "Securitizing climate change: international legal implications and obstacles," *Cambridge Review of International Affairs*, Vol. 21, No. 4, 2008, pp. 606 – 608.

③ Ken Conca, "Is There a Role for the UN Security Council on Climate Change?", *Environment: Science and Policy for Sustainable Development*, Vol. 61, No. 1, 2019, p. 12.

④ Janani Vivekananda, Adam Day and Susanne Wolfmaier, "What Can the UN Security Council Do on Climate and Security?" *Climate Security Expert Network*, 2020, p. 7.

年海地大地震促使安理会迅速提高军事和警察动员力量，开展人道主义救灾和支援。相形之下，在2011年，安理会通过了艾滋病与安全的相关决议，承认其国际和平的重要威胁认知，但是并没有形成采取措施和行动的相关计划。①

其次，安理会作为讨论气候安全的机制和平台存在争议。支持方的观点是安理会辩论可以提升气候安全意识，提出防治措施，采取必要行动等。反对方的观点是气候变化是可持续发展问题，而不是单纯的安全问题。应对气候变化需要联合国不同机制和部门的广泛参与和协调治理，而非由安理会进行主导。②《联合国气候变化框架公约》是国际气候谈判和全球气候治理的关键制度基础，也是气候安全讨论的重要平台。③ 其他联合国机构也已经参与了气候变化和安全关联的讨论和制度建设。例如，联合国经济及社会理事会和联合国建设和平委员会曾经共同举行会议，讨论非洲撒哈拉地区的气候变化和维护和平问题。④

安理会的气候安全行动涉及政治合法性问题，尽管气候危机影响诸多安全议题，但是采取安全行动需要具备国际政治共识。气候变化可以被建构为直接威胁和间接威胁，但是温室气体排放是否可以等同于恐怖主义袭击等威胁是安全行动合法性的主要争议点。⑤ 尽管安理会的安全行动和决策备受争议，但是它在气候早期

---

① Janani Vivekananda, Adam Day and Susanne Wolfmaier, "What Can the UN Security Council Do on Climate and Security?" *Climate Security Expert Network*, 2020, p. 9.

② Francesco Sindico, "Climate Change: A Security (Council) Issue?" *Carbon & Climate Law Review*, Vol. 1, No. 1, 2007, pp. 31 – 33.

③ Christo Odeyemi, "The UNFCCC, the EU, and the UNSC: A research agenda proposal for the climate security question," *Advances in Climate Change Research*, Vol. 11, 2020, p. 442.

④ Jake Sherman, "How Can the Security Council Engage on Climate Change, Peace, and Security?" *Global Observatory*, International Peace Institute, 20th June 2019, https://theglobalobservatory.org/2019/06/how-can-security-council-engage-on-climate-change-peace-security/.

⑤ Shirley V. Scott, "Securitizing climate change: international legal implications and obstacles," *Cambridge Review of International Affairs*, Vol. 21, No. 4, 2008, p. 613.

预警和相关信息通报的机制建设方面还是可以发挥重要作用。在2011 年的安理会气候安全辩论期间，气候监测、早期预警和准备工作是重点讨论内容之一。[①]

最后，安理会的常规政策工具与气候应对需求存在差距。尽管安理会拥有制裁、地区维和以及授权动用武力的法理基础和权力，但是这些政策工具难以直接运用于温室气体减排和气候变化适应等全球行动。[②] 减排和适应行动更加需要经济政策、市场工具、教育模式和舆论引导等手段，动用制裁和军事力量应对非传统安全问题可能会适得其反，忽视了气候威胁的本质特点。一项关于安理会的研究报告也指出，安理会的气候安全议题走向尚不明朗，当前主要工作依然是如何定义相关安全挑战的本质和特点，特别是采取措施和行动所需的庞大资金机制如何建立。[③] 这些制度困境本身也束缚了安理会在气候安全的角色扮演。

二、安理会气候（去）安全化进程

（一）安全化理论

安全化理论主要有三个基本研究单位，包括受到外部威胁的参照对象、安全化行为体和功能行为体。参照对象是指受到外部威胁并提出生存主张的事物。安全化行为体是通过建构外部威胁实现议

---

① Stephanie Cousins, "UN Security Council: Playing a role in the international climate change regime?", *Global Change, Peace & Security*, Vol. 25, No. 2, 2013, pp. 208 – 209.

② Shirley V. Scott, "Implications of climate change for the UN Security Council: mapping the range of potential policy responses," *International Affairs*, Vol. 91, No. 6, 2015, p. 1319.

③ Security Council Report, The UN Security Council and Climate Change, *Research Report*, No. 2, June 2021, p. 17.

题安全化的行为体。功能行为体不同于安全化行为体，不直接参与安全化进程，但是可以施加影响。[①] 安全化理论不仅从实证角度观察和分析议题安全建构的过程，也从规范角度提出了过度安全化的现实风险。因此，从安全层面去安全化到政治层面被认为可以有效解决类似全球环境治理等问题。[②] 去安全化行为体可以被理解为解构安全主张的行为体。在安理会气候安全辩论的案例中，气候变化是明显的外部威胁，受到影响的参照对象比较广泛，上到国际和平，下至能源、粮食和公共卫生等领域。安全化行为体是主张气候与安全、风险、冲突和威胁具有因果关系，并且要求安理会发挥作用的行为体。去安全化行为体是反对将气候与冲突的因果关系进行建构，并且反对安理会成为气候应对行动的机制平台。参与安理会发言的各方代表都是直接参与了气候安全主题讨论，表达对于气候变化问题的重视程度，但是并非都明确表示支持或者反对安理会的气候安全化进程。因此，参与安理会辩论的功能行为体被定义为持弹性立场的行为体。

安全化的成功实现与否需要符合三个条件，包括政治化迈向安全化的提升过程、目标受众承认威胁认知以及安全资源和措施的动员能力。[③] 安理会气候政治化上升至安全化进程需要实现安全话语建构，各方提出气候安全的主张和立场。目标受众如何承认威胁认知可以体现在辩论中各方对于具体用词的使用、辩论和辩护。例如，采纳和反对使用“冲突”一词可以明确说明行为体所持的立场和态度。安理会气候安全的资源和措施主要体现在国际安全行动的合法

---

① Barry Buzan, Ole Waever, and Jaap de Wilde, *Security: A New Framework for Analysis*, Boulder: Lynne Rienner Publishers, 1998, p. 36.

② Ole Waever, “Securitization and De – securitization,” in Ronnie Lipschutz, ed., *On Security*, New York: Columbia University Press, 1995.

③ Thierry Balzacq, “The Three Faces of Securitization: Political Agency, Audience and Context,” *European Journal of International Relations*, Vol. 11, No. 2, 2005, pp. 171 – 173.

性和必要性，特别是涉及气候议题的相关决议。

（二）安理会五次气候安全辩论

2018 年会议记录的文本量没有显著增加的情况下，“风险”一词的使用频率呈现明显上升水平。2011 年的会议记录显示，“风险”通常与“冲突”等议题相关联，使用也较广泛，缺乏相对一致性的表述。在 2018 年，“安全风险”“气候风险”和“气候相关安全风险”等概念受到普遍使用，这也显示出安理会气候安全相关用词逐渐规范和统一。

2021 年会议记录的文本量呈现明显增加态势，但是安全类别的关键词使用频率并未增加，反而呈现下降趋势，特别是“威胁”的使用频率降幅明显。这在一定程度上说明了气候变化的安全威胁已经获得了更加广泛的关注和认同，相关讨论集中于务实层面的政策、措施和制度安排等。

表 1　安理会五次气候安全辩论的关键词频率

	安全	紧急	风险	威胁	总页数
2007	197	19	47	64	32
2011	245	9	23	80	30
2018	280	14	94	71	29
2019	785	42	288	227	83
2021	794	32	235	129	128

会议记录展示了各方对于安理会气候角色的讨论和立场，主要归类为安全化、去安全化和弹性立场。安全化立场支持安理会讨论气候安全议题以及在全球气候治理的重要作用；去安全化立场反对安理会的气候安全角色和机制建设；弹性立场未提及安理会角色或

者未明显提出支持或者反对立场。

（三）2007 年安理会各方气候安全化立场

欧洲国家普遍响应英国的气候安全立场，支持安理会发挥气候安全行动的领导力。2007 年安理会气候辩论由时任安理会轮值主席国英国发起和推动。英国不仅视气候变化为安全问题，并且将其定义为全球共同安全。这意味着气候议题不仅逐渐成为公共政策领域的重要和紧迫议题，也被提升至全球安全领域。

表 2　2007 年安理会各方气候安全化立场

安全化	斯洛伐克、意大利、比利时、加纳、法国、巴拿马、秘鲁、英国、德国、荷兰、马尔代夫、瑞士、巴布亚新几内亚、新西兰、图瓦卢、所罗门群岛、帕劳、丹麦、冰岛、马绍尔群岛、挪威、密克罗尼西亚联邦、列支敦士登、毛里求斯、科摩罗
去安全化	刚果、卡塔尔、中国、印度尼西亚、南非、俄罗斯、巴基斯坦、埃及、委内瑞拉、苏丹、墨西哥、巴西、印度、古巴、新加坡、哥斯达黎加
弹性立场	美国、日本、纳米比亚、巴巴多斯、乌克兰、澳大利亚、孟加拉、菲律宾、韩国、阿根廷、玻利维亚、佛得角、以色列、加拿大

小岛屿发展中国家普遍支持安理会气候安全化进程。巴布亚新几内亚代表太平洋岛国论坛的小岛屿发展中国家的共同立场，认为安理会已经采纳保护的责任原则，提出小岛屿国家和人民面临的气候灾难不亚于枪炮的威胁，强调安理会应该发挥保护国家主权和人民的国际合法权益的重要作用。马尔代夫感谢英国在安理会推动气候安全讨论，但是并未突出安理会的单一作用，强调了联合国各机构之间的密切合作。

2007 年安理会气候辩论的去安全化趋势明显，主要发展中国家和新兴经济体反对安理会成为气候治理和行动的新平台。刚果与七十七国集团的立场一致，担忧联合国不同部门之间处理气候变化问题会导致可持续发展问题的根本属性发生变化，因此主张安理会可以讨论气候问题引发的冲突防止机制，但是不适合作为商讨气候咨询、规范和战略的平台。卡塔尔主张联合国大会和联合国经济及社会理事会是合适的讨论平台，并且认为安理会的权力分配不均衡，不适合讨论气候议题。印度尼西亚也认为气候变化应该在联合国其他平台进行讨论，特别是联合国可持续发展委员会，并且将关注重点放在气候和能源领域。南非认为联合国大会是更加合适的讨论平台，安理会不具备解决气候问题的权限，要求本次会议不能提出成果文件，也不应再进一步推动类似议题的讨论议程。巴基斯坦不仅对安理会气候安全化持反对立场，同时也不支持安理会讨论气候相关的能源问题，主张能源对于可持续发展和消除贫困发挥了重要作用。埃及将安理会的气候讨论视为部分国家逃避责任的行为，反对气候行动从共同但有区别的责任转变为分担的责任。苏丹代表非洲集团强调，经济和社会问题应该放置于经济和社会理事会，发达国家应该向发展中国家提供资源、能源获取途径和技术支持等。巴西对于冲突与自然资源使用之间的关联建构持高度谨慎态度。印度认为，冲突根源恰恰是社会发展的不充分、贫困和能源争夺。

中国认为，安理会讨论气候变化既无助于减排行动，也无益于发展中国家应对气候影响，因为安理会缺乏应对气候议题的专业能力，更不应该形成任何成果文件和后续行动。中国立场反映了维护现有国际气候谈判机制、捍卫发展中国家的共同权益和提高气候治理的行动专注力和气候政策一致性。

在安全化和去安全化的对立阵营以外，减排决心较弱的伞形国家和拉美等部分发展中国家采取弹性立场，不对安理会气候安全角色进行立场选边站，仅阐释自身对于气候安全的政策制定和国家立场。美国重申八国集团关于气候与能源安全的主张，并未提及安理会的相关角色。日本注意到安理会讨论气候变化的各方主张，强调联合国各机构需要发挥作用，并且认为联合国大会比安理会更适合提出一项关于整合联合国系统应对气候变化的报告。巴巴多斯是小岛屿发展中国家，高度关注气候变化的威胁，但是强调了联合国其他机构的重要作用，特别是框架公约。菲律宾一方面同意七十七国集团和中国的基本立场，但是另一方面希望安理会的辩论能够达成共识，加速合作进程。

2007 年安理会气候辩论展现了国际社会对于气候威胁的高度认知。美国时值共和党小布什总统执政时期，即使没有批准《京都议定书》，但是对于气候变化治理也展现了积极态度。各国的表态都积极推动气候紧迫性的认知提高和气候政策的制定和落实。然而，安理会气候安全化明显未获得国际社会的广泛共识，仅受到试图扮演全球气候领导力的欧洲国家和受气候变化严重威胁的小岛屿国家的支持。

（四）2021 年安理会各方气候安全化立场

表 3　2021 年安理会各方气候安全化立场

安全化	联合国气候变化青年咨询小组、英国、法国、肯尼亚、突尼斯、爱沙尼亚、尼日尔、挪威、圣文森特和格林纳丁斯、越南、爱尔兰、墨西哥、美国、马拉维、安提瓜和巴布达、德国、阿富汗、奥地利、比利时、塞浦路斯、捷克、丹麦、厄瓜多尔、萨尔瓦多、斐济、格鲁吉亚、国际红十字会、拉脱维亚、黎巴嫩、列支敦士登、马尔代夫、马耳他、摩洛哥、尼泊尔、荷兰、尼日利亚、波兰、葡萄牙、韩国、圣卢西亚、斯洛伐克、斯洛文尼亚、西班牙、斯里兰卡、瑞士、图瓦卢、乌克兰、阿联酋
去安全化	俄罗斯、阿根廷、巴西、南非
弹性立场	印度、中国、孟加拉、智利、埃及、希腊、危地马拉、印度尼西亚、日本、卡塔尔

2021 年安理会气候辩论延续欧洲国家主导气候安全化进程，英国将气候变化视为地缘政治问题，法国关注冲突防止与和平建设，

德国代表气候与安全友好集团强调气候变化是现存威胁。小岛屿国家继续支持安理会与气候安全的制度联系。安提瓜和巴布达代表小岛屿国家联盟强调气候韧性应对的绝对重要性。

非洲国家和最不发达国家进入推动安理会气候安全化进程。摩洛哥支持德国立场，同时也推动与其他非洲国家开展南南合作。马拉维代表最不发达国家集团要求安理会推动气候适应问题，并且建立损失与损害治理的国际框架。

多元安全议程纳入气候问题，并且进入安理会气候安全化讨论。阿联酋提出安理会应该将维和行动与可再生能源和可持续能源相联系。联合国气候变化青年咨询小组提出青年参与气候行动和气候紧迫性。国际红十字会高度关注冲突问题，并且将气候适应和韧性应对视为冲突敏感问题。

安理会气候去安全化趋势进一步减弱，仅有部分主要经济体和发展中大国明确反对安理会气候安全的制度角色。俄罗斯认为，气候与冲突的关联是具体国家和地区问题，不是单一全球问题，也不是所有冲突都能成为国际和平和安全的威胁。巴西也认为气候和安全威胁需要具体问题具体分析，不应削弱现有气候多边机制。南非认为安理会的气候议程会降低框架公约的重要性。同时，南非也质疑安理会应对气候变化的科学基础，气候与冲突之间的关系尚需厘清。但是，南非主张安理会可以适当关注气候相关的安全风险。阿根廷不支持将气候问题纳入安理会讨论议程，主张气候变化是可持续发展问题，需要在其他现有联合国机制下进行讨论和解决。

2021 年，安理会气候辩论持弹性立场的主要群体由发展中国家组成。较 2007 年相比，伞形集团国家立场已经从弹性立场转至支持安全化或者未参与相关讨论。印度没有直接否定安理会的气候治理角色，强调不应该建立与《联合国气候变化框架公约》和《巴黎协定》平行的机制。印度不认为气候变化可以直接导致暴力冲突，但是承认它可以与其他社会、政治和经济问题一起影响冲突和安全等问题。孟加拉国提出要避免气候变化话语过度安全化的问题，不要分散全球减排和适应的资源力量。中国认为安理会在气候议题的角色需要符合其组织权限，明显淡化了 2007 年和 2011 年参与辩论的反对立场。

相较于欧盟成员国积极支持安理会的气候应对角色，希腊仅是强调了气候和安全的重要性，并未提及安理会。同时，希腊也指出，气候、安全和发展问题需要整体方式进行解决。气候和发展的问题关联通常是广大发展中国家的普遍立场，希腊的支持态度显然与欧盟和其他发达国家的立场有所区别。此外，希腊既没有以发达国家的姿态承诺国际责任和支持，也没有提出其他发展中国家广泛呼吁的发达国家的责任和义务。

三、安理会气候（去）安全化的要素和特点

安理会气候（去）安全化的要素和特点包括：安全化和去安全化行为体、外部威胁和参照对象、目标受众承认威胁认知、从政治化到安全化的进程、动用安全资源和措施。

安全化行为体和气候谈判集团整体立场之间的关联度逐渐降低。2007 年，气候安全的国家立场很大程度上代表谈判集团的共同立场，受到整体气候政治格局的影响和约束。例如，刚果和苏丹都是受气候负面影响严重的国家，但是分别与代表发展中国家的七十七国集团和非洲集团保持立场一致，反对推进安理会气候安全议程。因此，2007 年气候辩论的基本格局比较清晰，欧洲国家和小岛屿发展中国家推动安理会气候安全化，主要发展中国家和新兴经济体进行去安全化，伞形国家集团等发达国家普遍持弹性立场。2021 年，

各国立场主要以自身国家利益和问题关切为出发点。安全化主体呈现多元化趋势，发展中国家在安全化立场上呈现明显分化。希腊并未与欧盟一道持强有力的安全化立场，日本也未持其他发达国家的强烈支持态度。

气候作为外部威胁获得高度共识，但是受威胁主体呈现多元化。2007 年，参照对象主要被建构为国际和平，其他受威胁主体包括能源、粮食和水资源等受气候变化影响的相关领域。2021 年，参照对象的建构得以进一步细化。例如，气候韧性应对在 2007 年仅被提及 4 次，但在 2021 年被提及高达 92 次，并且多次并定义为受威胁主体。阿富汗将气候变化视为影响韧性和脆弱性的威胁。国际红十字会认为军事冲突破坏自然环境，进而阻碍气候韧性和适应行动。此外，外部威胁和参照对象之间形成递进关系，例如气候变化被安全化行为体建构为冲突的根源，然后冲突被视为针对和平的威胁。

目标受众威胁认知呈现二元对立，各方围绕“安全”与“发展”“冲突”与“风险”的建构过程进行交锋。2007 年的安全化交锋主要体现于气候问题的安全属性还是发展属性的争论。气候变化被建构为国际和平的威胁和造成冲突的重要因素，因此气候安全进入安理会讨论范畴。另外，广大发展中国家坚持气候变化是可持续发展问题，应该在其他制度平台进行讨论和解决，避免背离气候治理的发展属性，防止发达国家借机弱化自身减排责任。2021 年的安全化交锋在延续此前关注冲突的基础上，将气候相关风险或者气候安全相关风险纳入安理会的关注议程。安全化行为体试图将“相关风险”建构为更加宽泛的参照主体，超越“冲突”的解释局限性，试图弹性“安全”与“发展”属性的根本区别。这意味着一般自然灾害、人道主义危机、粮食安全和能源短缺等议题都可以通过“气候风险”建构进入安理会讨论议程。俄罗斯因此明确反对将气候风险和气候安全等争议性用词直接与冲突相联系。

安理会气候政治化上升至安全化进程具有两条路径：首先，气候议题安全化。气候问题被建构成导致冲突的重要因素和根源是最普遍的安全化路径。前述的气候风险争议就是将宽泛的风险概念直接与具体的冲突现状进行因果关联，最终实现气候安全化的主张。其次，安全议题气候化。2021 年，非国家行为体也参与了安理会气候安全化进程，这也有助于解释气候变化等其他议题如何进入安理会议程。联合国气候变化青年咨询小组关注性别暴力、妇女儿童权益和青年参与等问题，并且主张这些问题与气候变化紧密相关。国际红十字会关注军事冲突造成的恶劣结果，并且认为其也会造成环境和气候治理的负面影响，因此需要安理会采取行动解决。

安理会气候安全化试图提高国际安全行动的合法性和必要性。2007 年，安理会讨论气候变化议题的法理基础主要围绕安全与冲突，例如，2005 年安理会 1625 决议关于解决造成武装冲突和政治与社会危机的根源。[①] 2021 年，安理会气候讨论的法律依据具有气候相关性和跨国际组织的特点。例如，2018 年通过的安理会 2429 决议认识到气候变化对于苏丹达尔富尔形势的负面影响，并且在气候辩论中被引用。其他联合国机构的决议也被引用为法理依据，例如奥地利援引联合国人权理事会 40/11 决议关于保护妇女人权的条款，强调气候变化对于妇女和女孩的负面影响。尽管去安全化行为体在 2007 年强烈反对安理会形成成果文件和进一步讨论，但是随着气候变化在全球治理议程中的快速提升，2021 年的气候辩论已经具备气候相关的安理会决议，提升了气候安全行动和措施的议程设置空间。

---

① S/PV. 5663, 2007, p. 4.

四、安理会气候（去）安全化的动因和影响

（一）安理会气候安全化的主要动因

安理会气候安全化的主要动因包括欧盟主导气候安全化、全球气候治理赤字、气候安全的话语共识和气候安全观念提升。去安全化的主要动因是安理会功能争议、维护现有国际气候谈判机制、全球气候立场分化和气候安全建构风险化。主要影响包括安理会成为气候治理新平台、传统冲突安全和气候相关风险以及安理会非传统安全角色。

安理会气候安全化的动因：

第一，欧盟内部的气候安全建构外溢至全球治理层面。2004年，英国科学家就曾指出，气候变化更甚于当时受到全球关注的恐怖主义威胁。2005年，英国成功将气候变化问题纳入八国集团联合报告。[①] 2007年，欧盟领导人就已经开始推进2020年气候和能源承诺，制定减排、可再生能源和能效目标。[②] 在英国、法国和德国等欧盟国家的主导下，欧盟政策议程上升至全球多边治理体系。[③]

第二，气候变化问题严峻性和全球气候治理有效性之间存在明显鸿沟。尽管《联合国气候变化框架公约》是国际气候谈判的核心平台，但是全球气候治理遭遇多番挫折。2001年，美国小布什政府拒绝通过《京都议定书》，令全球最大的温室气体排放国不受强制性

---

① 李靖堃：《国家安全视角下的英国气候政策及其影响》，载《欧洲研究》2015年第5期，第5页。

② Richard Youngs, *Climate Change and EU Security Policy: An Unmet Challenge*, Carnegie Europe, 2014, https://carnegieendowment.org/files/climate_change_eu_security.pdf.

③ 英国已经于2021年1月1日，结束“脱欧”过渡期，完全脱离欧盟。

减排目标约束。2007 年，第四次气候变化评估报告出炉，气候问题的真实性和严重性毋庸置疑。2009 年，哥本哈根气候大会结果受到各方的批评。2017 年，美国特朗普政府公然退出《巴黎协定》，震惊国际社会。气候危机的提升程度和全球行动的不尽如人意客观上加速了气候威胁的现实影响，提高了气候安全的普遍忧虑，扩展了安理会气候风险的讨论空间。

第三，气候安全议题成为各方协调立场的重要共识，全球共同气候安全话语得以强化。各方在气候变化问题的不同领域呈现严重分歧。在责任方面，西方发达国家负有长期排放的历史责任，发展中国家的排放水平较低，同时也是气候影响的受害方。在能力方面，发达国家具备雄厚的资金和技术实力，应该向发展中国家提供支持与帮助。在资金和技术方面，发达国家承诺的 1000 亿美元气候资金支持未能兑现，严重制约全球气候行动的效率和进程。在发展空间方面，广大发展中国家强调气候问题是可持续发展问题，发达国家不应该限制发展中国家的基本发展空间和消除贫困权利。在能源使用方面，各方在限制化石能源消费、发展可再生能源、排放抵消机制以及能源和资源获取权利等议题难以形成统一意见。然而，气候安全议题更容易形成共同话语。欧盟长期强化气候领导力形象，塑造气候安全共同威胁认知。小岛屿发展中国家面对海平面上升等气候灾难，加速气候安全话语，占据道德制高点。部分非洲国家和最不发达国家通过强化气候与冲突、贫困、粮食短缺和公共卫生等议题联系，维护自身核心利益。去安全化行为体在安理会的气候安全角色持反对意见，但是也承认和强调气候危机、现实影响和行动紧迫性，并且呼吁采取更加有力的全球行动。在安理会层面，各方对于气候安全的整体建构持相似立场。

第四，气候与安全的议题关联程度。气候安全并非是安理会的独有议题，在全球治理层面已经被广泛讨论。世界经济论坛发布了

《2021年全球风险报告》，直指气候变化是人类的现存威胁，并将气候行动失败列为全球第二大风险，仅次于新冠病毒肆虐时期的传染病风险。[①] 石油输出国组织（欧佩克）也将气候变化视为不可否认的、最具挑战的重大问题，并且承认石油产业是气候应对方案的重要组成部分之一。[②] 气候与安全、风险和重大挑战等议题联系程度加速，提高了气候安全在全球治理议程的地位。

（二）安理会气候去安全化的主要动因

安理会气候去安全化的动因：

第一，气候应对行动与安理会功能和角色的不一致。安理会旨在维护国际和平，消除安全威胁，并且可以授权开展制裁和使用武力等行动。地区冲突是安理会重点关注的和平与威胁问题。但是，气候变化是否直接造成地区冲突是安理会各方辩论的重点之一。如果气候变化成为冲突的直接根源，安理会采取的维和行动方式将需要进一步明确。气候问题也涉及国家主权，使用资源和能源的权利是国家主权的重要表现之一。安理会的气候安全机制很可能将主权国家正当资源使用行为视为冲突风险，从而严重损害主权利益。

第二，维护现有国际气候谈判机制。《联合国气候变化框架公约》是国际气候谈判的基础平台，《巴黎协定》是全球气候治理的重要制度框架。其他联合国机构和多边治理平台也已经成为气候讨论和治理的重要制度设计，可以发挥各自机制的专业能力有针对性地解决气候变化问题。去安全化行为体认为，安理会并非具备科学

---

① World Economic Forum, "These are the world's greatest threats in 2021," January 19, 2021, https://www.weforum.org/agenda/2021/01/these-are-the-worlds-greatest-threats-2021/.

② Organization of the Petroleum Exporting Countries, "The climate change challenge," April, 2019, https://www.opec.org/opec_web/en/press_room/5500.htm.

研究、气候谈判和行业部门等特点，难以提出建设性的行动方案。

第三，全球气候政治格局愈加复杂，气候立场显著分化。发达国家和发展中国家是传统气候谈判的两大阵营，发展中国家在谈判初期基本保持一致立场，普遍支持安理会去安全化。尽管小岛屿发展中国家支持安全化行动，但是也呼吁发达国家采取积极行动。2021 年安理会讨论显示，去安全化主体是大型新兴经济体，持弹性立场的组成国家更加多元。受到全球气候政治碎片化影响，安理会气候安全立场归属已经偏离了传统谈判集团划分。

第四，气候安全建构的风险化。尽管各方都基本展现了严肃的气候应对态度，但是气候安全议题建构的风险化也是导致去安全化和持弹性立场的动因之一。气候变化对于能源、粮食、水资源、环境生态系统、公共卫生健康等领域的威胁并非受到去安全化行为体的否认。但是，各类安全议题被定义为气候相关安全风险，从而纳入安理会任务范畴。这类气候安全议题的风险化受到去安全化行为体和部分持弹性立场行为体的反对。

（三）安理会（去）安全化进程的主要影响

第一，安理会成为全球气候博弈的新平台。从 2007 年至 2021 年，安理会已经举行五次气候辩论，这说明气候安全讨论已经迈入常规化方向。气候安全化进程已经在安理会形成制度结果，相关决议也提到气候与冲突等安全风险直接相关，并且引用为气候辩论的法理依据。更为明显的是，安全化行为体数量不断增多，代表性也趋于广泛。去安全化行为体的力量呈下降趋势，并向弹性立场转变。鉴于安理会功能与气候安全行动之间的不一致性，相关争论势必会持续进行，安理会从而成为全球气候政治的新“战场”。

第二，安理会的讨论范畴被限制在传统冲突安全和气候相关风险。安全化和去安全化行为体对于安理会是否适合执行气候行动呈现显著分歧，但是均普遍承认气候变化的客观威胁和安理会的维护和平角色。因此，安全化进程将气候与冲突进行关联，去安全化进程将气候与安全行动进行分割，安理会的讨论范畴被框定于冲突和气候相关风险范畴以内。

第三，安理会在非传统安全领域的角色受到关注。安理会关于艾滋病预防的讨论和决议已经被用于气候辩论的非传统安全先例。新冠肺炎疫情的全球肆虐已经大幅提高了非传统安全的忧患意识，也令安理会从传统安全向非传统安全领域延展的趋势备受关注。随着气候变化引发的海平面上升、难民危机和跨境生态损失等问题愈加严重，安理会的跨领域安全讨论无可避免。同时，地球工程等科技改变气候系统的方案势必将引发安理会的严肃讨论。

五、中国参与气候安全建构的进程和展望

第一，中国生态安全与气候变化治理。《2008 年中国的国防》白皮书就提到气候变化问题。2014 年 4 月，生态安全就已经被纳入总体国家安全观。中国学术界也对气候变化和国家安全之间的关系开展研究，张海滨分析了气候变化对于中国国土安全、军事安全、经济安全、社会安全、生态安全、资源安全、核安全和政治安全的影响。[①] 其他生态和气候相关的安全议题也受到了高度重视，生物安全已经被纳入国家安全体系。与气候应对息息相关的保护生物多样性

① 张海滨：《气候变化对中国国家安全的影响——从总体国家安全观的视角》，载《国际政治研究》2015 年第 4 期，第 11 页。

已经被列入生物安全范畴，并且《中华人民共和国生物安全法》已于2020年10月正式通过。[①] 尽管中国在安理会气候安全层面与欧盟等其他国家持不同立场，但是在国内积极推进气候安全化进程。[②]

第二，中国对于全球气候治理的贡献和引领作用。中国始终坚持气候变化应对行动，高度重视气候变化对于人类生存的威胁和挑战。2007年6月，中国发布了《中国应对气候变化国家方案》，提出了气候变化目标。2009年，中国在哥本哈根气候大会期间积极与各方协调立场，展现了负责任的发展中国家形象。2015年，中国积极参与和推动了《巴黎协定》的签署和落实，为全球气候行动注入活力。2020年9月，习近平主席在联合国大会一般性辩论上提出，中国力争于2030年实现碳达峰，努力争取2060年前实现碳中和。2021年9月，习近平主席进一步提出，中国将不再新建境外煤电项目。[③] 中国用认真态度和实际行动应对气候变化等全球挑战。

第三，中国对于安理会气候安全化的态度变化。首先，气候变化问题的定性发生变化。2007年和2011年，中国强调气候问题的可持续发展属性。2018年，气候问题定性转向生存和发展的双重威胁认知。“气候安全相关风险”也被提及，内容包括土地和水资源枯竭、粮食安全、人道主义危机和大规模移民。其次，安理会气候问题去安全化立场转向弹性立场。2007年和2011年，中国指出安理会气候变化的专业背景和相关资源。2018年和2019年，中国没有特别强调安理会的角色和功能，只是指出联合国在气候治理的关键作用。2021年，中国提到安理会的气候角色需要在其权限内开展。最后，

---

① 《中华人民共和国生物安全法》，人民网，2020年10月18日，http://npc.people.com.cn/n1/2020/1018/c14576-31895849.html。

② Yan Bo, "Securitization and Chinese Climate Change Policy," *Chinese Political Science Review*, Vol. 1, No. 1, 2016, p. 110.

③ 《习近平：中国不再新建境外煤电项目》，中国网，2021年9月22日，http://news.china.com.cn/2021-09/22/content_77766537.htm。

出席安理会气候辩论的中国代表层级不断提高。2007 年和 2011 年，中国分别派出中国常驻联合国副代表刘振民大使和王民大使在会议上发言。2018 年和 2019 年，中国常驻联合国代表马朝旭大使发言。2021 年，正部级气候谈判“老将”解振华以中国气候变化事务特使身份出席会议并发言。

（本文为提交至 2021 年 10 月 28 日至 30 日由国际关系学院与四川大学联合举办的“国际安全秩序与治理”学术会议的论文——作者）

国际和平安全中的青年女性权益议题

刘双希　李英桃*

【内容摘要】联合国安理会妇女、和平与安全议程与青年、和平与安全议程使妇女和青年平等参与国际和平安全建设成为一种国际规范，表明国际社会开始对有关性别和年龄的具体人群给予高度关注。其中，青年女性因其年龄和性别的双重边缘化身份而长期处于国际社会关注之外，这在很大程度上阻碍了性别平等的实现和2030议程的落实。在当今不安全、不确定的国际形势中，重视保护青年女性的权益，增强其充分、有效和切实的参与维护国际和平安全、消除针对青年女性的暴力行为、发挥青年女性特有的优势，需要国际社会、各国政府及相关行为体付出更大努力。

【关键词】妇女、和平与安全议程　青年、和平与安全议程　性别平等　交叉性

联合国安理会于2000年通过了关于妇女、和平与安全的第1325（2000）号决议，其与后续通过的9个决议一起，为妇女参与和平建设提供了一个国际框架。① 2015年，安理会又一致通过了关于青

---

* 刘双希，北京外国语大学国际组织学院2020级硕士研究生；李英桃，北京外国语大学国际关系学院教授、博士生导师。

① 联合国安全理事会：《第1325（2000）号决议》，2000年10月31日，https：//documents－dds－ny. un. org/doc/UNDOC/GEN/N00/720/17/PDF/N0072017. pdf? OpenElement。

年、和平与安全的第2250（2015）号决议，鼓励各国考虑建立机制，让青年能够以和平建设者的身份有意义地参与，从而防止暴力，为世界创造和平。[①] 青年女性虽然处于这两个议程的交汇点上，但她们的权益与经验却往往受到忽视。这一群体常被视为缺乏政治热情的、有“问题”而非能动的主体，是“受害者”而非变革者。

随着国际和平安全形势的新发展，越来越多的研究和实践表明，国际社会绝不能继续忽视这一占据了世界青年人口1/3的群体。然而，就目前全球整体状况来看，女童与青年女性所面临的情势依旧很严峻，她们并未在国际社会发展中与其他群体同等受益。“基本人权，人格尊严与价值，以及男女与大小各国平等权利”[②] 是《联合国宪章》的核心原则。在当前国际和平与安全呈现新特点的大背景下，不仅必须保障战争中青年女性的基本生存权益，更需要注重她们在和平建设进程中的自我发展和平等参与。

一、在性别与年龄交叉影响下的青年女性群体

作为妇女与青年这两个长期徘徊在正式决策机制边缘的群体的交叉人群，青年女性所受到的制衡和约束是双重的：她们既因为自己的性别劣势失去了诸多应得的重视和机会，又因为自己的年龄而被排斥在正式的决策议程体系之外。正如许多青年女性主义学者所述，青年时常被直接和青年男性划等号，青年女性和女童们的遭遇

---

① 联合国安全理事会：《第2250（2015）号决议》，2015年12月9日，https：//www.un.org/en/ga/search/view_doc.asp？symbol = S/RES/2250（2015）&Lang = C。

② 联合国：《世界人权宣言》，1945年，https：//www.un.org/zh/universal - declaration - human - rights/index.html。

和贡献被忽略了。[①] 然而，青年女性在缓解冲突和战后重建中的贡献既是不能被忽视的，也是无法被替代的。她们应成为一个单独的关切群体，而不应该被模糊地归类于某个更大群体中"一概而论"。在维护国际和平与安全的进程中，这一点至关重要。

（一）青年女性缺乏和平进程的参与机会

参与和平进程的方式有非正式和正式两种。[②] 总体来说，一方面，青年女性在这两种参与中所发挥的作用都受到了很大限制；另一方面，她们的作用和贡献被严重地低估了。

从正式参与来看，在维和行动中参与决策、掌握话语权的女性比例并不乐观。联合国妇女发展基金对 1992 年以来 24 个主要和平进程的抽样审查表明，在谈判中女性的参与人数少得惊人：只有 2.5% 的签署人、3.2% 的调解人、5.5% 的证人和 7.6% 的主要谈判者是女性。到 2020 年，冲突和后冲突地区国家的议会中，妇女的代表比例只有 18.9%。[③] 据联合国妇女署的统计，联合国维和行动特派团有近 7000 名国际文职工作人员，其中女性只占不到 30%，在高级管理职位上只有 20%。[④] 更为重要的是，这些能够参与到和平谈判与和平重建等事务中的女性的年龄大多在 40 岁及以上，青年女性

---

① United Nations Inter – Agency Network on Youth Development's Working Group on Youth and Peacebuilding, "Young People's Participation in Peacebuilding: A Practice Note," 2016, http: //www. un. org/en/peacebuilding/pbso/pdf/Practice% 20Note% 20Youth% 20&% 20Peacebuilding% 20 – % 20January% 202016. pdf.

② Ali SLtiok and Irena Grizelj, "We are Here: An Integrated Approach to Youth – inclusive Participation," 2019, https: //www. youth4peace. info/system/files/2019 – 07/Global% 20Policy% 20Paper% 20Youth% 20Participation% 20in% 20Peace% 20Processes. pdf.

③ Inter – Parliamentary Union, "Monthly Ranking of Women in National Parliaments," 1 January 2021, https: //data. ipu. org/women – ranking? month = 1&year = 2021.

④ UN Women, "Keeping the peace in an increasingly militarized world," https: //wps. unwomen. org/keeping – peace/.

的比例可谓是微乎其微。各国议会联盟的数据显示，截至2022年5月，世界上各国20—30岁之间的国会议员平均占比仅为2.73%，30—40岁之间的为17.28%。[①]

从非正式参与者来看，作为和平建设者，青年女性及其领导的团体对基层的和平与稳定产生了显著的正面影响。青年女性们互帮互助，以弥补当地在女性保护方面的政策法规不足。例如，在乌干达国内，流离失所的青年女性通过组织大量正式和非正式的协会和团体，向决策者表达青年女性的关切。在高加索和巴尔干地区，青年女性团队创建了青年妇女和平学院，旨在“提高年轻妇女的领导力、宣传和沟通技能，并加强她们在地方和国际层面影响政策制定者的能力”。[②]

由此可见，在基层层面，青年女性可以为战时的冲突解决和战后社区重建作出重要贡献。但与此同时，目前青年女性在和平进程中的权益保护和参与所受到的关注要远远少于青年男性，有关冲突预防与解决的倡议也没有将青年女性的特殊需求纳入进来。这样的结果是青年女性在冲突中不同且复杂的体验被忽略掉了，而这些体验对真正实现青年女性的赋能，对其权益进行切实保护至关重要。

（二）青年女性在冲突中受到不成比例的影响

关于战争与冲突对青年女性的影响，联合国研究和女性主义学界关注较多的是针对青年女性的暴力行为和艾滋病对这一群体的严

---

① Inter – Parliamentary Union, “Global data on national parliaments – age,” https://data.ipu.org/age – brackets – aggregate.

② UN Women, “Young Women in Peace And Security: At The Intersection of the YPS and WPS Agendas,” 2018, https://www.youth4peace.info/system/files/2018 – 10/UNWOMEN_YPS.pdf.

重影响。

1. 针对青年女性的暴力行为

首先，在战争和冲突中，相较青年男性，青年女性遭受暴力行为的几率更高，其中最主要的当属性暴力行为。基于性和性别的暴力和剥削经常被忽略、不被承认，却是严重阻碍有效建设和平的重要因素。它严重地制约了妇女行使公民权利、发挥领导作用和促进和解的能力，而且还影响到她们在冲突后重建过程中参与决策的权利和方式，继而对整个社会产生重大影响，关系到国家的整体发展。

联合国秘书长关于武装冲突中和冲突后的性暴力的全球报告显示，作为战争和恐怖主义的手段，性暴力会给妇女和女童带来严重的影响。被迫离开故土逃亡国外的难民中的青年女性更容易成为被施暴的对象。① 遭受性暴力后的女性大多会面临被所在社区驱逐的风险，这将给青年女性带来巨大伤害，意味着她们的社会关系被就此切断，获取教育机会、独自谋生的可能性更是微乎其微。没有被社区驱逐的青年女性也难以得到来自政府或官方机构的必要的保护政策与措施。此外，秘书长报告中还指出，曾有被“伊斯兰国”迫害的雅兹迪妇女的家人向政府请求专门保护，但最后等来的只是长时间的静默和无应答。② 令人严重关切的是，没有任何施暴团体的个人因性暴力罪行被定罪，赔偿方面的进展亦是参差不齐。③ 这种基于性别的暴力行为导致一种恶性循环：战争和冲突带来的社会不稳定以及政治经济动荡，大大增加了青年女性遭受性暴力的几率。与此同

① 联合国：《冲突中的性暴力——秘书长的报告》，2019 年 3 月 7 日，https：//documents - dds - ny. un. org/doc/UNDOC/GEN/N19/077/42/pdf/N1907742. pdf? OpenElement。

② UN Women, “Young Women in Peace and Security: At The Intersection of the YPS and WPS Agendas,” 2018, https：//www. youth4peace. info/system/files/2018 - 10/UNWOMEN_YPS. pdf.

③ 联合国：《冲突中的性暴力——秘书长的报告》，2019 年 3 月 7 日，https：//documents - dds - ny. un. org/doc/UNDOC/GEN/N19/077/42/pdf/N1907742. pdf? OpenElement。

时，歧视性的法律政策、人权保障上的缺疏、有限的教育水平和法律意识，也使得青年女性无法及时向有关机构上报以获得应有的法律援助和公正裁决。[①]

2. 艾滋病对青年女性的影响

一直以来，联合国、国际妇女组织和众多的女性主义学者所共同关注的另一个重点是青年女性感染艾滋病的高风险问题。艾滋病问题严重阻碍了青年女性推助和平进程的努力。帮助女性特别是青年女性有效防治艾滋病始终是联合国妇女署的优先事项之一。据世界银行的统计，15—24 岁的青年女性是尤为容易感染艾滋病的群体（2020 年 15—24 岁青年女性感染艾滋病的比率为 40%）。[②] 2020 年，新增的艾滋病病例中有 50% 是妇女和女童，全球每天大约有 4000 个新增艾滋病病例，其中 20% 为青年女性，每一周大约就有 5000 名 15—24 岁的青年女性感染艾滋病。[③] 在战争和冲突期间，青年女性的基本需求得不到重视，基本权利得不到司法和社会保护。由于缺乏必要的健康教育，经济自主性相对较低、童婚家暴等现象的激增、受害者有罪论的盛行等固有问题，她们越发处于感染艾滋病的危险之中。保护青年女性免受艾滋病的困扰是消除针对女性的暴力、实现全面赋权妇女的重要组成部分。只有动员整个联合国系统的力量，强化各国政府和民间社会的合作伙伴关系，将妇女和女童置于艾滋病防治方案的中心，才能确保她们的权利得到保障。

---

① UN Women, "Young Women in Peace and Security: At the Intersection of the YPS And WPS Agendas," 2018, https://www.youth4peace.info/system/files/2018-10/UNWOMEN_YPS.pdf.

② World Bank Gender Statistics, https://databank.worldbank.org/source/gender-statistics/Series/SH.HIV.1524.FE.ZS.

③ UN AIDS, "UNAIDS Data 2021," November 29, 2021, https://www.unaids.org/sites/default/files/media_asset/JC3032_AIDS_Data_book_2021_En.pdf.

（三）战后和平建设中的青年女性

武装冲突带来大规模的损失和伤亡，但也给了青年女性争取更大的政治权利和更广阔的公共领域发展空间的机会，在冲突结束后她们更有可能通过正式的渠道推动政府更加重视对女性权益，促请行政部门出台更为注重两性差别的法律法规及政策框架。例如，20世纪90年代，在卢旺达大屠杀和波斯尼亚战争之后，大量青年女性通过创建和加入社区组织、参与赋权运动来增加其参与公共事务的机会，并以在冲突爆发前根本不可能实现的方式进行女性政治动员。卢旺达种族灭绝事件发生十年后，卢旺达通过了性别平等法案，建立了大量旨在实现全体妇女的经济和政治赋权的机构，女性议员比例达到历史高峰。[①]

青年女性群体在冲突后社会重建中也展现出巨大的发展潜力。从性别角度来讲，研究表明，[②] 在妇女经济地位相对较高的国家和地区，联合国的维和行动开展更加顺利，和平进程更快，冲突结束后经济发展也更为平衡，势头更为强劲。从年龄角度来讲，青年女性在冲突后重建和平社会的过程中相较年长者更加积极，能够更好地动员民间力量，对多元文化展现出更高的包容性，也更愿意对于弱势群体伸出援手。她们以未来为导向，始终对于改变、创新和学习持开放态度，也更愿意承担可能的风险。[③] 2008 年，全球估计有 10 万名 18 岁以下的女性在武装冲突中作战，许多青年女性主导的民间

---

① Marie E. Berry, "Barriers to Women's Progress After Atrocity: Evidence from Rwanda and Bosnia – Herzegovina," *Gender & Society*, Vol. 31, No. 6 (Dec. 2017), pp. 830 – 853.

② Theodora – Ismene Gizelis, "A Country of Their Own: Women and Peacebuilding," *Conflict Management and Peace Science*, Vol. 28, No. 5 (Nov. 2011), pp. 522 – 542.

③ UN Women, "Young Women in Peace And Security: At the Intersection of the YPS and WPS Agendas," 2018, https://www.youth4peace.info/system/files/2018-10/UNWOMEN_YPS.pdf.

社会运动和和平联盟在重建和平和恢复发展上发挥了重要作用。从玛拉拉·尤萨法扎伊在塔利班统治下为女童争取上学的权利，到在世界各地争取妇女权利斗争中发挥核心作用的青年女性，①她们都在为争取合法权益的保障、积极推动和平的进程而奋斗。

但是，在冲突结束后，青年女性的呼声往往未受到充分重视，她们也无法摆脱源自性别不平等的社会文化的结构性障碍。青年女性几乎没有机会参与本国冲突后恢复计划的制订，其面临的问题和特殊的需求和问题亦很少能得到重视或全面的解决。青年女性群体的复杂和多元也往往为政策制定者所忽视。而且，即便是注重加强女性参与的建设和平方案和倡议，在年龄维度的考量上也有所欠缺，很少包括能够让青年女性参与政治决策并培养其领导力的具体规定。研究证实，一些国家的政府确实为女性设计了有针对性的小型项目，但很少有大型官方计划能够从根本上明确认识到或解决女性的特殊需求，而且也没有对冲突后重建情况的明确的性别评估，或是能够反映出对需要的性别差异问题的关注和思考。②

二、联合国系统中的青年女性权益议题

如前文所述，全世界的女童和青年女性仍然因为年龄与性别因素而普遍受到双重的歧视和限制。近年来，随着对这一难题的了解逐步深入，联合国的各大实体逐步开始用对性别问题敏感的方法设计和实施了许多社会方案和政策，以减少性别歧视，推动实现性别

① Lesley Pruitt, "The Women, Peace and Security agenda: Australia and the agency of girls," *Australian Journal of Political Science*, Vol. 49, No. 3 (Aug. 2014), pp. 486 – 498.

② Marcia E. Greenberg and Elaine Zuckerman, "The Gender Dimensions of Post – Conflict Reconstruction: The Challenges in Development Aid," 2009, https://gsdrc.org/document – library/the – gender – dimensions – of – post – conflict – reconstruction – the – challenges – in – development – aid/.

平等和赋予妇女和女童权能。

联合国秘书长建设和平基金会在2016年发起了将性别倡议和青年倡议结合起来的“青年性别倡议”活动，旨在向联合国实体、基金会、项目组或民间社团征集能够推动和平建设中的性别平等和青年参与的良好提议。[①] 2020年建设和平基金在39个国家投资近1.74亿美元，投资重点之一即为在20个国家促进妇女和青年包容。[②] 2021年，联合国政治和建设和平事务部就弥合妇女、和平与安全议程和青年、和平与安全议程之间的差距提出的建议之一即是“赋权和支持青年女性参与和平与安全倡议，并考虑采取具体行动支持领导层中的青年女性”。[③]

在联合国2010年决定成立妇女署之前，联合国经社理事会中的提高妇女地位司负责对北京《行动纲领》12个重大关切领域中影响青年妇女和女童的问题进行审查，研究并制定政策以促进性别平等和赋权全球青年女性，为联合国妇女地位委员会（以下简称“妇地会”）和其他政府间机构提供推进全球性别平等的实质性支持，同时也负责妇地会年会，为全球的青年女性提供一个探讨分享对话的平台。[④] 2017年联合国妇女署的青年和性别平等战略中特别提出“青年性别平等之跃”框架，其中包括以青年女性为核心关切的三个主题和三个横向的工作方法。三个主题分别为：提升青年女性在各个领域的领导力，推动青年女性等经

---

① 有关青年性别倡议活动的介绍详见秘书长和平建设基金会网站，https：//www. un. org/peacebuilding/zh/content/gypi。

② 联合国：《秘书长关于联合国工作的报告2021》，2021年，https：//www. un. org/annualreport/files/2021/09/2109745 – C – ARWO21 – WEB. pdf。

③ United Nations Department of Political and Peacebuilding Affairs，“Women Peace and Security（WPS）& Youth Peace and Security（YPS）Complementarities of the two agendas，”2021，https：//peacemaker. un. org/sites/peacemaker. un. org/files/WPS – YPS%20complementarities_%20Final. pdf.

④ United Nations Department of Economic and Social Affairs，“Growing Together：Youth and the Work of the United Nations，”October 1，2009，https：//www. un. org/esa/socdev/unyin/documents/growing_together. pdf.

济能力各方面技能的发展，以及采取行动结束对青年妇女和女童的暴力行为。三个横向方法为增强青年女性的参与和发声机会、与青年女性及其组织建立伙伴关系，以及在整个生命周期建立代际伙伴关系。①

从2012年开始，联合国妇女署为每一年的国际女童日（10月11日）都设定了一个特定的聚焦主题，关切当下最为紧迫的关切女童的问题。2021年国际女童日的主题为“数字一代，我们这一代”，联合国妇女署向全世界呼吁为女童平等地访问互联网和数字设备进行有针对性的投资，以扫除女童在使用互联网和数字设备方面面临的经济和社会障碍，促进她们安全、有意义地访问、使用和设计技术的机会。② 联合国妇女署2019—2020年的年度报告特别提及了青年女性在打破陈规和制止性别暴力中的贡献，又重点关注能够反映妇女和女童的生活状态的数据集的缺失及其导致的很多问题的不可见性。③ 除此之外，2020年为联合国第四次世界妇女大会召开并通过《北京宣言》和《行动纲领》25周年，联合国妇女署以“平等的一代：实现妇女权利，共创平等未来”为主题，发起了一项新的、开创性的全球论坛。该论坛于2021年5月和7月分别在墨西哥城和巴黎举行，采取线上线下同步进行，旨在为促进性别平等的行动和运动注入新动力。论坛得到了民间青年组织和社会团体的积极参与和支持，其主题覆盖从经济公正、基于性别的暴力、性健康和生殖健康，气候紧急情况对妇女和女童的影响，到数字技术融合的必要

---

① UN Women, “Youth Leap into Gender Equality,” 2017, https: //www. unwomen. org/ – / media/headquarters/attachments/sections/library/publications/2017/youth – leap – into – gender – equality. pdf? la = en&vs = 5054.

② UN Women, “In Focus: International Day of the Girl 2021,” https: //www. unwomen. org/en/ news/in – focus/girl – child.

③ UN Women, “Annual Report 2019 – 2020,” 2020, https: //www. unwomen. org/en/digital – library/publications/2020/06/annual – report – 2019 – 2020.

性及对女权运动和基层组织的支持等。[①] 同年，联合国发起的为制止暴力侵害妇女和女童的的聚光灯倡议汇聚了100万青年参加校内外方案，帮助65万多名妇女和女童获得应对性别暴力的服务。[②] 2022年，美国总统艾滋病紧急救援计划和联合国妇女署宣布建立“投资于女童和青年女性在艾滋病应对中的领导力和发言权”的伙伴关系。这一为期12个月的伙伴关系总投资超过67万美元，将为15个撒哈拉以南非洲国家的女童和青年女性提供支持以加强她们在艾滋病预防方面的领导和宣传能力，帮助她们获得与艾滋病治疗相关的信息和服务。[③]

2015年联合国通过的《2030年可持续发展议程》的核心原则是确保“不让任何一个人掉队”。作为长期在国际社会被边缘化的两大群体，妇女和青年所面对的问题在未来很长时间内都会是实现2030年可持续发展目标的核心关切。实现性别平等、赋权妇女和女童对推动可持续发展至关重要。青年是《2030年可持续发展议程》的“火炬手”，他们的福祉、参与和赋权是世界可持续发展与和平的关键驱动力。[④] 作为妇女和青年的交叉群体，青年女性在可持续发展与和平进程中起着举足轻重的作用，是实现可持续目标都应当重点关注的主体，也必须成为全球、区域和国家行动的参与者、政策的制定者和可持续发展的受益者。

---

① 关于“平等的一代”论坛的介绍，请参考论坛的活动官网，https://forum.generationequality.org。

② 联合国：《秘书长关于联合国工作的报告2021》，2021年，https://www.un.org/annualreport/files/2021/09/2109745-C-ARWO21-WEB.pdf。

③ UN Women, “PEPFAR and UN Women Announce a Partnership to Strengthen the Leadership and Voice of Young Women in the Global HIV Response,” March 25, 2022, https://www.unwomen.org/en/news-stories/press-release/2022/03/pepfar-and-un-women-announce-a-partnership-to-strengthen-the-leadership-and-voice-of-young-women-in-the-global-hiv-response.

④ 联合国：《全球议题——青年》，https://www.un.org/zh/global-issues/youth。

三、妇女、青年两大和平与安全议程中的青年女性权益

作为联合国系统中的两大和平与安全框架，妇女、和平与安全议程及青年、和平与安全议程都试图通过更加全面的方法来应对预防冲突和维持和平使命中日益复杂的挑战，强调维持和平的努力需要更大的包容性和可持续性，主张重视包括青年女性在内的青年人的权利及其变革作用。具体来说，这一重合性内容贯穿在与两大议程相关的关键决议和重点文件中。

（一）两大议程关键决议中的青年女性权益

2015 年第 2250（2015）号决议出台之前，妇女和平安全的几大关键性决议已经都对女童在武装冲突中的特殊需要给予了特别关切。例如，第 1325（2000）号决议重申必须充分执行在冲突中和冲突后保护妇女和女童权利的国际人道主义和人权法，第 1888（2009）号决议对在武装冲突局势中特别针对妇女和儿童，尤其是针对女童的性暴力问题上没有进展深表关切。第 2250（2015）号决议出台之后，关于妇女、和平与安全议程和青年、和平与安全议程的关键决议和重点文件中有一系列青年女性相关的内容。这些内容相互呼应，共同构成一个整体（参见表 1）

表1　妇女、和平与安全议程，青年、和平与安全议程中关于青年女性的内容①

时间	妇女、和平与安全议程		青年、和平与安全议程	
	决议	内容	决议	内容
2015	第2242（2015）号决议	增强妇女和女童的权能和实现性别平等对于防止冲突和更广泛开展维护和平与安全工作至关重要；恐怖主义和暴力极端主义对妇女和女童的人权，包括对她们的健康、教育和公共生活的参与，产生了不同的影响。要认识到她们经常成为恐怖团体的直接目标	第2250（2015）号决议	联合国系统内外的相关政治、安全、发展行为体对于进一步尊重人权，促进两性平等，增强妇女和青年权能非常重要；必须进一步调集资源，以采取举措满足妇女在建设和平过程中的特殊需要，促进两性平等和增强妇女权能
2016			第2282（2016）号决议	重申关于增强妇女权能和性别平等的承诺；体育和文化对实现发展与和平的贡献越来越大，有助于增强青年和妇女、个人和社区的权能；确认青年女性所受风险尤高的持续不平等现象，并采取步骤解决青年女性平等享有受教育权利问题；促进青年平等和充分地参与决策层面，特别注意让青年女性参与

① 表1整合提炼了“妇女、和平与安全”议程关键决议中有关青年女性的内容和“青年、和平与安全”议程的关键决议中有关“性别平等”和妇女、女童的内容。

续表

时间	妇女、和平与安全议程		青年、和平与安全议程	
	决议	内容	决议	内容
2018			第 2419（2018）号决议	确保妇女和青年充分、平等和有意义地参与制定和实施应对新冠肺炎疫情的适当和可持续对策
2019	第 2467（2019）号决议	武装冲突及冲突后局势中的性暴力对妇女和女童的影响，由于妇女和女童面临的歧视、妇女在决策和领导角色中的代表权不足、歧视性法律的影响、现有法律的执行和适用存在性别偏见、有害的社会规范和做法、结构性不平等以及社会中对妇女或性别角色的歧视性看法和幸存者没有机会获得服务等因素而尤其严重；增强冲突及冲突后局势中性暴力行为受害者、包括暴力行为特别针对的妇女和女童诉诸司法的能力；在国家立法中承认受武装冲突中性暴力影响的所有人的平等权利；认识到支持和促进民间社会，特别是支持和促进地方、基层和妇女领导的组织、宗教和社区领袖、女童领导和青年领导的组织，对于所有预防和应对工作的重要性		

续表

时间	妇女、和平与安全议程		青年、和平与安全议程	
	决议	内容	决议	内容
	第2493（2019）号决议	促请所有会员国致力于在和平与安全进程中推动增强妇女和女童的权能		
2020			第2532（2020）号决议	认识到在武装冲突中及冲突后保护所有青年，特别是青年妇女、难民和境内流离失所者，并使青年参与和平进程可为维护和促进国际和平与安全作出重要贡献；认识到青年、尤其是青年妇女面临的挑战，这些挑战使她们面临特定风险，包括导致一切形式歧视和暴力长期存在的性别不平等；促进青年充分、有效、有意义地参与各级决策，特别注意不加任何区别或歧视地纳入青年妇女；认识到核心挑战依然存在，包括限制年轻人、特别是年轻妇女参与和影响决策的能力的结构性障碍；采取步骤解决年轻妇女平等享有受教育权的问题

续表

时间	妇女、和平与安全议程		青年、和平与安全议程	
	决议	内容	决议	内容
2020			第 2535（2020）号决议	认识到妇女和青年充分、平等和切实参与建设和平具有重要意义；认识到青年、尤其是青年妇女面临的挑战；核心挑战依然存在，包括限制年轻人、特别是年轻妇女参与和影响决策的能力的结构性障碍、侵犯青年人权的行为以及在促进包容、特别是通过优质教育促进包容方面投资不足；促进青年充分、有效、有意义地参与各级决策，特别注意不加任何区别或歧视地纳入青年妇女；促进青年充分、有效、有意义地参与各级决策，特别注意不加任何区别或歧视地纳入青年妇女

资料来源：本表为作者根据相关联合国安理会决议自制。

综合两个议程所涉及的决议内容及包括安理会主席声明在内的重要文件的内容可以发现，妇女、和平与安全和青年、和平与安全议程的逐步融合深入，注重各利益相关方的共同行动和多方合作，从保护冲突中青年女性的权利、支持和促进青年女性在预防和应对冲突中的参与，到在冲突后的建设上从政治决策、司法、教育、体育文化等领域为其赋能，相关决议在对青年女性的权益保护和能力建设上认识越来越深刻，关切领域不断拓宽，重心从加速解决冲突、实现和平逐渐转向如何维护地区的长治久安。

（二）两大议程纲领性文件和执行评估报告中的青年女性权益

从妇女、和平和安全议程来说，联合国妇女署工作的指导性文件中包含大量推动战争中青年女性基本权利的保护和增强其有意义的参与的内容。1995 年第四次妇女问题世界会议发布的实现性别平等和全世界妇女和女童人权的全球政策框架和行动蓝图《北京宣言》和《行动纲要》中，均对妇女和女童的人权是普遍人权中不可剥夺、不可分割的一个整体部分，确保妇女和女童充分享有一切人权和基本自由，并且采取有效行动，防止这些权利和自由受到侵犯的原则进行了明确和重申。[①]《“北京 +25”妇女运动的立场文件》将女童及其在战争中面对的不利境况列为重点关切的领域之一。[②]《妇女署 2018—2021 年战略计划》中提出了 2018—2021 年联合国妇女署工作的五个“战略优先”，后两个“战略优先”点明了对青年女性的关注：确保所有妇女和女童都能过上没有任何形式暴力的生活；确保妇女和女童在建设可持续和平和复原力方面作出贡献并具有更大的影响力，并从预防自然灾害和冲突以及人道主义行动中平等受益。[③]多届妇地会都将青年女性、和平与安全问题和让青年参与到推动性别平等的进程中作为会议的核心专题之一，联合国妇女署的多年工作方案也将从教育、工作环境、减贫、数字技术等方面增强女童和

---

① 联合国：《北京宣言》和《行动纲要》，1995 年，https：//www. un. org/womenwatch/daw/beijing/pdf/BDPfA%20C. pdf。

② 联合国妇女署：《“北京 +25”妇女运动的立场文件》，2000 年，https：//www. unwomen. org/ –/media/headquarters/attachments/sections/csw/chinese_pfa_web. pdf? la = en&vs = 1206。

③ UN Women，“UN Women Strategic Plan 2018 – 2021，” August 30，2017，https：//www. unwomen. org/en/digital – library/publications/2017/8/un – women – strategic – plan – 2018 – 2021.

青年女性的权能作为妇地会的优先主题之一。[①]

从青年、和平与安全议程来说，在联合国秘书长青年问题特使办公室的“世界青年状况”板块中，女童与青年女性是16个信息类别之一。[②] 1998年召开的第五十届联合国大会上通过《到2000年及其后世界青年行动纲领》，其中将女童和青年女性确定为15个优先领域之一，从消除政治、经济、文化健康歧视、改进教育环境、鼓励平等的就业机会、保护青年女性免受一切形式的暴力等方面阐述了其行动倡议[③]。2003年[④]、2005年[⑤]、2007年[⑥]、2015年[⑦]、2018年[⑧]的《世界青年报告》中都对冲突中青年女性遇到的问题和各级政府与国际组织应当采取的措施进行了特别评述。其中，性别歧视和陈规定型的观念、教育、卫生及就业领域的不平等和性别暴力是被关注的主要问题。自2012年开始的世界青年论坛的主题经常涉及青年女性。例如，2021年世界青年论坛中设有“不让任何一个青年掉队”分会场就疫情后进一步加强对战乱地区青年女性权益的保护和重视程度，调动青年女性力量共建和谐社会这一议题进行了深度

---

① UN Women, “Multi - year programme of work,” https://www.unwomen.org/en/csw#multiyear.

② United Nations Office of the Secretary - General's Envoy on Youth, “Youth Stats: Girls and Young Women,” https://www.un.org/youthenvoy/young - women - girls/.

③ 联合国：《到2000年及其后世界青年行动纲领》，1996年3月，https://documents - dds - ny.un.org/doc/UNDOC/GEN/N96/771/42/IMG/N9677142.pdf? OpenElement。

④ United Nations, “World Youth Report,” 2003, https://www.un.org/esa/socdev/unyin/documents/ch09.pdf.

⑤ 联合国大会及经济理事会：《世界青年报告 - 秘书长的报告》，2004年12月4日，https://documents - dds - ny.un.org/doc/UNDOC/GEN/N04/635/82/PDF/N0463582.pdf? OpenElement。

⑥ United Nations, “World Youth Report,” 2007, https://www.un.org/esa/socdev/unyin/documents/wyr07_chapter_4.pdf.

⑦ United Nations, “World Youth Report,” 2015, https://www.un.org/development/desa/youth/wp - content/uploads/sites/21/2018/12/un_world_youth_report_youth_civic_engagement.pdf.

⑧ United Nations, “World Youth Report,” 2018, https://www.un.org/development/desa/youth/world - youth - report/wyr2018.html.

探讨。[①]

除纲领性文件之外，分析对议程执行情况的评估报告则可以进一步揭示国际社会对青年女性的权益保护及赋权增能的重视程度。2015 年，联合国组织研究并发布了关于执行第 1325（2000）号决议进展的《联合国安全理事会第 1325 号决议执行情况的全球研究》。[②] 报告强调女性群体并非同质的，敦促国际社会加速支持和促进包括女童和青年女性在内的全体女性在和平安全进程中有意义的参与。2018 年，联合国妇女署领导研究并发布了关于和平与安全中的青年女性的背景文件《和平与安全进程中的青年女性：处于妇女、和平与安全及青年、和平与安全的交叉点上》。这一学术调研在已有文献基础上进行调查，内容涉及青年女性在冲突和冲突后时期参与的各种活动，和平与安全背景下的性别和年龄因素以及应对青年女性需求和挑战的政策和方案。[③] 其与同年发表的第 2250（2015）号决议执行情况的研究报告《缺失的和平：关于青年与和平与安全的独立进展研究》相辅相成，均充分认识到青年女性面临来自年龄和性别的双重歧视，只有承认青年群体的多样性和促进青年发展和性别平等议程相融合才能真正建立和平稳定的社会。

关于执行妇女、和平与安全议程进展情况的秘书长年度报告亦是理解和评估两大议程的权威性文件。例如，2021 年《妇女与和平与安全——秘书长的报告》对妇女与和平与安全十年目标，即扭转军事开支上升趋势的完成情况进行了评估。其中，报告特别点明了

---

① United Nations Economic and Social Council, "The 10th Youth Forum of the Economic and Social Council," 2021, https://www.un.org/ecosoc/sites/www.un.org.ecosoc/files/files/en/2021doc/2021-youth-forum-programme.pdf.

② Radhika Coomaraswamy, "The Global Study on the Implementation of United Nations Security Council resolution 1325," 2015, https://www.un.org/peacebuilding/sites/www.un.org.peacebuilding/files/documents/globalstudywps_en_web.pdf.

③ UN Women, "Young Women In Peace and Security: At The Intersection of the YPS and WPS Agendas," 2018, https://www.youth4peace.info/system/files/2018-10/UNWOMEN_YPS.pdf.

军事开支占政府开支比例较高的国家，妇女和女童更可能面临需求无法满足的紧迫问题。在探讨妇女与和平与安全议程在各方面的最新进展、差距和挑战时，秘书长将在冲突环境和人道主义紧急情况下保护和促进妇女和女童的人权和领导力、歧视女童的法律视为落实妇女、和平与安全议程的主要挑战之一。同时，秘书长还提请所有会员国特别是安全理事会成员国加入新的《妇女与和平与安全和人道主义行动契约》，以便有系统地将妇女和女童纳入影响其生活的决定。①

四、结语

无论是从理论框架上还是实践上，国际和平与安全议程都在不断的发展变化之中，其可持续性、包容性和综合性都在不断加强。作为联合国体系内最为重要的两大和平与安全议程，妇女、和平与安全议程和青年、和平与安全议程有很多共通性与互补性，在推动对妇女和青年在冲突中的权益保护、在和平建设进程中的有效参与方面，发挥越来越重要的作用。

作为这两大议程中的重叠、交叉群体，青年女性在冲突预防和冲突后和平建设方面面临多重限制，也拥有独特优势和亟待开发的巨大潜能。国际社会在保护青年女性的各项权利方面已经做出了很多努力，也尚存继续前进的空间。可以肯定的是，从经济、教育、法律等领域对青年女性进行全方位赋权，推进青年女性在各个安全领域的权益保护，增强其更为充分有效、充分和切实的参与，加强

① 联合国：《妇女与和平与安全——秘书长的报告》，2021 年 9 月，https：//documents - dds - ny. un. org/doc/UNDOC/GEN/N21/265/93/PDF/N2126593. pdf? OpenElement。

与青年女性和青年女性组织的合作，对维护国际和平安全与稳定具有越来越重要的意义。

（本文为提交至2021年10月28日至30日由国际关系学院与四川大学联合举办的“国际安全秩序与治理”学术会议的论文——作者）

美俄网络安全博弈：现状、原因与未来

孙冰岩*

【内容摘要】 美俄网络安全领域的博弈从2014年克里米亚事件以后开始升级，到目前已经发展成为非常完备的网络安全博弈模式。在美俄网络安全博弈模式中，美国利用其在网络安全领域的传统优势抹黑和宣传俄罗斯的"网络黑客"行为，俄罗斯则由于其在权力博弈层面受到美方相对优势的压制而不得不被迫采取反制行动，在网络安全领域采取反制美霸权体系的行动。从总体来说，美俄网络博弈的根源在于美俄权力政治博弈。只要美国在地缘和其他领域继续秉承霸权主义对俄罗斯进行全面压制和打压，俄罗斯对美国霸权主义行为的非对称反制将继续存在。美俄网络领域的博弈情况，实质上取决于美俄国际政治博弈的细节和结果，而不是单纯地取决于美俄网络领域的博弈。

【关键词】 网络空间　美俄关系　战略稳定　网络安全　网络攻击

尽管网络空间存在的相互攻击现象在信息化时代已经屡见不鲜，但是，在美国媒体的频繁炒作下，美俄网络安全博弈依然成为2021

* 孙冰岩，国际关系学院国际政治系讲师、北京大学中外人文交流研究基地副教授。

年上半年的焦点。国家间的网络攻击再次引发全球对网络安全领域的关注。2021 年上半年美俄网络攻击的特点、高频度美俄网络安全事件的出现以及美俄在网络安全领域双边关系的未来趋势等问题，值得关注。

一、2021 年美俄网络安全事件

根据美国媒体报道，自拜登于 2020 年年底确定胜选结果后，俄罗斯情报机构及其支持的黑客组织对美国的网络攻击相继于 2020 年 12 月至 2021 年 5 月被发现和披露。在这段时期，美国宣称来源于俄罗斯政府以及政府庇护下黑客组织的网络攻击主要有三起，即对美国软件公司 SolarWinds 的供应链攻击、对美国国际开发署的木马邮件攻击以及对美国能源基建企业的运行系统攻击。可以看出，美国媒体披露于 2021 年上半年的主要攻击事件都与俄罗斯相关。①

对 SolarWinds 的攻击隐蔽时间最长、情报破坏性最大，攻击行为于 2020 年 12 月才首次被美国从事网络安全业务的企业火眼公司侦测到。火眼公司告知美国政府时，连美国最顶尖的政府网络安全部门——国家安全局都对本次攻击毫无察觉。攻击被侦测到以后，美国政府部门介入溯源调查，美国媒体则从今年 4 月才开始大量披露攻击的内幕情况。根据美国媒体报道，俄罗斯联邦对外情报局早在 2020 年以前就秘密进入向美国政府提供软件服务的 SolarWinds 企业网络，秘密修改大部分美国政府部门（包括核心情报部门）都在使用的 Orion 平台更新代码。在使用该平台的美国政府部门更新软件

① David E. Sanger, Nicole Perlroth and Eric Schmitt, "Scope of Russian Hacking Becomes Clear: Multiple U. S. Agencies Were Hit," December 14, 2020, *The New York Times*, https://www.nytimes.com/2020/12/14/us/politics/russia-hack-nsa-homeland-security-pentagon.html.

时，对外情报局顺利进入 150 多家重要的政府部门和企业并获得大量核心机密数据。[①] 本次攻击在美国政界引起巨大震动，因为使用该软件的美国关键涉密部门如国家安全局、国土安全部以及商务部和财政部的涉密单位，都在毫不知情的情况下被俄罗斯黑客窃取大量机密数据和重要信息。

2021 年 5 月，微软公司宣称其最先侦测到俄罗斯黑客通过伪造安全证书进入国际开发署邮件系统，并假冒国际开发署名义向与其合作的非政府组织发送木马邮件。收到并打开木马邮件的非政府组织网络和信息同样被俄罗斯黑客成功渗透。[②] 2021 年 5 月初，美国最大的成品油管道运营公司科洛尼尔的管道控制网络遭到非政府黑客组织的攻击，导致输油管道网络的瘫痪和管道大规模关停。在这家负责提供美国东部地区用油量 45% 的企业关停主管道后，美国联通部被迫面向 17 个州和首都华盛顿发布能源紧急状态，美国东部地区出现加油站大量缺油停售和民众排队抢油囤油事件。[③] 为恢复输油管道运行，科洛尼尔被迫向黑客组织支付比特币作为勒索金，以换取该组织停止攻击管道。事后，美国政府宣称位于东欧的黑客组织 DarkSide 是本次攻击的发起者，同时指责俄罗斯政府秘密庇护该黑客组织。

2021 年上半年发生和曝光的美俄网络安全事件表明，大国在网络空间的复杂博弈已经发展到新的阶段。在大国政治博弈加剧的国

---

① Robert McMillan, "Suspected Russian Hack Extends Far Beyond SolarWinds Software, Investigators Say," *The Wall Street Journal*, January 29, 2021, https://www.wsj.com/articles/suspected-russian-hack-extends-far-beyond-solarwinds-software-investigators-say-11611921601.

② Robert McMillan, "Microsoft Hacked in Russia-Linked SolarWinds Cyberattack," *The Wall Street Journal*, December 31, 2020, https://www.wsj.com/articles/microsoft-hacked-in-russia-linked-solarwinds-cyberattack-11609437601.

③ Michael Schwirtz and Nicole Perlroth, "DarkSide, Blamed for Gas Pipeline Attack, Says It Is Shutting Down," *The New York Times*, May 13, 2021, https://www.nytimes.com/2021/05/14/business/darkside-pipeline-hack.html.

际环境下，网络安全领域已经成为除经济、政治、价值观、军事以外国家之间的第五种常规博弈领域。随着大国政治博弈的加剧，网络攻击无论是从攻击对象、攻击类型还是攻击目的来看都比以往更加全面、综合和多样化。美俄之间的网络攻击明显体现出这些特点。从攻击对象看，以往的网络攻击大部分属于美俄网络情报部门秘而不宣的“暗战”，网络攻击的主要对象是对方的情报部门，尤其是那些进行网络情报搜集的部门。然而，从2021年上半年发生的攻击事件来看，美俄两国的网络攻击越来越多地转向情报部门以外的其他政府部门（如人事管理部门、财政部、商务部等）、民用基础设施以及重要的民间科技企业，攻击对象也更加全面地包含官方与非官方、政府与非政府的组织和机构、营利性企业与非营利性企业等；[①] 从攻击类型来看，如果美方对俄罗斯网络攻击的内情披露属实，当前美俄之间的网络攻击手段已经呈现出更加复杂的综合使用特点。邮件木马、伪造安全证书、秘密改写软件代码、供应链式攻击以及鼓励国际黑客参与攻击等综合性手段被混合使用于两国的网络攻击行动；从攻击的目的来看，尽管美俄之间很多网络攻击的最终目的是施压对方，但具体的攻击事件总是包含不同的攻击诉求。从美方对网络攻击的溯源分析看，2021年上半年网络攻击的目的主要包含经济勒索、情报窃取、数据信息窃取、施压反俄的非政府组织等。可以看出，网络攻击已经被很多国家当作实现经济勒索、政治施压、情报渗透、文化传播目标的常规手段。

---

① Ellen Nakashima and Devlin Barrett, “U. S. Charges Russian Intelligence Officers in Several High - Profile Cyberattacks,” *The Washington Post*, October 19, 2020, https://www.washingtonpost.com/national-security/russia-cyberattacks-election-interference/2020/10/19/51a84208-1208-11eb-bc10-40b25382f1be_story.html.

二、2021 年美俄网络安全事件频发的深层原因

发生在 2021 年的美俄网络安全事件并非两国在网络安全领域的首次冲突。事实上，美国国内媒体对俄罗斯网络攻击的新闻炒作从 2014 年就开始了，但 2021 年美国媒体的炒作力度确属前所未有。[①] 网络安全议题从其表象看属于网络攻击与防护的技术性问题，但国家间网络安全矛盾的根本原因在于权力政治的博弈，美俄网络安全矛盾的根源在于美俄政治博弈。美俄关系自 2014 年加速恶化后，美国媒体关于俄罗斯网络攻击的报道开始大量出现。美俄关系经特朗普政府到拜登上台已经下降到“触底”阶段后，美俄网络攻击事件在 2021 年上半年的大量出现就不足为奇了。

美俄之间的政治博弈是如何从博弈结构层面影响到网络安全议题层面的？这需要从美俄关系恶化以后双方采取的政策博弈策略说明。2014 年克里米亚事件后，美国联合欧洲盟国对俄罗斯施加经济制裁，给俄罗斯的经济发展带来严重负面伤害。作为对俄罗斯吞并克里米亚的其他反制措施，美国增加对俄罗斯周边国家尤其是乌克兰和高加索国家的经济、军事援助，鼓励这些国家与北约在对俄防务领域密切合作。[②] 美国谋求将北约的势力范围继续东扩，挤压俄罗斯的安全缓冲空间，直接威胁俄罗斯在东欧地区的战略安全。除从地缘战略角度侵蚀俄罗斯的安全空间以外，美国还通过其惯常使用

---

① David E. Sanger, “U. S. Sends Top Security Official to Help NATO Brace for Russian Cyberattacks,” *The New York Times*, February 1, 2020, https://www.nytimes.com/2022/02/01/us/politics/russia－ukraine－cybersecurity－nato.html.

② Mark Landler, Annie Lowrey and Steven Lee Myers, “Obama Steps Up Russia Sanctions in Ukraine Crisis,” *The New York Times*, March 20, 2014, https://www.nytimes.com/2014/03/21/us/politics/us－expanding－sanctions－against－russia－over－ukraine.html.

的“颜色革命”手段，支持俄罗斯国内亲西方的反对派，直接对俄罗斯的内政进行外部干预，使用西方人权民主等价值观标准，将普京治下的俄罗斯塑造为独裁专制国家。面对美国在经济、外交、安全与价值观方面对俄罗斯的全面施压，国力相对较弱的俄罗斯并不能在以上四方面对美国采取对等的施压措施。俄罗斯只能通过非对称反制的方式，在其他领域如网络空间领域，采取平衡美国施压措施的反制行动。事实上，俄罗斯在网络空间对美国的主要反制行动也正是从 2014 年开始的。根据美国媒体报道，俄罗斯黑客在 2014 年曾秘密进入美国政府的软件供应商网络，通过修改软件更新代码的方式，向使用软件的美国电网植入攻击木马。[①] 美俄在网络空间的博弈从 2014 年开始加速升级。然而，由于奥巴马政府在处理俄罗斯对美网络攻击时采取非常谨慎的态度，奥巴马时期的美俄网络冲突尽管存在但总体上被控制在低烈度范围。

2016 年大选后，随着美国情报部门披露俄罗斯黑客攻击民主党全国委员会邮件系统，美国国内政治精英认为俄罗斯黑客通过公布民主党领导层的邮件内容，以实现打压希拉里、分化民主党选民和推动特朗普选情的目标。[②] 美国政治舆情自此认定俄罗斯对美国网络攻击与俄罗斯干预美国选举的直接关系，白宫决策层也开始废弃奥巴马政府时期对俄罗斯网络攻击的谨慎回应策略。2018 年，特朗普将发动网络攻击的权限给予专门从事日常网络攻击活动的国家安全局和中情局，授权这些部门在没有总统批准的情况下，基于情报搜集和“前沿防御”的目的攻击或瘫痪敌国基础设施

---

① Mark Landler and Scott Shane, “U. S. Condemns Russia for Cyberattack, Showing Split in Stance on Putin,” *The New York Times*, February 15, 2018, https://www.nytimes.com/2018/02/15/us/politics/russia - cyberattack.html.

② Carol E. Lee, “White House Vows ‘Proportional’ Response for Russian DNC Hack,” *The Wall Street Journal*, October 11, 2016, https://www.wsj.com/articles/white - house - vows - proportional - response - for - russian - dnc - hack - 1476220192.

网络。[1] 特朗普还授意美国网络部队对俄罗斯采取“攻击＋曝光”模式对俄罗斯干预美国大选进行同样方式的报复。“攻击＋曝光”模式要求，凡是美国通过网络攻击获取的俄罗斯内部机密信息，只要其不利于俄罗斯国内政治稳定，美国都会将其公之于众。随着特朗普在网络攻击命令授权方面为美国网络部门“松绑”，美国政府的“网军”开始对俄罗斯以及其他国家（包括中国）采取更加放肆的网络攻击和秘密监控活动。[2] 根据美国媒体报道，美国网络部门于2019 年夏季成功对俄罗斯民用电网实施大规模攻击。攻击行为被媒体曝光后，美国官方在回应中暗示和承认，本次攻击属于对俄罗斯2018 年干预美国中期选举的报复行动。

美俄在乌克兰东部、反导部署、北约东扩、叙利亚内战等问题上持续紧张的背景下，拜登上台后继续打着西方人权民主旗号对俄罗斯内政进行干预。拜登政府以人权价值观为借口，通过团结欧盟等西方阵营，一方面，支持和扶植俄罗斯国内政治反对派，另一方面，则通过追加对俄经济制裁，施压普京“善待”西方国家支持的俄罗斯政治反对派。[3] 可以说，拜登上台后美国通过其价值观外交对俄罗斯内政的干预达到前所未有的强度，而在其他领域则并没有减少对俄罗斯的施压力度。基于反制美国干预其内政的目标，俄罗斯自然会在其他议题领域对美国采取更具进攻性的施压措施。由于网络空间的攻击活动具有隐蔽程度高、溯源难度大、行动成本低等特点，俄罗斯在网络空间对美国的非对称反制程度自然会随着拜登政

---

① Dustin Volz, “Trump, Seeking to Relax Rules on U. S. Cyberattacks, Reverses Obama Directive,” *The Wall Street Journal*, August 15, 2018, https: //www. wsj. com/articles/trump – seeking – to – relax – rules – on – u – s – cyberattacks – reverses – obama – directive – 1534378721.

② Nicole Perlroth, “How China Transformed Into a Prime Cyber Threat to the U. S. ,” *The New York Times*, July 19, 2021, https: //www. nytimes. com/2021/07/19/technology/china – hacking – us. html.

③ Ann M. Simmons, “After Navalny, Challenging Russia's Putin Is Getting Even Harder,” *The Wall Street Journal*, July 28, 2021, https: //www. wsj. com/articles/after – navalny – challenging – russias – putin – is – getting – even – harder – 11627464602.

府干预俄罗斯内政的程度而逐渐升级。当然，2021 年的美俄网络安全事件也有美国政府和媒体蓄意炒作的因素。从美国单方面给出的信息看，现有的攻击不是由俄罗斯政府发起，就是由俄罗斯政府庇护的黑客组织发起，总之，攻击都是和俄罗斯相关的。然而，从美俄在网络空间的“互动”传统以及美国超级强大的网络攻击能力看，美国很可能隐瞒了其对俄罗斯发动的网络攻击活动，利用其全球传媒传播优势，将俄罗斯塑造为网络攻击的“施暴者”，将自己塑造为网络攻击的“受害者”。就此而言，美俄网络安全事件的根源虽然在于美俄博弈的升级和博弈策略的选择，但 2021 年上半年美俄网络安全事件的频发也要归功于美国政府和媒体强大的舆情传播能力。

三、美俄网络安全关系的未来

2021 年上半年美国本土网络被攻击事件频繁曝光后，美国政府和学界对攻击的反应非常强硬，通过网络手段对俄罗斯进行报复似乎已成为除白宫以外的政策共识。负责美国网络情报搜集和网络攻击行动的国家安全局局长保罗·纳卡索内已经多次在听证会上向国会暗示，如果美国不在网络领域对俄罗斯采取报复性攻击，俄罗斯黑客将继续肆无忌惮地试探美国在网络防御政策上的底线。[①] 参议院和众议院情报委员会主席也在今年的网络攻击事件曝光后频频发声，暗示国会将会支持拜登政府对俄罗斯采取适当的网络报复措施，通过在网络空间对俄罗斯采取威慑行动，防止俄罗斯黑客继续有恃无恐攻击美国。然而，尽管国会和网络安全专家都催促拜登在网络安

① David E. Sanger, Nicole Perlroth and Julian E. Barnes, "As Understanding of Russian Hacking Grows, So Does Alarm," *The New York Times*, January 2, 2021, https://www.nytimes.com/2021/01/02/us/politics/russian-hacking-government.html.

全领域对俄罗斯采取惩罚行动，拜登政府当前应对俄罗斯网络攻击的方式却更加温和，其对俄罗斯网络攻击发出的报复威胁也更加暧昧。在技术专家确证 SolarWinds 攻击事件的发起者属于俄罗斯对外情报局以后，拜登宣布对俄罗斯追加更多经济制裁，但没有宣布要在网络空间对俄罗斯采取报复性攻击。[①] 在6月中旬的美俄首脑会晤中，拜登亲自向普京列出美国最关键的16项基建类别，以向俄罗斯划出美俄网络攻击的“底线”，暗示如果俄罗斯对美国的16项“底线”类基建设施进行网络攻击，美国将使用网络方式进行对等报复。[②] 然而值得注意的是，在向普京划出网络攻击“底线”并发出网络报复威胁时，拜登也使用更加温和的“共情”外交手段质问普京：如果俄罗斯的基建设备经常受到黑客和恶意勒索软件的攻击，普京将作何感想？在美俄首脑会晤结束后，拜登将防止美俄网络博弈升级寄望于未来美俄战略稳定对话框架下的网络安全议题磋商。为维持本次首脑会晤的友好氛围和美俄战略关系的稳定，拜登只是向普京划设出美俄网络博弈的“底线”，但没有以强硬的姿态向普京就“底线”以外的网络攻击情况发出更加明确的报复威胁，包括报复的规模和报复对象等具体内容。这说明在本次美俄首脑会晤中，拜登在美俄网络安全议题上依然温和与模糊的对俄网络政策态度本身，已经体现出美国未来应对俄罗斯网络攻击的大方向政策趋势。

首先，在确认网络攻击来源于俄罗斯以后，拜登政府警告要对俄罗斯未来的网络攻击采取“适当”的报复措施，这说明拜登政府在未来会致力于管控两国在网络空间的冲突，谨慎考虑美国在网络

---

① David E. Sanger, “Ignoring Sanctions, Russia Renews Broad Cybersurveillance Operation,” *The New York Times*, October 25, 2021, https://www.nytimes.com/2021/10/25/us/politics/russia-cybersurveillance-biden.html.

② Julian E. Barnes and David E. Sanger, “After Biden Meets Putin, U.S. Exposes Details of Russian Hacking Campaign,” *The New York Times*, July 15, 2021, https://www.nytimes.com/2021/07/01/us/politics/biden-putin-russia-hacking.html.

空间对俄罗斯采取的报复措施，防止美俄在网络空间的冲突升级为两国相互对民用基建设施的大规模攻击，防止俄罗斯对美国的网络攻击成为美国舆情关注的焦点，以致迫使拜登政府不得不把战略重心从对华战略竞争转移到对俄网络防御。基于此，拜登政府将继续对俄罗斯的网络活动采取谨慎回应策略。为避免美俄网络冲突升级，拜登甚至可能收回特朗普时期授予网络攻击部门的自主决策权，对美国网络攻击部门的攻击行动实施更加严格的“微管理”。在对俄罗斯未来的网络攻击进行回应时，拜登政府可能会更多地诉诸经济制裁手段而不是网络报复措施。拜登政府在回应政策上的谨慎与克制并非基于其对俄罗斯的友好态度，而是因为拜登政府不愿意因为美俄网络冲突将其外交战略的重心从对抗中国转移到其他领域。在拜登政府看来，美俄在网络空间的冲突必须被管控稳定并服从于中美战略竞争这个战略大环境。拜登在宣布与普京 6 月进行首脑会晤时声称，美国将致力于构建美俄“稳定与可预测的”双边关系。[①] 这说明在拜登政府的战略构想中，对俄关系要让位和服从于对华关系大局。在拜登政府牢牢锚住对华战略竞争这个战略目标的政治大背景下，美国必须从稳定美俄关系、管控美俄冲突的角度处理对俄关系。“稳定与可预测”的美俄关系有利于美国集中资源精力展开对华战略竞争。因此，在拜登政府稳定美俄关系的政治共识背景下，美俄网络冲突会继续以低烈度对抗但不可能升级为高烈度冲突的趋势向前发展。

其次，尽管网络攻击将继续成为美俄政治博弈过程中惯常使用的手段，但网络安全技术本身的发展特点却使美国在考虑网络报复时不得不“三思后行”。在网络空间，进攻的便利与报复的困难使网

---

① David E. Sanger, “Biden Predicts Putin Will Order Ukraine Invasion, but ‘Will Regret Having Done It’,” *The New York Times*, January 19, 2022, https://www.nytimes.com/2022/01/19/us/politics/biden-putin-russia-ukraine.html.

络攻击属于低成本、更便捷的低烈度冲突手段，美俄在未来依然会倾向于选择这种具有进攻性但很难被界定为“战争行为”的模糊施压行动作为其政治博弈的常规策略，美俄之间的网络安全事件也会在未来被更加频繁地曝光于公众视野。

从网络安全技术本身的特点看，只要存在物理网络的联通状态，就不存在无法攻破的网络系统。美国的网络安全专家在谈及增强美国的网络防护能力时也都承认，即使再强大的网络防护也只能增加攻击者的突防难度，或者在攻击者试图破防时发出警告，或者在攻击者试图破防时防护系统主动采取抵御措施，但绝对的网络安全防护是不可能实现的。因此，只要网络系统以联通状态存在，成功的网络攻击总是有可能发生的。[①] 随着网络防护技术的发展，黑客们也在攻击技术方面取得“与时俱进”的发展。根据美国麻省理工学院对全球各国黑客成功破防网络系统所需时间的大数据统计，俄罗斯黑客在突破网络防御方面拥有除美国以外的最快速度。从截止到2018 年的网络攻击大数据看，全球黑客成功实施一次网络攻击的平均时间为 4 小时 37 分，而俄罗斯黑客只需要 18 分 49 秒即可成功实施一次攻击。[②] 麻省理工学院的数据说明，俄罗斯确实具有非常强大的网络攻击能力。除俄罗斯以外，美国在网络攻击能力方面则更被公认为资源投入最大和能力最强。在美俄都拥有强大攻击能力以及攻击行动很容易实施的情况下，美俄之间低烈度的网络攻击“暗战”肯定会继续进行。

从美国网络安全技术发展的现状与特点看，拜登政府要在网络

---

① Christopher S. Chivvis and Cynthia Dion – Schwarz, “Why It’s So Hard to Stop a Cyberattack – and Even Harder to Fight Back,” RAND CORPORATION, March 30, 2017, https://www.rand.org/blog/2017/03/why – its – so – hard – to – stop – a – cyberattack – and – even – harder.html.

② Charlotte Jee, “Russian Hackers Are Eight Times Faster than North Korean Groups,” *MIT Technology Review*, February 19, 2019, https://www.technologyreview.com/2019/02/19/137345/russian – hackers – are – eight – times – faster – than – chinese – and – north – korean – groups/.

领域报复俄罗斯确实会使美国自己面临更大的网络安全威胁。在SolarWinds攻击事件曝光后，美国国会迅速成立专门的网络安全调查团队，对美国可能受到网络攻击的民用基建系统（如水网、电网、核电站、公共交通调度）进行防护能力评估。在2020年3月国会发布的《网络日光室委员会报告》中，调查团认为敌国对美国关键基础设施进行网络攻击的后果要比加州山火和得州飓风破坏力更强，美国当前在关键基建领域的网络防护能力明显地无法抵御敌国潜在的网络攻击。[①] 美国在基建方面对网络防护建设的不自信也使拜登政府在做好美国自己的基建网络防御之前不敢妄谈对俄罗斯的大规模网络报复。

从美国网络安全能力的角度看，尽管美国拥有当前全球最强大的网络部队，美国在采取报复性网络攻击方面的战术选项却并不多，这导致和平时期美俄在网络空间出现大规模冲突的可能性极低。网络武器与常规武器的不同在于，无论是用于进攻还是防御，网络武器的本质是程序与代码，其一旦被使用即可能被对手分析、解码并可能被重新编码为新的网络武器。很多美国网络武器属于只能使用一次的复杂病毒性程序，为避免本方程序被分析解码，美国的网络战部门在使用这些耗资巨大所研发出的病毒“武器”时也会非常谨慎。[②] 事实上，美国媒体已经多次披露，很多国际黑客组织已经成功解码美国网络情报部门所使用的攻击程序，黑客组织对这些攻击方法进行重新编码后对美国进行“以彼之道还施彼身”式的攻击。国际黑客组织甚至针对美国的网络武器编码习惯建立国际黑客通用数据库，共享美国网络武器的编程原理以对抗美国发起的网络溯源、

---

① Cyberspace Solarium Commission, “2021 Annual Report on Implementation,” August 2021, https://www.solarium.gov/public-communications/2021-annual-report-on-implementation.

② Andrea Shalal-Esa, “Six U.S. Air Force Cyber Tools Designated as Weapons,” NBC news, April 9, 2013, https://www.nbcnews.com/tech/tech-news/six-u-s-air-force-cyber-tools-designated-weapons-flna1c9277187.

侦测和攻击行动。因此，从维持美国网络攻击武器机密性的角度出发，拥有强大网络攻击能力的美国在采取网络报复措施时可以使用的报复武器也乏善可陈。基于此，拜登政府在未来的报复措施中可能还是更加青睐于使用经济制裁而非网络武器来应对俄罗斯的网络攻击。

（本文发表于《中国信息安全》2021 年第 6 期，此次收入书中进行了部分删减——作者）

地区安全问题新态势

从转型到危机："美国优先"对国际秩序的影响

丑则静*

【内容摘要】"美国优先"理念对国际秩序走向带来深刻影响。基于此理念，特朗普政府确立"有原则的现实主义"，权力竞争回潮；掀起"退群"运动，国际制度体系动荡；蔑视自由民主规范和价值观，自由主义价值理念面临被颠覆的危险。国际秩序领域出现的诸多变化，已远非国际秩序转型所能概括，自由国际秩序陷入危机。越来越多的国家由过去争论美国领导世界的方式，到疑虑美国是否还将继续领导世界；美国也从过去专注于维护美国在国际秩序中的领导地位，兼顾新兴经济体对于自由国际秩序内部权力与利益相脱节现象的改革诉求，到如今聚焦美国应如何更好提升自身实力以平息国内白人蓝领阶层等对美国参与经济全球化、领导自由国际秩序所带来的国内利益损益严重不均现状的不满与排斥。我们需全面理性认识并积极管控"美国优先"冲击下国际秩序在特征、动因与议题领域所呈现的一系列危机性变化，这是维护战后国际秩序基本稳定与合理化变革的重要前提。

【关键词】美国优先　自由国际秩序　权力竞争　制度动荡

---

* 丑则静，国际关系学院国际政治系副教授。

长期以来，特别是2008年国际金融危机发生后，国际权力结构、制度体系与观念共识的自然演进，赋予战后美国领导下的自由国际秩序转型的特征。但当前受“美国优先”冲击，以大国间权力竞争、国际制度体系动荡等为突出代表的国际秩序乱局频现，战后自由国际秩序的基本特征、变革动因与核心议题呈现一系列危机性变化。多数西方学者认为以“美国优先”为思想理念及核心构成的特朗普主义对国际秩序的挑战格外危险，自由国际秩序已陷入危机；[①] 而国内国际关系学界虽普遍认为美国不会轻易放弃对战后自由国际秩序的领导，但也多指出“美国优先”的确蕴含着颠覆现有国际政治、经济和安全秩序的可能性。[②] 客观评估“美国优先”对国际秩序的冲击，系统梳理、辨析国际秩序转型与危机所具有的不同阶段性特征、动因与议题，已成为中国准确把握时下国际秩序危机，应对日益严峻的外部环境挑战，并成为推动维护自由国际秩序基本稳定与合理变革的重要前提。

---

① 相关文献参见：Michael J. Boyle, “The Coming Illiberal Era,” *Survival*, Vol. 58, No. 2, 2016, pp. 35 – 66; Joseph S. Nye, Jr., “Will the Liberal Order Survive? The History of an Idea,” *Foreign Affairs*, Vol. 96, No. 1, 2017, pp. 10 – 16; G. John Ikenberry, Inderjeet Parmar, and Doug Stokes, “Introduction: Ordering the World? Liberal Internationalism in Theory and Practice,” *International Affairs*, Vol. 94, No. 1, 2018, pp. 1 – 5; G. John Ikenberry, “The End of Liberal International Order?” *International Affairs*, Vol. 94, No. 1, 2018, pp. 7 – 23; Carla Norrlof, “Hegemony and Inequality: Trump and the Liberal Playbook,” *International Affairs*, Vol. 94, No. 1, 2018, pp. 63 – 88; Doug Stokes, “Trump, American Hegemony and the Future of the Liberal International Order,” *International Affairs*, Vol. 94, No. 1, 2018, pp. 133 – 150; Rebecca Friedman Lissner and Mira Rapp – Hooper, “The Day after Trump: American Strategy for a New International Order,” *Washington Quarterly*, Vol. 41, No. 1, 2018, p. 7 – 25; Nicole Goodkind, “Henry Kissinger: The World Is in a ‘Very, Very Grave Period’ and Trump Could Mark ‘End of an Era’,” *News Week*, July 20, 2018, https://www.newsweek.com/henry – kissinger – trump – russia – putin – 1035017。

② 相关文献参见唐世平：《国际秩序变迁与中国的选项》，载《中国社会科学》2019年第3期，第187—203页；达巍：《“自由国际秩序”的前路与中国的战略机遇期》，载《全球秩序》2018年第1期，第90—106页；王玮：《从“优势论”到“优先论”：冷战后美国对外政策思想的研究》，载《美国研究》2018年第5期，第66—81页；肖河：《美国反建制主义和特朗普政策》，载《国际政治科学》2017年第2期，第62—94页。

一、美国领导下的自由国际秩序的形成与转型

"在少有的历史转折点上，各国力图解决国际关系的根本性问题，即如何在一个主权国家组成的世界上创立和维持秩序。"① 二战结束前后，在美国等西方国家主导下，在政治、经济等领域建立的一整套国际制度规则，即当今的国际秩序，通常又被称为"美国领导下的自由国际秩序"，② 其中美国超强的国家实力、其主导的国际制度以及其所倡导的自由主义价值观是这一秩序的三根支柱。进入21世纪，特别是2008年国际金融危机发生后，由于美国权力的结构性衰落、地区性制度建设的全球性兴起以及自由主义等西方价值观饱受质疑，带有美国烙印的战后自由国际秩序呈现出明显的转型、变革趋势，转型似乎成为国际秩序研究与实践领域的唯一主题。但鉴于国际秩序本身具有稳定性与变革性、共时性与阶段性兼备的复合性特征，这一时期国际秩序转型过程中所呈现出的权力结构调整、制度博弈与观念竞合更多是一种自然演化的结果。

（一）发达国家与新兴国家权力结构深入调整，但尚未出现根本性变化

从构成主体上看，国际秩序主要关注国家间秩序，每一种秩序

① ［美］约翰·伊肯伯里著，门洪华译：《大战胜利之后：制度、战略约束与战后秩序重建》，北京：北京大学出版社，2008年版，第1页。

② 西方学界在讨论国际秩序时多使用"自由国际秩序"这一术语，并将其认定为是在美国领导之下，参见 G. John Ikenberry，*Liberal Leviathan*：*The Origins*，*Crisis*，*and Transformation of the American World Order*，Princeton：Princeton University Press，2011，p. 7；Robert Jervis，Francis J. Gavin and Joshua Rovner eds.，*Chaos in the Liberal Order*：*The Trump Presidency and International Politics in the Twenty－First Century*，New York：Columbia University Press，2018，p. 10。

类型代表着国家间的权力分配与权力行使的不同方式。国际社会作为演进型社会，大国间权力的消长是客观的历史规律，而这也决定了变革性是国际秩序的本质特征。冷战结束后特别是21世纪以来，国际体系内国家间权力分配关系的重大变化主要表现为美国等西方发达国家权力地位相对下降，中国等新兴经济体群体性崛起，国际权力结构深入调整。发达国家与新兴国家间的权力消长变化体现在多个方面，其中尤以经济领域反映得最为突出。

2000年以来，鉴于新兴经济体的经济增长速度明显高于发达国家的趋势渐趋稳定，“双速增长”已经成为世界经济的显著特征，新兴经济体在这一过程中不断实现对发达国家的追赶甚至超越。[①] 2008年爆发了严重的国际金融危机，这场危机在重创发达国家的同时，也使美国经济高度“虚拟化”、欧盟有限经济主权让渡困局等西方经济体长期存在的深层次问题充分暴露，经济增长乏力。与此相比较，2008年新兴经济体按购买力平价计算的国内生产总值历史上首次超越发达国家，以“金砖五国”为代表的新兴经济体对全球经济增长的贡献率不断提升，成为拉动世界经济复苏的最大引擎。

如果说新兴经济体与发达国家间的权力消长反映了国际权力结构的趋势性变化，那么作为最大的发展中国家与发达国家，中国与美国之间的权力对比，则更为直观地标志着当前国际权力格局的基本特征。随着2001年中国加入世界贸易组织，中国经济曾持续多年实现两位数增长，2007年、2010年分别超越德国和日本，成为世界最大贸易国与第二大经济体。反观美国，金融危机后，从国内生产总值、对全球经济增长贡献率、外汇黄金储备等各项指标进行考察，美国在全球的权力占比特别是在经济领域确实在缩小。与此同时，

---

① 徐秀军：《金融危机后的世界经济秩序：实力结构、规则体系与治理理念》，载《国际政治研究》2015年第5期，第82—101页。

在全球和地区层面，美国将权力优势转变为实际影响力的能力也受到不同程度的制约。但仍有相当多的国内外学者，在思考美国权力与国际权力格局未来走势时指出，在可见的未来美国仍将保持对单一国家的权力优势。[①] 美国权力衰弱只是相对意义上的，中美力量对比变化还仅体现在发展态势之上。[②]

以 2018 年为例，面对欧盟国家、日本等发达经济体增速相对回落，美国经济却一枝独秀，实现 2.9% 的增速，大幅高于 2017 年；同年中国国内生产总值达到创纪录的 13.60 万亿美元，但仍维持在美国的 65% 左右的水平。鉴于以中美为代表的新兴经济体与发达国家间权力消长尚未出现根本性变化，国际秩序转型将是一个长期渐进的过程。

（二）全球与地区制度博弈日趋激烈，但总体可控

从规则制度上看，国际秩序就是"维持国际社会各行为体基本目标的行为模式"[③]，而这些目标的实现往往有赖于基于国际权力对比关系而形成的一系列规则与制度体系。需要指出的是，虽然国际权力格局的变化会引起国际制度体系的调整，但各领域国际制度的变革也并非总与国际权力格局的演变相一致，而这也使得国际秩序具有相对的稳定性或者说滞后性。[④]

约翰·伊肯伯里曾指出，"当力量体现在规则和秩序本身的原则

---

① Joseph S. Nye, Jr., "The Future of American Power: Dominance and Decline in Perspective," *Foreign Affairs*, Vol. 89, No. 6, 2010, p. 2.

② 吴心伯：《论亚太大变局》，载《世界经济与政治》2017 年第 6 期，第 38—53 页。

③ Hedley Bull, *The Anarchical Society: A Study of Order in World Politics*, London: Macmillan, 1997, p. 7.

④ 刘建飞：《国际格局演进与国际秩序重塑》，载《当代世界与社会主义》2015 年第 5 期，第 112—119 页。

之中时，它是最为深刻和持久的”。[①] 二战结束前后，美国在国际经济、军事安全领域的一系列制度创设，在确立其自身霸权地位的同时，也从根本上确立了战后自由国际秩序的全球制度框架。长期以来，美国提供公共产品，其他国家通过相关制度分享其权力，并愿意与其合作都是自由国际秩序的基本特征。[②]

半个多世纪的国际形势风云变幻，特别是2008年国际金融危机以来，世界范围内发达国家与新兴经济体之间的权力消长态势渐趋显著，新兴经济体迫切希望对现行国际制度体系中广泛存在的权力与利益分配相脱节的现象进行改革。

在这一过程中，一方面，战后美国主导建立的国际制度，依托美国的权力优势，聚焦维护美国等西方国家利益，根据国际权力对比实时调整国际制度的相关利益分配格局，存在相当的困难。现行国际制度体系面临新兴大国的国际制度改革要求，国际制度竞争作为一种新的国际现象正全面出现。[③] 另一方面，鉴于在全球层面各国围绕国际制度的竞合、协调，难以在短时间内取得根本性突破，越来越多的国家倾向于在本国所在地区探索推进国际制度改革。地区正成为考验新兴经济体力量投射限度、制度建设能力的主要舞台，新兴经济体与以美国为代表的发达国家在地区层面的制度博弈恐将日趋激烈。[④] 不过目前以中国为代表的众多新兴国家在探索加速地区合作制度建设的过程中，更多采取“替代式外交”的方式，国际制度领域的博弈总体烈度可控。如针对基础设施资金缺口巨大这一地

---

① G. John Ikenberry, “The End of the Neo - Conservative Moment,” *Survival*, Vol. 46, No. 1, 2004, p. 7.

② G. John Ikenberry, *Liberal Order and Imperial Ambition*, Cambridge: Polity, 2006, p. 14.

③ 李巍：《制度之战：战略竞争时代的中美关系》，北京：社会科学文献出版社，2017年版，第86页。

④ ［加］阿米塔·阿查亚著，袁正清、肖莹莹译：《美国世界秩序的终结》，上海：上海人民出版社，2017年版，第136—137页。

区经贸合作中的薄弱环节，中国推动“一带一路”建设，发起成立亚洲基础设施投资银行，在积极探索为地区国家提供发展类公共产品的同时，寻求通过制度化的方式，不断发挥自身在“地区世界”中的影响力，且在这一过程中积极倡导开放包容、合作共赢，无意迫使相关地区国家在中美之间选边站。

（三）全球化与逆全球化观念互动分化，但政策冲击力有限

从价值理念上看，有效提供国际公共产品，既是国际秩序所具有的基本原则，同样也是其共识性特征与存续的主要依据。但国际秩序同样反映着一定时期内主要大国对应于建立何种国际秩序的原则立场，因此不同时期国际体系中大国构成的变化及其国际秩序观念的不断调整，会相应赋予国际秩序较为鲜明的阶段性特征。

战后国际秩序常被冠名以“美国领导下的自由国际秩序”，究其实质，即美国权力优势和自由主义价值观念在该秩序的规则制定与稳定方面发挥核心作用。[①] 而且基于相互依存、多边机构和民主等自由主义核心价值理念为主要支柱的战后自由国际秩序在提供公共产品与促进国际合作方面所具有的优越性，福山等西方学者甚至一度认为，冷战结束意味着意识形态之争的终结，自由主义将成为人类的终极主导价值观。但冷战结束以来特别是近十年来，对国际秩序秉持不同愿景的国家明显增多，且对自由主义价值理念的质疑不仅来自外部，更来自美国等西方国家内部。

以全球化为例，在自由主义者看来，以“华盛顿共识”为基本价值理念的全球化进程，必将极大促进资源优化配置与提升全球经

---

① G. John Ikenberry, *Liberal Leviathan: The Origins, Crisis, and Transformation of the American World Order*, Princeton: Princeton University Press, 2011, p. 7.

济福祉。但事实上，逆全球化作为一种思潮，很早便根植并广泛存在于在全球化进程中利益受损或视全球化为挑战的群体中，只是由于全球化在一定时期内所带来的经济快速增长、社会福利整体提升而被部分掩盖。而在2008年国际金融危机之后，美国等西方国家迟迟无法走出危机阴影，加之民众对政府救助政策、政治内耗斗争等的不满持续累积，民粹主义、逆全球化等明显有违自由主义价值理念的社会思潮频现。在美国，越来越多的社会中下层民众认为自身并没有从自由国际秩序中受益，进而开始指责政府在制定经济、社会政策时更倾向富裕阶层，这集中体现在2011年爆发的“占领华尔街”运动之中。①

尽管在后危机时代，特朗普之前的奥巴马政府仍突出强调通过领导规则重塑，构筑能够应对21世纪各种挑战的“公正、可持续的国际秩序”②，但曾引领、主导全球化的西方发达国家，开始质疑包括全球化在内的自由主义价值观念已成为不争的事实。

二、“美国优先”冲击下的国际秩序危机

“美国优先”自提出以来，因其浓厚的民粹主义、单边主义、民族主义色彩而饱受质疑和诟病，但这一政策理念本身能够酝酿产生，并助力“反建制派”的“政治素人”特朗普当选，也在很大程度上说明其具有较强的社会民意基础，既反映出美国政界、学界开始就过去的国际主义外交路线进行系统性反思与回调，也凸显出美国国

---

① Randall Schweller, “Three Cheers for Trump’s Foreign Policy: What the Establishment Misses,” *Foreign Affairs*, Vol. 97, No. 5, 2018, p. 142.

② White House, *The National Security Strategy of the United States of America*, May, 2010, https://obamawhitehouse.archives.gov/sites/default/files/rss_viewer/national_security_strategy.pdf.

内社会分裂、利益排序重组呈现长期性的趋向。基于此，特朗普执政后"美国优先"便成为其制定内外政策的基本遵循，受此影响特朗普政府在对待贸易、同盟、国际法、多边机制、气候变化等问题上均呈现出一系列颠覆美国自由主义外交传统的变化，美国已然沦为大国权力竞争的积极推动者、多边国际制度的主要冲击者、自由主义理念的最大破坏者。

越来越多的美国学者认识到，以"美国优先"为核心构成的特朗普主义对自由秩序的挑战格外危险，[①] 战后自由国际秩序在权力、制度、观念领域都出现了不同于国际秩序转型期的特征变化（参见表1）。

（一）权力领域：大国间权力竞争有回潮之势

2017年末以来，美国《国家安全战略》报告、《国防战略报告（摘要）》《核态势评估报告》《导弹防御评估报告》等突出表明特朗普政府对外战略走向的多份政策立场文件相继发布。[②] 其中美国《国家安全战略》报告作为国家安全战略的指导性文件，集中阐述了特朗普政府应对国家安全挑战与发挥美国世界领导作用的基本方略。在这一方略中，相对于维护霸权，"美国优先"、美国自身力量的壮大被置于更突出的位置，具有明显的"有原则的现实主义"色彩。

---

① Ulrich Speck, "The Crisis of Liberal Order," *American Interest*, September 12, 2016; and Michael J. Boyle, "The Coming Illiberal Era," p. 35.

② White House, *National Security Strategy of The United States of America*, December 2017, https://www.whitehouse.gov/wp-content/uploads/2017/12/NSS-Final-12-18-2017-0905.pdf; Department of Defense, *Summary of the* 2018 *National Defense Strategy of The United States of America*, January 2018, https://dod.defense.gov/Portals/1/Documents/pubs/2018-National-Defense-Strategy-Summary.pdf; Office of the Department of Defense, *Nuclear Posture Review*, February 2018, https://media.defense.gov/2018/Feb/02/2001872886/-1/-1/1/2018-NUCLEAR-POSTURE-REVIEW-FINAL-REPORT.PDF; and Department of Defense, *Missile Defense Review*, January 17, 2019, https://media.defense.gov/2019/Jan/17/2002080666/-1/-1/1/2019-MISSILE-DEFENSE-REVIEW.PDF.

在此基础上，多份报告还一致将中国、俄罗斯认定为“在全球范围内挑战美国领导地位”的首要力量，在标志美国安全战略重心从反恐与介入地区事务回归到传统大国竞争路线的同时，也昭示着过去国际秩序领域发达国家与新兴国家间自然的权力结构调整变化，恐将被大国在双边、地区乃至全球层面的全方位权力竞争博弈所取代。

表1　国际秩序转型与危机的特征比较

	权力领域	制度领域	观念领域
国际秩序转型（自然演化）	发达国家与新兴国家：权力消长变化持续	全球与地区：制度博弈日趋激烈	全球化与逆全球化：观念互动分化
国际秩序危机（政策冲击）	美国与中俄等世界主要大国：权力竞争风险加大	美国“退群”、降低领导全球事务成本：国际制度体系动荡	美国蔑视自由民主规范与价值观：自由主义价值理念陷入危机

资料来源：笔者自制。

大国间权力竞争回潮，对国际秩序的冲击和对世界和平稳定的威胁是显而易见的。一方面，从维护美国权力地位出发，特朗普政府全面加强了同中俄等国在经济、安全等领域带有战略博弈性质的竞争。特朗普政府从国家战略角度重新定位中国，全面调整了长期以来美国对华接触战略，中美战略互疑加深。在经贸领域，从“维护美国商业利益”出发，特朗普政府多次无端指责中国“窃取”美国知识产权，通过“不公平贸易”从美国获取巨大利益，肆意挑起并不断升级与中国的贸易摩擦。在军事安全领域，2018 年美国《国防战略报告》将中美两军关系的目标定位为“寻求透明和互不侵犯"；[①]《2018 年核态势评估报告》更是进一步强调"中国对美国在西太平洋的传统军事优势构成威胁"，强调中美在核领域的竞争甚至对抗关系。据此，特朗普政府不断加强在印太地区的军事力量部署，积极拉拢日本、澳大利亚、印度等地区国家，并于 2018 年 5 月正式将美国太平洋司令部改名为印太司令部，在相当程度上加剧地区的矛盾与冲突。

另一方面，特朗普政府积极寻求"让美国军事实力再次强大"的政策实践，正使得形成于冷战时期的国际军控体系加速走向瓦解，国际地区安全形势严峻。特朗普政府提出的 2019 财政年度联邦政府预算纲要，军费开支高达 7160 亿美元，与 2017 年相比，军费增长近千亿美元。[②] 此外，特朗普政府积极推进太空军建设，寻求核武器库现代化。2019 年 8 月 2 日，美国正式退出《中导条约》，美国国防部指出作出这一决定主要是由于俄罗斯在过去多年来持续不断地违反《中导条约》规定。[③] 但从随后美国便宣布将全面投入新型地对空导弹的研发，并考虑在亚太等地区进行部署等一系列举措不难看出，美国退约更多的还是为之前被《中导条约》禁止的武器系统研发松绑，谋求单方面的军事和战略优势。受此影响，包括欧洲、中东等地区在内的国际安全形势变得更加复杂，大国间军备竞赛、冲突对抗的风险加大。

---

① Department of Defense, *Summary of the* 2018 *National Defense Strategy of The United States of America*, January 2018.

② Department of Defense, "DoD Releases Fiscal Year 2019 Budget Proposal," February 12, 2018, https://dod.defense.gov/News/News-Releases/News-Release-View/Article/1438798/dod-releases-fiscal-year-2019-budget-proposal/.

③ Department of Defense, "U.S. Withdraws From Intermediate-Range Nuclear Forces Treaty," August 2, 2019, https://www.defense.gov/explore/story/Article/1924779/us-withdraws-from-intermediate-range-nuclear-forces-treaty/.

（二）制度领域：国际制度体系动荡风险加剧

“美国对国际和平与繁荣所负有的‘领导责任’，领导维护现有国际制度框架符合美国的国家利益”，即所谓自由主义外交路线，是二战后历届美国政府基本的对外政策取向。但是维持霸权领导，并让他国通过机制化的途径分享美国所提供的公共产品，往往伴随着巨大的成本，当主导国承担成本的比例超过一定限度时，“国内民众的成本”便会对国家的对外行为产生影响。[①] 在美国，保守主义同样有深厚的土壤，2008 年金融危机爆发至今，美国经济年均增长率始终未突破3%，加之国内财富分配的两极化，使得以白人工人等为代表的全球化“输家”，对奥巴马政府致力于国际合作，积极重塑美国在经济、安全等领域的制度领导权与规则制定权等外交政策的不满情绪不断累积，美国国内出现了较为强烈的“内顾化”倾向，认为美国应从领导世界的责任中解脱出来，将更多的政治经济资源向国内事务倾斜。

美国学者罗伯特·卡根指出，特朗普提出“美国优先”主张，表明其对承担并维护国际秩序的责任几乎毫无兴趣，[②] 美国对于国际制度的既有认知正在发生变化。的确，“美国领导世界”这一理念随着特朗普当选并就任总统而迅速降温，特朗普经济、外交政策的陆续出台，高扬“美国优先”旗帜[③]，对现行国际多边合作制度框架

---

① James D. Fearon, “Domestic Political Audiences and the Escalation of International Disputes,” *American Political Science Review*, Vol. 88, No. 3, 1994, p. 577; and Kenneth A. Schultz, “Looking for Audience Costs,” *Journal of Conflict Resolution*, Vol. 45, No. 1, 2001, p. 32.

② Robert Kagan, “Trump Marks the End of America as World's ‘Indispensable Nation’,” *Financial Times*, November 20, 2016, https://www.ft.com/content/782381b6-ad91-11e6-ba7d-76378e4fef24.

③ 赵明昊：《“美国优先”与特朗普政府的亚太政策取向》，载《外交评论》2017 年第4 期，第106—134 页。

中"不公平、不对等""不利于美国利益"的规则与制度安排进行贬低攻击、调整革新，甚至随意毁约、"退群"，导致国际、地区制度领域出现"私物化"、供给不足与功能弱化、虚化等一系列问题。

特朗普政府一再指责现行自由主义国际制度体系侵犯美国的主权，并采取退出、减少资金支持与阻挠决策等诸多方式，削弱其合法性与行动能力。2017 年 1 月，特朗普就任美国总统以来采取了一系列"退群"举动，其退出的国际组织与多边条约，覆盖经贸、军事、全球治理等各个领域以及地区、全球不同层次的制度框架。从退出《巴黎协定》使国际社会共同应对气候变暖的努力遭受重大挫折，到退出联合国教科文组织使通过科学文化促进国际合作的联合国重要机构陷入资金短缺、争议不断的窘境，再到退出《中导条约》动摇维系欧洲安全乃至世界安全的重要支柱，令全球军控处于危险边缘，特朗普已成为名副其实的"撕毁交易者"与"退出主义"外交主导者。[①] 尤其是在经贸领域，在就任伊始，特朗普政府就表现出极力摆脱多边经贸制度束缚的政策倾向，主张以美国式的"公平贸易"取代"自由贸易"，宣布退出《跨太平洋伙伴关系协定》；主导修改《北美自由贸易协定》；抨击世界贸易组织"是一个灾难"，频频向其施压，多次阻挠其上诉机构法官遴选。与此同时，特朗普指责美国的全球化政策造成"产业空心化"与贸易赤字高企，为扭转美国这一"受害者"局面，特朗普政府挑起与包括中国在内的绝大多数贸易伙伴的贸易摩擦，严重冲击开放和基于规则的现行国际经贸制度体系。[②]

---

① 邢瑞利：《特朗普政府的"退出主义"外交探析》，载《和平与发展》2019 年第 4 期，第 17—33 页。

② 韩召颖、吕贤：《特朗普政府经济政策的制约因素与前景探析》，载《国际论坛》2018 年第 4 期，第 1—12 页；吕晓莉、刘婧文：《周期理论视角下特朗普政府"退群行动"动因探析》，载《国外理论动态》2019 年第 5 期，第 101—111 页。

（三）观念领域：自由主义价值理念陷入全面危机

目前“特朗普是否在向国际秩序宣战”“国际秩序是否正走向消亡”等议题在美国政策界、学界引发广泛讨论，[①] 很重要的一个原因，即以“美国优先”为突出特征的特朗普政府内外政策，已严重冲击了自由主义价值观这一战后自由国际秩序的核心理念。长期以来，美国将自由主义价值观作为其领导的战后自由国际秩序的基石，同时致力于加强西方民主国家之间的团结，意欲在共享价值观的基础上，将西方打造成向外扩散自由主义价值观的组织形式。[②] 但受时下美国政治极化与社会民粹主义扩大化、长期化的影响，特朗普在大选时就曾公开质疑冷战后美国自由国际主义政策，并一再抛出“美墨边境建墙”“贸易协定重新谈判”“限制穆斯林入境”等明显有悖于美国多元社会传统与主流价值的观点。就任总统后，特朗普大肆诋毁美国传统自由主义外交政策与价值观，力图打破自由主义“政治正确”束缚，创下了一系列记录。

一是单边主义回潮，挥舞制裁大棒与操纵极限施压的做法，严重损害美国国际形象与影响力。2018 年 5 月，美国单方面退出伊朗核问题协议，并重启对伊制裁。特朗普政府此举遭到欧盟各国及俄罗斯的强烈反对，中东地区形势骤然紧张。加之美国在对伊朗实施最严厉制裁的过程中，不仅依据其国内法规对伊朗实体和/或个人实施制裁，还对与其从事贸易和金融往来的外国实体和/或个人实施

---

① Colum Lynch, “Trump's War on the World Order,” *Foreign Policy*, December 27, 2018, https://foreignpolicy.com/2018/12/27/trumps-war-on-the-world-order/; Doug Stokes, “Trump, American Hegemony and the Future of the Liberal International Order,” p. 133.

② ［美］约翰·伊肯伯里著，赵明昊译：《自由主义利维坦：美利坚世界秩序的起源、危机与转型》，上海：上海人民出版社，2013 年版，第 141—193 页。

"二级制裁",[1] 将单边制裁强加给第三国，影响、破坏欧盟、俄罗斯等国与伊朗正常的经贸往来。

二是口无遮拦，特朗普屡次公开质疑同盟体系作为战后自由国际秩序重要组成部分的价值，跨大西洋联盟龃龉裂痕频现。例如，特朗普多次在社交媒体平台或北约峰会、七国集团领导人会议等正式外交场合，发表"欧盟的建立就是为了利用美国，美欧之间的贸易是愚蠢的""北约盟友在军费方面投入不够，有搭美国便车之嫌"等出格言论。[2] 在"特朗普式搅局"的影响下，战后在美国主导下形成的西方协调传统大有被打破的风险。特朗普政府对自由主义价值观的一再诋毁践踏，使得美国正加速从"维护世界和平与秩序的稳定领导力量"，沦为"无赖超级大国"[3]，造成美国社会严重对立分化的同时，似乎也在终结自由主义引领国际秩序的时代。[4]

三、动因、议题差异：国际秩序从转型到危机

当前，美国国内的确仍有相当多的学者在淡化"美国优先"对战后自由国际秩序所造成的冲击，如《注定一战：中美能避免修昔

---

① Kenneth Katzman, "Iran Sanctions," Congressional Research Service, February 4, 2019, https://www.iranwatch.org/sites/default/files/crs-iransanctions-050816.pdf.

② Stewart M. Patrick, "Spare Us the Nationalist Defense of American Sovereignty," Council on Foreign Relations, November 14, 2018, https://www.cfr.org/blog/spare-us-nationalist-defense-american-sovereignty; Erik Brattberg, "Trump's Tariffs Undermine U.S. Leadership," Carnegie Endowment for International Peace, March 14, 2018, https://carnegieendowment.org/2018/03/14/trump-s-tariffs-undermine-u.s.-leadership-pub-75795.

③ Robert Kagan, "Trump's America Does Not Care," *Washington Post*, June 14, 2018, https://www.washingtonpost.com/opinions/donald-trumps-america-the-rogue-superpower/2018/06/14/c01bb540-6ff7-11e8-afd5-778aca903bbe_story.html.

④ Rebecca Friedman Lissner and Mira Rapp-Hooper, "The Day after Trump: American Strategy for a New International Order," p. 7.

底德陷阱吗?》的作者格雷汉姆·艾利森就曾指出，美国更多仅限于维持一个多样性的国际秩序。[①] 而且目前美国国内也出现一种声音，即“特朗普政府外交政策比看上去要更好”，美国对外关系委员会研究员罗伯特·布莱克维尔等也撰文指出，“与其说特朗普引发国际秩序的重大转变，不如说特朗普只是加快了这一转变……特朗普虽然有一个较为明确的世界观，即对二战后形成的联盟体系与国际秩序持固有的怀疑态度，但他的外交政策团队似乎并不总是认同他的世界观，因此特朗普的言辞不能真正代表其政府的外交政策”。[②] 然而不可否认，特朗普确实从实质意义上改变了二战后美国所形成的维护和领导自由国际秩序的外交传统，正如基辛格所指出的，“特朗普可能就是历史上不时出现的、标志着一个时代结束并迫使一个时代抛弃原有伪装的人物之一”[③]，这突出表现为目前国际秩序领域的变革动因与核心议题都呈现相当的危机性变化。

（一）国际秩序从转型到危机的差异化动因

在变革动因方面，国际秩序转型更多是回应以新兴经济体为代表的发展中国家对于现行国际秩序内部“权力与利益相脱节”现象的改革诉求，具有渐进性；而国际秩序危机则主要是回应以美国为代表的西方发达国家内部不同群体之间对“利益得失严重不均”现状的改革呼声，民粹色彩浓厚，且伴有一定的不可预见性（参见表2）。

---

① Graham Allison, “The Myth of the Liberal Order,” *Foreign Affairs*, Vol. 97, No. 4, 2018, p. 124.

② Robert D. Blackwill, “Trump's Foreign Policies Are Better Than They Seem,” Council on Foreign Relations, April 2019, https: //www. cfr. org/report/trumps - foreign - policies - are - better - they - seem.

③ Nicole Goodkind, “Henry Kissinger: The World Is in a ‘Very, Very Grave Period’ and Trump Could Mark ‘End of an Era.’”.

表2　国际秩序从转型到危机的动因、议题差异

	动因分析	核心议题
国际秩序转型	主体：以新兴经济体为代表的发展中国家对于现行国际秩序内部"权力与利益相脱节"现象的改革诉求	发展中国家与美国以外的西方发达国家：美国领导世界的方式
		美国：如何更好地维护美国的优势地位与在自由国际秩序中的领导地位
国际秩序危机	主体：以美国为代表的西方发达国家内部对于现行国际秩序造成不同群体之间对"利益得失严重不均"现状的改革诉求	发展中国家与美国以外的西方发达国家：美国是否还将继续领导世界
		美国：如何更好地维护美国的自身实力

资料来源：笔者自制。

第一，新兴经济体成为国际秩序转型的基本力量。国际权力格局与国际利益格局被视为是分析国际形势与国际秩序的两大核心要素，在通常意义上讲，若国际力量对比与利益分配能够实现动态平衡与相互匹配，国际秩序则相对稳定、有效；而国际秩序转型往往以国际权力格局调整变化为起点，转型的核心即改革基于国际利益格局而形成的国际制度安排。[①] 现行自由国际秩序是美国在二战结束前后主导建立的，其利益格局也基本上呈现以巩固与维持美国霸权为核心，以与美国利益的兼容程度为依据，通过政治、经济、安全领域的一系列国际制度进行利益分配的特点。这一秩序在形成初期还是反映并符合基本的国际权力、利益格局，有一定的合理性与历史进步性。不过随着国家间权力关系消长变化，特别是2008年国际金融危机之后，虽然西方发达国家对新兴经济体的权力优势并没有发生根本性改变，但以中国为代表的新兴经济体群体性崛起，国际力量分布趋于均

① 刘丰：《国际利益格局调整与国际秩序转型》，载《外交评论》2015年第5期，第46—62页。

衡已是不争的事实，新兴大国基于权力增长而产生的、要求并积极致力于推动国际利益格局再调整的努力，成为国际秩序转型的基本动力。[①]

在国际经济领域，秩序转型表现得尤为明显，2008 年国际金融危机发生后，二十国集团合作机制已逐渐超越七国集团这一由发达国家组成的国际经济协调机制，成为“全球经济治理的首要磋商平台”；以国际货币基金组织为代表的国际货币体系也通过一系列改革方案，发达国家承诺向新兴经济体国家出让部分份额，使相关机制中的份额与投票权能更好地反映成员国的经济实力，回应新兴经济体的利益诉求。[②]

需要指出的是，希望改变现行国际秩序内部“权力与利益相脱节”现象的新兴国家，普遍受惠于美国主导的自由国际秩序，不大可能通过激进方式改革国际利益分配格局，进而推动国际秩序朝着公正合理的方向转型，国际秩序转型虽会存在一定的矛盾与局部动荡，但仍将在整体上保持稳定。

第二，国际秩序的变革动力似乎有向包括美国在内的西方发达国家内部转移的趋向。以民粹主义、“反建制主义”等明显有违自由主义基本原则理念的社会思潮在西方国家中出现和迅速蔓延，并得到以蓝领工人阶层为代表的经济全球化利益受损群体的普遍认同与支持。而且随着英国脱欧公投成功与特朗普当选美国总统两大“黑天鹅”事件相继发生，其所主张的减少对经济全球化、区域经济一体化等全球和地区事务的参与、排斥外来移民

---

① 秦亚青：《国际体系、国际秩序与国家的战略选择》，载《现代国际关系》2014 年第 7 期，第 13—15 页；石斌：《秩序转型、国际分配正义与新兴大国的历史责任》，载《世界经济与政治》2010 年第 12 期，第 69—100 页。

② 陈凤英：《新兴经济体与 21 世纪国际经济秩序变迁》，载《外交评论》2011 年第 3 期，第 1—15 页；谢世清：《国际货币基金组织的份额与投票权改革》，载《国际经济评论》2011 年第 2 期，第 119—126 页。

与多元文化等，开始具有真实的政策影响力及对现行国际秩序的冲击力。

美国有学者曾指出，“若要恢复美国在海外的领导地位，必须首先解决美国国内的不平等问题，而这也正是特朗普能够执政的主要原因”。[①] 自冷战结束以来，经济全球化不断深入发展，但全球化这一美国积极支持与推动的自由国际秩序的核心组成部分，并非如自由主义者所描绘的那样具有“普惠性”，其更多时候往往表现出明显的“非中性”[②]。长期以来，美国政府积极鼓励超越传统国家边界在全球范围内逐利的行为。可是在全球化过程中，过于明显的利益非均衡分配使得白人蓝领阶层等全球化“输家”对精英阶层、对少数外来族裔的不满及怨恨情绪不断累积，他们反对美国承担过多的国际责任，主张“需要依赖国家的庇护才能维持生存”[③]，他们排斥文化多元主义、贸易自由化，认为政府应采取措施阻断非本土因素的介入与牵扯。“美国优先”无论是作为总统竞选口号，还是政府执政理念，都反映出特朗普已敏锐地捕捉到在经济全球化条件下美国国内经济收益正向回馈循环受阻，出现社会性撕裂这一动向。受其影响，当前特朗普政府内外政策具有明显的“民族主义”“现实主义”“单边主义”特征，在集中回应白人蓝领阶层政策诉求的同时，也构成了对现行自由国际秩序的严重冲击。

---

① James Bruno, “How to Save the International Order from Trumpism,” *Washington Monthly*, March 22, 2019, https://washingtonmonthly.com/2019/03/22/how-to-save-the-international-order-from-trumpism/.

② 关于全球化过程中的不平衡问题，参见吴宇、吴志成:《全球化的深化与民粹主义的复兴》，载《国际政治研究》2017 年第 1 期，第 52—65 页；[英] 戴维·赫尔德著，童新耕译:《驯服全球化》，上海：上海世纪出版集团，2005 年版，第 7 页。

③ Giandomenico Majono, “The European Community between Social Policy and Social Regulation,” *Journal of Common Market Studies*, Vol. 31, No. 2, 1993, p. 153；引自杨悦、张子介:《“美国优先”及其对美韩同盟的影响探析》，载《太平洋学报》2019 年第 3 期，第 10—21 页。

（二）核心议题发生变化

同样如表 2 所示，在核心议题方面，在国际秩序转型过程中，发展中国家与美国以外的西方发达国家，更多争论美国领导世界的方式，美国方面则更多关注如何维护美国的优势地位与国际秩序中的领导地位。而在国际秩序出现危机的背景下，两者聚焦的议题已经分别调整为美国是否还将继续领导世界与美国如何更好地维护自身实力。

世界各国之所以认为美国霸权及其领导的自由国际秩序可以被接受，与其开放而可进入的国际制度密切相关。[①] 国际制度具有功能性与公共产品属性，对参与国共同利益的维护有着较强的正面促进作用。[②] 这也是为什么自冷战结束以来，虽然美国在经济、军事安全等领域内出现了一系列令人失望的政策行为，加之其所领导的国际制度体系至今未能建立长效性的利益动态调解机制，无法有效地回应新兴市场与发展中国家渐趋增多的利益诉求，但国际社会更多的是以反美主义的形式表达对美国领导方式的不满，而非对战后自由国际秩序的直接不满。

与此同时，鉴于不同成员国在国际制度中的获利并不相同，制度领导国因其更大的权力地位，能够在对国际制度进行某种私有化调整的基础上，使其更好地服务于领导国的国家利益。[③] 因此，美国

---

① G. John Ikenberry, "Institutions, Strategic Restraint, and the Persistence of American Postwar Order," *International Security*, Vol. 23, No. 3, Winter 1998/1999, p. 43; John Mearsheimer, "Why We Will Soon Miss the Cold War," *Atlantic Monthly*, Vol. 266, No. 2, 1990, p. 35.

② Oran R. Yong, *International Cooperation: Building Regimes for Natural Resources and the Environment*, Ithaca: Cornell University Press, 1989, p. 21.

③ Shiping Tang, *A General Theory of Institutional Change*, London: Routledge, 2012, Chapter 2; 李巍：《制度之战：战略竞争时代的中美关系》，第 65 页。

作为在国际制度中拥有权力优势的领导国，也是自由国际秩序的最大受益者，其全球战略长期以维护全球霸权或现行国际秩序中唯一超级大国为总目标。如冷战结束后无论是亲历国际体系变革的老布什总统提出建立"世界新秩序"，还是后金融危机时期的奥巴马将国际秩序上升到四大国家利益之一的高度，并注重引领经济、军事安全等领域的规则重塑，都是旨在确保美国的全球霸权地位不受挑战。

但是受"美国优先"的冲击，无论是美国还是除美国以外的西方发达国家以及广大新兴市场与发展中国家，面对"正处于历史转折点"的国际秩序，其所关注的议题都在发生变化。特朗普执政以来美国对外关系委员会等美国多家智库围绕国际秩序领域出现的深刻调整展开密集研讨，其中达成的一项重要共识，即"美国建立并维护的国际经贸合作机制、安全联盟与自由主义政治准则是支撑战后自由国际秩序的三根支柱，这些制度规则调节各国间的关系，防止大国间的冲突，促进民主等价值观念的传播"。可是"特朗普领导下的美国拒绝上述三根支柱并对其进行全面冲击，美国不再热衷于巩固其在战后自由国际秩序中的领导地位，甚至对于是否应维持这一秩序的存续都持怀疑态度"。[①] 特朗普政府正实质性地放弃对自由国际秩序的领导，重新树立现实主义的指导地位，或操纵自身在全球相关依赖关系中的特权地位，或将自身定位为一个普通大国，积极寻求美国自身实力特别是军事力量的提升，并加强对战略竞争对手的遏制。

在这种情况下，虽然"美国优先"及以此为基本遵循的特朗普政府内外政策能否顺利推行还受制于诸多因素，"美国优先"是美国暂时性的外交政策回调，还是标志着美国外交思想的根本性转向，

① Stewart M. Patrick, "The World Order Is Dead. Long Live the World Order," Council on Foreign Relations, June 25, 2019, https://www.cfr.org/blog/world-order-dead-long-live-world-order.

尚有待观察与进一步深入研究，但越来越多的国家和地区意识到并开始担忧，“美国正逐渐摆脱其作为自由国际秩序担保人的这一传统角色”已成为不争的事实。如何填补因特朗普政府奉行“美国优先”所留下的众多议程空白，如何在强化遵守国际规则的基础上维护国际局势的基本稳定与互利合作的有序展开，已成为包括中国、欧洲在内的众多国家和地区关注并致力于推动的核心议题。①

结语

目前，在“美国优先”冲击下出现的国际秩序危机，使中国面临巨大的外部环境压力。在中美关系层面，中美之间的战略竞争将进一步加剧。面对国际秩序危机，特朗普政府对华政策已全方位转向强硬。由于美国强化对华遏制，中美两国在经济、安全及国际制度领域“合作性竞争”的局面将被带有战略博弈性质的竞争所取代。在东亚地区层面，制度创设、协调博弈愈发激烈。鉴于“美国优先”冲击国际制度框架的改革和运行，国际、地区公共产品的有效供给，国家间特别是中美等大国间围绕地区制度的竞合互动日趋增多、凸显，加之随着美国提出并积极推进“自由开放的印太战略”，中国在相关地区推动“一带一路”建设、促进亚投行运营等创新地区合作的制度化探索将面临更多阻力。在全球层面，中国提升话语权与影响力将变得愈发困难。一方面，在“美国优先”影响下，民粹主义、孤立主义盛行，对自由主义价值观所造成的冲击态势，不符合中国的国家利益；另一方面，由于美国等西方国家对自身价值观优势的

① Erik Brattberg, and Michael Kimmage, “Trump and the (Liberal) International Order,” February 6, 2018, http://carnegieendowment.org/2018/02/06/trump-and-liberal-international-order-pub-75659.

担忧与疑虑，对中国提升话语权与国际影响力的正当行为将表现得异常敏感。面对正由转型走向危机的自由国际秩序，中国旗帜鲜明地反对单边主义与民粹主义，抵制强权政治与国际霸凌行径。在此基础上，中国积极运筹同世界主要大国关系，高举合作共赢旗帜与捍卫国际公平正义，坚决履行"中国始终是世界和平的建设者、全球发展的贡献者、国际秩序的维护者"[①] 的庄严承诺。

第一，在权力层面，中国积极防范中美权力消长被过早认定为进入权力转移区间。当今世界正处于百年未有之大变局，而"美国优先"冲击下的国际秩序危机无疑是这一变局的重要组成与突出表现。虽然乱局、危机频现的国际秩序使中国面临着日益严峻的外部环境压力与挑战，但也应看到，持续快速发展、正在全面走近世界舞台中央的中国已成为推动国际秩序调整的重要因素之一。党的十八大以来中国推动共建"一带一路"，打造以亚投行为代表的基础设施投融资机制平台；提出"共同安全、综合安全、合作安全、可持续安全"的亚洲安全观，并成为联合国维和行动的主要出资国与维和人员派出国；携手世界共同应对全球气候变化，推动构建人类命运共同体，不断提升战略自信、保持战略定力，为危机中的自由国际秩序调整变革贡献中国方案与中国智慧。需要指出的是，中国在经贸、军事安全、全球治理领域积极探索与世界分享中国改革发展红利、坚定维护世界和平与安全、致力于全球性问题解决的过程中，始终重视并妥善处理与现行国际秩序及其领导国美国的关系，不寻求挑战和取代美国在现有国际秩序中的领导地位。

第二，在制度层面，中国明确支持现行国际秩序中合理和具有自由主义特征的制度安排，在更多地承担国际责任，向世界提供发展类公共产品的过程中，全力避免出现由中美各自主导的平行制度

---

① 《习近平谈治国理政（第二卷）》，北京：外文出版社，2017 年版，第 42 页。

竞争。改革开放40余年来，中国利用现行国际秩序中的自由主义成分，特别是依托战后国际政治、经济制度框架所促进形成的总体相向而行的国际合作态势，以和平方式实现国家发展与崛起的生动实践，对广大发展中国家具有极为重要的示范、借鉴作用。这也是为什么特朗普政府对“美国优先”的强调与推行，导致美国参与领导全球事务的成本、现行国际秩序的自由主义价值观基础出现相当程度的弱化与动摇，在威胁中国的战略机遇期的同时，也严重影响后发国家的改革发展权益。作为负责任大国、现行国际秩序领域的“建设性力量”，旗帜鲜明地支持与捍卫包括以自由主义为特征的制度安排等现行国际秩序中的合理成分，已成为中国应对国际秩序危机，发挥国际引领作用的必然选择。

第三，在观念层面，积极思考构建新时代的中国国际秩序观，并注意防止中美围绕国际秩序领域具体议题的改革博弈被误读为不同文明和意识形态国家之间的斗争。国际秩序观集中反映一国对待国际秩序问题的基本看法，在历史上，大国崛起走向国际舞台的基础性条件之一，就是确立国际秩序观。[①] 同样，鉴于依托综合国力的“结构性领导力”与依托思想的“知识性领导力”并非总是重合，若无法提供有吸引力的思想，一个国家即使再强大，对国际秩序的影响也是有限的。[②] 当前中国特色社会主义进入新时代，对国家实力的基本认知、对国际环境的基本判断，以及对国家利益的基本排序都发生了深刻变化，而这也正是新时代中国国际秩序观的基本之处。系统梳理构建兼具全球性与地区性平衡、内敛性与扩张性平衡、继承性与创新性平衡的新时代中国国际秩序观，将在相当大程度上改

---

① 高程：《中国崛起与新国际秩序观的建构》，载《文化纵横》2016年第5期，第100—104页。

② Oran. R. Young, “Political Leadership and Regime Formation: On the Development of Institution in International Society,” *International Organization*, Vol. 45, No. 3, 1991, p. 281；唐世平：《国际秩序变迁与中国的选项》，载《中国社会科学》2019年第3期，第187—203页。

变西方对中国"没有明确的价值来指引世界秩序""中国对国际秩序的参与仍然呈现相当的复杂性与经常的矛盾性"等判断与认知，[①]并助力中国成为国际秩序领域的稳定力量，为自由国际秩序走出危机，探索更为包容、多元的未来提供可能。

（本文发表于《国际展望》2020 年第 1 期，此次收入书中进行了部分删减——作者）

① Suisheng Zhao, "China as a Rising Power Versus the US - led World Order," *Rising Powers Quarterly*, Vol. 1, No. 1, 2016, p. 13; and Michael J. Mazarr, Timothy R. Heath, and Astrid Stuth Cevallos, "China and the International Order," https://www.rand.org/pubs/research_reports/RR2423.html.

特朗普政府中东政策的特点

莫盛凯*

【内容摘要】特朗普政府在很大程度上逆转了奥巴马政府的中东政策，政策重心从叙利亚转回伊朗。在叙利亚问题上，特朗普抛开了意识形态顾虑，接受了巴沙尔政权的存续和俄罗斯的长期角色，从而摆脱了奥巴马政府在反恐和民主化之间犹豫不决造成的两难处境。在消灭了“伊斯兰国”后，通过两次不彻底的撤军，特朗普政府重建了美国在叙利亚的离岸平衡角色，基本甩掉了“叙利亚包袱”。为了使彻底解决伊朗核问题与重塑地区秩序毕其功于一役，特朗普政府对伊朗发起了“极限施压”，企图主要通过单边制裁切断伊朗石油出口制造的国内经济财政压力作为核心手段迫使伊朗在核武器、导弹和地区扩张等诸多方面做出全面让步。然而，地区和国际局势的复杂性导致的系列变化越来越超出了特朗普政府的预计和控制。随着大选临近美国在短期内很难实现其“极限施压”目标，反而面临伊朗逐步升级的反向极限施压。

【关键词】特朗普政府　中东　叙利亚　伊朗

奥巴马政府未能实现中东收缩的战略目标，成为特朗普在大选

---

* 莫盛凯，国际关系学院国际政治系讲师。本文系国家社科基金青年项目“美国欧亚大陆战略调整与共建‘一带一路’面临的地缘风险挑战研究”（项目编号：20CGJ038）的阶段性成果。

期间的攻击点。2017—2020 年，特朗普政府以“美国优先”原则为指导，坚持战略收缩大方向，对中东政策进行了调整，重点先后落在“伊斯兰国”问题、叙利亚问题和伊朗问题上。过往的研究更多地意在全面勾勒特朗普政府的中东政策并分析其延续与变化，[①] 本文集中聚焦其政策重点的纵向演进及其呈现的特点，并分析了其面临的主要困难。

一、从叙利亚收缩

奥巴马政府致力于调整美国的全球战略，“体面地”退出中东，实现“重返亚太”和“亚太再平衡”。但其中东政策并不成功，尤其是在叙利亚，所谓“幕后式领导”，不仅使叙利亚沦为各方势力的竞技场，还为极端恐怖组织“伊斯兰国”的扩散创造了条件，迫使美国不得不再次组织多国联军重启反恐战争。在退出的战略方向牵引和介入的现实战术需求之间，奥巴马政府进退维谷。[②] 2013 年 8 月明显越过“政策红线”的化武危机，在经历一个月外交和国内博弈后的重拿轻放不仅损害了美国的声誉，更暴露了奥巴马政府无意深度卷入的战略底牌。[③]

奥巴马政府逃避现实的疲软政策，不仅刺激了伊朗、土耳其等

---

① 许勤华、王思羽：《特朗普的中东政策与中东地区两极化趋势》，载《区域与全球发展》2017 年第 1 期，第 132—146 页；韩召颖、岳峰：《特朗普政府的中东政策探析》，载《当代美国评论》2018 年第 2 期，第 75—96 页；王锦：《特朗普的中东政策及其前景》，载《现代国际关系》2018 年第 8 期，第 38—45 页；刘辰、马晓霖：《延续与调整：美国特朗普政府的中东政策》，载《阿拉伯世界研究》2019 年第 5 期，第 46—60 页。

② Faysal Itani & Nate Rosenblatt, *US Policy in Syria*: *A Seven - Year Reckoning*, Washington D. C.: Atlantic Council, September 2018.

③ Keren Yarhi - Milo, "After Credibility: American Foreign Policy in the Trump Era," *Foreign Affairs*, Vol. 97, No. 1, 2018, pp. 71 - 72; Faysal Itani & Nate Rosenblatt, *US Policy in Syria*: *A Seven - Year Reckoning*, p. 6.

地区势力的积极介入，还引来俄罗斯在2015年9月的强势介入。这是冷战后俄军首次投射到原苏联疆域以外进行战斗。[①] 俄罗斯以反恐之名的军事介入帮助巴沙尔政权起死回生，重新成为中东政治的主要玩家，也动摇了冷战后美国在中东的单极格局[②]。到奥巴马离任时，在叙利亚的三方格局里，政府军经阿勒颇之战巩固并扩大了优势，“伊斯兰国”势力风头不在、连年失地但依然能与政府军拉锯顽抗，美国支持下的反对派武装依旧鱼龙混杂不堪大用——美国扶持起来的“叙利亚自由军”经伊朗帮助下的政府军的打击和俄军空袭受到重创，甚至出现部分武装在防区内驱逐美军特种部队的现象，而美国对库尔德人主导的“叙利亚民主军”的支持更是引起盟国土耳其的军事对抗。

在特朗普看来，奥巴马政府在西亚北非局势动荡后盲目支持叙国内反对派推翻巴沙尔政府的一系列政策从一开始就是错误的，干预后的优柔寡断导致“伊斯兰国”趁势坐大则是错上加错，而为了剿灭“伊斯兰国”对伊朗妥协企图“借刀杀人”更是搞乱地区秩序的弥天大错。因而，一个正确的叙利亚政策只有在逐个纠正这些错误的基础上才能使美国回归到“体面退出中东”的战略轨道。

（一）有效打击“伊斯兰国”

全力强化反恐是特朗普政府中东政策的首要特点。2017年1月，特朗普签署总统备忘录，切断“伊斯兰国”获得的财政支持，同时

---

① 许勤华、王思羽：《特朗普的中东政策与中东地区两极化趋势》，第136页；况腊生：《叙利亚战争极大改变了中东与世界的局势》，载《军事文摘》2018年第6期，第16页。

② Birthe Hansen, *Unipolarity and the Middle East*, New York: St. Martin Publishing, 2000；吴冰冰：《中东地区的大国博弈、地缘战略竞争与战略格局》，载《外交评论》2018年第5期，第51—54页。

要求国防部在30天内提交打击“伊斯兰国”的全面计划，包括废除一切超出国际法的限制美军力量使用的政策限制。[①] 3月，特朗普废除了奥巴马政府对美军在叙行动的诸多限制，不仅授予了前线指挥官更多便宜行事权，还大幅增兵千人，使在叙美军达到2000人规模。为更有效打击“伊斯兰国”，特朗普政府不顾土耳其反对向更具地面战斗力的叙利亚库尔德武装直接提供武器。4月，美军直接进入叙北部战略要地曼比季以隔离叙库尔德武装与土耳其建立的安全区，为库尔德武装免受土耳其威胁全力打击“伊斯兰国”提供后方保障。5月，特朗普批准国防部向叙库尔德武装的核心力量“人民保护部队”提供装甲车、120毫米口径迫击炮等重型武装以加大其进攻“伊斯兰国”大本营拉卡的进度。10月，库尔德武装主导的“叙利亚民主军”经过4个月鏖战最终攻陷拉卡。11月，“伊斯兰国”控制的最后一个较大城镇阿布卡马尔被叙政府军及同盟收复。至此，“伊斯兰国”丧失了所有城镇据点。12月17日，一向批评特朗普的《纽约时报》罕见地发表了题为《特朗普打的一场胜仗》的专栏作家文章，夸赞特朗普上任不到一年，就在既没有派遣地面部队，又没有触发与俄罗斯的意外战争，且没有在引发更糟糕的混乱的同时，赢得了对“伊斯兰国”的胜利。[②]

（二）改变对巴沙尔政权的立场

在叙利亚反对派力量软弱分散、缺乏能掌控局面的替代人选，

---

① “Presidential Memorandum Plan to Defeat the Islamic State of Iraq and Syria,” White House, Jan. 27, 2017, https：//www. whitehouse. gov/presidential – actions/presidential – memorandum – plan – defeat – islamic – state – iraq – syria/.

② Ross Douthat, “A War Trump Win”, *The New York Times*, Dec. 17, 2017, https：//www. nytimes. com/2017/12/16/opinion/sunday/war – trump – islamic – state. html.

且“伊斯兰国”崛起的现实状态下，打掉巴沙尔政权无异是替“伊斯兰国”火中取栗。正是这种两难使得奥巴马政府的叙利亚政策束手束脚、左支右绌。特朗普对奥巴马政府基于意识形态激情介入叙利亚造成的烂摊子批评有加。对于巴沙尔的去留问题，特朗普大方表示，尽管他并不喜欢巴沙尔，但巴沙尔在打击“伊斯兰国”，俄罗斯也在打击“伊斯兰国”。2017 年 3 月，国务卿蒂勒森和美国常驻联合国代表黑莉先后公开表达类似意图，即推翻巴沙尔政权不再是美国的优先目标，他的去留应由叙利亚人民决定。7 月，特朗普还叫停了中情局的一个秘密项目，该项目从 2013 年 6 月开始向叙利亚反对派提供训练和武器以对抗政府军，逼迫巴沙尔下台。即使遭到了前朝官员和华盛顿中东智库学者的广泛反对，总统国土安全和反恐顾问汤姆·博瑟特依然表示，对美国而言，巴沙尔是否下台并不重要。[①] 即便在 2018 年 4 月再次发生化武袭击后，特朗普政府的应对模式几乎一模一样，猛烈的短暂空袭后并没有地面部队的跟进，唯一的区别只是多了英法两个盟国的加入。

（三）撤兵叙利亚

随着“伊斯兰国”成型力量的溃散，叙利亚的分量急剧下降。特朗普数次将国内基础设施更新资金的匮乏归咎于美国在中东战事

---

① Greg Jaffe & Adam Entous, “Trump Ends Covert CIA Program to Arm Anti – Assad Rebels in Syria, A Move Sought by Moscow”, *The Washington Post*, July 19, 2017, http://www.washingtonpost.com/world/national – security/trump – ends – covert – cia – program – to – arm – anti – assad – rebels – in – syria – a – move – sought – by – moscow/2017/07/19/b6821a62 – 6beb – 11e7 – 96ab – 5f38140b38cc_story.html; 高石、王云松：《美国对叙利亚政策再度调整》，载《人民日报》2017 年 7 月 25 日，第 21 版。

上浪费了7万亿美金[①]，并拒绝了建制派要求留在叙利亚参与重建的想法。然而，叙利亚战局对于美国的消耗和牵制，还有更多金钱以外的不利因素。俄罗斯在2015年9月的强势介入，使得叙利亚内战成为美俄博弈的又一个新战场。一直拒绝派遣地面部队的奥巴马政府不得不在两个月后派出了首批50人特种部队进入叙利亚，以“提供训练和指导”。截至2017年11月，据美国国防部国防人力数据中心公开的一份季度报告显示，驻叙美军人数为1720人。[②] 美国一直追求的主要提供空天火力支持、地面武器和作战指导，由第三方人员开展危险的直接战斗的低成本战争模式却被俄罗斯完美实现。[③] 俄军的继续存在使得美国从战场上消灭巴沙尔政权的企图已不可能实现，伙同西方盟友主导叙利亚政治进程的愿望也因俄、土、伊“阿斯塔纳进程”的开启而落空。美俄在叙利亚的驻军使得叙利亚政治进程很难取得突破性进展。[④]

麻烦还来自于同为北约盟国的土耳其。土耳其高度警惕库尔德势力的坐大，坚定认为在叙库尔德武装“人民保护部队”是其境内

---

① 特朗普本人的数据来自何处并不清晰，最先认为是6万亿美元后来改成了7万亿美元。至于美国在中东的战争开支，经济学家斯蒂格利茨将伊拉克战争称为“三万亿美元的战争”；波士顿大学政治学教授克劳福德的研究则认为截至2019财年，美国在大中东地区的反恐花费已达5.9万亿美元。Joseph Stiglitz and Linda Bilmes, *The Thress Trillion Dollar War: The True Cost of the Iraq Conflict*, New York: W. W. Norton & Company, 2008; Neta Crawford, “United State Budgetary Costs of the Post - 9/11 Wars Through FY2019: $5.9 Trillion Spent and Obligated,” Watson Institution for International and Public Affairs at Brown University, Nov. 14, 2018, https://watson.brown.edu/costsofwar/files/cow/imce/papers/2018/Crawford_Costs%20of%20War%20Estimates%20Through%20FY2019.pdf; “Wasted USD 7 Trillion in Middle East, Would Withdraw From Syria ‘Very Soon’: Trump,” *Outlook* (India), Mar. 30, 2018, https://www.outlookindia.com/website/story/trump-laments-that-us-wasted-usd-7-trillion-in-middle-east-says-would-withdraw-f/310206.

② 《美国防部公布驻阿富汗、伊拉克及叙利亚美军人数》，俄罗斯卫星通讯社，2017年11月28日，http://sputniknews.cn/military/201711281024149923/。

③ 牛新春：《美国中东政策：开启空中干预时代》，载《西亚非洲》2017年第1期，第3—23页。

④ 吴冰冰：《美国对叙利亚危机的政策》，载《中国国际战略评论2018（上）》2018年第6期，第147页。

反政府组织库尔德工人党的分支，将之列为“头号恐怖主义组织”。维护美土同盟关系的考虑让奥巴马政府对库尔德武装的支持一直束手束脚。即便如此，为避免库尔德武装掌握整个叙土边境地区，早在2016年8月底土耳其就跳上前台以反恐名义发动了“幼发拉底盾牌”军事行动在叙土边境中段建立了缓冲区，将沿土叙边境的库尔德武装控制区拦腰截断。土耳其还通过靠向俄罗斯施压美国。特朗普上台后急于实现消灭“伊斯兰国”的头号任务，加大对库尔德武装的支持力度，加剧了美土矛盾。2017年7月，土耳其详细披露了美在叙利亚北部10处军事基地的信息，还公开了这些军事基地的名称、具体位置和武器装备等内容，甚至具体到每个基地的美法驻军人数、重型装备型号等，将美土矛盾公开化。[①] 2018年1月，土耳其再度发动代号为“橄榄枝”的大规模军事行动，清剿在叙西北部阿夫林地区得到美国支持的库尔德武装，将其势力压缩回幼发拉底河以东。美国希望依托库尔德力量在叙东北部建立自治区抗衡巴沙尔政权的意图让土耳其感到不安。俄土双方在叙利亚原本拥有不同的利益，支持相互对立的代理人，却因为美国对库尔德武装的依赖而走到了一起。过河拆桥放弃库尔德武装不仅要蒙受道义和声誉上的损失，也不符合美国在中东的长远利益，而且将立马失去在叙利亚的直接代理人和主要抓手。库尔德问题成为后“伊斯兰国”时代叙利亚最棘手的难题，让美国进退两难。[②]

以色列是叙利亚战场另一个隐形参战者，但以色列的关注点和对手并非叙利亚或恐怖分子本身，而是另一“隐武者”伊朗。伊朗及其支持的黎巴嫩真主党武装是最早军事介入叙利亚内战的外国势

---

① 高石、王云松：《美国对叙利亚政策再度调整》，载《人民日报》2017年7月25日，第21版。

② 牛新春：《美国的中东政策：延续与变化》，载《当代世界》2018年第3期，第28—29页。

力之一。防范真主党武装从黎以边界向戈兰高地以东扩散，防止叙利亚的黎巴嫩化是以色列的核心关切。以色列将伊朗向真主党武装移交高级武器视为其政策底线。自2011年起，以色列对叙利亚战场的真主党武装发动了多达数百次的空袭。随着伊朗在叙利亚军事存在的公开化，2018年起以色列公开承认空袭目标包括伊朗在叙军事设施，在叙利亚地面战场镁光灯遮蔽下的伊以“影子战争”早已打响。[①] 奥巴马时期不仅不愿意派遣地面部队打击得到伊朗及其同盟力量支持的政府军，反而寻求在核问题上与伊朗达成妥协，引起了以色列极大的不安和不满，也使得奥巴马第二任期美以关系高度紧张。特朗普上台后对奥巴马中东政策的逆转极大地改善了美以关系。遏制伊朗及其仆从力量在叙利亚的扩张，从以色列的核心关切转换成了特朗普中东政策的主要目标之一。

对于美国来讲，要解决彻底叙利亚问题，既要在大国关系层面实现与俄罗斯的合作，还要在地区层面协调好土耳其、沙特、以色列、伊朗等多方关系。复杂的政治外交进程牵扯了奥巴马政府整个第二任期的绝大部分精力。因为美国的存在，俄土伊三个在叙利亚拥有不同利益的参战国走到了一起。继续留在叙利亚不仅烧钱，还要投入巨大的政治外交精力和资源。但美国国内跨党派的反俄情绪几乎堵死了与俄罗斯的合作之路。从叙利亚撤军在特朗普政府内部也得不到支持，这迫使他不得不绕开国安团队在推特上宣布撤军决定，甚至还为此撤换了反对撤军的防长马蒂斯。在2018年圣诞节特朗普首次突访伊拉克，第一次进入战区重申从叙利亚撤军的决定。信息非常明确——美国不能在叙利亚的多国博弈中继续消耗资源并充当使对手们团结起来的黏合剂。

---

① Mona Yacoubian, “The Shadow War: Iran Against Israel in Syria,” *The Iran Primer*, May 17, 2018, http://iranprimer.usip.org/blog/2018/may/17/conflict-pitting-iran-against-israel-syria; 唐继赞：《以伊博弈升级对中东局势影响几何》，载《军事文摘》2018年第8期，第16页。

二、伊朗问题成为重心

关注重点从叙利亚转向伊朗，是特朗普政府中东政策的重要特征。特朗普政府不愿意深陷叙利亚泥潭，但并不认同奥巴马政府放任中东出现力量真空的撤退式战略。对伊核协议的抨击和对奥巴马政府伊朗政策的不满，几乎贯穿特朗普的竞选全程。在他看来，伊朗集支持恐怖主义、核扩散、地区干涉、威胁美国盟友等数罪于一身，是解决中东乱局、破解叙利亚僵局的总钥匙。①

（一）对伊核协议的不满

伊核协议的签署是中东具有分水岭意义的历史事件，标志着美国摆脱了以色列、沙特等传统盟友的束缚，主动调整了长期以来对伊朗的封堵政策，试图以承认伊朗地区角色让其站上反恐一线，堪称重构地区秩序的外交革命。因此，伊核问题本身并不只是核问题，其核心是美伊关系问题，本质是伊朗的地区影响力问题，实际上就是伊朗问题。②

伊核协议被视为奥巴马第二任期最重要的外交遗产，却引起了沙特、以色列等传统地区盟友“被抛弃”的极大恐慌。原该“势不两立”的沙特—以色列关系在共同威胁下不断靠近，作为地区传统

① 赵建明：《伊沙战略对峙、美以沙三角与中东格局的未来平衡》，载《当代世界与社会主义》2018 年第 6 期，第 165 页。

② 郁红阳、陆瑾、秦天、吴晓芳：《是伊朗问题，非伊朗核问题》，载《世界知识》2019 年第 16 期，第 13—15 页；吴冰冰：《中东地区的大国博弈、地缘战略竞争与战略格局》，载《外交评论》2018 年第 5 期，第 48 页；顾正龙：《2015 年美国中东战略及其政策调整》，载《军事文摘》2016 年第 4 期，第 11 页。

核心议题的巴以问题全面边缘化。在美国国内，认为伊核协议是有史以来“最糟糕、最失衡交易”的观点并非特朗普所独有。许多人担心，这样一个协议将在中东进一步强化有利于伊朗的心理环境，加剧盟友的恐慌并刺激伊朗的野心，以致于美国在协议到期后的2025年将面临一个处在核门槛上且更加敌对和具有攻击性的伊朗，以及一个充满教派冲突的中东。[①] 即便是亲民主党的民调也显示，尽管多数（50%）受访民众愿意以放松部分经济制裁换取伊朗在核项目上的克制，但有更多的民众（60%）不满奥巴马的处理方式，一半以上的民众（56%）认为国会应否决伊核协议。[②] 2015年9月参议院以2票之差未能通过反对提案，54名共和党议员全体反对、4名民主党议员倒戈。众议院则以269对162票的表决结果通过了象征性的反对议案，25名民主党议员跑票。不甘心的49名两院共和党议员打破外交惯例致信伊朗总统鲁哈尼要求不签署协议。

对协议内容的不满主要有三点：第一，核查问题。协议允许的核查范围并不包括军事设施，即便是国际社会怀疑其中某些正在开展秘密核武器项目。特朗普对于这一“弱核查”机制非常不满。第二，“落日条款”问题。协议对伊朗核活动的限制措施分别将于2025年和2030年失效。“我们得到的软弱的核查措施所换取的不过是仅能短期地、暂时地拖延伊朗走上通往核武器之路。”[③] 第三，导弹及

① Rolf Mowatt – Larssen, “The Iran Deal and a New US Strategy for the Middle East,” *Just Security*, July 27, 2015, https: //www. justsecurity. org/24948/iran – deal – strategy – middle – east/; Ilan Goldenberg, “An American Strategy for Making the Iran Deal Work,” *National Interest*, June 18, 2015, http: //nationalinterest. org/feature/american – strategy – making – the – iran – deal – work – 13139; Walter Russell Mead, “Is Obama's Strategy on Iran Sound?” *American Interest*, July 16, 2014, https: //www. the – american – interest. com/2014/07/16/is – obamas – strategy – on – iran – sound/.

② Jesse Byrnes, “Poll: Majority Want Congress to Reject Iran Nuclear Deal,” *The Hill*, August 20, 2015, https: //thehill. com/blogs/blog – briefing – room/251593 – poll – majority – want – congress – to – reject – iran – nuclear – deal.

③ “Remarks by President Trump on Iran Strategy,” White House, Oct. 13, 2017, https: //www. whitehouse. gov/briefings – statements/remarks – president – trump – iran – strategy/.

其他问题。协议仅就核论核，从而使得作为强者一方的美国本可通过“议题挂钩”战略得到的收益被大大压缩。伊朗的导弹计划、“支持恐怖主义行为”、地区扩张、侵犯人权等其他美国及其盟友关心的问题一个都没有得到解决。

更令特朗普不满的还在于奥巴马政府达成协议的时点和执行方式。在2015年7月正式达成协议时，国际社会对伊朗的制裁已经执行了近十年，伊朗的对外贸易渠道几乎已被封死。用特朗普的话说“恰逢伊朗政权全面崩溃的前夜”①。据信彼时伊朗因为联合国制裁收紧已在石油日出口量降至100万桶的情况下支撑了一年半，外汇和国库均已见底，财政严峻程度超过两伊战争时期，国内经济低迷、通胀和失业率高企，社会压力紧绷。经济上的压力也是温和派鲁哈尼在2013年得以上台开展和谈，并最终被批准的重要因素。伊核协议的达成向伊朗政府抛出了政治和经济上的“救生圈”。2016年1月，在国际原子能机构确认伊朗已全面履行协议义务后，美欧当日就取消对伊经济、金融制裁，使之得以恢复石油出口，并立即解冻了伊朗1000多亿美元资金。伊朗政府还从美国得到了17亿美元的现金交割，其中绝大部分被装上飞机运回了伊朗。伊朗军费因为协议的达成增长了40%。② 这一次性、预付款式的履约行为不仅使特朗普和共和党不满，60%的民众也认为处理方式不当，特朗普坚信这笔巨款被伊朗政府用在了支持叙利亚和也门内战以及真主党、“哈马斯”等被美国视为恐怖主义组织的活动上，加剧了伊朗的地区扩

① “Remarks by President Trump on Iran Strategy,” White House, Oct. 13, 2017, https://www.whitehouse.gov/briefings-statements/remarks-president-trump-iran-strategy/.

② “Remarks by President Trump to the 73rd Session of the United Nations General Assembly,” White House, Sep. 28, 2018, https://www.whitehouse.gov/briefings-statements/remarks-president-trump-73rd-session-united-nations-general-assembly-new-york-ny/; “Remarks by President Trump on Iran Strategy,” White House, Oct. 13, 2017, https://www.whitehouse.gov/briefings-statements/remarks-president-trump-iran-strategy/.

张行为，从而进一步冲击了美国的地区盟友和地区秩序。

（二）极限施压：对伊朗强硬政策的回归

特朗普政府认为，伊朗是“头号支恐国家”，奥巴马政府企图通过绥靖伊朗来打击“伊斯兰国”的操作无异于前门驱狼后门进虎般的饮鸩止渴。2017 年 5 月，特朗普首次出访中东后不到一个月，亲伊朗的卡塔尔遭到了沙特领衔的逊尼派世界的孤立。9 月，特朗普在第 72 届联大严厉谴责伊朗为“流氓国家”“残暴政权”，利用本应改善民生的资金支持真主党，介入叙利亚、也门内战。10 月，特朗普政府发布了《伊朗新战略》，把伊朗看作是地区动荡的总祸源，从威胁邻国、发展核项目、发展并扩散弹道导弹、支持恐怖主义、支持阿萨德政权、威胁以色列、妨碍波斯湾和红海航行自由、对他国进行网络攻击、非法扣押外国人到严重侵犯人权，伊朗被认为构成了全面威胁。①

随着叙利亚战场反恐任务的基本结束，特朗普的注意力进一步转向伊朗。因为在叙利亚撤军问题上的分歧，蓬佩奥和博尔顿分别接手了蒂勒森和麦克马斯特的位置。两人的上任使得特朗普在政府内部的掣肘大为减少。2018 年 5 月，在法德英俄中五国的反对中，特朗普在白宫签署行政命令正式单方面退出了伊核协议。国务卿蓬佩奥则在传统基金会发表任上首次演说，向伊朗提出了终止制裁的 12 项条件，包括：接受国际原子能机构对包括军事基地在内的全国任何地点的核查，停止扩散弹道导弹特别是发展有核能力的导弹系

---

① “President Donald J. Trump's New Strategy on Iran,” White House, Oct. 13, 2017, https: //www. whitehouse. gov/briefings – statements/president – donald – j – trumps – new – strategy – iran/; “Remarks by President Trump on Iran Strategy”, White House, Oct. 13, 2017, https: //www. whitehouse. gov/briefings – statements/remarks – president – trump – iran – strategy/.

统，停止支持真主党、“哈马斯”“吉哈德”等“恐怖主义组织”，从叙利亚撤出其指挥的所有部队，停止威胁以色列在内的邻国，停止铀浓缩活动、永不从事钚的后处理并关闭中水反应堆等，连核不扩散体制允许的和平利用核能也被禁绝了。目的在于终止伊朗权力的低成本扩张，迫使伊朗在维持国内经济活力与海外扩张之间做选择以改变侵略性行为。①

在政治外交压力以外，一场针对伊朗经济的极限施压全面启动。2018 年 8 月，非能源领域的制裁全面恢复；11 月，能源领域的制裁也得到恢复。2019 年 4 月，特朗普宣布将独立于伊朗国防军直接听命于最高领袖的伊斯兰革命卫队列为恐怖组织。打击革命卫队也是经济极限施压的重要组成部分。革命卫队作为伊朗法基赫体制的捍卫者，不仅掌握军事力量、输出革命，还控制着伊朗经济的核心，把持着制药、电信、石油等支柱行业，还在境外拥有 600 家下属公司，其规模占到伊朗经济总量的 20% 以及除石油以外 57% 的进口和 30% 的出口，是最有权势的经济主体。② 2019 年 5 月，针对伊朗在 2018 年达到 430 亿美元的非石油产品出口领域，特朗普签署行政命令对伊朗政府石油以外最大出口收入来源钢、铁、铜、铝产业进行制裁，进一步收紧缺口。

直接针对石油出口的极限施压也随即开始。美国相信原油出口为伊朗带来了每年约 500 亿美元的收入，使得其有财力在叙利亚、也门扩张，石油清零后的财政压力将中止伊朗的地区攻势并重回谈判桌。而根据伊朗央行公布的数据，伊核协议达成后的三个财年，石油年收入分别达 318.47 亿美元（2015）、557.57 亿美元（2016）、

---

① Michael Pompeo, “After the Deal: A New Iran Strategy,” U. S. Department of State, May 21, 2018, https://www.state.gov/after-the-deal-a-new-iran-strategy/.

② 郭涵：《美国准备将伊朗伊斯兰革命卫队宣布为“恐怖组织”》，观察者网，2019 年 4 月 6 日，https://www.guancha.cn/internation/2019_04_06_496569.shtml。

658.82 亿美元（2017），远超美国预期。[①] 2013 年鲁哈尼政府重回谈判桌的一个背景就是内贾德时期已耗尽了国库积蓄，而 2015 年伊核协议的达成就是伊朗在石油日出口量降到 100 万桶以下坚持了约一年半的时候。[②] 为此，特朗普政府加大了压减伊朗石油出口的努力，对比 2018 年高峰期日出口原油 300 万桶的峰值，截至 2019 年 7 月，伊朗的石油日出口量已不到 50 万桶，达到历史最低。伊朗外长扎里夫 8 月有关伊朗继续履行伊核协议的底线是保障 280 万桶原油日出口量的表态印证了其日益严峻的经济财政压力。更糟糕的是，由于美国以“保甲连坐”式的次级制裁相威胁，尽管许多国家对伊朗抱有同情，也不得不最终屈从于美国的意图。

三、特朗普政府地区政策的困难

从打击“伊斯兰国”到围堵伊朗，特朗普政府中东政策的基本特点已经清晰呈现。他逆转了奥巴马政府的中东政策，却没有改变从中东抽身的战略大方向。相反，少去了意识形态和多边主义顾虑的特朗普政府执行起来更少羁绊，但从目前的成效来看，尽管思路清晰、方向明确、手段凌厉，但依然难言成功。

（一）叙利亚政策的困难

在叙利亚，马蒂斯辞职引发的国内政治危机使得 2018 年 12 月

① 《伊朗中央银行称前一财年伊石油年收入超过 658 亿美元》，中华人民共和国商务部，2019 年 4 月 10 日，http：//www.mofcom.gov.cn/article/i/jyjl/j/201904/20190402851474.shtml。

② 郁红阳、陆瑾、秦天、吴晓芳：《是伊朗问题，非伊朗核问题》，载《世界知识》2019 年第 16 期，第 19 页。

的第一轮撤军无果而终。美军在叙东北部的继续存在不仅阻滞了俄土伊矛盾的激化，也使得美土矛盾代替了土耳其和库尔德人的矛盾。在推翻巴沙尔政府失去现实性后，尽可能削弱乘乱崛起的叙利亚库尔德武装成为土耳其压倒性的利益所在。叙政府军在伊德利卜战场打得越好，土耳其在驱离库尔德武装建立边境安全区问题上对美国的施压就越大。2019 年 10 月，在特朗普与埃尔多安通话后，白宫宣布从叙利亚北部撤军，土耳其则发动“和平之泉”军事行动落实拟议中的安全区，期间一度出现炮轰当地美军的局面，形同驱赶。但无论形势多么狼狈，借着土耳其的军事压力，特朗普终于勉强实现了在叙利亚的基本战略目标。虽然来自国会的压力，使他对土耳其采取了象征性的经济制裁，也被迫将约 500 人的一个营级作战单位以反恐之名留在了叙南部，但美国终于得以重建起在叙利亚的离岸平衡者角色。而且如同特朗普赤裸裸宣称的，这一借口保护油田留下的营级建制得以利用当地石油进行贸易维系自身开支。

随着美国从叙东北部与土耳其武装部队脱离接触的实现，以及叙军在俄空天部队的支持下加紧转向清剿伊德利卜叛军据点，俄土 2018 年达成的伊德利卜非军事区越来越难以维系，土耳其原本指向美国的矛头开始调转指向俄罗斯。2020 年 2 月以来，反对派武装逐渐不支，土耳其军队开始站上冲突的前台，甚至在 3 月里首次发起了针对俄支持下叙政府军的“春季之盾”军事行动。[①] 尽管通过艰难的俄土首脑会晤，双方再度达成停火、建立安全走廊并执行联合巡逻任务的协议，但其本质是维持现状的拖延。考虑到伊德利卜与巴沙尔家族老家、阿拉维派主要聚居地拉塔基亚的毗连性、连接哈马与阿勒颇的战略重要性，以及与塔尔图斯、赫梅米姆两个俄军基

---

① 有关埃尔多安对外政策失败的分析可参见 Semih Idiz, “Idlib and the Collapse of Erdogan's Foreign Policy,” *Al – Monitor*, Feb. 27 2020, https: //www. al – monitor. com/pulse/originals/2020/02/turkey – syria – russia – idlib – collapse – erdogans – foreign – policy. html#ixzz6FPBjQFhZ。

地的邻近性，俄叙一方不可能放弃收复伊德利卜的最终目标。

2019 年 10 月，“伊斯兰国”头目巴格达迪被美军击毙。从长远来看，特朗普政府的叙利亚政策通过彻底击溃“伊斯兰国”和两次不彻底的撤军已经基本成功。尽管两次悍然撤军严重损害了地区盟友对与美国安全关系可靠性的信心，但毕竟使美国甩掉了奥巴马政府政策失误导致的“叙利亚包袱”，避免了与渐行渐远的盟国土耳其矛盾冲突的进一步扩大，而且使自己处在了隔岸观火的离岸平衡者地位。当然，因为土耳其部署 S－400 导致的来自美国国会的制裁压力和自 2016 年“7·15 未遂政变”以来双方在引渡居伦问题上的分歧，特朗普要使美土关系转圜的操作空间并不太大。至于压缩仍然活跃在叙利亚并令以色列芒刺在背的伊朗系军事力量，则只能留待特朗普政府的伊朗战略来实现了。

（二）伊朗政策的困难

“极限施压”目标广泛，希望以收紧制裁制造的经济上的压力为核心迫使伊朗在从核问题、导弹项目、地区扩张等美国所关心的广泛地区议题上做出让步。然而就现实来看，尽管伊朗经济遭受重创，但伊朗“反极限施压”的反制措施一度使得美国实现意图的前景变得越来越不确定。

就“极限施压”运动所针对的伊朗经济来说，这是迄今最成功的部分。2019 年 11 月，伊朗政府因不堪财政压力宣布上调汽油价格并实施配给的决定触发了伊朗 10 年来最严重的反政府示威游行，游行中出现的“不要加沙，不要黎巴嫩，我们只为伊朗”的口号部分体现了美国意图的实现，反映了伊朗民众因为不断加剧的生活困难对政府扩张性地区政策的反对。然而，伊朗政府果断行动，通过全国断网和动用革命卫队平叛的方式迅速恢复了对国内秩序的掌控。

特别是2020年新冠肺炎疫情暴发和沙特、俄罗斯的石油战使得全球油价跌入低谷，低油价给伊朗的地区对手同样带来了巨大压力，相反，伊朗经过近两年的制裁适应反而成了受冲击最小的地区主要国家。某种程度上，疫情通过给伊朗的主要对手带来的经济压力，反而强化了伊朗的地区位置。如果伊朗国内配合进行的“抵抗预算”、币制改革和发展非石油经济的努力能够基本成功，将有助于伊朗承压能力的延长。

在地区安全层面来说，“极限施压”的效果可谓乏善可陈。2019年6月，伊朗大胆筹划出人意料地成功击落一架美国“全球鹰”无人侦察机，并无开战决心的特朗普在以空袭相威胁后又突然找借口叫停了军方的军事报复计划。在应对石油制裁上，伊朗围绕霍尔木兹海峡的威胁从口头转化为行动。6月海峡附近海域发生油轮遇袭，而继7月英国领地直布罗陀扣留伊朗油轮后，伊朗先后在海峡附近抓扣了3艘外国油轮。美国被迫组建“海湾护航编队”保证执行单边制裁，却因为伊朗的报复威胁应者寥寥。在叙利亚和也门战场，伊朗支持的力量攻势凌厉，巴沙尔政权正在取得对反对派武装的最后阶段胜利，胡塞武装更是在伊朗装备支持下不断给沙特领导的阿拉伯联军以沉重打击。特别是胡塞武装在2019年9月动用无人机对沙特主要产油基地的成功袭击，不仅使特朗普当局颜面尽失，还被认为严重损害了美国对地区安全承诺的可信度。① 甚至是在伊拉克，通过什叶派的宗教纽带，伊朗也正在给美国稳定伊拉克局势的努力制造越来越多的麻烦，伊拉克议会一度通过要求美国撤军的议案。特朗普政府唯一有力的反制就是定点清除了负责伊朗地区作战任务的革命卫队少将苏莱曼尼，但如同批评者指认的特朗普指控其死亡

---

① Hal Brands, Steven Cook, and Kenneth Pollack, “Why America Shouldn't Abandon the Middle East,” *Foreign Policy*, Spring 2020, pp. 50 – 57.

是对伤害美国军事承包商的报复而非伊朗地区扩张的反制，事实上再次损害了美国的可靠地区安全形象。对于伊朗对美军事基地的报复行为，特朗普政府也仅以追加制裁相回应，甚至庆幸没有造成人员流血伤亡，这都再度证实其“极限施压”政策中战争威胁的恐吓性质。

在政治外交层面，由于美国将伊朗视为地区麻烦的总根源，除了核问题还希望通过对伊“极限施压”达成掩护偏袒以色列的“中东和平新计划”（俗称的“世纪协议”）的落实、组建新的地区同盟改造地区秩序等多重目的，评判的视角也需要放的更宽。就核心的伊朗核与导弹问题来讲，尽管伊朗并不愿意推翻核协议，但自 2019 年 5 月以来，伊朗分别在 2019 年 7 月、9 月、11 月和 2020 年 1 月已分五阶段突破了伊核协议对其在浓缩铀持有量、丰度和可运行离心机数量上的限制；导弹发展上，尽管也遭遇了 2019 年 1 月以来连续四次的卫星发射失败，但也在 2020 年 4 月成功将首颗军用卫星送入预定轨道。这显示了伊朗在制裁下继续推进核与导弹项目的能力。“世纪协议”尽管因为阿拉伯世界的分裂没能遭到有效抵制，但完全破坏了美国藉由几十年中东和平进程确立起来的中间人角色，几乎没有国家包括其欧洲盟友持有赞同的立场。至于借助敌视伊朗重组地区联盟的努力更是乏善可陈。期待中的将北约扩大到中东、由北约盟友代替美国更多承担起地区责任的构想，并没有得到北约盟国的积极响应。美欧在伊核、巴以问题上的政策分歧越来越大，同为北约盟国的土耳其在叙利亚的军事行动也引来法德英等欧洲国家更多的不满。即便是在地区内部，借由升高伊朗问题撮合以色列与沙特、埃及等地区温和派国家组成联盟的努力也进展甚微。

四、结语

虽然对“伊斯兰国”的战争取得了胜利，美国在叙利亚“离岸平衡者”地位也基本得以重建，但其战略收益还未显现。更重要的，伊朗才是整个特朗普中东政策的重中之重，衡量其中东政策整体成败也更多地取决于“极限施压”运动的成效。至少从目前来看，除了经济上承受的压力，伊朗在其他各方面的抵抗依然强劲有力，相反是特朗普政府所倚仗和扶植的沙特等伊朗的地区对手更早出现了“体力不支”。尽管即将到来的2020年大选本身不应是评价的最终标准，但考虑到现如今美国国内高度极化的党派政治和建制派在更大范围内的存在，处在僵持状态的特朗普中东政策的命运越来越依赖于其能否获得连任的大选结果。

（本文发表于《战略决策研究》2020年第5期，此次收入书中进行了部分删减——作者）

特朗普政府北极地区安全化政策探析

王思淇　吴　雪*

【内容摘要】随着北极战略价值上升和美国国家安全战略的调整以及国际局势的变化，特朗普执政时期，美国对北极地区政策强调安全化。其政策目标包括：维护美国国家安全，维持北极地区力量平衡以及维持公共区域自由开放。其实质是排斥域外国家，维护自己的小圈子。为此，美国不断提高在北极地区的行动力和威慑力，致力于建立基于规则的北极秩序，加强北极事态感知能力以及与北极盟友的合作。这一政策的实施强化了北极理事会对域外国家的排斥，加剧了其内部的分化，削弱了该组织的决策能力。同时，对中俄“冰上丝绸之路”的倡议和建设都造成了诸多阻碍。

【关键词】北极　特朗普政府　安全化　大国竞争　北极治理

近年来，随着全球气候变暖，北极的生态环境正在发生着永久性改变。由于北极航道和能源的巨大价值，相关国家围绕北极展开的行动越来越频繁。2013 年，奥巴马出台历史上首份美国《北极国家战略》，正式将北极战略上升为国家高度。在特朗普执政时期，美国对北极的政策强调安全化，尤其值得关注和研究。

* 王思淇，国际关系学院 2021 级国际政治专业硕士研究生；吴雪，国际关系学院国际政治系讲师。

“安全化意味着某些行为体，将原本不属于政治范围内的公共领域事务，当作严重的威胁，并采取紧急措施应对，即使这些措施超出了正常的限度也仍被认为是正当的。”[①] 因此，如果某项事务被“安全化”，首要条件就是它本身成为一种威胁。一旦某项事务在被“安全化”后，国家政府在做各项决策时，将会给予该事务更高的优先级，统治者会投入更多的资源到该事务中。从特朗普政府对北极政策的目标、内容和动因中可以明确看出美国已将北极地区政策安全化。

一、特朗普政府北极地区安全化政策的目标、内容与措施

特朗普上任后，美国军方和安全等相关部门出台了一系列政策文件，阐述北极政策的目标与内容。2019 年 4 月，美国海岸警卫队发布了《北极政策展望》文件；同年 6 月，国防部发布新版《北极战略报告》，替代 2016 年版本；2020 年 7 月，美国空军发布了属于该部门的《北极战略报告》；2021 年 1 月，美国海军和美国国土安全部发布了各自最新的北极政策文件。一系列的政策报告组成了特朗普政府北极政策的框架。这些报告虽出自不同部门，但其形成基础均来自 2017 年美国《国家安全战略》报告和 2018 年美国《国防战略》报告：这些报告都是建立在对大国战略竞争形势认可的背景之下，具有极强的对抗性色彩，突出了北极地区对美国安全的威胁性，强调军事竞争优势的重要性，这种认知构成了美国北极地区安全化政策的基础。

---

① ［英］巴瑞·布赞、奥利·维夫、迪·怀尔德著：《新安全论》，朱宁译，杭州：浙江人民出版社，2003 年版，第 32—33 页。

（一）目标

从特朗普政府出台的针对北极地区的政策报告中可以看出美国北极地区安全化的目标是：

首先，维护美国国家安全。历任美国政府把维护国家安全作为北极政策的核心目标，特朗普政府继承了这一目标。2019 年美国国防部《北极战略报告》中明确指出，美国在北极地区的国家利益主要包括主权利益和国土利益，并强调："北极是攻击美国国土的潜在媒介。中国和俄罗斯在各自的领域都提出了不同的挑战，但都在寻求在北极的活动和能力，这可能会给本国带来风险。"[①] 从地理角度分析，北极也是战略要地，因为它构成了通往美国的北方通道，北极地区包括美国的北部区域，这为其他国家进攻美国本土或是力量投射提供了潜在载体，北冰洋与太平洋大西洋的连接口，成为海上战略走廊，需要美国重点关注。

其次，维持北极地区力量平衡。美国认为，目前自身北极地区实力已经远远落后于中俄。2019 年《北极战略报告》声称：国防部目前所要解决的核心问题，就是美军相对于中俄竞争优势的削弱。[②] 北极地区力量的失衡，可能会导致安全局势的恶化，导致美国没有足够的实力维护自身利益。

最后，维持北极公共区域自由开放。由于北极航道及自然资源价值凸显，北极国家以及域外国家均加强了对北极权利的主张。美国认为众多国家的主张破坏了北极地区作为一个公共区域的本质，

① DOD, "2019 Report to Congress Department of Defense Arctic Strategy," https: //media. defense. gov/2019/Jun/06/2002141657/ -1/ -1/1/2019 - DOD - ARCTIC - STRATEGY. PDF.

② DOD, "2019 Report to Congress Department of Defense Arctic Strategy," https: //media. defense. gov/2019/Jun/06/2002141657/ -1/ -1/1/2019 - DOD - ARCTIC - STRATEGY. PDF.

北极是一个众多国家有着共同利益的区域，而有些国家，如俄罗斯和加拿大的一些做法在蚕食北极地区公共区域的开放性。美国因此需要与北极国家开启建设性的合作，以应对共同挑战和危机。

（二）内容与措施

在新的大国竞争背景下，特朗普政府的北极政策内容主要包括提高行动力和威慑力；建立有利于美国的以规则为基础的秩序；加强北极事态感知能力，提高行动力；加强与盟友的合作。

1. 提高行动力和威慑力

行动力和威慑力是美国维护自身利益的核心方式，威慑力保证美国可以挫败大国的侵略或侵略意图，确保美国的核心利益不被侵犯，而强有效的行动力则是威慑的基础。美国认为在北极地区，自身的威慑力和行动力远远落后于俄罗斯，因此美国注重用军事手段提高这两种能力。

（1）加强军事部署

美国认为，目前美方在北极的核心问题，是军力上相对于中俄竞争优势的削弱。[①] 加强军事建设虽然是重点目标，但美国并不准备与俄罗斯在北极地区展开军备竞赛。美国所追求的是基于国家利益、国防战略目标和优先事项、国防部的北极目标、北极地区的新威胁和其他关键竞争领域，有针对性地进行加强，而不是基于平等的方法，寻求接近竞争对手的能力和单位、系统或基地的数量。[②]

美国空军在阿拉斯加州拥有两个大型空军基地——埃尔门多

---

① DOD, "2019 Report to Congress Department of Defense Arctic Strategy," https://media.defense.gov/2019/Jun/06/2002141657/-1/-1/1/2019-DOD-ARCTIC-STRATEGY.PDF.

② DOD, "2019 Report to Congress Department of Defense Arctic Strategy," https://media.defense.gov/2019/Jun/06/2002141657/-1/-1/1/2019-DOD-ARCTIC-STRATEGY.PDF.

夫－理查森联合基地和艾尔森空军基地。美国计划在艾尔森空军基地部署最先进的“F－35”战机，一旦部署完成，阿拉斯加将成为全世界最先进的战斗机基地，具备高效的力量投射能力。[①] 美国空军还将加强北极上空的导弹防御能力，研究新型雷达技术。2020 年 7 月，参议院军事委员会通过了《2021 财年国防授权法案》，其中要求对与加拿大合作的北方预警系统的基本情况进行分析，并制定一套行之有效的现代化方案。这将进一步强化美国空军在北极的空中作战能力以及先期预警能力。

2018 年 5 月，美国海军宣布重建第二舰队。2019 年 9 月，美国海军又宣布重建第二潜艇大队。第二舰队和第二潜艇大队作为一支整体力量出现，其整合有助于提高美国在北大西洋以及北极的行动力和威慑力。2019 年 12 月，第二舰队宣布完全建立作战能力。这意味着第二舰队可以展开完全的军事行动，应对威胁挑战，参与北极地区的大国竞争当中。

（2）加强演习训练

2016 年到 2020 年，美国海军开展了三次代号为“ICEX”的北极冰上演习，旨在研究、测试、评估和提高美国海军在北极的军事作战能力。2018 年 3 月，美军于阿拉斯加州举行了“极地先锋－18”军事演习，参演部队包括空军、海军陆战队等，约 1500 人参与，目的是提高极寒天气下的行动能力。2020 年 2 月，美军于阿拉斯加州举行“北极鹰－2020”军事演习，参演部队囊括了来自 15 个州的约 900 名空军和陆军国民警卫队士兵、国土安全部、紧急事务管理局等政府机构以及医疗、社会民间团体，参演范围十分广泛。演习期间各机构在北极的极寒条件下持续开展行动。

① “Arctic Strategy of Air Force 2020,” https://www.af.mil/Portals/1/documents/2020SAF/July/Arctic Strategy.pdf.

（3）更新极地装备和基础设施

2020 年 12 月，美国国会以压倒性的多数票通过的《2021 年国防授权法案》决定，将提供资金建造 6 艘破冰船，用于取代目前服役的 2 艘。[①] 如果进行顺利，第一艘破冰船将于 2024 年交付美国海岸警卫队，其余船只将依次完成。这体现了特朗普政府对于北极行动力建设的关注与支持，这也将在未来极大增强美国的北极行动力。

基础设施关乎美军在本土运动的能力以及全球力量投射的能力。国防部持续与多方合作，建设弹性基础设施，即有较强的应对环境变化能力、抗不对称攻击能力以及恢复能力。为了行动的有效性，在海上实现信息共享，就必须克服北极的关键通信缺口。高纬度地区无线电信号传播差、地磁干扰、陆地基础设施匮乏、卫星覆盖和带宽有限。北美航空航天防御司令部，北方司令部及其下属的阿拉斯加司令部会同海岸警卫队不断寻找支持跨部门和联合努力的方法，以提供更可靠的通信解决方案，改善北极地区的国家通信基础设施。海岸警卫队也积极加强极地地区海洋运输基础系统建设，通过与公共和私营部门合作开发新技术，利用治理模型和部署现代航标和海洋信息系统提高极地运输能力。

2. 建立基于规则的北极秩序

目前，在北极地区，尚未形成一种明确的地区性国际规则，来规范各国行为，实际上北极处于一个“秩序真空区”的状态。奥巴马执政后期，美国利用北极理事会轮值主席国身份，以气候问题为切入主动塑造领导权。特朗普政府则更进一步，直言要建立“基于规则的北极秩序”。但该秩序具有极大的限制性，秩序标准的建立成为美国“一言堂”，事实上是极度排外的“小圈子”。

---

① “NDAA Loaded with Icebreakers Satellite Funding for Sharper Arctic Focus,” https://breakingdefense.com/2020/12/ndaa-loaded-with-icebreakers-satellite-funding-for-sharper-arctic-focus.

首先，美国持续拉拢盟友，建立“基于规则的国际秩序”。美国通过领导人访问、召开双边会议、举办定期防务接触论坛（如美国欧洲司令部领导的军方对军方人员会谈和政策领导的双边研究小组和战略对话）、实施双边路线图和意向声明等形式，加强了与北极盟友和伙伴的合作。在外交上，美国经常参加由北欧防务合作和北方集团主导的论坛以及北极安全部队圆桌会议。海岸警卫队积极参与北极理事会下的各种合作协议，极力发挥领导作用，积极参与国际海事组织以及北极海岸警卫论坛等多边行动论坛；[①] 在军事上，美国极力强调北极盟友和北约的紧密联系。美国将北极安全纳入北约合作机制，集体防御原则同样适用于北极的北约成员国。2018 年 6 月，北约成立诺福克联合部队司令部，主要针对美国东海岸至北极，覆盖格陵兰岛—冰岛—英国一线的作战计划。2020 年 9 月，诺福克联合部队司令部宣布初步形成作战能力。这些举措加强了美国及其盟友的集体防御，扣紧了“小圈子”。

其次，美国极力排斥中俄两国在北极的活动。美国认为中俄两国的活动会“影响北极地区和平稳定的秩序”[②]。美国认为的“基于规则的秩序”主要由“遵守国际法，遵守航行和飞行自由”[③] 构成。其中航行自由又是重中之重。美国认为，航行自由对于美军保持在全球范围内的机动性至关重要。[④] 因此，美国将严惩它所认为的违反“航行自由为基础”的国际法的行为。俄罗斯规定，任何船只在进入北极水域前，必须向北方航道管理局提出申请，待批准后方可通行，

---

① United States Coast Guard, “Arctic Strategic Outlook,” April, 2019, https: //www. uscg. mil/Portals/0/Images/arctic/Arctic_Strategic_Outlook_APR_2019. pdf.

② United States Coast Guard, “Arctic Strategic Outlook,” April, 2019, https: //www. uscg. mil/Portals/0/Images/arctic/Arctic_Strategic_Outlook_APR_2019. pdf.

③ 贺先青：《特朗普政府的南海政策：话语、行为与趋势》，载《南洋问题研究》，2018 年第 3 期，第 69 页。

④ DOD, “2019 Report to Congress Department of Defense Arctic Strategy,” https: //media. defense. gov/2019/Jun/06/2002141657/ -1/ -1/1/2019 - DOD - ARCTIC - STRATEGY. PDF.

如果违反，俄罗斯可以选择使用武力。美国认为这一行为是典型的过度海洋主张，违反了《联合国海洋法公约》以及“航行自由”，出于维护“国际秩序”，美国声称将在有必要时，对合法的海洋权利进行维护。中国在北极的大部分活动同样遭到美国排斥。美国认为中国试图通过经济杠杆改变北极治理，也不承认中国“近北极国家”的身份。[①] 中国正常的商业活动经常被负面解读，被认为是一种“掠夺性经济行为”。目前流传较广的抹黑中国的论调为“中国北极掠夺论”，认为中国在巨大人口数量之下，必然要对资源进行掠夺。在这种论调下，中国在北极的经济性活动容易被攻击抹黑。另外，针对“冰上丝绸之路”的“债务陷阱论”直指中国北极开发建设。2019年，在北极理事会部长级会议上，美国国务卿蓬佩奥称中国“冰上丝绸之路”相关的投资建设活动，是针对北极各国的“债务陷阱”，极大阻碍了中国在北极地区的经济活动。

3. 加强北极事态感知能力

有效探测北极地区威胁的能力，是应对战略竞争对手活动或者主动出击的先决条件。[②] 这里所说的威胁，不仅仅来源于战略竞争对手的导弹或其他方式的威胁，也来源于北极恶劣的气候环境。可以说，探测恶劣气候变化带来的威胁，是一切行动和应对的基础。其有效运作仍然要依靠基础军事设施，但在这方面，美国自认为落后于俄罗斯，因此在特朗普时期，美国加大了相关投资，并提出了一些较为先进的概念来引导该能力的建设。

美国提出要启用“域意识”，将其作为提高北极地区事态感知能力的首位。它是以雷达预警系统的主要手段，针对北美北部空域和

---

① DOD, “2019 Report to Congress Department of Defense Arctic Strategy,” https://media.defense.gov/2019/Jun/06/2002141657/-1/-1/1/2019-DOD-ARCTIC-STRATEGY.PDF.

② DOD, “2019 Report to Congress Department of Defense Arctic Strategy,” https://media.defense.gov/2019/Jun/06/2002141657/-1/-1/1/2019-DOD-ARCTIC-STRATEGY.PDF.

海上通道区域进行有效监视，实际上就是加强识别区的识别能力。目前美国这一能力主要依赖于前文所提及的与加拿大合作的北方预警系统的雷达系统。该系统已经严重老化，其探测威胁和保卫美国的能力，已难以应对战略竞争对手快速提升的能力的挑战。美国因此通过法案对其进行现代化改造，以提升有效探测跟踪俄罗斯先进的巡航导弹和高超声速滑翔飞行器的能力。同时，美国通过加强与英国和挪威在 P－8 巡逻机方面的合作，加强对 GIUK 海峡和北大西洋的监视，最终增强域意识。

2021 年美国海军在其《蓝色北极——北极战略蓝图》中提出增强“指挥、控制、通信、计算机、网络、情报、监视和侦察（C^5ISR）”能力。[①] C^5ISR 是在北极展开行动的基石。在极地地区，由于特殊位置，太阳和磁场影响造成的大气干扰会弱化高频无线电信号，这使得以无线电为基础的通信能力面临挑战。因此美国将加强构建可在高纬度地区操作的通信和数据网络，这需要建立一个地面、空中以及太空层动态的通信体系结构。其中，地面和空中的通信结构都必须要能适应恶劣的北极气候条件，例如不断结冰、融化这一循环过程以及－60°F 的低温。

4. 加强与北极盟友的军事合作

2019 年国防部《北极战略报告》称：“与盟友和伙伴的合作是这一战略方针的基石。”[②] 在大国竞争背景下，美国通过多种方式加强与盟友的合作，以应对来自战略竞争对手的挑战。

（1）提高相互可操作性

相互可操作性是一个比较抽象的概念，简单来说，就是共享。

---

① Department of the Navy, “A Strategic Blueprint for the Arctic,” https://media.defense.gov/2021/Jan/05/2002560338/－1/－1/0/ARCTIC%20BLUEPRINT%202021%20FINAL.PDF/ARCTIC%20BLUEPRINT%202021%20FINAL.PDF.

② DOD, “2019 Report to Congress Department of Defense Arctic Strategy.” https://media.defense.gov/2019/Jun/06/2002141657/－1/－1/1/2019－DOD－ARCTIC－STRATEGY.PDF.

美国空军认为："在北极地区，由于地形、有限的访问和低密度的领域感知资产，互操作性尤其关键。"① 提高相互可操作性，即是要在有限的认知、基础设施等条件下，通过盟友之间共享知识、装备设施，加强合作互通，将有限条件所能发挥的效用最大化。这使得美国及其盟友在日常竞争或是面临危机时，能够高效无缝运作。这对于美国目前在北极有限的投入，以及建设落后于俄罗斯的情况下，是非常有益的。

这一概念尤其为美国空军所强调。因为在北极地区的所有美国军事资产中，有79%属于空军和太空部队。② 这体现出了美国空军对北极地区资产设备占据主导支配权的地位。2020年6月18日，美国两架B-2战略轰炸机从密苏里州的怀特曼空军基地起飞，经历25小时的长途飞行，飞到北极圈以北的区域后，与挪威两架F-35战机在挪威海峡汇合，进行了相互操作性训练，这是B-2轰炸机首次飞到这么远的北方。③ 在北极地区，美国及其盟友开发了一系列概念、战术、技术和程序供美国及其盟友的联合部队使用，同时挪威和丹麦增加购买F-35战斗机能极大提高相互可操作性。2021年2月18日，美国空军代理秘书长约翰·P. 罗斯与丹麦、芬兰、挪威和瑞典四国国防部长签署了一份意向书，意向书主要是关于继续开展"北极圈挑战"军事演习的相关内容，以提高相互可操作性并支持集体防御和威慑。一系列行动展示了美国及其盟友对于提高相互行动的协调性的重视。

（2）加强与盟友的演习和训练

美国不断与盟友在北极展开军演，向竞争对手示威，"秀肌肉"

---

① "The Department of the Air Force Arctic Strategy," https://www.af.mil/Portals/1/documents/2020SAF/July/ArcticStrategy.pdf.

② "Flexing in the Arctic," https://www.airforcemag.com/article/flexing-in-the-arctic/.

③ "Flexing in the Arctic," https://www.airforcemag.com/article/flexing-in-the-arctic/.

的同时展示其“朋友圈”。2018 年 10 月 25 日，北约内部举行了名为“三叉戟接点”的联合军演，这是自冷战结束以来，北约举行的规模最大的一次军演。演习参与国家包括北约 29 个成员国，以及瑞典、芬兰两个北约伙伴国。演习范围涉及陆、海、空和网络作战。主要演习地点在挪威地区。演习出动了总共约 5 万名士兵、1 万辆军车、250 架飞机以及 65 艘舰船。美国海军甚至派出了“哈里杜鲁门”号航母参加演习。尽管北约曾声明，军演目标是确保北约部队得到训练，能够共同作战，并随时准备应对来自任何方向的任何威胁，称该演习不针对任何国家。但该演习还是引起俄罗斯的高度关注。在大国竞争背景下，北约作为军事集团直接插手北极事务，意味着北极地区成为北约集团重要利益点，成为特朗普政府实行北极地区安全化政策的重要标志。

除此以外，美国还牵头一系列双边或者北约内部小范围的军演。2018 年 5 月 7 日，美国与芬兰展开联合军演，主要针对陆军机械化部队的攻击能力和协同行动进行训练。① 2019 年 5 月 8 日，美国与挪威展开联合军演，主要是海军陆战队进行快速突击艇演习，双方就极地战术进行交流切磋，以提高协作能力。② 2020 年 6 月 29 日，美国及其北约盟友在冰岛展开一次大型反潜演习，名为“活力猫鼬 - 2020”，参演军种主要是海、空及水下反潜力量，美国海军此次派出了“罗斯福”号（DDG - 80）导弹驱逐舰、“印第安纳”号（SSN - 789）攻击型核潜艇以及两架 P - 8A“海神”海上巡逻机参加演习。此次演习很明显是针对俄罗斯的水下力量开展。同年 8 月 4 日，美国与加拿大、法国、丹麦共同展开“2020 纳努克行动”，在北极地

① 《美国芬兰举行联合演习》，搜狐网，2018 年 5 月 28 日，http：//www. sohu. com/a/233167343_99913292。

② “Recon Marines Conduct Exercise Platinum Ren 2019,” June 3，2019，https：//www. military. com/video/recon - marines - conduct - exercise - platinum - ren - 2019.

区进行机动和作战训练。通过联合军演，美国希望表现出对于盟友以及多边合作的坚定承诺，承担起美国的责任。

二、特朗普政府北极地区安全化政策的动因

特朗普执政时期，美国北极政策安全化倾向的主要动因有以下两个方面：

（一）北极战略价值的上升

导致北极战略价值上升的关键因素是自然环境的变化。近年来，随着全球气候变暖，北冰洋开始逐渐融化，这使得在现有技术下，船运通行将变得顺畅，资源开采难度大幅降低。因此，北极地区的战略价值大幅上升。

1. 北极航道价值凸显

北极航道是指北极地区，连接太平洋和大西洋以及欧洲、亚洲和北美洲的三条海上航道的统称，三条航道分别为东北航道、西北航道以及中央航道。东北航道是沿俄罗斯北部海岸的航道，西北航道是沿加拿大北极群岛海域的航道，中央航道是直接穿越北极点的航道。目前，由于中俄“冰上丝绸之路”倡议的实施，东北航道开发较好，西北航道次之，开发难度最大的是中央航道。

作为未来潜在的重要运输航道，北极航道的意义主要有以下几个方面：

一是产生巨大经济战略价值。随着北极航道的开发并投入商业运营，远洋运输线路航程将比传统航程大大减少，运输成本也将大大降低，运输效率将得到提高，进而改变远洋运输格局。例

如，相较于传统苏伊士运河航线，东北航道将使得横滨到鹿特丹的航程缩短6500海里、节省40%航程；相较于传统巴拿马运河航线，西北航道将使得西雅图到鹿特丹的航程缩短2000海里、节省25%航程。[①]

二是提高远洋运输的安全性。目前，经过传统苏伊士运河航线的船舶都不可避免地经过海盗活动猖獗的亚丁湾海域，途径此处的商船面临巨大的风险。而北冰洋地理位置特殊，人迹罕至，基本不会面临海盗的威胁。同时，传统航道极易通过中东、波斯湾等政治局势较为复杂的地区，频繁的战乱也对途径的商船构成安全风险，而北极航道沿途的国家数量较少，且都是经济发达、政治稳定的国家，国家间关系较为简单，不存在复杂的地缘政治关系，此处通航安全系数较高。另外，目前国际上最繁忙的航线，例如作为联通亚欧的必经之路的苏伊士航线来往船只较多，容易发生拥堵碰撞事故，已日渐不堪重负，而北极航道的开发将大大分散运输密度，提高航道安全。

三是永久性改变地缘政治格局。远洋运输中，由于路途通常较为遥远，运输目的较为多样，航运船只不可能出发后一次性到达最终目的地，势必要在中途停靠进行补给、转运或者进行贸易。因此在北极航道投入使用后，在东北航线和西北航线路途中，必然会聚集新的人口，产生新的港口城市，进而催生一个个新的战略地缘支撑点。新港口城市所在国的地缘政治影响力将大幅上升。

2. 北极资源争夺加剧

北极地区蕴藏着丰富的战略自然资源。据美国地质勘探局公布数据显示，北极地区已探明的石油储量达到900亿桶，占全球石油

---

① Scott G. Borgerson, "Arctic Meltdown: The Economic and Security Implications of Global Warming," *Foreign Affairs*, March/April 2008, pp. 63-77.

储量的13%；天然气47万亿立方米，占全球天然气储量的30%；可燃冰440亿桶；稀有矿土资源储量的价值约1万亿美元。[①] 再加上北冰洋的平均水深较浅，超半数大陆架区水域深度不超过50米，非常利于能源开发。因此只要开采环境改善，以现有技术就可以实现对战略资源的有效开发。

近几年，围绕北极资源开采，各国的竞争日渐激烈。特别是俄罗斯在开采规模和开采技术的成熟度方面都处于世界领先水平。2017年12月8日，由其主导的亚马尔天然气项目正式投产。该项目从一开始就吸引到了包括中国在内的众多国家开发合作。2019年9月5日，俄方又宣布，将联合中法日三国，在北极圈共同启动大型液化天然气项目“北极LNG－2”，预计2023年实现天然气出口。2020年3月5日，普京总统签署《2035年前俄联邦北极国家基本政策》，以国家战略的高度着重强调了要保障战略能源开发，促进北极发挥战略资源库作用，开发北极地区资源。

（二）特朗普政府国家安全战略调整及国际局势的变化

美国国家安全战略的调整和国际局势的深刻变化，是特朗普政府北极地区安全化政策的关键因素。国际局势的深刻变化导致美国国家安全战略转向，从反恐时代进入大国竞争时代，这一指导思想的变化，主导了北极地区政策的形成与特点。

1. 美国国家安全战略调整的导向作用

2017年12月18日，特朗普政府发布了任期内首份《国家安全战略报告》，报告称“美国将回应在全世界范围内面临的日益增长的

① USGS, “Assessment of Undiscovered Oil and Gas in Arctic,” http://energy.usgs.gov/Arctic/1243htm.

政治、经济和军事竞争”。[①] 随着2018年《国防战略》报告、2018年《核态势评估报告》以及2019年时隔9年再次发布的《导弹防御评估报告》等一系列纲领性文件的颁布，特朗普政府的国家安全战略已经非常清晰，美国已经从反恐时代回到大国竞争时代。其导向作用主要体现在以下两个方面：

一是认知上将中俄视为主要竞争对手。2017年《国家安全战略报告》前言部分开篇即指出：“中俄正在挑战美国的权力、影响力和利益，试图侵蚀美国的繁荣和安全”，将中俄定性为“修正主义国家”。[②] 这意味着中俄已经替代恐怖主义，成为美国国家安全利益最大的威胁。美国将同中俄在各个领域展开全面竞争，特别是在中俄发展较快的领域。例如，在北极，美国认为自身已经“落后于”中俄，特别是“美军针对中俄的竞争优势正在逐渐消失”[③]。美国将在北极地区与中俄展开竞争，建立美国主导下的规则秩序，以确保美国国家安全利益。

二是策略上坚持“美国优先”。特朗普从竞选时就坚持“美国优先”。区别于“利益共享、风险共担”的传统主流价值观，“美国优先”最大的特点就是排他性。在国家安全层面，体现在“以实力求和平”的思维，在美国全球影响力和实力均相对下降，而面对的竞争对手日益强大的背景下，特朗普认为美国必须转变思想，国际合作无法保障美国的安全，只有增加军费开支，加强军力建设。北极地区亦是如此，重建“第二舰队”，更新军用设施，特别是网络通信设施，增强自身实力，来达到“美国优先”的结果。

---

① “National Security Strategy of the United States of America,” 2017, https://www.whitehouse.gov/wp-content/uploads/2017/12/NSS-Final-12-18-2017-0905.pdf.

② “National Security Strategy of the United States of America,” 2017, https://www.whitehouse.gov/wp-content/uploads/2017/12/NSS-Final-12-18-2017-0905.pdf.

③ DOD, “2019 Report to Congress Department of Defense Arctic Strategy,” https://media.defense.gov/2019/Jun/06/2002141657/-1/-1/1/2019-DOD-ARCTIC-STRATEGY.PDF.

2. 北极大国竞争态势加剧

随着北冰洋气候变暖，冰雪消融，北极航道的价值和开发能源的吸引力大幅上升，各国围绕北极开发展开的竞争愈发激烈，其中包括北极航道的抢占、北极经济开发以及军事力量部署。现实的竞争给了美国相当大的压力，美国自认为在北极开发方面已落后于中俄。同时，美国认为，北极的安全环境对美国国家安全有直接的影响，北极是大国战略竞争的潜在走廊，是扩大大国竞争、攻击美国本土以及向美国投射军事力量的潜在载体。① 竞争态势的加剧直接导致了特朗普北极政策的形成。

2018 年，中国首次公布《北极政策》白皮书，阐明了中国在北极的政策目标、行动基本原则以及政策主张，表明中国将正式参与到北极事务当中。在 2019 年美国国防部发布的《中国军力报告》中，增添了一个特别板块：“中国在北极”。报告指出中国在北极主要利益是“获取自然资源、确保北极海上航道安全以及在北极事务上树立负责人大国的形象”②。2018 年 12 月，美国斯坦福大学胡佛研究所发布的题为《中国抓住了北极的地缘机会》的报告，指出“2012 年到 2018 年间，中国在北极的投资项目金额达到了 890 亿美元，而同期北极地区总投资大约在 4500 亿美元”③。

俄罗斯目前在北极建设积极性和实际成效上都是领先的国家。图 1④ 通过破冰船、科考船、核潜艇、军事基地以及盟友五个指标，

---

① DOD, “2019 Report to Congress Department of Defense Arctic Strategy,” https://media. defense. gov/2019/Jun/06/2002141657/ - 1/ - 1/1/2019 - DOD - ARCTIC - STRATEGY. PDF.

② “Annual Report to Congress Military and Security Developments Involving the People’s Republic of China 2019,” https://media. defense. gov/2019/May/02/2002127082/ - 1/ - 1/1/2019 _ CHINA _ MILITARY_POWER_REPORT. pdf.

③ Mark E. Rosen, David Slayton, “China is Seizing the Geopolitical Opportunities of the Melting Arctic”, *The Hill*, December 30, 2018, https://thehill. com/opinion/international/357863 - china - is - seizing - the - geopolitical - opportunities - of - the - melting - arctic.

④ 徐良超：《北极安全战略环境及中国的政策选择》，载《亚太安全与海洋研究》，2021 年第 1 期，第 18 页。

比较了中美俄三国在北极的综合能力，可以看出在北极的竞争中，俄罗斯占据了绝对的优势。

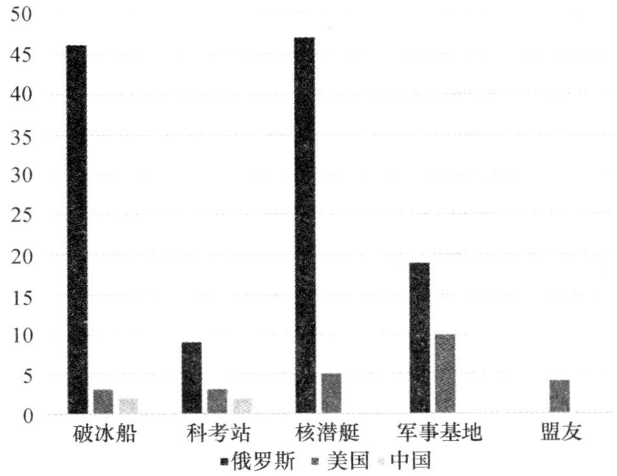

图 1　中美俄三国在北极的综合能力

2019 年 12 月，俄罗斯公布了《2035 年前北方航道基础设施发展规划》，其中明确了俄罗斯在北极的发展方向与重点，强化北方航道在北极战略的重要地位。俄方希望通过此规划，将北方海航道的年货运量提升至 8000 万吨。[①] 2020 年 3 月，普京签署了《2035 年前俄罗斯联邦北极国家基本政策》，界定了俄罗斯在北极的核心利益，并制定了详尽的评估指标。报告指出，为应对北极各国频繁的政治经济活动，将进行大规模的军事部署，包括在北方部署现代化武器，建立军事基地，部署防空导弹和反导系统。[②] 同时，俄罗斯还将对北

① Alte Staalesen, "Russian Arctic Developers Present a New Dazzling Target for Northern Sea Route," April 10, 2019, https://thebarentsobserver.com/en/arctic-industry-and-energy/2019/04/russian-arctic-developers-present-new-dazzling-target-northern.

② ЕлизаветаФролова, "ВАрктикепостроилиуже475российскихвоенныхобъектов," https://newsland.com/community/5234/content/varktike-postroili-uzhe-475-rossiiskikh-voennykh-obektov/6678032.

极地区的基础设施装备进行更新，包括对水文测量船进行现代化改造，发射高轨道通信卫星和地球遥感卫星，在港口建设紧急情况管理中心，建造搜救船以及搜救飞机。

其他北极国家也在加快活动。2009 年 12 月，加拿大即对西北航道宣示主权，认为西北航道水域属于加拿大内水。[①] 加拿大加强北极部队的机动性和投射范围，扩大防空识别区并开展联合演习，计划设立“北部预警系统”雷达监视网络，投入“CP－140”预警机开展北极巡航任务。丹麦将格陵兰岛和法罗群岛司令部合并为北极联合司令部，提出组建模块化北极快速反应部队和军事巡逻队。挪威和北约每两年在北部举行“寒冷挑战”演习，应对北极的潜在军事威胁。丹麦、挪威和瑞典计划组建联合快速反应部队，监视和威慑各国在北极的活动。

三、特朗普政府北极地区安全化政策的影响

特朗普政府北极地区安全化政策的影响主要集中在北极治理方面，具体体现在以下几个方面：

（一）对北极理事会的影响

北极理事会成立于 1996 年，是北极治理中最重要的国际多边组织。它主要负责为北极国家协调处理北极事务、开展北极治理提供交流沟通平台，主要活动开展形式为论坛。核心成员国为美国、俄

① DOD, “2019 Report to Congress Department of Defense Arctic Strategy,” https://media.defense.gov/2019/Jun/06/2002141657/－1/－1/1/2019－DOD－ARCTIC－STRATEGY.PDF.

罗斯、加拿大、冰岛、芬兰、丹麦、瑞典和挪威。

1. 加剧北极理事会对域外国家的排斥

虽然，北极理事会对北极治理作出了突出贡献，但其自身的局限性也非常明显，最明显的就是它的排他性。2011 年 5 月，北极理事会发布《努克宣言》，大幅提高了成为观察员国的入会门槛。宣言称，只有承认北极国家对北极地区的主权和管辖权，才能够成为理事会观察员国。[①] 这是一种排他性制度霸权，意味着非北极国家可以参与北极事务，但永远不可能获得与北极国家平等的地位和决策权。

而特朗普的北极地区安全化政策加强了排他性这一特征。一方面，其北极政策完全是依据 2017 年《国家安全战略》报告以及 2018 年《国防战略》报告中所论述的“大国竞争”模式所制定。在与中国的竞争中，美国积极运用自身影响力，干预北极理事会成员与中国的合作，阻碍中国参与北极事务，遏制中国在北极地区以及理事会内部影响力的扩大。为了阻挠中国在北极地区与北极国家的合作投资，美国积极倡议成立北极投资开发银行，与中国争夺投资支配权。在“大国竞争”的思维导向下，美国不仅自身与中国展开对抗，而且积极运用北极理事会内部“小圈子”来压制中国，加剧了北极理事会的排他性。

2. 加剧北极理事会内部分化，削弱其决策能力

北极理事会是高层政府间的合作论坛，只是一个交流的平台，而非决策组织，其所达成的协议不具有法律效率，也缺少应有的监督和执行，客观上不利于决策的执行。而美国实施的北极地区安全化政策，使其内部进一步分化，决策效率进一步降低。

---

① Arctic Council, “Senior Arctic Officials (SAO) Report to Ministers,” Nuuk, Greenland, May 2011, p. 50.

（1）美俄军事对抗恶化了双方关系

北极理事会涉及范围非常广泛，但所包含的都是“低政治”性议题，并不包含最核心的“军事安全事务的讨论”。北极理事会面对地区“安全化”以及“再军事化”的趋势时，其弊端日益明显，无法在北极理事会的框架内进行协调与约束。目前，美国秉持“大国竞争”原则在北极地区与俄罗斯展开军事竞争，俄罗斯则对应派出战略轰炸机在北约演习船只上方巡航，并在北约演习的相关海域进行导弹试射。[①] 北极地区安全化趋势已经十分明显，美俄军事对抗加剧，北极理事会内部进一步分化，北极理事会的作用进一步下降。

（2）安全化政策加剧美国与其他北极盟友的离心

虽然拉拢北极盟友是特朗普实施北极地区安全化政策的重要一环，美国为拉拢盟友采取了大量的举措，但有些政策中又不可避免地伤及其与盟友的关系。

美国与其盟友关于中国参与北极事务持相反态度。美国将中国在北极地区的一系列经济的投资行为曲解为军事化行为。例如在格陵兰机场的投资问题上，格陵兰认为正是由于中国人，才使得格陵兰岛获得如此多的关注。基于这种认知以及中国参与北极事务的决心，在后续的投资建设项目中，格陵兰可能仍然会将中国列为主要的合作伙伴。因此，如果美国如果一直秉持排斥中国的原则，那么可能会与盟友产生更多的冲突。

另外，安全化政策使得是北欧国家独立自主意识提高。美国与北极各盟友频繁互动，希望可以拉拢它们共同遏制中俄，但明显没有得到盟友的支持。2018 年 11 月，北欧五国，挪威、丹麦、芬兰、冰岛和瑞典在挪威首都奥斯陆召开国防部长会议，期间签署了《北

① Joseph Trevithick, “NATO Unfazed By Russia Plans To Fire Missiles Near Its Massive Exercise Off Norway,” 31 October 2018, http://www.thedrive.com/the-war-zone/24600/nato-unfazed-by-russia-plans-tofire-missiles-near-its-massive-exercise-off-norway.

欧防务合作愿景2025》。该文件延续了2009年《北欧国防合作》谅解备忘录，旨在加强北欧国家的防务自主性，这意味着北欧国家在试图减少对美国的依赖。

（二）对“冰上丝绸之路”建设的阻碍

特朗普政府为维护美国北极利益，从战略、政治、军事三个方面展开对“冰上丝绸之路”的围堵，使得中国倡议和主导的“冰上丝绸之路”建设遭遇重重阻碍。

1. 战略方面

特朗普政府提高了北极地区战略地位的重要性，希望能将北极打造为一个与“印太”相似的战略支点，将“印太战略弧”向北极延伸。“冰上丝绸之路”主要是北上通过东北航道，联通俄罗斯与欧洲，其中日本海和白令海峡是“冰上丝绸之路”的必经之路，也是美国可以围堵“冰上丝绸之路”的战略枢纽。因此，日本和阿拉斯加成为关键支点。美国将现成的“印太战略”稍加延伸，就可以形成一个新的对华“大C包围圈”，以海外军事基地以及盟友为支撑点，构成一个从印度到太平洋再到北极的包围圈，封堵中国海外贸易通道。

2. 政治方面

特朗普政府巧妙利用了北极理事会的制度性平台积极运作，充分发挥了“美国优先”的原则：一方面北极理事会的决议要符合八国的共同利益，但另一方面却不能损害美国利益，在北极理事会内部保证了美国的优先权和霸权利益。同时美国大肆宣扬“中国威胁论”，抹黑中国在北极的经济行为，制造对中国的恐慌，也是对“冰上丝绸之路”建设的阻碍。

3. 军事方面

美国充分发挥各军种的优势，特别是海岸警卫队以及空军部队。特朗普政府加大了对海岸警卫队的军费支持，用于更新以及购买装备。2019 年 4 月，美国批准为海岸警卫队提供 7.2 亿美元的资金，用于建造美国的第一艘极地安全战舰，即第一艘重型破冰船，2020 年 6 月，美国白宫发布新的《备忘录》，其中特朗普要求审查对南北极破冰能力的需求，并要求到 2029 年建立新的破冰舰队。① 美国还增加了北极空军的实力。美国计划在阿拉斯加的埃尔森空军基地增加两支 F－35 战斗机中队，提高美国在北极的行动拦截能力。

结语

特朗普执政时期，美国通过对北极地区的安全化政策强化了在北极治理中的地位和影响。另外，由于美国综合国力的下降、北极的非战略重心地位、国内多方利益集团相互掣肘以及美国建立领导力和自身利益的冲突等因素影响，特朗普政府北极地区安全化政策并没有达到政策目标和预期效果。

拜登上台后，美国的北极政策逐渐回归奥巴马时期的北极政策，即力图修补特朗普政府对 2013 年版《北极地区国家战略》的破坏，以气候治理为核心，通过多边外交，重新追求美国在北极国际治理体系中的优势地位。但在安全化政策方面，拜登政府延续了特朗普时期的做法。从短期来看，美国的政策将对北极治理产生一定的积极影响，但长期来看，不可能从根本上改变当前北极治理的基本态势。

---

① "Trump Memo Demands New Fleet of Arctic Icebreakers to Be Ready by 2029," https：//www.defensenews.com/naval/2020/06/09/trump－memo－demands－new－fleet－of－arctic－icebreakers－to－be－ready－by－2029/.

疫情下日本对外经济战略新动向分析

常思纯*

【内容摘要】 在新一轮“逆全球化”浪潮因新冠肺炎疫情而进一步推高及后疫情时代地缘政治经济格局面临重塑的情况下，日本对外经济战略也更加积极主动。在全球层面，日本致力于在WTO改革中发挥主导作用，与美欧加强合作，主动引领相关议题设置与国际规则制定。在区域层面，日本一方面努力推动《区域全面经济伙伴关系协定》尽快生效，另一方面则力争通过《全面与进步跨太平洋伙伴关系协定》（CPTPP）扩容，将符合自身利益的规则体系推广至整个亚太地区乃至全球。在国内层面，日本收紧经济安全政策，完善机制、法制建设，并联合域外国家加强供应链安全和出口管制。在新冠肺炎疫情进一步加速国际秩序变革的当下，日本的对外经济战略一方面将更加重视争夺世界经济规则主导权与话语权，争取抢占国际经贸竞争的“制高点”；另一方面，则更加注重将经济问题与安全保障密切结合，通过重视经济安全保障来加强国际竞争力。

【关键词】 新冠肺炎疫情　WTO改革　广域《区域经济合作协定》（FTA）战略　经济安保　供应链

* 常思纯，中国社会科学院日本研究所外交室副主任、副研究员。

2020 年以来新冠肺炎病毒的全球大蔓延，对世界经济造成严重冲击。根据国际货币基金组织（IMF）报告，2020 年全球经济创下二战结束以来的最大降幅，全年产出萎缩达 3.1%，全球贸易量收缩 8.2%。而与此同时，新冠肺炎病毒仍在不断进化和变异，给全球经济复苏带来多重挑战。国际货币基金组织（IMF）预测全球经济增速将从 2021 年的 5.9% 下降至 2022 年的 4.4%。① 由于新冠肺炎病毒奥密克戎变异株肆虐全球，截止到 2022 年 2 月 9 日，全球感染新冠病毒者总数已突破 4 亿。② 两年多来，新冠肺炎疫情对世界格局和国际经济秩序已造成巨大冲击与影响，不仅加剧全球经济发展的不平衡，而且加速全球地缘政治与地缘经济中心向东亚地区的转移。不过，疫情也反向激发了日本的"综合战略活跃度"，积极外交趋势更加明显。③ 特别是在新一轮"逆全球化"浪潮因新冠肺炎疫情而进一步推高及后疫情时代地缘政治经济格局面临重塑的情况下，日本对外经济战略也更加积极主动。

一、全球层面：力争主导 WTO 改革进程

目前，日本正致力于从二战后美国主导下的国际经济秩序及经济全球化的受益者，转变为后疫情时代国际经济秩序建设的重要参与者。为此，日本力争在 WTO 改革中发挥主导作用，试图引领相关议题设置与国际规则制定。

---

① "World Economic Outlook Update, January 2022: Rising Caseloads, A Disrupted Recovery, and Higher Inflation," January 25, 2022, IMF, https://www.imf.org/-/media/Files/Publications/WEO/2022/Update/January/English/text.ashx.

② 「新型コロナ、世界の感染者 4 億人に」、『朝日新聞』2022 年 2 月 9 日。

③ 杨伯江：《以深化中日合作增加世界形势的稳定性和确定性》，载《日本学刊》2021 年第 1 期，第 38—39 页。

日本不仅联合美国与欧盟，争取就 WTO 改革问题凝聚共识，还主动提出各种“解决方案”，争夺 WTO 电子商务谈判与数字贸易规则制定的主导权。2017 年 12 月至 2020 年 1 月，日美欧共举行了七次贸易部长会议，重点关注非市场导向政策带来的不公平竞争问题，就推进国际补贴规则改革、应对强制技术转让、重新认定发展中国家身份与待遇、制定电子商务及数字贸易交易新规、WTO 机制体制改革等问题进行了多轮磋商。目前三方尽管在争端解决机制上诉机构改革问题上存在较大分歧，但已就强化有关工业补贴领域国际规则达成共识，并呼吁制定规则终止强制技术转让。[①]

受新冠肺炎疫情影响，原计划于 2020 年 6 月举行的第 12 届 WTO 部长级会议（MC12）延期到 2021 年 11 月 30 日召开（2021 年 11 月 27 日 WTO 宣布该会议因疫情被无限期推迟）。为在第 12 届 WTO 部长及会议上抢得先机，日本从几个方面加强了对 WTO 改革的推动。

（一）提出关于 WTO 改革的“日本主张”

在数字经济、医疗卫生及绿色经济等规则制定明显滞后于现实发展的领域，日本积极向世界输出自己的规则主张，力争掌握新贸易规则主导权。在数字经济领域，2019 年以来，安倍在多个国际会议上提倡“可信任的数据自由流通”（DFFT）概念，并在此基础上向 WTO 提交单独提案，主张建立允许数据跨境自由流动的“数据流通圈”，认同对数据流通进行监管的必要性，同时赞成应兼顾个人隐私等消费者安全。在医疗卫生领域，

---

① 日本経済産業省編、『通商白書 2020 —コロナショックとグローバリゼーション』、昭和情報プロセス2020 年版、第 370 頁。

2020 年 12 月，日本与欧盟共同向 WTO 提出“贸易与保健倡议”，呼吁应减少对医疗用品的出口限制，防止基本药品和医疗用品供应链中断及促进医疗用品贸易便利化。在绿色经济领域，日本力争把握主动权，在去碳化规则制定上发挥影响力。如 2021 年 3 月日本向 WTO 提出“贸易与气候变化提案”，建议对风力、燃料氨、蓄电池及太阳能等领域中对去碳化贡献较大的产品降低关税，并建议尽快在监管方面制定国际规则。

（二）借美欧之力联手推动 WTO 改革

2021 年英国担任西方七国首脑会议轮值主席国，新设贸易部长会议，并将 WTO 改革问题定为主要议题。日本踊跃参与会议，派经济产业大臣与外务大臣共同出席会议，力争联手美欧主导 WTO 改革进程。在 2021 年 3 月 31 日举行的首次七国集团贸易部长会议上，时任日本外务大臣茂木敏充和经济产业大臣梶山弘志共同参会，茂木敏充向西方呼吁，共享价值和战略利益的七国集团应该加强合作，共同应对 WTO 改革等问题。[①] 5 月 27 日—28 日，七国集团举行第二次贸易部长会议，WTO 改革仍是重要议题之一。茂木敏充在会上发言强调，日本要通过与七国集团成员国之间缔结的区域经济合作协定、数字贸易协定以及 WTO 电子商务谈判，积极引领国际经贸规则的制定。[②] 梶山弘志也发言表示，为应对绿色经济、数字经济等新经济形态，应该及时推动 WTO 规则的更新。日本要与七国集团成员国

① 外務省、「茂木外務大臣のG7 貿易大臣第 1 回会合への出席」、https：//www. mofa. go. jp/mofaj/press/release/press6_000782. html。（上网时间：2021 年 4 月 1 日）

② 外務省、「茂木外務大臣のG7 貿易大臣第 2 回会合への出席」、https：//www. mofa. go. jp/mofaj/press/release/press4_009064. html。（上网时间：2021 年 5 月 28 日）

合作，推动 WTO 谈判获得政治动力。[①] 10 月 22 日，新任日本经济产业大臣萩生田光一率副大臣石井正弘、外务大臣政务官三宅伸吾，参加第三次七国集团贸易部长会议。会后发表的联合声明称，西方七国将致力于以包容和行动导向的方式推进 WTO 改革，关键目标就是要加强 WTO 机制中的三大核心职能（监督、谈判及争端解决）。[②] 萩生田在会上表示，要联合所有“志同道合国家”，共同讨论建立更严格的产业补贴和国有企业的 WTO 规则，并进一步推进 WTO 电子商务谈判。[③]

2021 年 11 月 30 日，日美欧贸易部长时隔近两年举行视频会议并发表联合声明，强调 WTO 改革的重要性，确认三方将携手应对非市场导向政策所带来的全球性问题。萩生田光一表示，日本愿与美国和欧盟密切合作，推进 WTO 改革，提高 WTO 应对全球性问题的能力。他还认为日美欧应该加强在贸易政策方面的合作，并采取必要措施来共同应对扭曲市场政策对全球公平竞争环境与就业的影响。[④]

（三）布局 WTO 人事安排，加强高层往来

2021 年 2 月和 7 月，日本召开两次“在战略上推进获取国际机

---

① 経済産業省、「梶山経済産業大臣がG7 貿易大臣会合（テレビ会議）に出席しました」、https：//www. meti. go. jp/press/2021/05/20210528009/20210528009. html。（上网时间：2021 年 5 月 28 日）

② 外務省、「G7 貿易大臣コミュニケ」、https：//www. mofa. go. jp/mofaj/files/100251121. pdf。（上网时间：2021 年 10 月 24 日）

③ 経済産業省、「萩生田経済産業大臣及び石井経済産業副大臣がG7 貿易大臣会合に出席しました」、https：//www. meti. go. jp/press/2021/10/20211022008/20211022008. html。（上网时间：2021 年 10 月 22 日）

④ 経済産業省、「萩生田経済産業大臣が三極貿易大臣会合に出席し、共同声明を発出しました」、https：//www. meti. go. jp/press/2021/11/20211130003/20211130003. html。（上网时间：2021 年 11 月 30 日）

构高管职位的相关省厅联络会议”，以国家安全保障局和外务省官员为联合主席，涉及国际规则制定的专利厅等 18 个省厅参加。其目的就是要加强协调和组织，争取日本人能够在包括 WTO 在内的各个国际机构中获得包括高级管理人员在内的重要职位，以确保日本在国际秩序和规则制定中发挥主导作用。

在暂时没有日本人可以获得某些国际组织高级职位的情况下，也有日本政府官员表示，“必须由日本提出可以在国际组织中发挥积极作用的候选人”。① 为此，日本政府在 WTO 新的总干事选举中，以担心日方可能在日韩贸易争端中处于不利地位为由，明确表示不支持韩国候选人。日本支持的候选人伊维拉当选 WTO 总干事后，日本于 2021 年 5 月 1 日任命在国际贸易、经济领域具有丰富经验的内阁官房审议官宇山智哉出任 WTO 总干事高级顾问，直接协助伊维拉开展工作，推进 WTO 改革。目前，包括宇山智哉在内，在 WTO 秘书处工作的日本职员已达 5 人。

此外，日本政府还非常注重与 WTO 总干事伊维拉的沟通与联系，加强人脉关系的构建。2021 年 3 月 11 日，茂木敏充与伊维拉通电话，表示日本将继续发挥主导作用推动 WTO 改革，特别是要尽快制定规则来应对数字经济及包括新冠疫苗在内的医疗产品贸易畅通等紧迫问题，并争取尽快就争端解决机制改革取得成果。② 2021 年 11 月 22 日和 11 月 24 日，萩生田光一和新任外务大臣林芳正分别与 WTO 总干事伊维拉举行视频会议，表达日本愿为 WTO 改革提供支持的意愿。林芳正还指出，由日本共同主持的电子商务谈判将是 WTO 未来特别重要的领域，有必要在此基础上推进对 WTO 改革的

---

① 那須慎一、「日本候補出せる土壌づくり急務　WTO 改革で日本も積極関与を」、『産経新聞』2021 年 2 月 14 日。

② 外務省、「茂木外務大臣とオコンジョ＝イウェアラ世界貿易機関（WTO）事務局長との電話会談」、https：//www. mofa. go. jp/mofaj/press/release/press4_008995. html。（上网时间：2021 年 3 月 11 日）

讨论。①

二、区域层面：积极推动广域 FTA 战略

日本的区域经济合作战略经历了从消极应对到 21 世纪以来积极推动双边 FTA，再到近十年来主导推动广域 FTA 的几个阶段。2020 年 11 月 15 日，东盟十国与中国、日本、韩国、澳大利亚和新西兰正式签署《区域全面经济伙伴关系协定》（RCEP），这意味着日本在跨越两洋（太平洋和大西洋）和三大地区（亚太、欧盟和东亚）的广域 FTA 构建中占得先机，已成为全球唯一同时参与《全面与进步跨太平洋伙伴关系协定》（CPTPP）、《日本与欧盟经济合作协定》及 RCEP 这三大广域 FTA 的国家。随着 2021 年 1 月日英经济合作协定生效及 2022 年 1 月 RCEP 生效，日本已生效 FTA 达到 21 个，涉及 24 个国家与地区，其 FTA 覆盖率（已生效 FTA 的贸易额在贸易总额中所占比重）高达 80.4%，超过美国、欧盟、中韩等经济体。②如果说 CPTPP 和日欧经济合作协定被日本视为构筑“高标准自由贸易体制”的两大支柱，那么 RCEP 则在疫情下被日本各界寄予了提振经济活力、促进出口增长的厚望。因此，2021 年以来，日本政府一方面努力推动 RCEP 尽快生效，另一方面则力争通过 CPTPP 扩容，将符合自身利益的规则体系推广至整个亚太地区乃至全球。

---

① 外務省、「林外務大臣とオコンジョ＝イウェアラ世界貿易機関（WTO）事務局長とのテレビ会談」、https：//www. mofa. go. jp/mofaj/press/release/press3_000648. html。（上网时间：2021 年 11 月 24 日）

② 経済産業省、『通商白書 2021』、https：//www. meti. go. jp/report/tsuhaku2021/pdf/03 – 01 – 04. pdf。（上网时间：2021 年 8 月 23 日）

（一）努力推动 RCEP 尽早生效

据日本财务省统计显示，2020 年 RCEP 成员国占日本进出口贸易总额约 48.6%。其中，日本对 RCEP 成员国出口占总额的 45.6%（对华出口占总额的 22.1%），进口占总额的 51.6%（对华进口占总额的 25.7%）。[①] 据日本政府估算，RCEP 生效后，由于关税撤销和削减，将推动日本零部件和原材料的出口增长，具有将日本国内生产总值推高约 2.7% 的经济效果。如果按照 2019 年度日本实际 GDP 计算，增幅将达到 15 万亿日元，并可为日本创造 57 万个就业机会，经济效果明显高于 CPTPP 等其他大型 FTA。[②]

RCEP 生效后，总体关税取消率将达到 91%，虽然低于 CPTPP 的 99%，但这是日本与主要贸易伙伴中韩之间首次达成双边关税减让安排，进入两国市场的收益巨大。其中，中韩两国对日本产品征收的关税按品类计算将分别取消 86% 和 83%。尤其是日本工业品对中韩出口的无关税品类比例将分别从目前的 8% 和 19% 扩大到 86% 和 92%。[③] 因此，据多家智库及国际机构测算，RCEP 生效后，日本受益巨大。根据联合国贸易和发展会议 2021 年 12 月 15 日公布的估算显示，RCEP 生效后，按照 2019 年数据测算，其降税效果将有望推动区域内贸易增长 1.8%，贸易额增加 418 亿美元。关税下降带来的贸易创造效应将约为 170 亿美元。其中，由于汽车、钢铁、化工等产品关税撤销，日本对区域内国家出口将实现增长，其区域内出

---

① 財務省、「地域的な包括的経済連携（RCEP）協定【概要】」、https：//www. customs. go. jp/kyotsu/kokusai/news/rcep/shiryou. pdf。

② 外務省、「RCEP 協定の経済効果分析」、https：//www. mofa. go. jp/mofaj/files/100162437. pdf。（上网时间：2021 年 3 月 19 日）

③ 外務省、「地域的な包括的経済連携（RCEP）協定に関するファクトシート」、https：//www. mofa. go. jp/mofaj/files/100115475. pdf。（上网时间：2021 年 4 月）

口有望增长 5.5%，增加约 202 亿美元，成为最大受益者。中韩则分别有望实现 112 亿美元和 67 亿美元的出口增长。[①] 对此，日本经济产业大臣萩生田光一也表示，RCEP 生效后日本对中、韩出口产品的免税品类比例将大幅增加，非常期待能大幅推动日本以零部件和材料为中心的制造业出口增长。日本政府将加大宣传力度，促使日本企业从中获得最大收益。[②]

此外，新冠肺炎疫情可能造成的供应链中断风险使得全球供应链呈现出区域化和本土化的发展趋势。日本也将重塑供应链作为后疫情时代本国经济复苏的重要举措之一，并提出要从过去的“效率优先型”供应链向更为灵活机动的“韧性”供应链转变。[③] RCEP 生效后，日本可以进一步优化跨国企业区域布局，加深与中、韩以及东南亚等国的区域内供应链产业链深度融合，灵活利用 RCEP 原产地累积规则（缔约方区域价值成分累计达到 40% 就视为具备原产资格），在 RCEP 成员国开拓新市场，构建以东亚地区为中心的短距离区域供应链，增强抵御外部冲击的能力。

在对华乃至对区域经济合作需求上升的背景下，日本政府推动 RCEP 尽快生效的动力大增。2021 年 2 月 24 日，日本内阁会议批准 RCEP 草案，并于 4 月 2 日提交国会审议。日本众参两院先后于 4 月 15 日及 28 日通过 RCEP 议案。6 月 25 日，日本内阁会议批准 RCEP，并向东盟秘书处正式交存 RCEP 核准书。这标志着日本成为继新加坡与中国之后，第三个完成 RCEP 官方核准程序的成员国。在各国的努力下，2022 年 1 月 1 日，全球最大自由贸易区 RCEP 正式生效，中国、

---

① “A new centre of gravity: The regional comprehensive economic partnership and its trade effect,” December 15, 2021, UNCTAD, https://unctad.org/system/files/official-document/ditcinf2021d5_en_0.pdf.

② 経済産業省、「萩生田経済産業大臣の閣議後記者会見の概要」、https://www.meti.go.jp/speeches/kaiken/2021/20211105001.html。（上网时间：2021 年 11 月 5 日）

③ 経済産業省、『通商白書 2020』、昭和情報プロセス2020 年版、第 306 頁。

日本、澳大利亚、新西兰及东盟的新加坡、泰国、越南、文莱、柬埔寨、老挝共十个国家将率先实施协定。此后，RCEP 在 2022 年 2 月 1 日对韩国生效，并于 3 月 18 日对马来西亚生效。

（二）力争主导 CPTPP 扩容进程

通过主导 CPTPP 尽快生效，日本在多边场合的协调和领导能力得到了国际社会认可。日本信心满满地要借机成为“自由贸易旗手”，在推广新时代国际规则制定方面发挥引领作用。2020 年 12 月 8 日，日本政府通过最新修订的《综合性 TPP 相关政策大纲》，旨在完善相关制度，帮助企业最大限度地活用包括 CPTPP、RCEP 在内的各种区域经济合作协定。其中，日本明确提出今后要“稳步实施并扩大 CPTPP”，通过在广域经济秩序的构建中发挥核心作用，使日本成为全球经贸规则制定的引领者及世界枢纽。①

2021 年，日本担任 CPTPP 委员会轮值主席国，将推动 CPTPP 的落实与扩大作为重要任务。日本一方面督促各成员国切实履行承诺，确保贸易投资方面的高标准规则能够得到有效实施；另一方面则支持 CPTPP 扩大覆盖范围，力争在扩容谈判中占据主导地位，进一步扩大日本影响力。

2021 年 2 月 1 日，英国正式提出加入 CPTPP 的申请，日本立刻表示“欢迎”。时任日本经济再生大臣西村康稔表示，这是使 CPTPP 所代表的高水平国际贸易和投资规则跨越亚太扩大到其他地区的第一步。② 6 月 3 日，日本通过视频会议形式主持召开 CPTPP 第四次部

---

① 内閣官房、「総合的なTPP 等関連政策大綱」、https：//www. cas. go. jp/jp/tpp/tppinfo/2020/pdf/20201208_tpp_taikoukaitei. pdf。（上网时间：2020 年 12 月 8 日）

② 内閣官房、「英国の環太平洋パートナーシップに関する包括的及び先進的な協定（TPP11 協定）への加入要請通報について」、https：//www. cas. go. jp/jp/tpp/tppinfo/2021/pdf/20210201_daijinkoment. pdf。（上网时间：2021 年 2 月 1 日）

长级委员会会议。会员国共同发表《联合声明》，确认将正式启动英国加入程序，成立判断英国是否符合加入条件的工作组（日本任组长，澳大利亚及新加坡任副组长）。9 月 1 日，日本再次以视频形式主持召开 CPTPP 第五次部长级委员会会议。与会成员国发表《联合声明》，欢迎 CPTPP 即将于 9 月中旬对秘鲁生效，并鼓励其余成员国（智利、文莱和马来西亚）尽快完成批准手续。各国还决定成立电子商务委员会，以促进电子商务章节的执行与运作，并进一步探讨如何促进区域内数字化进程，及推动 CPTPP 在此领域的全球规则制定中发挥核心作用。各国还表示将继续与英国合作，加紧准备审查英国是否符合加入条件的第一次工作小组会议，并重申 CPTPP 对所有符合加入条件的经济体开放。

2021 年 9 月 16 日，中国正式提出加入 CPTPP 的申请，日本政府官员表态较为消极，质疑中国是否已经做好准备迎接高标准。而在 9 月 22 日中国台湾地区提出加入 CPTPP 申请后，时任日本外务大臣茂木敏充立刻回应表示欢迎。10 月 4 日，岸田文雄在当选日本首相后的记者会上表示，“中国能否满足 CPTPP 的高标准？还很不透明”。而在此前，他曾经对中国台湾地区申请加入 CPTPP 表示了欢迎的态度。[①] 此外，日本政府官员也在各种场合不断强调，加入 CPTPP 必须坚持高标准，不会为任何国家降低标准。

2021 年 12 月 17 日，南美国家厄瓜多尔正式申请加入 CPTPP，韩国也计划于 2022 年上半年正式提出加入申请。尽管新加坡成为 2022 年 CPTPP 轮值主席国，但日本仍将担任副主席国。2022 年 2 月 18 日，在首次 CPTPP 高级官员会议上，成员国就各经济体的申请案交换意见，并重申有意加入者都必须符合协定的高标准。由日本任组长的工作组判定英国符合加入条件，将与英

---

① 「岸田首相『中国のTPP 参加は不透明』」、『日本経済新聞』2021 年 10 月 5 日。

国进行市场准入谈判。[①]

三、国内层面：全面加强经济安全保障

新冠肺炎疫情的全球流行进一步加剧了单边主义、贸易保护主义等“逆全球化”思潮的蔓延，日美欧等国家或地区普遍收紧经济安全政策，经济问题政治化倾向更加明显。日本对经济安全的关注重点也从过去的确保资源及能源安全，向确保战略物资稳定供应和加强出口管制等更广泛领域扩展，并呈现“泛安全化”的倾向。其目的就是要提振国民经济及本国在后疫情时期的国际竞争力和区域主导力，争取更多的经济利益和战略优势。[②]

（一）加强“经济安保”机制建设

近年来，日本政府机构内新设大量与“经济安保”相关的部门。如：2019 年 6 月 2 日，日本经济产业省在大臣官房内新设“经济安全保障室”，旨在从经济安全的角度发挥“司令塔”职能，在防止日本尖端技术外流的同时，力争提高日本产业竞争力；2020 年 4 月 1 日，日本国家安全保障局正式成立由 20 人组成的“经济班”，强化对跨越经济技术与外交安保领域课题的统筹应对；2020 年 8 月 3 日，日本外务省对内部机构进行重组，在综合外交政策局内设立

---

① “Readout on First Senior Officials Meeting of the Comprehensive and Progressive for Trans - Pacific Partnership,” February 18, 2022, Ministry of trade and industry Singapore, https://www.mti.gov.sg/-/media/MTI/Newsroom/Press-Releases/2022/02/Readout-on-CPTPP-SOM1-18-Feb.pdf.

② 郭锐、许菲：《日本东亚区域合作动向及其经济安全策略调整》，载《现代日本经济》2021 年第 5 期，第 1 页。

“经济安全保障政策室”，着力防范技术流出与加强网络安全。

2021 年以来，日本各政府机构进一步加强了经济安保相关问题的应对措施。1 月，日本警察厅成立了一个 20 人组成的“专门班”，面向民间企业及大学提供“经济安全保障咨询”，并计划于 2022 年 4 月在此基础上成立“经济安全保障对策室”，将人员扩充至 40 人，进一步加强经济安保工作。[①] 2 月，作为收集、分析与共享日本国内外情报的公安调查厅启动了首个由分管经济安全的长官与次官直接负责、调查人员约 20 人的项目组，旨在收集与经济安全相关的信息，并提供给首相官邸和经济产业省等相关机构，进一步加强对技术及数据泄露的应对措施。4 月，日本防卫省在防卫政策局调查课内设立“经济安全保障情报企划官”，加强对经济安全保障相关信息的收集、分析与保护，旨在全面掌握有关尖端技术的国内外发展动向，严防先进技术泄露到国外。10 月，岸田文雄担任日本首相后，为防止技术外流，在内阁新设“经济安保大臣”，并任命首次入阁的最年轻成员小林鹰之担任该职位，负责制定与经济安全相关的国家战略及推动“经济安全保障推进法案”。此外，日本金融厅也计划于 2022 年新设“经济安全保障室”，从安全角度加强对金融机构的指导。今后，金融体系相关设备的采购、关键基础设备的网络攻击对策及金融交易信息管理体系都将成为重点监管对象。

（二）完善“经济安保”法制建设

近年来，日本收紧经济安保政策，并从相关法制建设方面进行了配套完善。2020 年 5 月 8 日，日本开始实施新《外汇法》，将外

---

① 「技術流出防止へ、企業訪問　経済安保、警察が講演・指導」、『朝日新聞』2021 年 12 月 29 日。

国资本获得与日本安全保障相关行业企业股份需事先申报的门槛从过去的10%降至1%。[①]

2021年6月16日，日本通过新法，将从2022年度开始，对重要设施周边及国境附近离岛的土地交易进行调查与限制，防止外国资本购买日本自卫队基地附近土地或离岛土地并进行不正当利用的事态发生。

10月岸田文雄任日本首相后，开始积极推动经济安全保障推进法案的制定。11月19日，岸田文雄主持召开了首次经济安全保障推进会议，要求加速经济安保法案的准备工作，并于同日在内阁官房下设经济安全保障法制准备室，从各省厅抽调30名职员与国家安全保障局经济班开展合作，加速法案制定工作。11月26日，日本召开首次专家会议，讨论法案具体内容。2022年2月1日，专家委员会汇总法律草案并提交政府审议，该法案将强化半导体、药品、稀土及蓄电池等战略物资供应链，确保通信及金融等基础设施的安全性与可信赖，加强太空、人工智能、量子、生物等尖端技术研发及防范技术流出，限制敏感专利技术公开作为四大支柱，[②] 计划在2022年内通过国会审议，从2023年度开始执行。此外，日本还计划在首次修订的《国家安全保障战略》中增设“经济安保”条款。

（三）联合域外国家加强供应链安全和出口管制

日本强调通过加强与“志同道合国家”之间的合作来推动经济安保战略，特别是将日美同盟强化态势显著延伸向经济、技术领域。

---

① 西山賢吾、「金融・資本市場から見た外為法の改正とその注目点」、『野村資本市場クォータリー』2020Spring、第2頁。

② 「経済安保、事業者に罰則案　有識者提言　月内にも法案提出」、『朝日新聞』2022年2月2日。

2021年3月12日，美、日、印、澳在线举行首次“四边机制”首脑会谈，决定成立关键与新兴科技工作组，在技术标准制定、创新技术开发等方面加强合作，并开展关键技术供应链对话。[1] 3月16日，日美举行“2+2”会谈，双方确认将加强网络事务对话，在维护网络安全及构建具有韧性及多边化的安全供应链方面加强合作。4月，日本首相菅义伟访问美国，日美首脑会谈后决定建立“竞争力与韧性伙伴关系”，为5G及6G研发共同投入45亿美元，以及在包括半导体等敏感供应链和关键技术的开发与保护方面加强合作。[2] 6月，在英国举行的七国集团首脑峰会上，各国确定将在促进经济韧性方面加强合作，探讨建立相关机制来应对关键矿物及半导体等领域的供应链韧性风险。9月24日，美、日、印、澳在美国召开第二次“四边机制”首脑会谈，确认将建立关键与新兴技术合作。如：在技术标准制定方面加强合作，维护半导体等关键技术及物资的供应链安全，共同应对网络威胁，保护关键基础设施。11月，美国贸易代表戴琪访日，与日本建立局长级磋商机制“日美贸易合作框架”，并确认将继续在经济安保领域进行讨论，推动双方经济竞争力和韧性的提升。

2022年1月21日，日美举行线上首脑会谈，双方决定设立经济版“2+2”会谈，由日美外交与经济部长参与，将集中讨论推进印太地区基础设施投资和供应链、技术投资、标准制定及出口控制等方面的问题。2022年2月22日，法国与欧盟共同主办首届“印太部长级论坛”，日本受邀参会。林芳正在发言中强调了在经济安全领域促进日本与欧洲以及“志同道合国家”之间具体合作的重要性，并指出要在消除核心基础设施和供应链脆弱性并提高经济自律性的同

---

① 外務省、「日米豪印首脳会議 ファクトシート」、https://www.mofa.go.jp/mofaj/files/100159232.pdf。(上网时间：2021年3月12日)

② 外務省、「日米競争力・強靱性（コア）パートナーシップ」、https://www.mofa.go.jp/files/100177725.pdf。(上网时间：2021年4月16日)

时，通过防止先进技术外流来维持本国优势。[①]

四、前景展望

受国内外疫情不断反复的影响，日本 2020 年实际国内生产总值增长率为负 4.5%，降幅仅次于受到 2008 年全球金融危机影响的 2009 年（负 5.7%）。其中，由于日本政府实施了多轮“紧急事态宣言”和防止疫情蔓延的管控措施，限制经济活动，使得运输邮政和餐饮住宿等服务相关消费陷入低迷，GDP 降幅分别高达 25.1% 和 31.2%。[②] 2021 年前三季度，日本经济增长仍呈停滞态势，发展不确定性极高。据日本内阁府公布的数据显示，前三季度实际 GDP 环比增长率分别为负 0.7%、0.5% 和负 0.9%。特别是按年率计算，继第一季度实际 GDP 下滑 2.9% 后，第三季度进一步环比下降 3.6%。[③] 随着传染性更强的新冠病毒奥密克戎变异株在全球疯狂蔓延，供应链受阻、劳动力短缺、服务业低迷，再加上出口及产出因海外需求放缓而下滑等诸多因素交织，日本经济年内恢复到新冠肺炎疫情前水平的目标更加难以实现。

与此同时，中国经济受疫情影响，在 2020 年第一季度同比下降 6.8%，但是从第二季度开始转负为正，增长 3.2%，成为全球疫情

---

① 外務省、「林芳正外務大臣のスピーチ」、https://www.mofa.go.jp/mofaj/files/100305067.pdf。（上网时间：2022 年 2 月 22 日）

② 日本内閣府、「経済活動別国内総生産（実質：連鎖方式）」、https://www.esri.cao.go.jp/jp/sna/data/data_list/kakuhou/files/2020/tables/2020fcm3rn_jp.xlsx。（上网时间：2022 年 1 月）

③ 日本内閣府、「2021 年 7～9 月期四半期別 GDP 速報（2 次速報値）」、https://www.esri.cao.go.jp/jp/sna/data/data_list/sokuhou/files/2021/qe213_2/pdf/jikei_1.pdf。（上网时间：2022 年 1 月）

大蔓延下率先实现经济增长的国家，全年实现经济增长 2.2%。[①] 2021 年中国经济持续恢复，全年经济增长达到 8.1%。[②] 中国在实现自身经济复苏的同时，也拉动了周边国家经济增长，市场潜力对日本而言吸引力巨大。2020 年日本对世界出口大幅下降 11.1%，其中，对美出口下降 17.3%，对欧盟出口下降 14.6%。中国则是日本唯一出口增长国，增幅达到 2.7%。2021 年日本出口虽有所恢复，但对美国、欧盟出口都低于 2019 年数值，而对华出口连续两年增长，并创下历史新高，比上年增长 19.2%。[③] 因此，后疫情时代，日本对华经济合作需求不减反升，日本各界盼望通过以中国为代表的外需拉动经济增长、增加企业受益、提高产品竞争力，为新冠肺炎疫情冲击下的低迷经济带来起色。可以预见，今后日本将在引领国际经贸规则制定、加强区域经济合作、深化中日贸易投资关系、优化产业链供应链结构等方面更加积极主动，但日本在区域影响力、国际话语权、规则制定权等方面的对华竞争也丝毫不会减少。

在新冠肺炎疫情进一步加速国际秩序变革的当下，日本对外经济战略将继续呈现两个发展趋势：一方面，日本更加重视在争夺世界经济规则主导权与话语权方面加速发力，抢占国际经贸竞争的“制高点”，以提升自身在制度层面的全球影响力和竞争力；另一方面，日本更加注重将经济问题与安全保障密切结合，通过重视经济安全保障来加强国际竞争力。在全球层面，日本将联合所谓“志同道合国家”，以“相互信赖”关系为基础，构建以“韧性”“绿色”及“人权”为关键词的全球价值链；积极打造数字经济“朋友圈”，

① 《国家统计局关于 2020 年国内生产总值最终核实的公告》，2021 年 12 月 17 日，国家统计局，http：//www.stats.gov.cn/xxgk/sjfb/zxfb2020/202112/t20211217_1825447.html。

② 《2021 年国民经济持续恢复 发展预期目标较好完成》，2022 年 1 月 17 日，国家统计局，http：//www.stats.gov.cn/tjsj/zxfb/202201/t20220117_1826404.html。

③ 財務省、「令和 3 年分貿易統計（速報）の概要」、https：//www.customs.go.jp/toukei/shinbun/trade－st/gaiyo2021.pdf。（上网时间：2022 年 1 月 20 日）

构建全球数据治理框架体系；在交通物流、能源资源、数字化“新基建”、医疗卫生等领域发力，加强国际基建合作，对冲中国“一带一路”倡议。在区域层面，一方面，日本政府会尽快完善相关制度，争取用好 RCEP，大力支持日本企业利用该协定谋求实际利益。日本也将以 CPTPP 为蓝本，争取主导推动 RCEP 在数据流通、国有企业等方面提升标准，并继续呼吁印度重返协定，以稀释中国的影响力。另一方面，日本则会将 CPTPP 扩容作为筹码，争取掌握对华外交优势，并在此过程中与各方斡旋，争取倒逼美国重返协定。最终，日本还是希望能够以 CPTPP 的规则体系为蓝本，推动亚太自由贸易区的建立，并借此争取在未来经贸规则制定中占据主导权和话语权。

此外，通过经济手段实现国家利益的经济安保将成为今后一段时期日本对外经济战略的关注重点。2021 年 2 月 25 日，日本内阁正式批准了经济安保推进法案，将提交国会审议。日本将更加强调产业链安全和自主可控，强调“攻守”结合，实现“克服经济脆弱性”与“保持竞争优势”的共存。一方面，克服脆弱性，就是要避免重要物资供应对单一国家的过度依存：为此，日本进一步支援向东南亚国家转移生产线，实现生产据点的多元化；加强国内研发能力，努力开发替代技术；对标欧美企业，加强战略合作。另一方面，确保优势，就是要通过重要技术的研发与管理，进一步加强日本具有优势的领域。为此，日本将更加重视与“志同道合国家”的技术研发合作和设备投资，彻底加强对所谓“涉及安全”的“敏感技术”的管理。特别是，日本将通过经济版“2 + 2”加强与美在经济安全领域的沟通与协调，重点针对中国，意在防范尖端技术流失，打压中国科技进步与经济发展。

不过，尽管在引领国际经贸规则方面日本的确取得一定进展，但是其经济安保战略却有可能出现更多不确定性。在日本对中国市场依赖不减反增的趋势下，试图阻碍对华出口、阻止技术合作、补助供应链转移等行为，反而有可能与日本企业的发展战略出现矛盾，不利于日本对外经济战略的顺利推进。

（本文发表于《东北亚学刊》2022 年第 3 期，此次收入书中进行了部分删减——作者）

多元文化主义背景下的英国民粹主义

徐晓红*

【内容摘要】 以脱欧公投为标志的英国民粹主义的崛起，是对二战后全球化和多元文化主义的一种反应。多元文化主义作为国家兼顾自由、平等和统一这三种价值的努力，要求承认各文化的平等价值，主张双向对话和包容，推动各群体在各领域的机会平等。英国的多元文化主义政策体现在移民接收政策和移民整合政策上。在多元文化主义背景下的英国民粹主义的崛起是经济社会基础、心理基础、制度基础和导火索多个因素综合作用的结果，并呈现出以下五个特征：基于社会文化和身份认同议题提出主张；声称人民的唯一且直接代表；简单粗暴的语辞和动员方式违背政治的审慎原则，破坏性远大于建设性；导致议会投票结果与公投结果相左，可能造成宪政危机；标志着隐性种族主义回归。民粹主义将提出何种方案以解决它赖以崛起的现有问题将构成未来考验民粹主义政党的一个核心议题。

【关键词】 民粹主义　多元文化主义　认同　英国

近几年来，民粹主义的崛起成为欧美国家政治的一个显著特征。

* 徐晓红，国际关系学院国际政治系讲师。

回顾历史，西欧国家本没有强烈的大众民粹主义传统和基础，一向推崇渐进改革、实用主义的英国更是缺乏民粹主义的基因，其制度体系多为顶层精英设计和引导的结果。20 世纪 80 年代以后，右翼民粹主义政党在西欧国家兴起，2016 年英国公投脱欧可谓全球民粹主义势力壮大的风向标。脱欧公投后，包括美国、法国、意大利、德国等国在内的民粹主义力量备受鼓舞，右翼民粹主义力量已成蔚然之势，并逐渐改变了本国甚至整个世界的政治生态。本文主要探讨在多元文化主义背景下英国右翼民粹主义的认同基础，并据此总结英国右翼民粹主义产生的原因、表现和特征。

一、多元文化主义：英国右翼民粹主义崛起的背景

本次包括英国在内的西欧民粹主义与右翼力量的紧密结合，是对二战后大规模移民等社会转型结果的一种反应，主要针对外来移民和政府的移民政策。多元文化主义源起于北美移民国家，旨在促进国内各群体在保持自身文化特性的基础上平等共存。在西欧国家，多元文化主义伴随二战后各国移民潮带来的“超级多样性”发展起来，并曾作为英国等国处理移民问题的主要政策导向。国内外学界对多元文化主义在规范和实践意义上的讨论汗牛充栋，众说纷纭。整体而言，多元文化主义在规范意义上和在实践意义上的意涵是不同的。作为国家用于兼顾自由、平等和国家统一这三种价值的一种努力，多元文化主义在理念和政策两个方面对英国社会产生影响。多元文化并存的社会现实和多元文化主义的国家政策成为英国右翼民粹主义产生的背景，也是民粹主义政党批判的主要靶子之一。

（一）多元文化主义的理念

“多元文化主义”概念首次出现在学术讨论中，是在20世纪初由美国犹太裔哲学家卡伦在《美国的文化与民主》中正式提出。他质疑“熔炉论”中隐含的同化思想，认为美国应倡导“统一体中的多样性”，通过多元文化主义的理论在民主社会的框架内保持各个族群的文化，将使美国的文化更加丰富多彩。[①] 自20世纪中期开始，加拿大、澳大利亚、瑞典等国先后宣布推行多元文化主义政策，关于多元文化主义内涵和主张的讨论也逐渐增多。

综合来看，多元文化主义在尊重各族群群体及其成员自由的基础上，致力于推动各少数群体与主流群体之间的平等关系，进而确保各群体成员对国家的认同和国家统一。因此，自由、平等和统一是多元文化主义崇尚和追求的价值。推行多元文化主义意味着承认各文化的平等价值和各群体保持自身文化特性的合情合理性，将共存于一个国家内的不同文化视为普遍价值的不同实现形式；主张双向对话和包容，不仅要求少数群体主动谋求融入主流社会，也要求多数群体抛弃刻板印象，主动了解并尊重少数群体的文化选择和特性；在此基础上，推动各族群群体在各领域的机会平等。

早在1966年，时任英国内政部长的罗伊·詹金斯就提出，移民族群与主体民族整合的新形式“不是平行同化的过程，而是给予平等的机会，再加上文化的多样性，在相互宽容的氛围下达成”，各个族群将是“生活在一起，但又存在差异的”[②]。这类观点引起了很大

① 冯永利、王明进：《多元文化主义与欧洲移民治理》，载《国际论坛》2013年第3期，第32页。

② Roy Jenkins, "Equal opportunity accompanied by cultural diversity in an atmosphere of mutual tolerance," speech to the National Committee for Commonwealth Immigrants, 23 May, 1966.

的社会影响，推动了英国社会对多种文化平等共存现状的认知和官方政策由同化向多元文化主义的转变。1991 年，英国引入了族群分类的概念和方法来监测公共组织和私有部门在雇佣人员时坚持机会平等和反歧视原则的情况，并据此来计划未来开展资源和福利分配的情况。[①] 比如，英国公务员局用基于族群分类的人口普查结果来监测在雇佣关系方面平等与族群多样性的关系，国家医疗系统用这一结果来监测劳动力和多样性的关系，均有助于评估各族群在各行业受到平等对待的情况。

经过几十年学界的热烈讨论、政治家的公开话语、政府的政策引导以及媒体的大量宣传，英国社会已形成一种氛围，即认同和宣扬多元文化主义理念并据此行动成为一种政治正确。在这种舆论环境下，有些正常的质疑和表达不满的方式会被扣上政治不正确的帽子受到指责甚至批判。因此，主流群体对移民群体和移民政策的不满日积月累。

（二）多元文化主义的政策

著名反种族主义评论家雅思敏·阿里白 - 布朗曾用一段话生动地表达出英国人看待移民的双重态度："英国白人历史上对政治精英们非常失望，因为他们没有准备好迎接战后的变化，并对于移民对他们的国家是否有利传达出模棱两可的信息。这一刻，他们告诉英国民众，英国人是帝国的统治者，上帝赋予他们责任来教化那些他们所控制的野蛮人；下一分钟，这些黑人和亚洲人却在与他们共处

---

① Office for National Statistics, 2011 *Census Analysis: Ethnicity and Religion of the Non - UK Born Population in England and Wales*: 2011, https://www.ons.gov.uk/peoplepopulationandcommunity/culturalidentity/ethnicity/articles/2011censusanalysisethnicityandreligionofthenonukbornpopulationinenglandandwales/2015 - 06 - 18, accessed on August 19, 2022.

的工作场所要求平等对待。政治精英们告诉英国白人，黑人移民和亚洲移民是一种威胁，但同时他们又要求白人们平等对待那些已经在英国的黑人和亚裔。”[①] 这种矛盾的双重姿态反映在政策领域，体现在英国多元文化主义政策包括移民接收政策和移民整合政策两个部分。

1. 移民接收政策

二战后，英国政府先后颁布几部移民法和国籍法，其移民接收政策以法律条文的变更为界限，可以分为几个阶段。整体而言，战后英国移民接收政策呈现逐渐收紧的趋势。

第一阶段：1948—1962 年，移民接收的开放时期。

1948 年，为适应二战后殖民体系瓦解的现状，保持英帝国的统一和精神凝聚力，英国政府颁布《1948 年英国国籍法》，赋予“联合王国和殖民地公民”和英联邦公民以英国公民的身份[②]，并表示“英联邦公民”等同于“英国公民”，可以自由出入英国国境。法案确立了英国在移民政策上的“开门”态度，为后来英联邦及英属殖民地居民移居英国提供了法律依据，吸引了来自英属殖民地的大量移民[③]，客观上将英国由移民净输出国转变为移民净输入国。尽管移民的到来在客观上缓解了战后英国某些行业劳动力短缺的境况，但正是在这一时期，有色移民被看做是英国文化同质性的威胁，针对非白人移民的种族歧视随处可见，种族冲突频发。

---

① Ali Rattansi, *Multiculturalism: A Very Short Introduction*, Oxford: Oxford University, 2011, p. 31.

② “联合王国和殖民地公民”是指居住在联合王国和尚未独立地区的居民；“英联邦公民”是指已经独立但仍然留在英联邦内国家的公民。Legislation. gov. uk, *British Nationality Act* 1948, http://www. legislation. gov. uk/ukpga/Geo6/11 - 12/56/contents, accessed on August 19, 2022.

③ 据统计，1945 - 1959 年间，最早涌入英国的加勒比劳工达到 12.6 万人；据 1960 年初统计，约有 10 万名印度人和巴勒斯坦人进入英国；此外还有来自马耳他和塞浦路斯的 6.6 万人和来自中国的 5 万人。见 Robert Miles and Paula Cleary, “Britain: Post - Colonial Migration in Context,” in Dietrich Thranhardt, ed., *Europe - a New Immigration Continent. Policies and Politics in Comparative Perspective*, Hamburg: Lit Verlag, 1992, pp. 129 - 131.

第二阶段：20世纪60年代初—20世纪80年代末，移民接收政策逐渐收紧的阶段。

《1962年英联邦移民法》的颁布开启了英国移民政策的保守时期。作为对英国民众反对移民呼声的回应，基于有色移民可能引起人口过多、失业率上升和种族关系问题这三个理由[①]，保守党政府在新移民法中提高了英联邦国家移民进入英国的门槛。即除出生在英国者和持有英国政府颁发的护照者，其他英联邦护照的持有者或者在英国有确定的工作，或拥有被承认的、英国所需要和短缺的技能或资质，在战争期间曾在英国军队服役的可获得优先权。这一规定明显指向有色移民，因为大部分前殖民地国家的移民来英国是为了寻找工作机会和更高的生活水平，很少是拥有英国短缺技能的高资质人群，那些已来到英国的也多从事薪酬较低、工时较长的劳动密集型工作。1971年，英国修订《英联邦移民法》，规定只有在英国有居住权的人，即祖父母一方或父母一方为出生于英国的英国公民，才有权进入英国，进一步缩小了移民接收范围。1972年修订的移民法再一次强调，若因工作原因申请入境，申请人必须有工作许可；否则，持有英国护照是必要条件。由于英国加入欧洲共同体的申请

---

① 该法案将英国居民划分为五类，即英国公民（British Citizens）、英国附属地公民（British Dependent Territories Citizens）、英国海外公民（British Overseas Citizens）、英国臣民（British Subjects）和受英国保护的个人（British Protected Persons）。1987年，又增加英国海外国民（British Nationals（Overseas））一类，主要指在香港但无权进入英国的英国国民。允许父母或祖父母出生在英国但其本身却不是英国公民的人有权自由进入英国，而有些拥有英国国籍的东非人和香港人却被拒绝入境，"英国国籍"被显著地种族化了，英国成为欧盟中唯一一个通过向来自前殖民地国家的移民提供二等公民资格来解决去殖民化问题的国家。这一问题为某些英国国民带来严重的困扰，甚至催生了一批无国家（stateless）人员，如独立建国的前殖民地中的持英国公民身份但被英国拒绝入境的人员。后来，英国政府开始寻求解决这一问题，就在1997年香港回归中国之前，为在香港持有英国国籍的人们提供申请注册完全英国国民身份的机会。此后，在少数其他附属殖民地中也采取同样措施。Robert Miles and Paula Cleary, "Britain: Post – Colonial Migration in Context," in Dietrich Thranhardt, ed., *Europe – a New Immigration Continent. Policies and Politics in Comparative Perspective*, Hamburg: Lit Verlag, 1992, p. 133; Bhikhu Parekh, *Rethinking Multiculturalism: Cultural Diversity and Political Theory*, Cambridge: Harvard University Press, 2000, p. 206.

于 1971 年得到批准，在该移民法案中出现了向欧洲共同体成员国移民倾斜的政策，即这些国家的公民如果因为寻找工作而进入英国，可以在没有工作许可证的情况下进入英国。《1981 年英国国籍法》从确认公民权的角度确立了严格限制移民的态度。法案进一步细分英国居民类别[①]，结束了出生地主义，禁止授予出生在英国但父母均不是英国公民的孩子以公民身份。此后，英国对移民申请者的审批愈加严格，有色人种移民获取英国国籍更为艰难。

在保守党执政的 20 世纪七八十年代，英国移民政策呈现逐渐收紧趋势。这一阶段进入英国的移民主要是来自英联邦的第二代移民，基于家庭团聚理由，那些 20 世纪五六十年代移民英国的后代或亲戚为移民主力。后来，由于存在较多伪婚或骗婚的情况，英国开始控制基于“家庭团聚”的移民，尤其针对配偶和未婚夫/妻，相关的入境程序更加繁琐和持久。撒切尔也支持降低“家庭团聚”的移民数量，并终结了对亲戚的特许入境权。1979 年大选获胜后，她曾公开宣称“我们的人民”将被其他不同的文化淹没。[②] 在她治下，多元文化主义遭到冷遇，移民数量得到很大程度的控制。

第三阶段：20 世纪 90 年代至今，选择性移民阶段。

20 世纪 90 年代，英国开始接收大量的难民申请，直接导致《2002 年国籍、移民和难民法案》的出台。这一法案引入了测试机制，要求申请英国公民身份的移民或难民达到一定的英语水平，并对英国及在英国的生活具备足够的知识，否则需要参加英语培训和公民资格课程。[③] 在这一法案基础上，布朗执政期间，出台了《2006

① Legislation. gov. uk, *British Nationality Act* 1981, https://www.legislation.gov.uk/ukpga/1981/61, accessed on August 19, 2022.

② Christian Joppke, *Immigration and the Nation - State: The United States, Germany, and Great Britain*, Oxford: Oxford University Press, 1999, pp. 117 - 119.

③ Dirk Jacobs and Andrea Rea, "The end of national models? Integration courses and citizenship trajectories in Europe," paper presented at the EUSA - conference, Montreal, 17 - 19 May, 2007.

年国籍、移民和难民法案》，引入“试用公民资格”机制。这一机制规定移民获得公民资格之前有一定的试用期，试用期时长是弹性的，若在试用期内表现出积极的参与意识和志愿精神，可以缩短试用期。①

从英国官方移民政策的话语上看，已由原先的强调对移民的“控制”开始悄悄地转变为“移民管理”，看似一度收紧的移民接收政策开始放松。然而，这一时期英国对待接收移民的问题是选择性的，即鼓励英国经济发展所需的人才移民（如高技术人才和留学生），同时限制那些经济发展不需要的移民（如低技能人才）。2009年英国内政部引入“基于评分的公民资格系统”，对英国签证和公民资格的申请者进行评分并分为五个层级，共有超过80种可能的工作或学习渠道获得允许进入英国。② 卡梅伦政府宣布将进一步缩紧五个层级签证的审批，不但取消第三层级低技能工人的准入，而且首次取消允许年收入3.5万英镑以下的非欧洲经济区工人在英停留超过5年的规定，预示着英国式“客工”模式到来。③

但这个评分系统无法限制来自欧盟成员国的移民。从欧盟内部人员流动数据来看，在2004年和2007年两次欧盟东扩之前，自成员国进入英国的移民连续多年保持基本稳定、略有增长态势，然而2004—2005年，自新加入国家进入英国的移民由28.7万人猛增到

---

① Tufyal Choudury, “Evolving models of multiculturalism in the United Kingdom,” in Michael Emerson, ed., *Interculturalism: Europe and Its Muslims, In Search of Sound Societal Models*, Brussels: Center for Europe and Policy Studies, 2011, p. 124.

② “基于评分的公民资格系统”将移民申请者划分为五个层级：第一层级为高技能人士，包括科学家、企业家等；第二层级为拥有工作机会的熟练工人，如护士、教师、工程师等；第三层级为填充某劳动力短缺部门的低技能工人，如特定工程的建筑工人等；第四层级为学生；第五层级为年轻人或临时工人，如前来演出的艺术家等。Derek McGhee, “The Paths to Citizenship: A Critical examination of immigration policy in Britain since 2001,” *Patterns of Prejudice*, Vol. 43, No. 1, 2009, pp. 41–64.

③ Home Office, *Statement of Intent and Transitional Measures and Indefinite Leave to Remain*, February 2011.

11.68 万人，到 2008 年这一数据又增至 33.24 万人；其中，波兰人取代印度人成为英国登记在册的移民最大输出国。此后几年斯洛伐克、立陶宛、罗马尼亚等东欧国家先后进入英国移民输入数量前十位。①

受移民的数量与福利之间的零和模式影响。蒂勒曼和霍博思基于国际移民政策和法律分析计划的数据研究表明，欧洲各国接收移民的数量与它们赋予移民的福利之间存在一种此消彼长的权衡关系。有些国家如瑞典、挪威和瑞士是“低权利、高数量”国家，英国、德国、法国、比利时则属于“高福利，低数量”国家，而一些南欧和东欧国家则质疑这一零和关系的存在，无论在福利和数量方面都处于低状态。② 也就是说，国家在蛋糕大小一定的情况下，要么大规模接收移民和难民的数量但赋予他们较少的权利，要么赋予他们较多的权利但严格限制移民和难民的数量。在其中，英国是典型的“高福利，低数量”国家，赋予移民以完全福利资格，如移民可享受英国国家医疗服务体系的免费医疗，其子女可免费接受公共教育等。由于接收移民的成本更高，英国倾向于在数量上严格限制移民和难民的数量。欧盟东扩后，来自东欧的大量移民的涌入，将英国的移民福利模式客观上转变为“高福利、高数量”模式，对于普通民众而言，一种直观的感受是移民占用了原本属于本国人的大量福利资源。在经济不景气时期，政府缩减财政开支，民众的不满情绪与排斥移民情绪叠加，反移民倾向更加强烈。来自欧盟成员国移民数量

① Tariq Modood and John Salt, *Global Migration, Ethnicity and Britishness*, London: Palgrave Macmillan, 2011, pp. 26 – 27.

② Eiko Thielemann and Mogens Hobolth, “Numbers vs. rights? On trade – offs in refugee and visa policy,” paper for presentation at the International Studies Association's Annual Convention “Power, Principles and Participation in the Global Information Age,” San Diego, CA, 1 – 4 April, 2012. 转引自 Pieter Bevelander and Raymond Taras, “The Twilight of Multiculturalism? Findings from across Europe,” in Raymond Taras, ed., *Challenging Multiculturalism: European Models of Diversity*, Edinburgh: Edinburgh University Press, 2013, pp. 3 – 24。

激增成为2016年脱欧公投的主要动因。

2. 移民整合政策

移民融入英国社会的问题首先是一个文化议题，同时也是一个结构性问题，需解决基于种族、性别和阶级歧视导致的不平等。[①] 过去已有的多元文化主义讨论和政策措施往往过于强调文化差异，而对社会结构性不平等的认识和关注不足。

第一，文化权利关系到少数族裔的自由（如宗教信仰自由、语言权利等）及其与主流群体之间的平等。多元文化主义的应有之义是在确保少数族群融入主流文化、形成统一的文化认同的基础上，尊重和发展其独特的文化权利。英国尊重移民在日常生活中使用母语交流、发展母文化、按照文化习俗安排文化生活的权利。在宗教信仰方面，在确保少数宗教群体与英国主流社会价值观一致的基础上，尊重少数宗教群体的信仰和习惯。1976年，出于尊重锡克教徒独特宗教传统和文化的考虑，英国政府出台《摩托车头盔（宗教豁免）法案》，允许锡克教徒在骑车时戴他们的传统头巾，而不必佩戴头盔。此外，自20世纪80年代初以来，国家支持建立了数以千计的宗教学校，其中有12所是穆斯林学校。这些穆斯林学校在教授关于伊斯兰文化的知识之余，还鼓励孩子珍惜他们的家庭价值观。

为帮助移民融入英国社会，建立对英国价值观的认同，政府采取了多种措施。移民进入英国后，政府、其他公共组织或私人部门会为移民提供多种渠道的免费语言课程来提高其英语能力。移民若想申请英国公民资格，必须通过政府组织的语言测试。此外，英国部分地区还提供一些社会指导服务，帮助新移民了解英国的文化，如社会规则、规范、习俗、价值观、生活方式（公

---

① Iris Marion Young, "Structural Injustice and the Politics of Difference," in Anthony Simon Laden and David Owen, ed., *Multiculturalism and Political Theory*, Cambridge: Cambridge University Press, 2007, pp. 60 – 88.

共假日安排、着装规则）等，帮助他们融入当地社会。在宗教方面，针对穆斯林群体的某些习俗（如女性割礼、包办婚姻等）与英国主流社会的根本原则和信念相冲突的问题，英国教育部于2012年出台了一项规定，要求在包括穆斯林学校在内的所有私立学校中推广英国价值观，要求师生尊重公民法律和刑法，以一种平衡的方式来讨论政治议题。[①] 这些措施在一定程度上推动了英国统一价值观的建立。

第二，通过一系列整合措施推动少数群体在经济、社会等领域的平等。在经济领域，就业和薪酬问题是权利平等的核心议题。历史上，移民和本地英国居民的就业率之间存在较大的差距，在经济下行时期尤为如此。英国地方政府采取了一些卓有成效的措施，纠正少数族裔员工在就业中的劣势，帮助其提升就业能力。据统计，英国移民有较大的比例从事高技能工作，近40%的移民拥有管理和职业岗位，其中中国人、非裔亚洲人和印度人居前三位。[②] 对于新移民而言，尽管他们整体受教育水平高于其他人，但他们常常从事低于他们资质的工作，如在食品加工、家政等领域工作的新移民高达30%。[③] 在薪酬方面，就整体而言，尽管英国移民比本地英国居民接受了更高的教育，但他们的薪资水平却相对较低。其中加勒比人和孟加拉人是最低的，而白人移民的工资则与英

---

① Department for Education in UCL, *Consultation on Revision of The Education* (*Independent School Standards*), p. 5, http: //dera. ioe. ac. uk/14207/, accessed on August 20, 2022.

② John Rex, "Integration Policy in Great Britain," in Friedrich Heckmann and Dominique Schnapper, ed., *The integration of Immigrants in European Societies*, Stuttgart: Lucius & Lucius, 2003, p. 85.

③ Mariña Fernández – Reino and Cinzia Rienzo, "Briefing: Migrants in the UK Labour Market: An Overview," Oxford: the Migration Observatory at the University of Oxford, 28. Aug. 2012, available at https: //migrationobservatory. ox. ac. uk/wp – content/uploads/2019/07/MigObs – Briefing – Migrants – in – the – UK – labour – market – an – overview. pdf, accessed on August 20, 2022.

国出生的雇员不相上下。[①] 这是英国各类组织努力改善的一个重点。

第三，在社会整合领域，一方面，针对英国长期以来种族关系紧张的历史和现状，英国政府自 1965 年开始制定多部种族关系法案，并成立相应的推动种族平等的机构如种族平等委员会，逐步改善种族关系。《2006 年平等法案》和《2010 年平等法案》则进一步将公共机构应对歧视的范围拓展到所有领域，包括年龄、种族和族群、性别、残疾、性取向、宗教和信仰等。同时将各种各样的监察机构合并为平等与人权委员会，确保法案的落实。这些法案与其他各类政府项目一道，与社区合作来寻求推进平等的解决方案。另一方面，多元文化主义政策的实施也推动了少数族群生活环境的改善。如落实改善市中心环境的城市项目，1988 年推出了 57 个城市项目用以改善少数族群的生存条件；还引入黑人主导的住房联合运动，成为欧洲最著名的针对黑人和少数族群的投资之一。

第四，这一系列的措施，导致主流群体中一部分人产生以下指责：移民不仅偷走当地居民的工作机会，而且占用了福利资源，如市议会分配的房子、儿童福利、免费医疗和公共教育等。2001 年发生在英国北部地区的青年暴乱、2005 年伦敦“七七地铁爆炸案”，以及发生在世界各地的暴力恐怖袭击事件，导致整个英国社会对多元文化主义的怀疑论，即英国政府和全国上下苦心经营多年的多元文化主义不但耗费大量资源，而且成效甚微。这是英国时任首相卡梅伦宣布多元文化主义失败的原因，也构成英国民粹主义据以进行反移民、反穆斯林、反多元文化主义动员的基础。

---

① Yann Algan，Christian Dustmann，Albrecht Glitz and Alan Manning，“The Economic Situation of First and Second Generation Immigrants in France，Germany and the United Kingdom，” *The Economic Journal*，120 (February，2009)，F4 – F30，http：//www. ucl. ac. uk/ ~ uctpb21/Cpapers/AlganDustmannGlitzManning2010. pdf，accessed on August 20，2022.

二、英国民粹主义崛起的原因

在多元文化主义的大背景下，英国社会发生了一系列深刻变化，民粹主义力量异军突起。英国民粹主义政党代表是英国独立党，在法拉奇的领导下尤其关注移民数量的上升对白人英国工人阶级的影响，短时间内得到井喷式发展，在2013年地方选举、2014年欧洲议会选举和2015年英国大选中取得不菲战绩。英国独立党对政府施加压力被广泛视为促成2016年英国脱欧公投的主要原因。英国独立党的主张代表了英国民粹主义的主要诉求：疑欧主义，推动英国脱离欧盟；要求政府采取措施控制移民，反对多元文化主义，反对英国的伊斯兰化；在社会议题上偏于保守主义，如反对性少数群体权利，在教育权、司法公正方面较为保守；采用民粹主义的语辞，自称为“人民的卫士”等。在2019年5月，前独立党党魁法拉奇领导下的“脱欧党”在欧洲议会选举中表现抢眼，获得31%的选票，成为超越保守党和工党等传统大党的最大赢家。

整体而言，英国民粹主义的崛起是以下四方面因素共同作用的结果。

第一，经济社会基础。全球化实现了人员、商品、资本和服务在全球范围内的重新分配和自由流动，不仅为英国输送了数量可观的劳动力，也改变了英国的产业结构和社会结构。全球产业结构重新调整使得英国传统的制造业和重工业日渐衰落，大量工人失业，生活水平下降；欧洲一体化过程中产生的欧盟共同渔业政策使得英国以捕捞为业的渔民受到损失；加之来自欧盟和世界各国的低技能劳动力被视为英国本国劳动机会的争夺者，英国这些在全球化过程中被边缘化的底层民众对全球化、欧洲一体化持消极态度，在经济状况欠佳时期，尤为敌视外来移民。英国受 2008 年欧债危机影响，经济增长下行，部分产业受挫尤其严重，导致该产业从业人员反对一体化倾向明显，容易被右翼民粹主义所吸引。

第二，心理基础。全球化带来的经济不安全感上升，加之“伊斯兰恐惧症”日益严重，主流群体安全感缺失程度正逐步加深。同欧洲多数国家一样，英国社会的世俗化程度已经很高。英国在战后吸纳了前殖民地大量的穆斯林移民，加上其居高不下的生育率，使得穆斯林人口在英国总人口中的比例正在上升。有说法称伦敦即将被穆斯林占领而变成“伦敦斯坦”①，表达了英国主流人群对英国认同的焦虑和对穆斯林移民的恐惧。火上浇油的是，近十几年来由穆斯林发起的暴力恐怖事件在英国和欧洲大陆国家频繁发生，激化了英国社会的恐伊心理。这种对穆斯林移民的敌视态度也传染至对待其他移民群体上，英国主流社会强烈要求政府修订移民政策，控制移民尤其是穆斯林移民和难民数量。

第三，制度基础。英国是代议制民主的发源地，议会至上原则是其民主制度的基石，民众通过投票选举可以代表他们意志和利益的议员来参与国家治理和政策设计。在是否脱欧的议题上，公投前的议会投票结果显示大部分议员支持英国留在欧盟②。这与部分民众对全球化和欧洲一体化的直观感受与判断背道而驰。在这些人看来，以议员、政府官员为代表的政治精英作为在全球化和欧洲一体化进程中受益的各领域精英的代言人，无视被全球化边缘化的民众的声音和其每况愈下的处境，主张继续推行全球化和多元文化主义，因

---

① 近年来这种说法频繁见诸报端和研究专著，如 Melanie Phillips，*Londonistan：How Britain is Creating a Terror State Within*，New York：Encounter Books，2006；以及 *The New York Times*，*Vanity Fair*，*The Weekly Standard* 等杂志。

② 根据 2016 年 6 月 23 日脱欧公投前调查机构所作的调查，英国下议院绝大部分议员支持留欧，https：//www. bbc. com/news/uk – politics – eu – referendum – 35616946，accessed on August 20，2022。

此对现行精英体制的失望情绪与日俱增。疑欧主义、反全球化的诉求终于通过民粹主义反精英、反建制的方式释放出来。

第四，导火索。叙利亚难民危机为本已紧张的英国移民关系火上浇油。2011 年叙利亚内战爆发以来，欧盟成为难民申请的主要目的地。据统计，自 2010—2016 年间，德国接收叙利亚移民 45 万余人，瑞典接收 11 万余人，匈牙利近 8 万人，而英国仅接收 1 万人。[①]相对于大陆国家而言，英国限制难民入境的政策卓有成效。但现代社会通信的改善和发展使得人们更关心也能及时了解到世界其他地区发生的事，德国等国因难民涌入而导致的治安状况恶化、恐怖事件频发强化了人们对难民的负面评价，加上英国国内暴力恐怖袭击事件此起彼伏，保护本国边界和主权的诉求日益强烈。

三、英国右翼民粹主义的特征

在多元文化主义意识形态和多元文化政策影响下，英国民粹主义与右翼力量结合，呈现出以下特征。

第一，基于身份认同议题提出主张。这既体现在英国作为一个民族国家的自我认同，又体现在英国民众个人身份认同的体验。与传统的左、右翼政党代表经济社会地位不同的选民不同的是，这一轮民粹主义思潮的兴起很大程度上基于人们对身份认同议题的关注。英国孤悬于欧洲大陆之外的岛国区位，英国历史上与欧洲大陆国家对抗的过程中完成国家构建并建立了民族认同，英国人共同缔造的“日不落帝国”的神话和由此产生的大国情结，都塑造了作为英国人的“我们”与作为欧洲人的“他们”不同的差异感，英国上下历来

① 该数据引自欧洲大学研究所移民政策中心的一个项目，http：//syrianrefugees. eu/。

不乏疑欧甚至反欧的声音。从民众个体而言，身边肤色、语言、文化习俗、宗教信仰等日益多元化的人员构成，欧盟2007年东扩以来涌入英国的大量东欧人，未来欧盟可能进一步东扩甚至将伊斯兰国家土耳其囊括其中，使得人们对自身所处的土地、自己是英国人的意识不再像以往那么清晰。脱欧公投中"夺回控制权"的口号，英国近年来重申英国性的重要意义，凸显了英国作为一个民族国家和普通民众对英国人身份认同的关注。

第二，声称人民的唯一且直接的代表。这有两个意涵：一是民粹主义政党宣称是"人民"唯一的、直接的代表，不需要通过任何中介，其正当性超过任何建制形式如议会、法院等。当英国高等法院说启动脱欧谈判必须经过议会投票时，英国主要媒体之一《每日邮报》在其头版新闻刊登了一张印有戴假发法官的照片，标题写着《人民的敌人》，称高院此举是"对民主宣战"。[①] 二是民粹主义政党宣称凡是不支持他们的都不是真正的人民。脱欧公投中，尽管脱欧派比留欧派略胜一筹，但考虑到放弃投票的比例，投票脱欧的人数事实上只占英国公民总数的37.5%[②]，那么英国民粹主义者所谓的他们所代表的"人民"指的是哪些人呢？未支持脱欧的62.5%英国人（明确支持留欧的，和未参与脱欧投票的）是"人民"的一部分吗？建立在少数支持者基础上的他们能代表真正的人民吗？尽管无法对这些问题给出令人信服的答案，他们依然自称"谁是人民"的

---

① James Slack, "Enemies of the people: Fury over out of touch judges who have declared war on democracy by defying 17.4m Brexit voters and who could trigger constitutional crisis", https://www.dailymail.co.uk/news/article-3903436/Enemies-people-Fury-touch-judges-defied-17-4m-Brexit-voters-trigger-constitutional-crisis.html, accessed on August 20, 2022.

② 参加公投前，需注册成为选民。据英国选举委员会统计，参与公投的选民共计4650.0001万，占英国总人数的72.2%。在参与投票的选民中，有51.9%（1741.0742人）选择脱欧。若将未参与投票的民众计算在内，仅37.5%的英国人在投票中选择了脱欧。https://www.electoralcommission.org.uk/find-information-by-subject/elections-and-referendums/past-elections-and-referendums/eu-referendum/electorate-and-count-information, accessed on August 20, 2022.

最终定义者。

第三，违背政治的审慎原则，破坏性远大于建设性。民粹主义的一个典型特征是只破不立，只驳不立，只反不立。它以挑战现有的统治精英、批判已有的制度模式为己任，却不致力于提出解决问题的替代性、系统性、综合性方案。它的“反”更多的是一种情绪化的、煽动性的语词表达，缺乏严谨的事实基础和行为指导性。这种并非基于事实、并未经过充分论证的武断论断不仅会误导民意，也可能会误导政策改革的方向。这种负面影响的后果在北爱尔兰边界问题和对移民影响的判断上表露无遗。在英国与欧盟依据《里斯本条约》第五十条规定确定的脱欧截止日期，即 2019 年 3 月 29 日前，英国内部、英国与欧盟之间争议最大、僵持不下的一个最重要议题是北爱尔兰边界问题。但这一关键问题在脱欧公投前却并未得到充分的讨论。脱欧公投前，民粹主义者在反移民主张中反复强调的一个卖点是移民要为本国民众失业率居高不下买单，移民占用大量社会福利资源成为社会的负担。然而英国劳工部在 2008 年的数据显示，英国劳动力市场中低技能本地劳动者的境遇并非由于缺乏适当的工作机会，而更多可以从技能水平、认知和动力方面找到原因。① 也就是说，尽管很多英国本地人抱怨他们由于移民的到来而失去工作，但事实是市场上并不缺乏工作机会，真正的原因是他们自己是否有符合工作机会的技能以及是否有足够的动力去寻找工作，移民只是他们对自身境遇不满的替罪羊。事实上，英国社会和经济的发展反而需要移民，对于移民是否社会服务系统的负担这一结论，需要结合移民对英国经济所作出的贡献来综合考量。据牛津大学移民观测中心的研究，移民的整体财政影响是积极的，尽管这种影响

---

① Sara Lemos and Jonathan Portes, “The impact of migration from the new European Union Member States on native workers,” http://citeseerx.ist.psu.edu/viewdoc/download? doi = 10.1.1.537.7697&rep = rep1&type = pdf, accessed on August 20, 2022.

较小。[①] 脱欧公投结果显示中下层民众对社会分配不公、自身处境恶化等现状的不满，需要系统性、结构化的改革措施循序渐进地推进，一时民意的欢呼无法解决深层次矛盾，反而把政治家的精力转移到脱欧一事上来。

第四，诉诸公投等简单粗暴的方式，可能造成宪政危机。动辄诉诸全民公投，简单粗暴地得到答案是民粹主义常用的解决分歧的方式。民粹主义者进行动员的语言往往颇具煽动性，而且会影响传统政党甚至整个社会的语辞风格，建制派、保守党人经常需要与其合作甚至模仿他们以保证和提升支持率。英国独立党的推波助澜，是推动卡梅伦政府启动脱欧公投的一个重要原因。在脱欧议题上，英国发生了历史上首次议会投票结果与全民公投结果相左的情况，对英国政治制度基础——代议制民主制度甚至整个宪政体制构成挑战。要避免宪政危机的发生，议会需要尊重全民公投的结果，对脱欧这个结果去进行论证并部署后续实施方案。但大部分议员是不同意脱欧的，出现了首相提出的脱欧协议三次提交议会三次未获通过的结果，如何脱欧问题一拖再拖。脱欧公投是一个一过性的事件（event），民众直接参与投票，是一个在短时间内就能得出结果的时刻（moment）。但脱欧却是一个漫长的过程，需要议会经过反复讨论、投票来确定最终的脱欧协议。这一矛盾凸显了代议制民主议而难决、效率低下的弊端，而全民公投的滥用不仅难以弥补代议制民主的缺陷，反而导致民主劣质化[②]，更为严重的是，可能因为直接民主与代议民主结果相左而导致宪政危机。

第五，标志着隐性种族主义回归。英国是世界上少数几个以族

---

① Carlos Vargas - Silva, "Briefing: The Fiscal Impact of Immigration in the UK," Oxford: the Migration Observatory at the University of Oxford, https://migrationobservatory. ox. ac. uk/resources/briefings/the - fiscal - impact - of - immigration - in - the - uk/, accessed on August 20, 2022.

② 周穗明：《21 世纪民粹主义的崛起与威胁》，载《国外理论动态》，2016 年第 10 期。

群为标准来对人口进行分类并管理的国家之一，其本意是为了监测政府和社会各组织、部门对各族群的平等对待情况，但在客观上催生了以族群为界限的种族歧视。在西欧国家，族群不过是对种族的一种委婉表达方式，移民被认为在种族上与多数白人人口不同。在英国，种族主义根深蒂固。在相当长的历史时期内，人们将英国人等同于白人，英国性等同于白肤色。直到现在，“多种族的”和“多元文化的”都是可以相互转化的同义词。① 正如比丘·巴雷克所言，无论你是什么肤色，只要你不是白种人，那么你就不是英国人。② 汉森也曾说过：“是白人，就意味着归属；是黑人，就意味着被排除。”③ 欧洲的多元文化主义在很大程度上是为了回应从欧洲国家原殖民地来的移民问题的，扭转针对有色人种移民的歧视。英国的民粹主义对多元文化主义的批判，客观上表明种族主义的回归，尽管较为隐性，因为种族一词较少被提及。脱欧公投前后居高不下的针对有色人种移民的仇恨语言和仇恨犯罪率，是种族主义的力证。

四、结语

过去英国所实行的多元文化主义可以说是半心半意，初衷良好但设计粗鄙且并未全心全意地实行过。从21世纪初参与英国北部骚乱的青年人诉求来看，他们要求的并非文化权利和保持父母来源国的传统，因为作为二代、三代甚至多代移民的他们认同英国的价值

---

① Ali Rattansi, *Multiculturalism: A Very Short Introduction*, Oxford: Oxford University Press, 2011, pp. 9 - 10.

② Parekh Bhikhu, *Rethinking Multiculturalism: Cultural Diversity and Political Theory*, Cambridge: Harvard University Press, 2000, p. 8

③ Randall Hansen, *Citizenship and Immigration in Post - war Britain. The institutional Origins of a Multicultural Nation*, Oxford: Oxford University Press, 2000, p. 62.

观，在文化归属和行为方式上与当地人并无二致。他们要求的是充分的包容，是平等的机会，以及参与国家事务和为国家奉献的权利。[①] 真正的多元文化主义除倡导对少数族群文化的尊重和保护外，还要求主流群体平等对待少数群体的态度和实实在在推动少数群体与多数群体在经济、社会、政治权利的平等参与。而后者，恰恰是包括英国在内的西欧多国所忽视的。

多元文化主义是民粹主义批判的主要标的之一。但多族群、多种文化的共存是一个事实，包括主流群体在内的社会各群体正越来越多地以身份认同来界定自我也是一个不容忽视的事实，任何一个政党在确定目标、制定政策上忽略这两个事实中的任何一个都是非理性的。如果不是多元文化主义，如果不是自由主义，民粹主义将提出何种方案以解决它赖以崛起的现有问题将构成未来考验民粹主义政党——无论作为执政党还是反对党——的一个核心议题。

（本文发表于《新视野》2020 年第 3 期，此次收入书中进行了部分删减——作者）

① Ali Rattansi, *Multiculturalism: A Very Short Introduction*, Oxford: Oxford University, 2011, p. 92.

突厥语国家的合作提质升级

罗英杰　杨　博*

【内容摘要】突厥语国家合作委员会2021年11月升级为突厥国家组织，并公布了纲领性文件《2040突厥世界愿景》，以图强化"突厥民族"认同，提升合作的机制化水平，全面推进政治安全、经济贸易、文化教育以及地区和全球事务等务实性合作。今后，突厥语国家的合作将进一步加强，在政治安全上日益成为欧亚地缘政治格局中的重要力量，在经济贸易领域重点推进交通、基础设施、通关和投资便利化、能源、新技术合作，在文化教育领域夯实共同历史、共同语言、共同身份和共同文化四大支柱。但是，突厥语国家的合作仍然受制于政治安全分歧、俄罗斯牵制、中亚国家民族构成复杂等因素，突厥世界一体化目标的实现难度较大。

【关键词】突厥国家组织　泛突厥主义　土耳其　哈萨克斯坦

突厥语国家主要指主体民族母语为阿尔泰语系突厥语的土耳其、阿塞拜疆、哈萨克斯坦、吉尔吉斯斯坦、乌兹别克斯坦和土库曼斯坦六国。目前，全球以突厥语为母语的人口共有1.64亿，而这六个国家的人口达1.25亿，约占76.6%，其他突厥语人口主要分布在俄

* 罗英杰，国际关系学院国际政治系主任、教授；杨博，国际关系学院研究生。

罗斯、蒙古国、伊朗、中国等地区。冷战结束后，突厥语国家于1992年召开首届国家领导人会议，2009年升级为突厥语国家合作委员会（Cooperation Council of Turkic Speaking States）。2021年11月12日，突厥语国家合作委员会升级为突厥国家组织，并通过首份突厥语国家合作纲领性文件——《2040突厥世界愿景》。这对推进突厥语国家合作和“突厥世界一体化”具有重大的历史意义，也可能对欧亚战略格局等造成复杂而深远的影响，值得国际社会高度关注。

一

2021年11月，突厥语国家合作委员会第八次领导人会议决定将该合作委员会升级为突厥国家组织，并公布了哈萨克斯坦首任总统纳扎尔巴耶夫倡议的首份突厥语国家合作长期规划《2040突厥世界愿景》。[①] 突厥语国家合作全面提质升级。

第一，突厥语国家改称突厥国家，凸显“突厥民族”认同的政治属性。突厥语国家合作委员会第八次领导人会议决定以突厥国家取代突厥语国家。突厥语国家一词具有根据语言学分类的依据，突出的是语言文化属性；突厥国家却强调对“突厥民族”的政治认同，且现实中不具备将突厥语使用者定义为“突厥民族”的科学依据。突厥语国家此举意在进一步强化泛突厥主义式的民族认同意识。“泛突厥主义”指的是19世纪末和20世纪初兴起于俄国的政治运动，其目标是组建奥斯曼帝国与俄罗斯、中国、伊朗、阿富汗等地突厥

① “Turkic Council reforms into Organization of Turkic States,” Anadolu Agency, November 16, 2021, https://www.trtworld.com/turkey/turkic-council-reforms-into-organization-of-turkic-states-51608.

语民族的政治联盟。[①] 中国学者多将“泛突厥主义”视为旨在联合突厥语民族并恢复建立“突厥大帝国”的民族主义思潮和运动。[②] 冷战结束后，“泛突厥主义”思潮卷土重来，并逐渐演化为土耳其“向东看”战略的政策工具。[③]

突厥语国家试图以“泛突厥主义”塑造“突厥民族”的身份认同。一是灌输“大突厥”历史观。突厥语国家合作委员会领导人会议 2012 年通过《建立国际突厥学院的协定》和《建立突厥文化和遗产基金会协定》，次年决定由国际突厥学院负责编写《突厥通史》教材。2017 年，土耳其、阿塞拜疆、吉尔吉斯斯坦、哈萨克斯坦联合完成四国通用的《突厥通史》中小学教材的编写工作，在不断呼吁“其他突厥语国家共同参与书写历史”同时，还着手编写《突厥地理》与《突厥文学》等后续教材。中国新疆社会科学院中亚研究所所长潘志平认为，《突厥通史》以“大突厥”历史观代替苏联的“突厥史观”——“突厥语国家未建立统一国家”。[④] 2020 年 2 月，《突厥通史》教科书正式纳入哈萨克斯坦、阿塞拜疆和土耳其中学历史教育大纲，共有 3 万名土耳其中学生、1.5 万名哈萨克斯坦中学生和 1 万名阿塞拜疆中学生选修“突厥通史”课程。[⑤] 新的《突厥通史》教育无疑将会推动突厥语国家青年进一步认同泛突厥主义。

二是创造“泛突厥主义”文化符号。突厥语国家将塑造和弘扬共同文化视为“泛突厥主义”的主要表现形式。2018 年 6 月 19 日，

---

① “Pan - Turkism,” *Britannica*, March 18, 2021, https://www.britannica.com/topic/Pan - Turkism.

② 段会平、魏国红：《国内泛突厥主义研究述评》，载《学术界》，2016 年第 2 期，第 222—231 页。

③ 张玉艳：《泛突厥主义在土耳其的由来与发展》，载《国际政治研究》，2019 年第 5 期，第 40—68 页。

④ 但杨、潘志平：《要高度警惕泛突厥主义的再泛起》，2021 年 11 月 30 日，https://cati.nwupl.edu.cn/bgpl/rdsp/72135.htm。

⑤ “《突厥通史》统一历史教科书已被纳入哈、阿、土三国中学教育大纲，”哈通社，2021 年 11 月 28 日，https://www.inform.kz/cn/article_a3618572。

哈萨克斯坦总统纳扎尔巴耶夫将南哈州更名为突厥斯坦州，将首府改名为突厥斯坦市，强调突厥斯坦是突厥世界的精神之都，具有“圣城”的地位。同年6月22日，哈萨克斯坦还高规格举行“泛突厥主义”诗人朱马巴耶夫诞辰125年周年纪念活动，将朱马巴耶夫尊为“所有突厥语国家的诗人”。此后，突厥文化国际组织宣布2018年为突厥语国家的“朱马巴耶夫年”。[①]

三是推进“突厥世界一体化”。1994年，突厥语国家第二次领导人会议将“推动突厥语国家一体化”作为中心议题。2015年，突厥语国家合作委员会第五次领导人会议批准“突厥世界一体化构想”。2021年11月该委员会第八次领导人会议将突厥语国家合作委员会更名为突厥国家组织，宣告“突厥世界一体化”作为突厥语国家的重大目标正式进入实施阶段。[②]

第二，将合作委员会升级为组织，以提升“突厥语国家”的合作机制化水平。1992年10月30日，突厥语国家第一届领导人会议发表阿塞拜疆、哈萨克斯坦、吉尔吉斯斯坦、土库曼斯坦、乌兹别克斯坦和土耳其领导人签署的《安卡拉宣言》，制定每年举行一次会议原则，标志着突厥语国家合作拉开序幕。但是，由于突厥语国家间关系波动的影响，上述会议原则未能顺利落实。1993年，突厥语国家成立国际突厥文化组织，成为其国家之间第一个正式合作机制。2009年，阿塞拜疆、哈萨克斯坦、吉尔吉斯斯坦、土耳其四国签署《纳希切万协议》，成立突厥语国家合作委员会，推动突厥语国家的政治、经济、文化、教育、科技、旅游合作，并将协议签署的10月3日被确立为“突厥语国家合作日”。这是旨在联合突厥世界的第一个制度性机构，具有开创性的历史

① 但杨、潘志平：《中亚当前安全形势分析及其影响》，载《中亚研究》2021年第7期，第11—21页。

② 冯源：《突厥语国家加速一体化进程》，载《光明日报》2021年11月18日，第15版。

意义。此次突厥语国家又将国家合作委员会进一步升级为国家组织，进一步提升机制化水平。

根据2021年11月的国家领导人会议精神，突厥国家组织将继承突厥语国家合作委员会的组织框架和工作机制。目前，突厥国家组织下辖领导人会议、外交部长会、长老理事会（the Council of Elders）、高官委员会和秘书处等直属机构，以及突厥语国家议会大会（TURKPA）、国际突厥文化组织（TURKSOY）、国际突厥语学院（the International Turkic Academy）、突厥文化和遗产基金会（the Turkic Culture and Heritage Foundation）、突厥商业委员会（the Turkic Business Council）、突厥大学联盟（the Turkic University Union）和突厥工商会（the Turkic Chamber of Commerce and Industry）等附属机构。[①] 领导人会议作为该组织最高权力机构，每年由成员国轮流负责组织召开，审议外交部长会提出的重大决策和纲领性文件以及其他机构提交的计划安排。

为避免出现单一国家主导的局面，突厥国家组织采取分散机构的做法，将秘书处设在土耳其最大城市伊斯坦布尔，将国际突厥文化组织设在土耳其首都安卡拉，而将国际突厥语学院设在哈萨克斯坦共和国首都努尔苏丹，突厥语国家议会大会位于阿塞拜疆首都巴库。此外，该组织还设立轮值主席和秘书长。现任轮值主席是土耳其总统埃尔多安，现任秘书长为哈萨克斯坦巴格达·阿姆雷耶夫（Baghdad Amreyev）。哈萨克斯坦首任总统纳扎尔巴耶夫受命担任荣誉主席。突厥国家组织以各国语言为官方语言，以英语为工作语言。

此外，该组织还接纳永久中立国土库曼斯坦为观察员国，显示

---

① “Organization of Turkic States,” Organization of Turkic States, November 16, 2021, https://www.turkkon.org/en/turk-konseyi-hakkinda.

其继续扩大突厥世界影响力的政治意向。突厥语国家合作委员会2009年10月成立时，土库曼斯坦和乌兹别克斯坦没有参加，因而受到代表性不足的掣肘。2010年9月，时任土耳其总统居尔提出“一族六国”口号，将突厥语国家合作委员会扩员问题提上议程。此后，匈牙利于2018年9月获得观察员国地位，乌兹别克斯坦于2019年9月正式加入，乌克兰于2020年8月申请该组织观察员国地位。此次，从未加入任何国际组织的土库曼斯坦以观察员国身份加入，使突厥国家组织空前扩大，包括土耳其、阿塞拜疆、哈萨克斯坦、吉尔吉斯斯坦和乌兹别克斯坦五个成员国以及匈牙利、土库曼斯坦两个观察员国。

第三，通过哈萨克斯坦首任总统纳扎尔巴耶夫倡议的突厥语国家合作首份纲领性文件——《2040突厥世界愿景》（简称《展望》）[1]，对其政治安全合作、经济合作、人文交流、对外合作等做出长远规划。[2] 与2009年的《纳希切万协议》相比，《展望》所涵盖的合作领域更全面，推进合作的政治意愿更显强烈。

一是强化政治安全合作。《愿景》要求突厥国家组织成员国加强在治国理政合作，加强政治多边磋商机制和外交政策协调，合作打击激进主义、暴力极端主义、伊斯兰恐惧症、仇外心理和恐怖主义以及毒品走私、人口买卖、非法武器交易等跨国有组织犯罪，确保边境安全。

二是促进经济贸易合作。经济合作占据《愿景》的最大篇幅，为重中之重，比《纳希切万协议》更细致、更全面。其中，首次提出加强数字经济、知识经济、基础设施合作，促进成员国相互投资。

---

① "Turkic Council reforms into Organization of Turkic States," *Trt World*, March 17, 2022, https://www.trtworld.com/turkey/turkic-council-reforms-into-organization-of-turkic-states-51608.

② "Turkic World Vision-2040," Organization of Turkic, November 16, 2021 States, https://www.turkkon.org/en/haberler/turkic-world-vision-2040_2396.

同时，明确以区域一体化为目标，加强物流运输合作，降低简化关税和通关手续，促进交通基础设施发展，强化网络、计算机、太空领域等高技术合作。此外，强调发展绿色能源、提高能源获得、建设“突厥国家”统一能源市场和实现能源多样化等能源合作，确保成员国，乃至欧洲和世界的能源安全；主张促进签证和人员往来的便利化，利用各国历史、文化、宗教优势，开展旅游合作；推进健康与公共卫生、环境及绿色技术、农业等合作。

三是夯实人文交流基础。加强人文交流往来，历来是突厥语国家合作的基础和支柱。《愿景》提出将采取多方面措施。首先，通过文化和教育合作发掘突厥社会共性，特别要加强突厥共同历史、共同语言文化研究，促进高校合作，传授共有历史、语言、文化与价值，编写突厥世界百科全书，建设突厥世界智库网络等，增强内部合作。其次，通过各类体育活动增强突厥社会的团结，实现世界游牧民族运动会制度化。再次，制定促进“海外突厥人士”返回原籍国投资战略框架，动员海外突厥学者支持“突厥世界”高等教育和科学机构，加强世界突厥侨民学者联系，确保突厥侨民社区积极参与突厥国家组织活动。最后，加强传媒和公民社会组织合作，通过媒体和社会交流，加强突厥语纽带。

四是密切地区与国际政策协调。《愿景》以促进突厥语国家全方位合作、打造中亚和高加索地区合作新平台为突厥国家组织的宗旨，要求践行《联合国宪章》宗旨和原则以及其他公认国际法原则和规范，加强与地区和全球性组织的合作，积极参与地区和全球性事务，争取成为地区和全球政治舞台上的重要成员。[①]

---

① “About Turkic Council,” Organization of Turkic States, November 16, 2021, https://www.turkkon.org/en/turk-konseyi-hakkinda.

二

从过去30年的历程看，突厥语国家合作总体上呈升级趋势。随着突厥国家组织的成立，突厥语国家合作有望全面推进，尤其将会加强政治安全、经济贸易、文化教育领域的合作。

第一，突厥语国家将强调用一个声音说话，力争成为欧亚地缘政治格局中的重要力量。此前，《纳希切万协议》虽然规定了突厥语国家合作打击恐怖主义、反对极端势力和分离主义、外交政策协调等内容，但实际成果有限，更在阿塞拜疆和亚美尼亚之间的纳卡冲突等政治安全议题上意见分散。但是，此次领导人会议再次强调强化政治安全合作和对外政策协调，还首次就纳卡冲突和塞浦路斯问题发表支持阿塞拜疆和塞浦路斯突厥人的政治声明，有意通过集体发声显示地缘政治影响。[①] 该组织当月还宣布向非洲捐献250万剂新冠疫苗，[②] 并表示准备将合作领域越来越多地扩展至气候变化、公共卫生、国际政治等领域，以应对各种挑战。突厥国家组织秘书长阿姆雷耶夫称，突厥语国家合作委员会更名为突厥国家组织，将增加该组织的国际威望，成为真正的欧亚地缘政治角色，今后愿意与世界各国建立联系并进行建设性对话与合作。[③]

---

① "Turkic Council reforms into Organization of Turkic States," Anadolu Agency, November 21, 2021, https://www.trtworld.com/turkey/turkic-council-reforms-into-organization-of-turkic-states-51608.

② "Turkic Council to donate 2.5M COVID-19 vaccines to Africa," Anadolu Agency, March 17, 2022, https://www.aa.com.tr/en/africa/turkic-council-to-donate-25m-covid-19-vaccines-to-africa/2419437.

③ "Organization of Turkic States ready to establish ties with all nations," Anadolu Agency, March 17, 2022, https://www.aa.com.tr/en/world/-organization-of-turkic-states-ready-to-establish-ties-with-all-nations-/2437524.

突厥语国家合作的推进除了适应内部发展的需求外，主要是为了应对美国近期战略收缩等欧亚地缘政治变革所带来的机遇和挑战。2021 年，美国从伊拉克撤军，造成伊拉克政局动荡，给地区留下巨大的战略真空。这引发地区战略格局的变动，造成了地区局势的动荡，导致突厥语国家面临更大的安全风险。突厥语国家抱团取暖、共同应对地缘政治风险挑战的政治意愿由此增强。同时，美国的战略收缩为土耳其等地区国家在地缘政治中崭露头角创造了条件。土耳其试图加入欧盟战略在事实上宣告失败后，转而推进“战略东向”政策，以图通过突厥语国家间的合作提升政治影响力，并构建战略纵深，谋求地区主导地位。

未来一段时间，突厥语国家可能会在地区争端、国家内部稳定等方面进行更多的协调和合作，以塑造民族自主意识，推行多元平衡外交，谋求自身利益最大化。尤其是阿塞拜疆，在 2020 年纳卡冲突中意识到突厥语国家合作所带来的切实益处，将会更加密切与土耳其等突厥语国家的政治安全合作。2022 年 1 月哈萨克斯坦国内发生骚乱，土耳其表示关切，突厥国家组织召开外长特别会议，专门讨论哈萨克斯坦局势。突厥语国家加强政治安全合作，可能发展成影响力仅次于俄罗斯和集安组织的地区多边组织。

第二，加快推进经济贸易合作。突厥语国家大多位于欧亚连接处，历史上就是重要商业节点。该地区现已出现由大国主导的多个区域经济倡议，如中国的“新丝绸之路经济带”和俄罗斯的“欧亚经济联盟”等，突厥语国家提出了“中间走廊”“光明之路”等倡议，区域合作势头良好。此前，突厥语国家虽然组建了商业委员会，但议而不决现象十分明显，内部经贸合作基础薄弱，且严重受制于国际环境影响。例如，土耳其和哈萨克斯坦是突厥国家合作的两大推进力量，但两国之间经贸合作的规模、力度都很小。2007 年以来，哈萨克斯坦从土耳其进口的货物价值额一直低于 10 亿美元，但对土耳其的出口则受国际大宗货物价格影响而忽高忽低，从2012年的32亿美元最高点骤降至2016年的8.5亿美元，2020年又回升至21亿美元。截至新冠肺炎疫情暴发前的2019年，哈土贸易额仅为31亿美元，土耳其只是哈萨克斯坦的第八大出口国和第七大进口来源国，而与哈萨克斯坦贸易不到土耳其的进出的1%。[①] 同样，其他突厥语国家与土耳其的贸易规模也很小，难以成为其优先贸易方向。

近年来，土耳其等突厥语国家顺势而为，重点推进交通等基础设施、通关和投资便利化、能源、新技术诸领域的经济合作，加强土耳其与中亚国家经贸合作关系。据哈萨克斯坦国家银行统计，2021年上半年，外国对哈直接投资同比增长30%；土耳其对哈投资3.887亿美元，同比增长79.9%。[②]

第三，突出文化教育合作。共同历史、共同语言、共同身份和共同文化一直是突厥国家组织合作的四大支柱。[③] 今后，突厥语国家将在这个领域加大合作力度：

一是扩大教育合作。土耳其一直谋求扩大在中亚国家的教育影响力，在中亚各国建立"居伦学校"，教授土耳其语、突厥文化等课程，试图影响当地政局。哈萨克斯坦政府中有四成官员为"居伦学校"毕业生。土耳其在中亚开设的大学在数量上仅次于俄罗斯，中亚国家是土耳其主要的留学生来源国。[④]此间，突厥大学联盟在推进高校交流中的作用将会增强。目前，加入该联盟的22所高校已经开展

---

① 贸易数据来源于联合国商品贸易统计数据库，https://comtrade.un.org/。

② "土耳其成为对哈国增加投资最多的第三大国，" *Trt World*，2021年12月10日，https://www.trt.net.tr/chinese/cai-jing/2021/10/07/tu-er-qi-shi-pin-jin-jun-zhong-guo-shi-chang-1716407。

③ "About Turkic Council," Organization of Turkic States, Novenber 16, 2021, https://www.turkkon.org/en/turk-konseyi-hakkinda.

④ 王明昌：《土耳其与中亚国家关系的现状及前景》，载《国际研究参考》第2018年第5期，第1—6页。

学分互换、校长会议等合作。[①] 突厥语国家还建立了阿塔图尔克—阿拉套国际大学、吉尔吉斯—土耳其玛纳斯大学、艾哈迈德亚萨维哈萨克—土耳其国际大学等联合大学，积极推进高校联合办学和国际交流。

二是加强突厥语传媒体系建设。土耳其将传媒竞争视为国际竞争的重要部分，大力资助中亚国家的“突厥语卫星电视”，积极向中亚国家推销土耳其泡沫剧等影视作品，以取代俄语电视频道；2006 年推出服务于国际传播的国家媒体“土耳其之声”，2008 年针对中东和巴尔干地区的突厥语群体推出 35 个语种网站。土耳其还举办“突厥媒体培训项目”和“突厥媒体论坛”。如此种种的举措意在增强土耳其的影响力。[②] 土耳其设置的突厥语媒体矩阵在中亚地区已具备相当的影响力，在 2020 年纳卡冲突期间积极引导舆论走向反对亚美尼亚。此外，2015 年，第五届突厥语国家合作峰会批准开设突厥语电视台和突厥语文化信息交流中心。突厥语传媒合作日益深化。

三是将促进青年交流合作。突厥语国家合作委员会在其中发挥了主导作用。它建立了国际青年营、青年平台等多个青年合作框架，吸引了 60 多个青年非政府组织的参与；组织了两届青年领袖论坛，吸引了 300 多名青年参加；在土耳其和哈萨克斯坦组织了四次“国际青年营”，累计 1500 多名青年报名参与。突厥语国家青年项目具有很强的政治性，2020 年谴责亚美尼亚在纳卡冲突中违反国际法，

① “Turkic University Union,” Organization of Turkic States, March 18, 2022, https://www.turkkon.org/en/isbirligi-alanlari/education_4/turkic-university-union_14.

② “How the Turkic World Is Enhancing Cooperation in Media and Communication,” *Politics Today*, March 18, 2022, https://politicstoday.org/how-the-turkic-world-is-enhancing-cooperation-in-media-and-communication/.

制定支持阿塞拜疆的路线图。① 突厥国家组织继承合作委员会的合作机制后，明显推进了中亚国家的青年交流合作。

四是强化泛“突厥主义”的民族认同。阿塞拜疆总统阿利耶夫表示，“世界时时刻刻面临新的挑战”，“突厥国家组织将尽最大努力维护突厥国家的权利”。② 2021 年 11 月中旬，土耳其阿纳多卢通讯社连续发表“突厥世界一体化启程”和“从‘突厥语国家’到‘突厥国家’”两篇社论，称突厥语国家将从政治、经济和文化三个领域推进突厥世界一体化，在政治领域将更加坚定地支持突厥语国家的立场；在经济领域将推进相互投资、交通与通关便利化建设；在文化领域则重提突厥高校联盟合作、共同编写教材等。③

三

目前，突厥语国家的合作和一体化进程虽然取得了不小的成绩，但象征性意义更强。各国在一些争议性的国际问题上仍保留各自立场，经贸往来也不尽如人意。其未来前景有待观察。突厥语国家合作深入发展之路并不平坦。

第一，政治安全分歧依然存在。这种分歧可见于横向和纵向两

① “Youth & Sports,” Organization of Turkic States, March 18, 2022, https://www.turkkon.org/en/isbirligi-alanlari/youth-sports_7; “International Youth Camps,” Organization of Turkic States, March 18, 2022, https://www.turkkon.org/en/isbirligi-alanlari/youth-sports_7/international-youth-camps_24; “Youth Platform,” Organization of Turkic States, March 18, 2022, https://www.turkkon.org/en/isbirligi-alanlari/youth-sports_7/youth-platform_23.

② “‘Turkic world wants a voice in the new global order,” *Nikkei*, March 17, 2022, https://asia.nikkei.com/Politics/International-relations/Turkic-world-wants-a-voice-in-the-new-global-order.

③ “ANALYSIS - From Turkic-speaking countries to Turkish states,” Anadolu Agency, November 30, 2021, https://www.aa.com.tr/en/analysis/analysis-from-turkic-speaking-countries-to-turkish-states/2422657.

个维度。从纵向的时间维度上看，突厥语国家合作历经波折。苏联解体后初期，土耳其和各中亚新独立的国家对彼此合作都有较高的积极性。土耳其率先承认了中亚新独立的突厥语国家，提议举行突厥语国家领导人会议。时任土耳其总统厄扎尔甚至还酝酿过“从波黑到中国”的“新奥斯曼计划”。[①] 哈萨克斯坦则希望借助突厥历史助推其实现文化大国地位。[②] 阿塞拜疆总统阿利耶夫更主张实现突厥斯坦语言、思想、行动的“三统一”。[③] 之后，中亚国家意识到突厥语国家的一体化可能威胁到自身主权独立，就强调本国国民身份认同，对一体化的热情有所消退。[④] 20 世纪 90 年代末乌土关系恶化，2001 年后由于乌兹别克斯坦总统和土库曼斯坦总统的缺席，突厥语国家领导人会议在 2002 年至 2005 年中断，2007 年和 2008 年的峰会也未举行。直到 2009 年《纳希切万协议》签署后，突厥语国家合作才恢复正常化。2016—2017 年，突厥语国家间关系因“居伦运动”而又趋紧张，突厥语国家合作委员会领导人会议再度中断。直到 2018 年“居伦运动”影响力消散，土耳其总统埃尔多安巩固权力，领导人的年度会议才恢复常态化。

从横向的地理维度上看，土耳其、阿塞拜疆、哈萨克斯坦虽然一直是突厥语国家合作的主要推动力量，但对这一合作有着不同的战略定位。土耳其自视为突厥世界的中心，一直试图通过“泛突厥主义”，推动在中亚的战略纵深外交，掌握突厥语国家主导权，扩大

---

① 宁骚：《民族与国家：民族关系与民族政策的国际比较》，北京：北京大学出版社，1995 年版，第 103 页。

② 王艳：《〈突厥通史〉与“突厥语国家一体化”畅想》，载《世界知识》2017 年第 23 期，第 36—37 页。

③ 潘志平：《论土耳其与泛突厥主义》，载《史学集刊》，2004 年第 4 期，第 60—68 页。

④ 张燕军：《论冷战后泛突厥主义的复苏及其未来走向》，载《贵州师范大学学报（社会科学版）》2005 年第 4 期，第 76—80 页。

地区影响力。阿塞拜疆自称与土耳其为“两国一族”[①]，试图通过加强土耳其的密切合作，争取土耳其在纳卡问题上支持阿塞拜疆，反对亚美尼亚。哈萨克斯坦首任总统纳扎尔巴耶夫率先提出“突厥国家一体化”、成立国际突厥语学院和突厥国家议会大会等倡议，以在国内外争取崇高的个人威望，将哈萨克斯坦塑造成“突厥世界的圣城”。其他成员国对突厥语国家合作并不积极。乌兹别克斯坦和土库曼斯坦总统不仅多次缺席突厥语国家领导人会议，而且在秘书处设置上与其他国家产生过严重分歧。吉尔吉斯斯坦曾就“居伦运动”与土耳其发生矛盾，并拒绝举办 2016 年领导人会议。土库曼斯坦是国际社会承认的永久中立国，直到 2021 年才成为观察员国。在第八次领导人会议就纳卡问题发表联合声明后，部分突厥语国家仍在表达不同意见。哈萨克斯坦驻亚美尼亚大使继续秉持“劝和促谈”立场，表示“哈萨克斯坦不是欧安组织明斯克小组成员，无法就纳卡局势做出判断”。[②] 吉尔吉斯斯坦也未就纳卡问题明确站队，宣称“愿就冲突降级和和平解决争端进行斡旋”。[③]

总体上说，土耳其将突厥国家组织视为地缘政治杠杆，但中亚国家的立场和态度明显不同。一是将突厥国家组织视为通过“多元外交”平衡大国的生存之道，即“同一个国家接近，并不意味着疏远另一个国家”。[④] 中亚国家一方面与俄罗斯保持在独联体和欧亚经

---

① 侯艾君：《“新泛突厥主义”运动与中国意识形态安全：挑战与应对》，载《国际安全研究》2016 年第 2 期，第 125—146 页。

② “Kazakhstan supports peaceful settlement of Nagorno Karabakh conflict – says Ambassador of Kazakhstan to Armenia,” Armenpress, November 21, 2021, https://armenpress.am/eng/news/851621/eng/.

③ “Kyrgyzstan ready to contribute to Nagorno – Karabakh settlement — Kyrgyz Foreign Ministry,” Tass, November 21, 2021, https://tass.com/world/867224.

④ ［乌］伊·卡里莫夫：《临近 21 世纪的乌兹别克斯坦：安全的威胁、进步的条件和保障》，王英杰等译，北京：国际文化出版公司，1997 年版，第 231 页。

济联盟框架下的合作，另一方面又与美国在能源、反恐等领域保持合作，还与中国共商“一带一路”倡议，和土耳其谋划“突厥世界”的合作。中亚国家多位于数个大国之间，独立时间短，首要任务还是维护国家主权与领土完整，不会对土耳其“一边倒”。哈萨克斯坦首任总统纳扎尔巴耶夫在“突厥世界”拥有较高威望，但在哈萨克斯坦骚乱后彻底隐退，托卡耶夫领导下的哈萨克斯坦无疑将同俄罗斯和集安组织保持更为紧密的政治联系，未来哈萨克斯坦在突厥语国家合作中的角色或将生变。

二是将自身国家认同构建视为更优先的课题。中亚国家大都已经形成独特的现代国族认同意识，而将“泛突厥主义”视为现代国族意识建构的工具。苏联解体后，中亚国家作为新生的主权国家，需要建构新的国族身份认同来取代原有的苏联认同。在此背景下，中亚国家先后转向“泛突厥主义”以“觅祖寻根”。但是随着中亚国家不断与国际社会接触，各国开始更加强调本国的主权独立和民族特性，试图构建新的现代国族认同。[①]

三是警惕土耳其在“泛突厥主义”背后的地缘政治野心。纳扎尔巴耶夫曾指出，“泛突厥主义”意味着“用另一个老大哥（土耳其）取代这一个老大哥（俄）”。[②] 乌兹别克斯坦时任总统卡里莫夫表示，“乌兹别克斯坦的人民坚决抛弃了‘泛突厥主义’的诱惑和‘大图兰’沙文主义思想”。[③]

第二，合作动力依然不足。在经贸方面，突厥语国家经济体量和贸易潜力有限，且经济合作倡议落实不力，经贸合作水平不够密

---

① 王明昌：《土耳其与中亚国家关系的现状及前景》，载《国际研究参考》2018 年第 5 期，第 1—6 页。

② 潘志平：《从纳扎尔巴耶夫的“突厥情怀”看哈萨克斯坦民族国家的文化建设》，载《民族社会学研究通讯》第 336 期，第 7—9 页。

③ ［乌］伊·卡里莫夫：《临近 21 世纪的乌兹别克斯坦：安全的威胁、进步的条件和保障》，王英杰等译，北京：国际文化出版公司，1997 年版，第 112 页。

切。对于阿塞拜疆以外的突厥语国家来说，中俄才是其主要贸易伙伴，而中亚国家之间的贸易量又远不及各自与中俄土三国的贸易量。可以说，中亚国家与中俄的贸易量是中亚国家之间贸易量的几倍乃至几十倍。因此，突厥语国家间本身的经济体量和贸易量限制了经贸合作规模，难以推动所谓突厥世界一体化的持续发展，突厥国家组织难以成为区域经济中的重要一极。

此外，突厥国家组织与地区经贸倡议关系还有待考察。突厥语国家目前致力于将自身打造成为欧亚经济走廊，均已参与中国"一带一路"倡议，大部分国家还是俄罗斯积极推动的欧亚经济联盟成员国。突厥国家组织与中国"一带一路"倡议、欧亚经济联盟之间的关系尚不清晰。鉴于中、俄与中亚国家的密切经济联系，突厥国家组织如果处理不好与现有经贸机制的关系，其努力目标就可能落空，甚至可能在区域经济合作中陷入边缘化。

在教育文化领域，中亚国家和土耳其具有天然的文化亲切感，但这并非选择留学的唯一考虑。中、俄在经济上远比土耳其有吸引力，疫情前中亚国家在华和在俄的留学生远多于在土耳其的留学生。例如，俄罗斯和中国分别是哈萨克斯坦学生选择排名第一、第二的留学目的地。2021 年在俄的哈萨克斯坦留学生数约为 6.1 万人，此外俄还有土库曼斯坦留学生 3.6 万人，塔吉克斯坦留学生 2.3 万人，乌兹别克斯坦留学生 4.8 万人，吉尔吉斯斯坦留学生 8700 人。[①] 中国方面，疫情前约有 1.5 万名哈萨克斯坦留学生、4600 名吉尔吉斯斯坦留学生、6500 名乌兹

---

① "In 3 years the number of foreign students in Russia has grown by 26000," *Study in russia*, March 20, 2022, https: //studyinrussia. ru/en/actual/news/in -3 - years - the - number - of - foreign - students - in - russia - has - grown - by -26 -000 -.

别克斯坦留学生在华就读。[①] 同期在土耳其留学的中亚国家学生主要是 1.2 万名土库曼斯坦学生、1.7 万名阿塞拜疆学生，其他中亚国家学生均不及 2300 人。[②] 可见，土耳其在吸引力上与中、俄的差距将会在一定程度上抵消突厥语国家因文化亲缘性而产生的凝聚力，削弱土耳其文化教育等领域的竞争力。

第三，俄罗斯的牵制依然强劲。对俄罗斯而言，突厥语国家合作必然削弱其对俄的联系和依赖，在主客观上都可能是一种安全和利益上的威胁。一是突厥语国家组织成员国多为原苏联加盟共和国，且俄罗斯境内如今仍居住着大量的突厥民族，突厥国家组织的兴盛可能会助长俄境内突厥语民族的分离倾向。二是俄土在高加索地区存在地缘政治竞争。突厥国家组织在纳卡问题上支持阿塞拜疆，也将对冲俄在纳卡问题上的影响力。三是突厥国家组织职能与欧亚经济联盟、集安组织、上海合作组织等俄主导或参与的区域合作机制高度重合，可能削弱俄在中亚地区的制度性权力。此外，突厥国家组织表现出的“泛突厥主义”取向也令中国等周边国家感到担忧。在中亚地区的政治和安全事务中，突厥国家组织的实力和影响目前无法消解域内大国仅靠传统影响力和既存国际制度就能发挥的主导作用，更难与集安组织、上海合作组织相匹配。

第四，中亚国家民族构成依然复杂。哈萨克斯坦现有约 140 个民族、乌兹别克斯坦境内共有 130 多个民族、吉尔吉斯斯坦也有 80 多个民族和族群。因此，中亚国家势必要将推进国内民族融合、构

---

① “哈萨克斯坦学生为何如此青睐中国的大学，” 《今日丝路报》，2021 年 12 月 6 日，http：//www. siluxgc. com/kz/kzNews/20210605/26426. html；“赴华留学成为乌兹别克斯坦年轻人新向往”，中国政府网，2021 年 12 月 6 日，http：//www. gov. cn/xinwen/2019 - 11/01/content_5447520. htm；“习近平在吉尔吉斯斯坦媒体发表署名文章”，中华人民共和国外交部，2021 年 12 月 6 日，http：//new. fmprc. gov. cn/ziliao_674904/zt_674979/ywzt_675099/2019nzt/xjpcf_697373/zxxxydlmngfg_697375/201906/t20190611_9277688. shtml。

② “Higher Education System in Turkey,” The Council of Higher Education, January 2019, p. 21.

建现代国族认同视为必要课题。哈萨克斯坦时任总统纳扎尔巴耶夫认为，“各族都可成为哈萨克斯坦人，应把所有人联合为一个统一的团结的民族”。[①]“哈萨克斯坦—2050 战略”国情咨文中指出，“要构建新型哈萨克斯坦爱国主义，将要求各民族平等，强调单一民族国家的时代已经一去不复返了”。[②] 乌兹别克斯坦拥有相对长的民族国家历史。早在 1995 年，乌兹别克斯坦就放弃以土耳其文为基础的字母模板。卡里莫夫总统作为中亚政治强人，保持独立的内政外交政策，主张乌国内各民族和睦相处，称在突厥斯坦生活的不只是突厥人，“突厥斯坦——我们的共同家园”运动的目标是地区各民族的和谐。[③] 吉尔吉斯斯坦局势一直动荡，该国具有很强的部族传统和文化，南北对立严重，特别是奥什地区民族冲突严重。中亚国家其他民族对突厥语国家的突厥世界一体化政策实践构成现实的阻力。

突厥国家组织的成立反映突厥语国家日益强盛的合作意愿。随着美国在阿富汗的撤军以及战略重心东移，土耳其作为地区大国，力图扩大在中亚的“战略纵深”外交，填补权力空白。同时，中亚国家在大国战略竞争中进一步谋求多元平衡，对突厥语国家合作以及突厥世界一体化构成严重牵制。未来，突厥语国家将在政治安全、经济贸易、文化教育等领域展开合作，但其合作的深度和力度短期内很难有较大的突破。

（本文发表于《现代国际关系》2022 年第 6 期，此次收入书中进行了部分删减——作者

---

① 中国社科院俄罗斯东欧中亚研究所：《纳扎尔巴耶夫文集：哈萨克斯坦人民领袖的思想和智慧》，北京：人民出版社，2017 年版，第 317 页。

② 韦进深、舒景林：《哈萨克斯坦国家发展与外交战略研究》，广州：世界图书出版公司，2016 年版，第 214—215 页。

③ ［乌］伊·卡里莫夫：《临近 21 世纪的乌兹别克斯坦：安全的威胁、进步的条件和保障》，王英杰等译，北京：国际文化出版公司，1997 年版，第 60 页。

印度外交战略的变与不变：兼论莫迪政府对华进攻性策略选择

谢 超[*]

【内容摘要】当前学界关于莫迪政府的外交战略是否颠覆了印度传统外交模式存在不同看法，本文认为莫迪执政后印度的外交实践总体保持在一个延续性的框架内。莫迪政府虽然继承了印度大国梦想传统，但认为印度已经是大国，主要任务是如何维持和利用印度的大国地位。印度战略界一直具有把中国视为重要参考对象的传统，只是不同时期表述有所不同，区别在于中国是被界定为印度的现实威胁还是潜在威胁，或者说印度战略界的分歧在于中国是哪种性质的威胁以及应该如何应对所谓的“中国威胁”。莫迪政府继承了这一传统，并日益从零和思维的角度看待中国的行为，所采取的制衡策略并没有严格区分权力制衡和威胁制衡，且不断主动加强冲突和对抗的频度和力度。莫迪政府在对华方向的进攻性态势突出表现在2020年中印边界西段的对峙危机中，加勒万河谷冲突后莫迪政府对华采取了多种充满进攻性的主动策略。本文认为莫迪政府受限于自身实力不足，将己方充满进攻性的策略成败寄希望于一个更强大的对手在主权受损情况下依然保持克制。印度对华策略的进攻性与自

---

* 谢超，复旦大学南亚研究中心副研究员。本文系2021年度国家社科基金一般项目“中美竞合战略第三方因素的影响机制、未来趋势及对策研究”（项目编号：21BGJ007）的阶段性成果。

身的侥幸心理形成了鲜明对比，是一个先天不足、注定失败的策略。

【关键词】印度外交　战略自主　中印关系　边境对峙　进攻性威慑

自独立以来，印度在各种国际场合都极力彰显自己的大国梦想，但是人们很少能够看到印度政府发布相关的国家战略文件，借此主动对外厘清印度外交政策的目标与手段。由于缺乏明确的战略指引，印度外交实践更容易呈现领导人的个性特质，例如，莫迪时期的内政外交政策看起来就与尼赫鲁时代完全不同。尼赫鲁及其领导的国大党强调自己的世俗主义思想，号召尊重印度的宗教和族群多样性，[①] 而莫迪及其领导的印度人民党则秉持“印度教特性”思想，有关执政理念强调印度教徒的主体族群地位，被认为是代表了印度北部高种姓印度语群体的利益。[②] 在具体的外交实践方面，莫迪政府似乎正在颠覆此前尼赫鲁思想主导下的印度外交模式，一些印度学界人士也有关于莫迪改变了印度外交的论述，其中著名学者拉贾·莫汉的观点很有代表性，他认为“这种改变的程度很大，可以说开启了（印度的）‘第三共和国’”。[③] 当前莫迪政府的外交战略正引发越来越多的学界关注。

本文认为，印度外交战略和实践存在相当程度的稳定性和延续性，其中既有来自体系层次的原因，主要是大国间竞争制约了印度外交选项，也有来自印度独特战略文化传统的深远影响。这种稳定性和延续性还经历了印度政权更迭的考验，特别是在国大党一党独大时代结束之后，执政党轮替和更换并没有导致印度外交和军事战

---

① Jawaharlal Nehru, *The Discovery of India*, New Delhi: Oxford University Press, 1994, p. 61.

② Rajesh Basrur, “Modi's Foreign Policy Fundamentals: A Trajectory Unchanged,” *International Affairs*, Vol. 93, No. 1, 2017, pp. 7 - 26.

③ C. Raja Mohan, *Modi's World: Expanding India's Sphere of Influence*, New Delhi: Harper Collins, 2015.

略发生性质上的变化。本文提出了对莫迪政府外交战略方向的不同研判，并力图回答以下几个问题：印度战略经历了怎样的演变过程？印度是如何看待自身的国际地位的？中国是印度最重要的邻国之一，对华政策在印度外交战略中占据怎样的位置？随着世界权力的中心全面转向亚洲和太平洋地区，印度当前的战略是否有助于实现自己的外交政策目标？通过审视印度战略的演变路径，本文希望揭示莫迪政府当前的外交战略和对华策略的性质并提出中方应对策略。

一、印度外交战略理念的稳定性和延续性

独立后的印度面临冷战环境对其外交的严峻考验，当时印度选择在美国和苏联之外建立自己的阵营，即不结盟国家阵营，目标是帮助印度在激烈的大国竞争中坚持战略自主。[①] 这项战略能够发挥一定的效果，主要得益于印度自身独特的地缘优势，由于次大陆并不是当时体系内两大超级大国开展激烈战略竞争的主要焦点，使得印度并没有面临紧迫的站队压力。

（一）印度外交战略中的独立自主理念及其影响

印度第一任总理尼赫鲁主要的外交目标是保持印度的独立自主地位，执行的不结盟政策帮助印度赢得了较多国际支持。作为一个刚赢得独立的前殖民地国家，尼赫鲁领导下的印度希望摆脱大国政治的束缚，以推进自身的国家建设，在此基础上独立自主地开展对

① Bhikhu Parekh, "Nehru and the National Philosophy of India," *Economic and Political Weekly*, January 5 - 12, 1991, p. 41.

外关系和提升国际地位。这一战略的效果也比较明显，印度在冷战时期的美苏两个对立阵营之间保持平衡，总体上抵御住了外部环境带来的挑战。[①] 不结盟也因此成为冷战期间印度外交的主要标签之一。从宏观层次来看，次大陆相对次要的战略地位成为印度发展相对独立外交理念和开展相应外交实践的重要原因，也因此使得美国和苏联能够在一定程度上容忍印度与对手保持合作关系，印度由此成为冷战期间极少数能够与美国和苏联同时保持一定程度战略合作的地区强国之一。

尽管人们没有就大战略的定义达成一致，但正如保罗·肯尼迪所说的，大战略应该至少包括两大方面：一是对和平与战争给予同样的重视；二是无论是和平年代还是战时，目标应与手段相匹配。[②] 对于尼赫鲁思想对印度外交战略的影响，比较一致的看法是尼赫鲁的战略帮助印度提升了自身国际地位，相对于独立后印度有限的国力，它能成为冷战期间美苏之外持续发挥一定世界影响力的国家，说明尼赫鲁外交理念匹配了相应的手段。[③] 尼赫鲁的外交理念对历届印度政府产生了深远的影响，不仅是因为尼赫鲁是独立后印度外交理念的创建者和主要实践者，还因为尼赫鲁的继任者夏斯特里（1964—1966 年间夏斯特里任印度总理）并没有太多外交经验。夏斯特里之后，尼赫鲁的女儿英迪拉·甘地和尼赫鲁的外孙拉吉夫·甘地都先后担任过印度总理，使得印度在独立后的较长时间内都秉

---

① 冷战期间，印度与美国的关系起伏不平，但印度总体上利用其地缘优势，成功地从美国和苏联两个对立的超级大国都获得了军事支持，参见 Stephen P. Cohen and Sunil Dasgupta, *Arming without Aiming: India's Military Modernization*, Washington D. C.: Brookings Institution Press, 2010, p. 164。

② Paul Kennedy, "Grand Strategy in War and Peace: Toward a Broader Definition," in Paul Kennedy, ed., *Grand Strategies in War and Peace*, New Haven: Yale University Press, 1991, p. 4.

③ Rodney Jones, *India's Strategic Culture*, Prepared for Defense Threat Reduction Agency, U. S., October 31, 2006, pp. 12 - 13.

持了尼赫鲁主义的外交理念。[①] 冷战结束后，有机会上台执政的印度国大党领导人也基本延续了尼赫鲁的外交理念。

当然，这并不意味着冷战期间印度战略就停止演变。政治学上有一个关键节点的概念，一些重大事件可以带来国家政策或战略的调整。[②] 例如，1962 年印度与中国的边境冲突就是这样的一个关键节点，印度军队的失败不仅导致时任印度防长梅农辞职，印军内部也开始审视自身的战略态势。[③] 自此，中国成为印度外交和军事战略思考的重要参考对象。冷战时期印度外交遇到的另一个节点事件至少还应该包括 1971 年第三次印巴战争期间美国的间接干预。当时因为忌惮外部干预，印度选择与苏联签订军事性质的《印苏和平友好合作条约》，而时任美国总统尼克松选择派遣“企业”号航母进入孟加拉湾震慑印度，这也被认为是刺激当时的印度英迪拉政府于 1974 年进行第一次核试验的外部原因之一，英迪拉政府借此对外彰显印度的核实力。[④] 从总体来看，在尼赫鲁确立的印度外交理念中，保持战略自主可以说既是印度外交战略的目标，也是重要的外交手段，历届印度政府更多的是着眼于如何运用这一理念和手段来应对新环境下对印度外交面临的挑战。

（二）政党更迭下印度对外战略的稳定性与延续性

冷战结束后，印度战略界日益发现自身战略自主地位更多地受

---

① Stephen Philip Cohen, *India: Emerging Power*, Washington D. C.: Brookings Institution Press, 2001, p. 37.

② Stephen P. Cohen and Sunil Dasgupta, *Arming without Aiming: India's Military Modernization*, Washington D. C.: Brookings Institution Press, 2010, p. 10.

③ Robert S. Anderson, "Patrick Blackett in India: Military Consultant and Scientific Intervenor, 1947 - 72. Part One," *Notes and Records of the Royal Society of London*, Vol. 53, No. 2, 1999, p. 270.

④ Jarrod Hayes, "Securitization, Social Identity, and Democratic Security: Nixon, India, and the Ties That Bind," *International Organization* 66, Winter 2012, pp. 63 - 93.

到美国单极霸权的影响，建立在经济、政治和军事等实力加成的综合国力成为国际地位竞争的基础。冷战后，美国作为唯一的超级大国，成为国际体系的唯一霸主，与体系内唯一超级大国结盟成为很多国家的外交选择。单极霸权体系下，不结盟运动日渐式微是不争的事实，但印度仍总体上坚持了战略自主，只不过印度在国际层面更加青睐制度化的古典多边主义外交，① 例如利用所谓四国集团制衡中国和进行国家间资源交换，从而提升印度的国际地位。② 在区域外交层次，印度致力于提高“在受到外部干扰最小的情况下追求国家利益的能力”。③ 因此，印度虽然事实上已经抛弃了不结盟政策，但通过微调其战略自主策略，总体保持了在国际舞台的政策灵活性。

20 世纪 90 年代以来的经济改革帮助印度保持了适度快速的经济增长，印度国力总体处于上升通道，即便在 20 世纪末印度人民党上台执政，也并没有摆脱前任国大党政府时期形成的战略路径。但是，不结盟战略无法帮助印度在单极霸权体系下的国际舞台上走得更远。从 20 世纪 90 年代末瓦杰帕伊任期开始，印度政府开始微调对外战略，先后提出了包括战略伙伴、战略联系或多重结盟等多种概念，这成为新的国际环境下印度政府调试战略自主理念的新提法。1998 年，瓦杰帕伊政府与法国签订了第一个战略伙伴协议，奠定了印度战略伙伴政策的基础。此时的印度，不仅与包括美国、法国和日本在内的西方发达国家加强合作，也与中国和俄罗斯等发展中国家深化合作，这一策略得到随后的国大党辛格政府的承继。

在这个过程中，可以看到历届印度政府基本保持了国家战略的

---

① Amrita Narlikar, “India's Rise: Responsible to Whom?” *International Affairs*, Vol. 89, No. 3, 2013, p. 596.

② 刘思伟：《印度参与美日印澳四边合作进程分析——新古典现实主义视角》，载《南亚研究》2021 年第 3 期，第 37 页。

③ Ian Hall, “Multialignment and Indian Foreign Policy under Narendra Modi,” *The Round Table*, Vol. 105, No. 3, 2016, p. 274.

延续性。印度外交战略的演变具备明显的延续性，例如，国大党的拉奥政府原计划于 1995 年 12 月进行核试验，最终在印度人民党的瓦杰帕伊任内进行；同样的，瓦杰帕伊时期努力与美国达成核协议，最终是国大党的曼莫汉·辛格付出高昂政治成本的情况下才成功签署该协议。[①] 这种外交战略的稳定性和延续性帮助印度延续了在国际舞台两面逢源的外交地位，使得印度从美欧国家获取更多高精尖技术，美国还主导和帮助提升了印度的国际地位，同时印度也得以加入诸如亚洲基础设施银行和金砖国家银行这样的新兴多边机构。

（三）莫迪政府对外战略理念体现了延续性

2014 年之后，莫迪和印度人民党的崛起使得印度出现了新的一党独大体系，印度外交也呈现出更多特点。回到开始部分提出的问题，本文认为与其前任相比，莫迪外交政策的延续性多于变化，做出这一判断的主要依据之一就是莫迪时期印度国家利益并没有发生颠覆性的变化。莫迪的外交政策与过去相比有很多新的特点，但总体战略与前任领导人并没有实质的变化。[②] 考察在不结盟政策、次大陆政策、文化软实力、国际权力转移（对华政策）、推行民主、地方政府在印度外交中的作用，可以发现莫迪政府在以上重要议题上的外交战略并没有带来颠覆性的变化。[③] 由于印度的核心国家利益在很长时期内没有发生性质变化，即便在印度主要外交议题上，莫迪政府因政党利益和个人兴趣可能有参与程度的变化，但以前参与的议

---

① 谢超：《印度核试验动机探析：国家自尊和大国地位》，载《国际政治科学》2014 年第 2 期，第 1—30 页。

② Sumit Ganguly, "Has Modi Truly Changed India's Foreign Policy?" *The Washington Quarterly*, Vol. 40, No. 2, 2017, p. 131.

③ Vikash Chandra, "Modi Government and Changing Patterns in Indian Foreign Policy," *Jadavpur Journal of International Relations*, Vol. 21, No. 2, 2017, p. 108.

题现在仍在参与，以前限制参与的议题仍保持限制参与。

从莫迪政府的外交实践来看，更审慎的判断应该是莫迪政府的外交政策仍保持在一个延续的框架内，巴斯鲁尔也认为“莫迪任内的印度外交是从其前任留下的基础出发的，总体呈现延续性”。[①] 霍尔也认同这一观点，强调虽然莫迪为印度外交带来进取的一面，但是“他并没有修改印度外交的总体目标和手段”。[②] 莫迪时期印度外交体现的延续性在于他认为印度已经是大国，这是他承袭印度所谓大国梦想的主要体现，只是他的主要任务转而是如何维持和利用印度的大国地位。

从莫迪政府执政的意识形态基础来看，也支持了这一判断。莫迪及其领导的印度人民党政府执政后，日益强调自身的“印度教特性”意识形态，2019 年连任后相关特征更加明显，而自印度独立以来所强调的世俗主义特征则日益削减。“印度教特性”思想家们将印度教性等同于印度性，并借此重建印度教的男子气概和力量传统。印度内政的变化让学界开始思考相关意识形态特征对于印度外交和安全战略带来的影响。[③] 但是，在莫迪的外交安全战略中，迄今为止并未出现统一的“印度教特性”特征，莫迪政府仍在有选择性地制定专门的“印度教特性”外交政策，这样的外交动向使得印度外交和安全战略不会迎来大的变革，既有的很多外交政策和实践也得以延续。因此，本文认为印度对外战略理念有所演变，但莫迪及其领导的印度人民党所代表的“印度教特性”思想并没有取代印度自独立以来形成的安全和外交战略传统。在莫迪政府的外交实践中，特

---

① Rajesh Basrur, “Modi's Foreign Policy Fundamentals: A Trajectory Unchanged,” *International Affairs*, Vol. 93, No. 1, 2017, pp. 7 – 26.

② Ian Hall, “Narendra Modi and India's Normative Power,” *International Affairs*, Vol. 93, No. 1, 2017, pp. 113 – 131.

③ 许娟：《宗教政治化：印度教民族主义的再次兴起及其对印度外交的影响》，载《南亚研究》2020 年第 2 期，第 1—31 页。

定情况下会调用“印度教特性”叙述以呼应国内政治中的多数统治需求，但总体保持了稳定性和延续性。

二、印度外交实践的制衡传统与对华策略选择

前文提到1962年之后，印度外交和军事战略开始把中国视为重要的参考对象，一直视中国为印度国家安全的威胁，只是不同时期表述有所不同，区别在于中国是被界定为印度的现实威胁还是潜在威胁，或者说印度战略界的分歧在于中国是哪种性质的威胁以及应该如何应对所谓“中国威胁”。莫迪政府上台后继承了这一对华认知传统，并日益通过零和思维的角度看待中国的行为。莫迪政府执政以来，印度国内开始盛行所谓“中国围堵印度崛起”的论调，中国的任何行为都可能被视为是针对印度的，这为莫迪政府从制衡和冲突的视角制定对华策略提供了充分借口。

（一）印度外交的制衡战略传统与对华认知

印度传统的外交策略是权力制衡，目的是在不损害行动自由的前提下，确保获得主要伙伴的物资支持和政治支持。对于与中国的关系，印方倾向于认为喜马拉雅山脉是天然屏障，青藏高原的高海拔和险峻地形限制中方的后勤补给能力，印方则从己方一侧的后勤补给优势获益。[①] 冷战期间，印方还自诩拥有更强大和先进的空中优

---

① Major General G. D. Bakshi, *China's Military Power: A Net Assessment*, New Delhi: Knowledge World, 2015, p. 357.

势，[1] 因此至少在冷战结束之前，虽然当时印度视中国为不友好国家，但是认为中国威胁程度不如巴基斯坦，或者更盛行的说法是巴基斯坦是紧迫威胁，中国是潜在威胁。[2] 在一段时间内，这样的对华认知在印度已属温和，此时印度战略界至少还能接受这样一种认知，即中国的行为并不都是针对印度的。[3]

在威胁制衡过程中，威胁来源国的地理邻近度、进攻能力、侵略意图等成为关键变量。[4] 考虑到中国与印度地理位置接近，具备相对于印度的进攻能力优势，且两国历史上也曾经爆发过边境冲突，因此中国具备成为印度国家安全"假想敌"的必要条件。2010 年以后，中国国内生产总值正式超越日本成为全球第二大经济体，政治实力和军事实力也在稳步上升。从实力对比的角度来看，无论是绝对实力还是相对实力，印度与中国的差距都在扩大，印度对中国的威胁认知开始发生改变并日趋负面。在中印两国综合实力发展日益不平衡的情况下，印度寄希望于通过制衡策略重新获取与中国关系互动中的主动地位。[5] 但国际关系中很多案例已经证明，当一国夸大某特定国家的威胁时，所采取的制衡策略并不会严格区分权力制衡和威胁制衡，往往会主动加强冲突和对抗的频度和力度。

这样的情况也出现在印度战略界。在多重结盟政策指导下，印度与包括美国和日本在内的中国竞争对手发展了密切的伙伴关系。

---

① Jasjit Singh, "Aerospace Challenge for India," in N. S. Sisodia and C. Uday Bhaskar eds., *Emerging India: Security and Foreign Policy Perspectives*, New Delhi: IDSA, 2005, p. 92.

② Kanti Bajpai, "Pakistan and China in Indian Strategic Thought," *International Journal*, Vol. 62, No. 4, Autumn 2007, pp. 805 – 822.

③ 与印度以中国作为假想敌的做法不同，中国很少将印度视为外部威胁。参见 Kanti Bajpai, "Strategic Threats and Nuclear Weapons: India, China and Pakistan," in M. V. Ramana and C. Rammanohar Reddy eds., *Prisoners of the Nuclear Dream*, New Delhi: Orient Longman, 2003, pp. 36 – 39。

④ Stephen Walt, *The Origins of Alliances*, Ithaca, New York: Cornell University Press, 1990, p. 5.

⑤ 胡娟：《印度对中国的"软制衡"战略：动因、表现与局限》，载《南亚研究》2018 年第 3 期，第 18 页。

莫迪上任后延续了这一政策。因此印度对华威胁的负面认知并不是莫迪任内所独有的，而是延续了印度国内此前逐渐演变的对华认知，有着清晰且明确的延续性。面对中国的崛起，莫迪政府思考的其实已经是制衡方式和制衡力度的大小等问题。印度安全策略的进攻性现实主义传统进一步放大了莫迪政府的对华负面安全认知，这成为一个时期以来影响双方关系走势的主要变量。于是我们可以看到的事实是，莫迪政府一方面对外宣称不寻求制衡任何特定国家，另一方面它的外交实践却有着十分明确的制衡对象。

（二）印度外交实践中的对华战略准备

进入 21 世纪之后，印度国内日益认为中国实力和影响力上升是对自己的威胁，当前印度国内关于中印之间存在安全困境的说法愈发增多。[①] 在对华负面认知与安全焦虑下，印度战略界对于印中关系的认知日益悲观和负面，认为未来印中安全困境缓和的可能性很小，只会不断加深。[②] 在假想的“两线作战”模式之下，印方开始讨论需要在中印边境部署额外的打击力量，同时讨论印方战略应该从大规模常规力量机动转向更加灵活的进攻策略。类似战略有很多具体内容，但总体来说印度对华军事战略要从拒止性威慑转向惩罚性威慑，前者强调慑止敌人侵占领土，后者强调对敌人施加更大惩罚的进攻态势。[③]

需要强调的是，早在莫迪的前任辛格政府任内就已经开始相关

---

① Shashank Joshi, “India and China: Awkward Ascents,” *Orbis*, Vol. 55, No. 4, 2011, pp. 558 – 576; Mohan Malik, *India and China: Great Power Rivals*, New Delhi: Viva, 2012.

② Shiv Shankar Menon, “China, the World and India,” *China Report*, Vol. 52, No. 2, 2016, p. 134.

③ 谢超：《从洞朗到拉达克：印度对华威慑战略为何失败?》，载《世界经济与政治》2021 年第 8 期，第 34—54 页。

讨论。当时的印度开始坚定推进边境地区的国防基础设施建设，这与印方反对和阻扰中国在己方一侧修建国防基础设施的理由自相矛盾。在此之前，印度实际上在一段时间内是排斥开展边境建设的，原因是担心更方便对手快捷地占领印度纵深部领土。但2004年，时任印度外秘萨仁山建议沿实控线加强战略基础设施建设，时任印度总理辛格采纳相关建议，之后印度开始加强中印边境地区的基础设施建设。[①] 从印度前后对待边境地区基础设施建设的不同态度和取得的进展，印方确信这也是向外界传达一个坚定的备战信号。[②] 此时加强基础设施的逻辑已经变成有助于印度军事力量的前置投放，体现了印方在边境地区的进攻性战略思维。

印度战略界一些人士坚持认为2006年青藏铁路的通车直接改变了中印边境的游戏规则，中方在喜马拉雅地区的后勤补给能力至少提高了3倍。[③] 有印方专家提出，青藏铁路通车之后，中方有能力在一个月之内向中印边境地区部署10—12个师；[④] 更悲观的估计是中方有能力快速部署33个师。[⑤] 印方战略界的这种盲目猜想无法帮助他们客观认识中国和制定对华战略。2012年，一群印度战略界精英人士共同发布了一篇颇有影响力的报告，肆意渲染中国崛起所带来的挑战，建议印度应该坚持执行不结盟2.0战略，在具体议题上与其他国家结盟应对中国。该政策文件提出印度士兵可以从边境薄弱地带进入并占领中国领土作为谈判筹码，该选项已在最高级别上进

---

① Sisir Gupta, *The Himalayan Face - off: Chinese Assertion and the Indian Riposte*, New Delhi: Hachette, 2014, p. 232.

② Cdr. B. Gurumurthy, "A Case on Strategic and Geopolitical Impact of PLA Pakistan Military Strategic Partnership and Security Implications for India," *USI Journal CXLI*, No. 587, January - March 2012, p. 15.

③ Sisir Gupta, *The Himalayan Face - off: Chinese Assertion and the Indian Riposte*, New Delhi: Hachette, 2014, p. 105.

④ Srikanth Kondapalli, "China's Military Modernization: Dragon Fire on India," in Harsh V. Pant ed., *The Rise of China: Implications for India*, New Delhi: Cambridge University Press, 2012, p. 96.

⑤ Parvin Sawhney, "The Red March: PLA Builds Capabilities in Tibet," *RUSI*, March 18, 2005.

行了讨论，并且据信这也是印度军方的战略选项。① 2012 年，印方在中印边境地区部署 6 个装甲团，配备 348 辆坦克和 3 个机械化步兵营。② 这充分表明了印度对华战略的底层强权逻辑：因为中国（可能）威胁印度，那么印度应加强对中国的威慑，甚至采用先发制人式的入侵方式来加以应对。这也表明，其实早在莫迪政府就任之前，印度已经开始认真考虑并积极准备在对华方向上采取进攻性威慑战略。

（三）莫迪政府对华战略的延续性

莫迪就任后不久，就印度加入核供应国集团、马苏德·阿兹哈尔列入联合国制裁名单等问题持续主动制造对华紧张态势。随后印度公开抵制中国召开的“一带一路”峰会。③ 类似敌视态度不仅冲击中印经济合作，还影响到印度如何看待中国与其他南亚国家的合作，中国与尼泊尔、孟加拉国、斯里兰卡甚至马尔代夫等国家的合作，也在冲击印度战略界敏感的神经。④ 2017 年发生的洞朗对峙更是严重损害了双边关系。在与中国关系持续紧张的情况下，

---

① Sunil Khilnani et al., *Nonalignment* 2.0: *A Foreign and Strategic Policy for India in the Twenty First Century*, New Delhi: National Defence College and Center for Policy Research, 2012, p. 41, https://www.cprindia.org/research/reports/nonalignment-20-foreign-and-strategic-policy-india-twenty-first-century.（访问时间：2020 年 10 月 12 日）

② Ajai Shukla, "In a First, Indian Tank Brigades to Defend China Border," *Business Standard*, September 17, 2012.

③ Ministry of External Affairs, Government of India, "Official Spokesperson's Response to a Query on Participation of India in OBOR/BRI Forum," http://www.mea.gov.in/media-briefings.htm?dtl/28463/Official+Spokespersons+response+to+a+query+on+participation+of+India+in+OBORBRI+Forum; "India Won't Accept OBOR, It Ignores Core Concerns on Sovereignty: MEA," *Business Standard*, May 14, 2017.

④ Ministry of Defence, *Annual Report*, 2014-2015, New Delhi: Government of India, 2015, p. 6.

印度政府积极加强了印美军事合作，签署了系列军事合作协议。[①] 印度所谓“多向结盟”策略也逐渐看到收获，美国对印度联合国安理会改革提议和申请加入核供应国集团等国际组织等诉求给予了政治支持，还在系列国际组织和事务中主动配合，提高了印度的国际事务参与度。

莫迪上台之后还展现了执行惩罚性威慑战略的政治决心。2016 年 1 月印度乌里空军基地遇袭之后，莫迪政府宣布对巴境内的目标展开了报复行动；2019 年普尔瓦马袭击之后，莫迪政府宣称对巴基斯坦境内巴拉科特的一处疑似训练营进行了空袭报复行动。虽然这些行动的战略作用有限，但莫迪政府借此对公众宣示了有别于前任们的政治决心，反而得到印度国内的很多赞扬和支持之声。[②] 这种依靠渲染国内民族主义情绪带来的民众好感和高支持率给莫迪政府的外交实践带来了虚高的信息，莫迪政府在外交上的调子始终保持很高，在莫迪政府看来，印度的安全利益是在南亚和印度洋北部继续保持有利于自己的实力平衡，任何改变这一平衡态势的外部力量都被视为对印度安全利益的威胁。

印度政府的这种大国心态与印中综合实力的现实差距交织在一起，构成了印度对华战略认知和实践的独特态势。在 2021 年初的一次讲话中，印度外长苏杰生认为印中之间存在巨大的实力差距，但印方在极力缩小与中国的差距，他借此进一步宣称印度认为中方不会坐视印方在边境地区的大规模建设和追赶行为。[③] 但苏杰生也注意

① 李莉：《从不结盟到“多向结盟”：印度对外战略的对冲性研究》，载《世界经济与政治》2020 年第 12 期，第 77 页。

② Mohammed Sinan Siyech, “The Pulwama Attack: Significance, Implications and the Way Forward,” *Counter Terrorist Trends and Analyses*, Vol. 11, No. 4, 2019, pp. 6 – 10.

③ 这种情形也符合两国经济实力对比的情况，尽管印度经济经历了一段时间的快速增长，缩小了与中国 GDP 的相对差距，但由于中国经济实力的基数更大，两者之间 GDP 的绝对差距仍在扩大。

到其实印方在边境地区的基建努力更多，只是随着中方相应地加强了边境建设，双方之间仍存在明显差距。但苏杰生仍坚持认为印方无法接受与中方的边境基础设施的差距，“正如去年（即 2020 年，笔者注）所发生的那样，这带来了严重后果”。① 苏杰生将中印冲突归咎于中方的基建能力过强，这也符合莫迪上任以来对华的基本态度，即在诸多问题上指责中方，而对自身主动执行的对华进攻性战略态势只字不提。

三、莫迪政府对华战略实践与评估

2016 年，印度政府启动修建一条 255 千米长的战略公路，连接陶贝奥迪、列城与前线哨所，陶贝奥迪是中印实控线的头部位置，距离喀喇昆仑山口不过十几千米，直指中国疆藏连接地带。陶贝奥迪有印军建设的世界上海拔最高的军用机场“前进机场”，通向印度最偏北的军事哨所，同时连接印度在中印边境西段的重要城市列城。沿线还配备了大量军用活动便桥，印度在其实控线一侧的多年经营开始见到成果，但也加大了双方军事人员在巡逻重叠区域相遇的概率，这也成为 2020 年中印边境西段对峙危机发生的背景。

（一）莫迪政府的军事改革与战略准备

为了适配自身对印度大国战略定位，莫迪上任之后提出了印度

---

① Ministry of External Affairs, “Keynote Address by External Affairs Minister at the 13th All India Conference of China Studies,” January 28, 2021, https://mea.gov.in/Speeches-Statements.htm?dtl/33419/Keynote_Address_by_External_Affairs_Minister_at_the_13th_All_India_Conference_of_China_Studies.（上网时间：2021 年 2 月 16 日）

军事改革的方向，在2015年12月的联合指挥官会议上，莫迪提出印度军事改革的方向：缩小军队规模，更好地利用现代军事技术，重视网络和空间技术的价值，推动各军种联合作战等。“如今，各大国都在减小军队规模，更多地依赖技术提升军事能力，而我们却在不断寻求扩大我们的军队规模。很难在扩大部队规模的同时实现军事现代化，而且也没有这个必要。我们需要的是灵活、机动的军队，这支军队应当依赖技术，而不仅仅是靠士兵的勇气。”①

2019年，印军启动新的联合作战架构，成立了国防网络署、国防太空署和特别行动部。② 2020年1月，拉瓦特担任莫迪政府新任命的国防参谋长职位，全面负责制定推进印度军事改革计划和建立印度三军协同作战机制。拉瓦特还负责掌控新组建的国防部军事事务局，该局负责军队日常事务的同时，还负责预算采购，这有利于扩展该局对印度军改事务的影响力。例如在拉瓦特的主导下，该局提出了一份涵盖101种国防物资的进口禁运清单，响应和推动莫迪政府的武器装备国产化计划。③

拉瓦特也努力加强军队对政府政治议程的响应，例如，在2020年印度暴发新冠肺炎疫情之后，拉瓦特宣布调整军队采购程序，加大对本土设备的采购力度。④ 拉瓦特在军队层面支持莫迪政府正在推进的“自给自足的印度”经济改革理念，从这个意义上说，拉瓦特

---

① Press Information Bureau, India, “PM Chairs Combined Commanders Conference on Board INS Vikramaditya at Sea,” December 15, 2015, https://pib.gov.in/newsite/PrintRelease.aspx? relid = 133265.（上网时间：2020年10月12日）

② 从目前来看，这些机构还只是简单模仿联合作战模式，例如，特别行动队还是由各个军种控制，网络和太空署也并没有和常规力量整合，难以实现跨领域协同作战。Rajat Pandit, “Agencies Take Shape for Special Operations, Space, Cyber War,” *Times of India*, May 16, 2019.

③ Manu Pubby, “Work Divided for Rawat – Led Dept of Military Affairs,” *Economic Times*, January 18, 2020.

④ 拉瓦特同时又指出军事采购本土化意味着将购买一些非先进技术生产的设备，引发印度媒体的批评。Rajat Pandit, “Forces Must Shun Imports, Go for ‘Make in India,’ Says Gen Bipin Rawat,” *Times of India*, May 10, 2020.

在军队建设上推进“印度制造”的努力将不仅是莫迪政府疫情防控和经济改革的试金石，有关措施能否执行到位还将检验国防参谋长在提升印度军政协调能力方面的作用，而拉瓦特 2021 年 12 月因飞机失事亡故之后，新任国防参谋长迟迟未能到位，让莫迪的军改前景蒙上一层阴影。

（二）2020 年中印边境西段对峙期间的印度新策略

印方在此次对峙危机中尝试了多种充满主动进攻性的策略，在一些策略上做法甚至很坚决且很成功，但都未能迫使中国在核心主张上做出任何让步。从军事实力对比的角度来看，印方长期在中印边境囤积重兵并占据兵员数量优势，印度更忌惮的是中方的综合实力优势。在这种情况下，如果印方能够借助外部力量的支持，特别是引入新盟友或拆解对手同盟，可以有效改变双方实力对比，从而增加己方谈判筹码。[①] 此次对峙期间，印度战略界即鼓吹印美结盟以提升印度在边境对峙中的谈判地位。[②] 印度政府也有所行动，积极推进印美军事合作，例如 2020 年 10 月双方签署《地理空间合作基本交流和合作协议》，被外界认为是印度成为美国准盟友的标志。[③] 2020 年 11 月的“马拉巴尔”军事演习，印度邀请了美国、日本和澳大利亚等四国集团成员，其中印度和美国都派出了航母参演，积极展示四国集团的海上威慑力。[④] 在中印边境对峙问题上，美国也有

---

① Scott Wolford, “Showing Restraint, Signaling Resolve: Coalitions, Cooperation, and Crisis Bargaining,” *American Journal of Political Science*, Vol. 58, No. 1, 2014, pp. 144 – 156.

② Roshni Majmdar, “Indo – US Ties Take Centre Stage amid Ladakh Standoff,” *India Today*, July 22, 2020.

③ 有中国学者认为印美已经事实上结盟，参见林民旺：《重新认识作为美国盟友的印度》，《环球时报》2020 年 9 月 3 日，https: //opinion. huanqiu. com/article/3zj13FipJ9p。

④ Rajat Pandit, “Malabar Exercise of ‘Quad’ Concludes with Clear Message for China,” *Times of India*, November 20, 2020.

深度介入，美驻印大使在离任之际透露双方在对峙期间有着密切的情报合作。[①] 印美两国在特朗普任内的军事合作水平大幅提升，拜登上任以后延续了双方的军事合作势头。因此，印度在利用美国支持给中国施压的策略可以说执行的很成功，但显然印度政府低估了中方维护主权利益的决心和实力，印方联美制华的策略并未能改变它在对峙中始终处于被动地位的现实。

对峙危机发生前后，印度的疫情仍在发展，但莫迪的民调支持率不降反升，从 2020 年 1 月份的 76% 上升到 4 月底的 83% 。[②] 即便后来印度疫情失控，莫迪的民调支持率仍居高不下，11 月疫情严重的比哈尔邦地方选举，印人党也再次获胜。[③] 因此，本文倾向于认为正是疫情期间的高支持率所带来的虚假自信，促使莫迪政府在中印边境问题上做出冒险举动。在对峙期间，莫迪政府还主动将对抗带入经济领域，对中国在印企业和投资进行制裁。[④] 但这对解决危机帮助不大，印方的对华经济制裁反而带来明显的反噬作用，极大地冲击了印度经济发展和就业增长。[⑤] 但无论如何，这种零和思维主导了莫迪政府的系列决策。在对峙期间，莫迪政府展示了对观众成本策略的娴熟运用，例如，通过抵制中国货，打击在印度中国企业、封杀中国手机软件在印度运营等，对外发出了明确的示强信号，向国

---

① Suhasini Haidar, "U. S. , India have 'Close Cooperation' on LAC Action by China: Kenneth Juster," *The Hindu*, January 6, 2021.

② Bibhudatta Pradhan and Sudhi Ranjan Sen, "PM Modi's Popularity Soars for Being Front and Centre of COVID – 19 Effort," *NDTV*, April 30, 2020.

③ Rajesh Roy and Eric Bellman, "India Vote Shows how Narendra Modi is Buffered from Covid – 19 Fallout," *The Wall Street Journal*, November 10, 2020.

④ 关于经济制裁手段效用的分析，参见 Dursun Peksen, "When do Imposed Economic Sanctions Work? A Critical Review of the Sanctions Effectiveness Literature," *Defence and Peace Economics*, Vol. 30, No. 6, 2019, pp. 635 – 647。

⑤ Udit Misra, "Explained: Why Banning Trade with China will Hurt India More," *The Indian Express*, June 19, 2019.

内民众展示了与华对抗的坚决姿态。[①] 这既是经济制裁手段，也是明确的观众成本信号，却未能迫使中方让步。

中方十分熟悉印方这种炒作国内民意来提升谈判位置的伎俩，仅在莫迪任内双方就多次进入边境对峙危机，这次与莫迪任内前几次对峙危机如出一辙。研究发现，莫迪政府有多种手段操纵观众成本信号，它甚至可以在危机谈判结束后修正己方谈判目标并宣称获胜，从而利用信息优势避免观众成本的处罚。[②] 此次在中印边境西段对峙问题上亦是如此，莫迪政府作出让步以实现脱离接触，但印度媒体没有获得任何事前消息，直到印度防长第二天的讲话之后才跟进报道；在印度国内，反对党要求防长做出进一步解释也没有得到回应。[③] 针对反对派提出的质疑，印度国防部在 2021 年 2 月 12 日还专门发声明予以驳斥，指出印度没有割让任何领土。[④] 莫迪政府利用政府的信息优势成功地控制了危机解决方案可能引起的国内民意反弹。

总体来看，莫迪政府既无法依靠展示国内民意去迫使中方让步，也不会因为主动对外作出让步而受到国内惩罚。在实现初步的脱离接触后，印方仍维持了大部分对华经济制裁措施，并在国际社会继续游说印度替代中国在全球产业链位置的前景，这表明对华经济部分脱钩和全球供应链替代是印方既定战略，印方在对峙期间激发的国内民族主义情绪帮助减少了政策辩论的时间，起到了加速相关政

---

① Megha Bahree, "India's Anti - China Wave Sparks Uncertainty and Fears of Large - Scale Job Losses," *Forbes*, July 8, 2020.

② 莫迪政府在洞朗对峙时作出让步却未受到选举惩罚就是明显的例证之一。参见谢超：《观众成本理论的局限及批判：以洞朗对峙中的印度为例》，载《南亚研究》2019 年第 1 期，第 29 页。

③ "In Parliament, Antony Seeks Clarification from Defence Minister Rajnath Singh over Indo - China Disengagement," *National Herald*, February 13, 2021.

④ Ministry of Defence, India, *Ministry of Defence Statement*, February 12, 2021, https://pib.gov.in/PressReleasePage.aspx? PRID = 1697370.（上网时间：2021 年 2 月 16 日）

策出台的作用。

（三）中印战略态势评估和比较

印度国内一直存在中国是印度的安全威胁，中国觊觎印度领土等刻板认知，莫迪政府任内也是如此。在这种情况下，中国的任何行为，无论是否指向印度，都可能引起印度国内的不安和躁动。莫迪政府提出的对华进攻性威慑战略秉承了印度对华传统思维，但是考虑到当前中方的综合实力，没有人会相信印军有能力从陆上对中国施加惩罚。印方虽在边境地区有着保持人数优势的传统，而中方的高机动能力，使得中方在边境地区的山地作战中可以快速动员，有效抵消印军在人数上的优势。加勒万河谷冲突之后，印度战略界人士建议印军强行封锁临近的中巴经济走廊，但是就连以对华强硬著称的印度军事评论员巴拉特·卡纳德也认为这不会带来可信威慑。① 印度曾经认为自己具备相对于中国的空军实力优势，但是21世纪以来，这些自信逐渐被中国空军的飞速发展所打破。印度国内关于中方或双方空军实力的分析文章非常多，尽管印方仍有声音认为两国空军实力相当，但总体认为印方正在逐渐丧失在中印边境地区的空中优势。② 在中国战机克服高原作战障碍之后，印军感受的实力差距是不言而喻的。

除了加强中印边境地区印方的战备动作之外，印方还高度警惕海上方向面临的挑战。例如莫迪政府发现2014—2018年间，中方下水的新舰只总载水量已经超过了印度海军舰只载水量之和。③ 中国海

---

① Bharat Karnad, "Himalayan Difference," *India Today*, February 19, 2021.

② Sameer Joshi, "Dragon's Claws: Assessing China's PLAAF Today," *Vayu Airspace*, No. 4, July - August 2017, pp. 54 - 73.

③ Nick Childs, "China's Naval Shipbuilding: Delivering on its Ambition in a Big Way," *Military Balance* (*blog*), May 1, 2018.

军在亚丁湾开展的系列护航行动，更是被印度战略界人士解读为中国海军全面进入蓝海时代和向印度洋进军的标志。印度一直把印度洋视为自己的后院，印度海军对于印度洋地区的动态保持高度警惕。冷战期间，印度对于美军在印度洋的存在颇多微词，美军的迭戈加西亚基地一直是印方的关切点之一。印军更倾向于将冲突引入中国境内或强调针对中国的公海目标或资产。印度不断出现印方应主动扩大冲突领域对中国施加惩罚的声音，[①] 也不乏印度应从海上对中国发起新的挑战的论调。[②] 之所以在中印边境问题上提出海上实力对比，是因为印度始终有一些声音认为，印方一旦在陆路边境上处于劣势，可以寻求在印度洋上对中国的公海资产发起挑战。[③] 显然，中国海军实力的增长使得印度实施这一潜在反制策略的难度增加。

中国是核武器国家，印度也拥有核武器，事实核威慑的存在限制了两国之间常规战争的烈度和规模。但是莫迪上任以来，印度对华安全焦虑与零和思维使得双方小规模边境对峙事件频发。[④] 此次中印边境西段对峙中，印方对华策略开始具备惩罚性威慑特征，这引发了中方的强硬反制。此次对峙，中方认为印方是现状改变者的理由或许更加充分。我们将视野提前至 2019 年 8 月，彼时莫迪政府宣布划分印控克什米尔地区为两个联邦直辖领地，包含了中方主权内的拉达克地区，严重侵犯了中方主权和国家利益，这被认为是印度单方面改变中印西部边境现状的肇始点。对于中国来说，面对印方

---

① Ameya Pratap Singh, "Why India Should Pursue Deterrence by Punishment in the High Himalayas," June 26, 2020, https://www.orfonline.org/expert-speak/why-india-should-pursue-deterrence-by-punishment-in-the-high-himalayas-68558/。(上网时间：2020 年 10 月 12 日)

② Probal Dasgupta, "China has an Achilles' heel. India must Take the Battle There from LAC," *The Print*, June 17, 2020.

③ Shivshankar Menon, *Choices: Inside the Making of India's Foreign Policy*, Washington D. C.: Brookings Institution Press, 2016, p. 26.

④ 胡仕胜等：《从加勒万河谷冲突看印度陆锁式安全思维困局》，载《印度洋经济体研究》2020 年第 4 期，第 1—24 页。

意图不断蚕食中方领土，中方通过防御性增加中方在边境地区的军事力量，让印军看到蚕食行动将无法取得成功。此次对峙结束后，中方可以更有效地监控和拒止印度在中国边境西段可能发起的争控行动。

四、结语

莫迪政府上任以后继承了印度对华认知传统，并且在对华方向日益采取更具进攻性的主动策略，这在与中国的数次边境对峙危机中表现得尤为明显。进攻性威慑的本质就在于通过主动进攻获取谈判筹码，底层逻辑其实是实力原则，即强者获得最大利益，通过抢夺对手的资产，然后用原本属于对手的资产来与对手交换，自己实际没有付出成本或者只是付出了极低成本（发动进攻所需成本）。对于印度来说，受限于自身实力，它很难真正实现自身所谓印度洋"净安全提供者"角色或控制印度洋的目标。[①] 由于在对华方向印度实力并不占优，印度对华威慑战略并非是依赖实力原则，嫁接的反而是时间原则，希望通过时间的延续等待谈判桌上出现有利条件，也就是期待延长冲突持续时间的方式制造威慑效果。这使得印度威慑战略面临两个突出的问题：一是能否顺利攻取对手的有价值资产；二是能否持续守住夺来的资产，直到达成冲突解决方案。这一战略的矛盾之处还在于，它迫使印度在实力不占优的情况下，将己方充满进攻性的威慑战略成败寄希望于更强大的对手在主权受损的情况下会保持克制。因此不难看出，印度相关策略的进攻性与自身的侥

① 朱翠萍：《莫迪政府的印度洋战略新动向：驱动因素与局限性》，载《南亚研究》2020 年第 4 期，第 1—18 页。

幸心理形成了鲜明对比，是一个先天不足、注定失败的策略，一如此前印度所谓的冷启动战略。

与印方积极实行进攻性威慑战略不同，中方秉持的是积极防御方针，[①] 匹配自身的快速机动和部署能力，可以有效帮助抵御外国威胁。在此次对峙期间，中国人民解放军第 73 集团军某合成旅演练了千里机动和跨昼夜火力打击项目。[②] 报道称，演习动员了数千名伞兵、装甲车和装备，这些士兵和装甲车从中国中部的湖北省，被运到几千千米之外的中国西北高原的一个不明地点，“仅仅用了几个小时”。[③] 中方的强硬反制措施将有效提高印军实现其进攻性目标的难度。此次对峙期间，中方在非常短的时间内就将足够的人员和装备快速机动，及时到达对峙区域附近，从而快速形成了人数对等的局面，甚至能在局部地区形成了人数优势。这与此前印军在边境地区往往能占据人数绝对优势的情况形成鲜明对比，中方在此次对峙中的斗争策略既体现了己方实力，更体现了自己维护主权的坚定决心。

尽管如此，中国战略界应该清醒地认识到印度对华策略的变化之处和延续性所在。当前莫迪政府在制衡中国方面具备较高的主动性，因此一个基本判断是美国和日本在帮助印度制衡中国，印度本身也通过与美国、日本和其他中国竞争对手之间的联合军事演习，在积极执行制衡中国的政策，美印这种以利益互补为基础的战略伙

---

① 2019 年，中国政府发布的国防白皮书指出，中国“新时代军事战略方针，坚持防御、自卫、后发制人原则，实行积极防御，坚持‘人不犯我、我不犯人，人若犯我、我必犯人’，强调遏制战争与打赢战争相统一，强调战略上防御与战役战斗上进攻相统一”。参见国务院新闻办公室：《新时代的中国国防》，2019 年 7 月 24 日，http：//www. gov. cn/zhengce/2019 – 07/24/content_5414325. htm。（上网时间：2020 年 10 月 12 日）

② 央视网，2020 年 6 月 5 日，https：//tv. cctv. com/2020/06/05/VIDEe9YJerSUirP5Thxgt-SyX200605. shtml。（上网时间：2020 年 10 月 12 日）

③ Liu Xuanzun, “PLA Conducts Maneuvers in High – altitude NW China amid Border Tensions with India,” *Global Times*, June 7, 2020.

伴关系在特定议题上有着深入的合作。[①] 莫迪任内加强了边境地区印方一侧的基础设施建设，当中方也开始重视边境国防建设之后，双方在基础设施建设和军事研发制造能力方面的差距就体现出来，印方感觉到有望缩小的差距再次被拉大，而印方对此的反应是升级对华敌意和采取更具进攻性的威慑战略。[②] 2019 年莫迪政府连任以来，自认为完成了所谓印度国族再造任务，印度全社会也对此有着虚假的自信心，推动莫迪政府在内政外交上出台多项激进政策，加大在对华政策中的对冲力度。不过国家间竞争最终是实力的比拼，这种实力既包括军事和经济等实力的积累，也包括让自己的民众能够享受国家发展带来的成果，因此加快自身发展才是解决自身问题的关键。

（本文发表于《印度洋经济体研究》2022 年第 1 期，此次收入书中进行了部分删减——作者）

① 张家栋、魏涵：《美国与印度：有选择的战略伙伴关系》，载《美国问题研究》2020 年第 1 期，第 55 页。

② 叶海林：《自我认知、关系认知与策略互动——对中印边界争端的博弈分析》，载《世界经济与政治》2020 年第 11 期，第 4 页。